张元幹研究文集

张守祥　主编

ZHANGYUANGAN
YANJIUWENJI

《张元幹研究文集》编委会名单

编委会

顾　问：张　帆

　　　　鄢　萍　　王兆鹏　　卢美松　　赵麟斌

　　　　李　辉　　雷连鸣　　陈金友

主　任：张守祥

副主任：张春斌　　陈　亮　　郑晓红　　罗志林

　　　　张卫忠　　张培奋　　陈鉴学　　温智育

成　员：连　萍　　蔡理颖　　张忠松　　张　洪

　　　　吴志波　　鲍碧香　　严　平　　黄君如

　　　　蔡　燊　　张承财　　严心瑜　　吴家松

　　　　张　薇　　林　松　　郑兰珠　　郑欣枚

　　　　张樟松　　章礼提

编辑部

主　编：张守祥

学术成果评审委员会

主　任：杨健民

评　委：张守祥　　谢必震　　苗建青

　　　　杨健民　　刘曙初　　张春斌

弘扬爱国主义精神　繁荣发展文化艺术事业 [1]

（代序）

张　帆

　　今年是伟大的爱国主义词人张元幹诞辰 930 周年。为深入学习贯彻习近平总书记在中国文联十一大、中国作协十大开幕式上的重要讲话精神，更好弘扬张元幹伟大的爱国主义精神、传承张元幹爱国文风、缅怀张元幹忠诚勇毅的爱国壮举、赏析张元幹传世经典佳作，今天，永泰县委县政府、福州市社科界联合会、福州市文化艺术界联合会、福建省张元幹文化研究会在这里联合举办张元幹诞辰 930周年纪念大会，这既是福建省、福州市社会科学界、文学艺术界的一件大事，更是永泰县的一大盛事！我谨代表福建社科院、福建省文联对大会的召开表示热烈祝贺！

　　张元幹于宋元祐六年（1091）出生在永泰县嵩口镇月洲村。他在北宋末金兵南侵、直逼东京，朝廷上下混乱、畏敌逃跑时，上《却敌书》逆风而进，毅然投笔从戎，辅佐李纲夺取汴京保卫战的"三战三捷"，令金军求和。由于朝廷无能，奸臣当权，在投降派怂恿下，议和苟安，李纲两度被贬，张元幹也只得退隐乡野；但他爱国之志坚如磐石，毅然决然地以诗词为武器，继续投身抗敌雪耻、收复失地斗争中去。

　　张元幹出身仕宦之家，经历北宋、南宋两个时期，从小受父辈的良好教育，刻苦学习，词藻可观。他的词前期清丽婉转，南渡后悲壮激昂，开创爱国词风，为陆游、辛弃疾等毫放派词风的前驱。他的代表作两首《贺新郎》，在中国文学

---

[1] 本文系作者在张元幹诞辰 930 周年纪念大会上的讲话。

史上闪耀着灿烂的光辉；他那充满激情的爱国诗词激励着一代又一代的华夏儿女，他那饱含赤子之心的爱国精神永垂不朽！

今年 5 月 23 日，福建省张元幹文化研究会在永泰县成立。会上，我曾说，希望研究会成立之后，能团结全省乃至全国的专家、学者，以及所有对张元幹诗词及思想感兴趣的朋友，都能参与到张元幹文化的研究中来，出现高质量的研究成果，把张元幹文化研究引向全面、深入。

短短半年过去，我们欣喜地看到，在永泰县委县政府和诸多专家学者以及乡亲们、宗亲们的支持下，研究会的班子健全起来了，研究工作开展起来了，取得了一定的成绩。昨天，在嵩口镇召开张元幹文化研讨会，来自国内 21 个省（市）区专家学者提交了最新学术研究成果，12 位代表在研讨会上作了精彩的发言；在同安镇举行以张元幹颂为主题的全国传统诗词征集结果发布会、吟唱会及张元幹诗词进校园活动，形式活泼生动，给学生上了一堂很好的传统文化课。研究会还再版了《张元幹诗词选集》，出版了张洪创作的《张元幹传》。这些，都是可喜可贺的成果。我向研究会表示衷心的祝贺！

我们纪念张元幹，要坚持以习近平新时代中国特色社会主义思想为指导，全面贯彻习近平总书记关于哲学社会科学和文学艺术工作的重要论述，深入挖掘张元幹留给我们的深厚人文历史价值，缅怀张元幹的历史功绩，弘扬张元幹崇高精神和不朽的人格魅力。

张元幹首先是一位坚强的爱国主义战士。他不仅以笔墨为武器，激起爱国民众千百万，还积极投身抵御外来侵略战斗一线，满怀爱国情怀、坚韧不拔、矢志不渝的爱国主义战士是张元幹一生最耀眼的历史身份。张元幹是一位著名的诗词大家。他笔耕不辍，诗词成就粲然可观，被收入《四库全书》，至今仍有 434 首诗词传世，集思想性、艺术性、观赏性于一体，部分佳作被选入语文教科书，历久弥新的精品佳作是张元幹又一璀璨夺目的历史贡献。张元幹是一位富有开创精神的思想家。他学养深厚，体察民情，特别在靖康之变之后，忧国忧民，与众多鸿儒硕学、政治家、军事家交游论道，以强烈的使命担当，把强国收复失地为核心的政治理想、爱国情怀深深地融入到生命中去；其中，最为大家熟悉的是，张元幹创新诗词写作实践，用自己的诗词表达他对时局的主张，传播他的政治观点，实现从诗词大家、爱国战士到伟大爱国词人、爱国思想家的转变；上承苏轼，下启辛弃疾，开创豪放派爱国词风是张元幹彪炳史册的人文光芒。不仅如此，张元幹还在理学等领域有诸多的探索和贡献。正是这样，数百年来，一代代研究学者从不同角度开展张元幹研究，硕果累累，亮点迭现，研究张元幹文化已经成为我国相关领域的"显学"。

刚才永泰县陈友金县长、四川大学王兆鹏教授等同志从不同角度作了精彩的发言，深化了我们对张元幹研究的认识，对张元幹的研究大有可为。福建是张元幹的故乡，张元幹文化是闽文化、闽都文化重要组成部分，我们应当在张元幹文化研究和传承上走前头。当前，要重点在弘扬张元幹爱国主义精神上下功夫，深入挖掘张元幹爱国思想、爱国壮举、爱国故事，寻访张元幹爱国足迹，充分发挥其爱国教育功能。要在深入研究张元幹文化丰富内涵和人文价值上下功夫，加大资料搜集整理力度，创新学术建设运营机制，更好凝聚全国高校、文学创作、科研机构等相关领域的智慧力量；加强谋划统筹，持续开展专题化系列化研究，更好发挥张元幹文化助力我国现代化建设的积极作用。要在推动张元幹文化创造性转化创新性发展上下功夫，创新内容载体，实施张元幹文化建设工程；弘扬张元幹爱国文风，推动现实题材创作；突出主题亮点，培育全国性文化交流平台；强化合力，打造诗词创作研学基地；全方位立体化培育张元幹文化品牌。我们相信，只要大家共同努力，一定会继承光大张元幹的宝贵精神财富，收获更多更好的研究成果，为繁荣发展文化艺术事业做出新的更大贡献，为奋力谱写全面建设社会主义现代化国家福建篇章增添正能量。

（作者系第十三届全国政协常委、全国政协社会和法制委员会副主任，福建社会科学院院长，福建省文联主席，福建师范大学"闽江学者"特聘教授、博士生导师，中国文艺理论学会会长，中国作家协会理论委员会主任。历任九届全国人大代表，第十、十一届、十二届全国政协常委，福建省政协副主席，中国民主促进会中央委员会副主席，中国民主促进会福建省委员会主任等职务。）

创新研究范式 弘扬张元幹爱国词风

（代序）
张守祥

　　张元幹，字仲宗，福州永泰嵩口镇月洲村人，是北宋末年和南宋初年的一位承前启后的著名爱国词人、诗人。他继承了苏轼开创的豪放派的词风，又以饱满的爱国情怀，使词的内容更紧密地与现实斗争结合起来，开创了爱国词风，对辛弃疾等很多优秀词人都起了重要的影响；与张孝祥并称南宋初期"词坛双璧"。

　　张元幹在诗词上成绩斐然，共有434首诗词传世。既有"晚暑冰肌沾汗，新浴香绵扑粉，湘簟月华浮。长记开朱户，不寐待归舟"。这样描写乡居恬淡生活的寄情之作，又有"闭门打坐安闲好，败意常多如意少。著甚来由，入闹寻烦恼。千古是非浑忘了，有时独自掀髯笑"。这样洒脱大气的抒情名句。虽然在文坛蜚声神州，张元幹却并不是一个只寄情山水，两耳不闻窗外事的一介书生，金兵围攻汴梁城，奸臣秦桧当道之时，爱国词人张元幹毅然甩脱文艺的包袱，以笔为刃写下了最早反映抗金斗争的爱国词之一《石州慢·己酉秋吴兴舟中作》，留下了"长庚光怒，群盗纵横，逆胡猖獗。欲挽天河，一洗中原膏血。两宫何处？塞垣只隔长江，唾壶空击悲歌缺。万里想龙沙，泣孤臣吴越"。这样的千古爱国名句佳作。《贺新郎·送胡邦衡待制赴新州》因慷慨激昂，畅抒爱国主义情怀而入选教科书。笔伐疾呼尚且不够满足其投身报国的志向，张元幹毕生文弱不擅武功，竟不顾个人安危，奋身投入了民族英雄、福建同乡李纲麾下，参加了抗击金兵入侵的斗争，他上表力谏，以身死守，因此竟获罪被除官爵，自此终身不仕。国家内忧外患之际，张元幹作为一名知识分子不图明哲保身，不耻于随波逐流，他振臂高呼，为保家卫国投笔从戎的献身精神，为民族大义不畏权贵的抗争精神，正是古代士大夫为苍生立命、为家国尽忠的绝佳范本，正是我们最宝贵的精神财富，正是中华民族屹立世界之林，历经风雨变迁而不倒的精神支柱。

习近平总书记在中国文联第十一次全国代表大会、中国作协第十次全国代表大会开幕式上指出："文化是民族的精神命脉，文艺是时代的号角。""衡量一个时代的文艺成就最终要看作品，衡量文学家、艺术家的人生价值也要看作品。""要树立大历史观、大时代观，把握历史进程和时代大势，反映中华民族的千年巨变，揭示百年中国的人间正道，弘扬以爱国主义为核心的民族精神和以改革创新为核心的时代精神，弘扬伟大建党精神，唱响昂扬的时代主旋律。"深刻揭示了广大文艺工作者只有深刻把握民族复兴的时代主题，把人生追求、艺术生命同国家前途、民族命运、人民愿望紧密结合起来，以文弘业、以文培元，以文立心、以文铸魂，才能把文艺创造写到民族复兴的历史上、写在人民奋斗的征程中。这是文艺创作文化生产颠簸不破的真理。纵观历史，张元幹等名垂青史的文学大家就是把自身的文学创作与激发全民族的强大爱国精神的担当情怀紧紧联系在一起，而成为中华文化重要组成部分。忆往昔，峥嵘岁月稠。以爱国主义为核心的民族精神，是我国五千多年来滔滔历史洪流中形成的精神高地，是亿万同胞共同铸就的精神家园。思未来，扬帆但信风。我们的民族精神，必将在复兴征程上不断发扬光大，在实现中国梦的道路上如天行健而厚德载物、如地势坤而自强不息。

今年是张元幹诞辰 930 周年，永泰县委县政府、福州市社科联、福建省张元幹研究会联合举办纪念张元幹诞辰 930 周年系列学术研讨活动，面向全国征集张元幹主题相关研究成果，这也是福建省张元幹文化研究会成立以来组织的第一场学术研讨活动。本文集作为学术研究成果汇编，聚集了中华大地遍及大江南北的史学界、文学界学科带头人和著名专家学者的研究成果，聚集了无数敬仰张元幹巨大文学成就并被其高尚民族精神所感召的有识之士的学术探索，聚集了诸多愿尽绵薄之力为发扬民族精神做出贡献的同路之人的研究心得，蔚为大观，很好展示了张元幹作为全国性著名历史人物的深厚学术研究价值和历久弥新的当代意义。文集除了对张元幹先生诗词的解读探佚、爱国思想的阐发和弘扬，更有璀璨夺目的新探索新成果：既有对张元幹先生对两宋理学取向的思考，又有历史巨变对张元幹先生创作思想和风格影响的研究，更有学者着眼当下，对张元幹相关的历史文化旅游资源的开发、张元幹及其作品对当代青少年思想政治教育的作用等方面展开探讨；不少大方之家还建议要创新学术研究范式，将"张元幹文化"作为闽都文化中爱国、爱乡文化的重要内容和人文高地加以深入研究，作为福建、福州对中华文化发展的重要贡献加以留存和发扬。

读罢掩卷，最令笔者感动的莫过于众多当代中国学人在历史长河流淌过的千年之后，仍愿意埋头书案，从各自学术视角，涉足"田野"，俯拾一个读书人、词人、诗人生平的吉光片羽，再现千年前的一位境界高尚、意志坚定、忧国忧民、爱乡爱国的先贤名士光辉形象，传诵他笔下的珍贵文学遗产，传承他身上的高尚情操，这些研究让我们更加立体、饱满地领悟伟大爱国词人张元幹为我们留下的夺目灿烂的精神财富；也正是一代代笔耕不辍的研究学者，引领无数后来者为赓续文化血脉、传承精神遗产不懈努力，才得以让张元幹爱国词人的伟大人格永远活在我们心中。福州是张元幹的故乡，张元幹文化是闽都文化重要组成部分，相信通过这次研讨会的成功举办、论文集的刊印和流传，更好地将张元幹感人事迹传遍福州大地，将张元幹爱国精神发扬光大，内化于心、外化于行，成为助推福州不断前进的强大精神动力；为加快建设现代化国际城市，奋力谱写全面建设社会主义现代化国家福州篇章做出新贡献！

（序作者系福州市人大常委会原副主任）

品读赤子之心　传承赤诚情怀

2021 年 12 月 29 日，"纪念张元幹诞辰 930 周年"学术研讨会在永泰二中举行，对张元幹文化研究进行多维度探讨，并为"纪念张元幹诞辰 930 周年"主题征文的获奖代表颁奖。

该活动由永泰县委县政府、福州市社科联、福建省张元幹文化研究会联合主办，嵩口镇党委政府、永泰县社科联、永泰二中承办。

搭建平台　增进学术交流

张元幹是永泰县嵩口镇月洲村人，是宋代爱国词人。他出身书香门第，近而立之年入仕，追随抗金名臣李纲左右，参加汴京保卫战。他的词风继承了苏轼开创的豪放派词风，又以饱满的爱国情怀，开创了爱国词风，对辛弃疾等很多优秀词人都起了重要影响，与张孝祥并称南宋初期"词坛双璧"。

2021 年 5 月，省民政厅批准成立福建省张元幹文化研究会，研究会立足实际，多层次、多角度开展张元幹生平、精神、诗词等方面的研究，本次学术研讨会也是张元幹文化研究会成立以来的又一重大活动。

现场，来自全国各大高等院校、科研机构的专家学者齐聚一堂，分别对各自研究领域作了专题发言，充分展示了当前学界对张元幹研究的最新成果。

"本次研讨会主题鲜明、参与面广、学术层次高、研究内容丰富、创新成果显著，从文化研究视野展示了张元幹留给我们丰富的遗产和积极的当代价值。"市人大常委会原副主任张守祥表示，研讨会不仅为张元幹与闽文化的研究创造了难得的学习交流机会，而且增进全国各地学术交流，促进张元幹文化新的理论的发展和张元幹精神的弘扬。

深挖内涵　激发爱国热情

张元幹出生、成长在月洲，月洲张氏是诗礼世家的家族，让张元幹从小深受教育和熏陶，嵩口既是他思想启蒙之地，又是他思想沉淀之所，"以读书为起点，以从善向仁为核心"的优良家风也影响着一代代嵩口人。

"张元幹是一位南渡词人，他的爱国文风和谏诤精神对当下而言依旧有激励作用，在青少年的爱国主义教育方面有很强的感染力。"四川大学讲席教授王兆鹏表示，要充分梳理挖掘张元幹生平故事，以文字、图片、视频等多元化的形式进行展现，让张元幹文化精神人人皆知，人人都懂。

王兆鹏提出，张元幹家族"一门两代五兄弟五进士"，永泰县可以此为切入口，在张元幹故居举办研学营，让学子们了解张元幹文化的深厚内涵，学习张元幹勇于探索，大胆创新的治学态度，并从中汲取养分。同时，将张元幹文化价值、经济价值转化成为乡村振兴服务、为乡村旅游发展的能量。

省文史馆原馆长卢美松也对张元幹的文学成就和爱国主义精神给予高度评价。"我少年时代就曾学习过张元幹、李纲、张孝祥的词，深受他们的爱国精神感染。"卢美松说，这次研讨会能够进一步深入研究、宣传张元幹文化，让张元幹文化更好转化为思想教育领域繁荣发展的不竭源泉和动力。

重点研究 弘扬闽都文化

张元幹不仅是永泰文人大家的杰出代表，也是闽文化、闽都文化的重要组成部分。

近年来，福州全力打响闽都文化国际品牌，明确将林则徐、严复、张元幹等名人列为历史文化人物重点研究对象，在梳理名人历史脉络、挖掘名人历史资源、保护名人文化遗产等方面做了大量理论研究工作，取得显著成就。

福州市社科联相关负责人表示，后续将凝聚各类专家学者力量，以此次研讨会为契机，继续整合资源，汇聚力量，潜心研究，以团队作战和系统研究为着力点，共同推动形成一系列有价值、有影响的研究成果，推出一批有分量的历史文件和闽都历史文化名人研究整理图书，充分展示福州丰厚的历史文化资源，努力为推动闽都文化繁荣做出新的贡献。

福州日报 2021 年 12 月 30 日报道

目 录

张元幹的家世背景、经历个性和词史地位 [1]

四川大学讲席教授　王兆鹏

张元幹是我学术研究的起点。我的本科毕业论文研究的是张元幹生平事迹。硕士论文写的是《张元幹年谱》。读博士期间，我对《张元幹年谱》做了修订，后来正式出版。我的博士论文研究的是以张元幹为中心的宋南渡词人群。2007 年，我又把《张元幹年谱》进行增补，收入《两宋词人丛考》一书中。前年我获得一项国家出版基金资助，正在对《张元幹年谱》进行第三次修订。我研究张元幹已经历时 40 年。

这次来福建永泰，有机会拜谒我心中的偶像张元幹的故居，既是一次学术之旅，也是向张元幹致敬之旅、感恩之旅。下面跟大家分享张元幹五个方面的问题。

一、成长背景

张元幹生长的宋代福州，文风鼎盛，文化发达。最近，我对宋代作家人数做了全面盘点和统计，惊人地发现：宋代全国作家人数排名第一的是福建南平市，而福州名列第二。我原以为作家最多的应该是京城的开封或者杭州、扬州等地，没有想到是我们福建南平、福州。

再看宋代进士人数，是福州名列第一，南平第二。从这两个数据可以看出，文化教育的发达必然会促成文学创作的繁荣。张元幹就生长在这样一个文风鼎盛的时代和区域里。

---

(1) 本文系作者在张元幹诞辰 930 周年纪念大会上的学术报告。

张元幹的家庭背景如何呢？他的祖上是草根，没人做过官。从他的祖父张肩孟开始，中了进士，做过歙州通判，相当于现在安徽黄山市的二把手。张肩孟官做的不大，却非常会教育孩子，他五个儿子全部登科中进士。所以他的寒光阁上写着"丹桂五枝芳"。不仅如此，张元幹的二伯父、也就是张肩孟的二儿子张劢家的五个儿子也全部登科。张家祖孙三代有 11 位进士。这在宋代科举史上也是非常罕见的。可以说，这个家庭的文化氛围非常浓厚。

张元幹的四位伯父，一个比一个厉害。大伯父张励，有人说应该叫张劢。但宋代的记载都是作鼓励的"励"，所以我觉得还是应该叫张励。张励做了三个地方的要员。先是在咱们福州做知州，兼福建路安抚使，相当于福州市委书记兼福建省军区司令员。后来从福州调任广州市委书记，又从广州知州调任济南知府，最终官至五品。

老二张劢做到建州知州，他培养了五个进士的儿子。老三张勣应文武两举，可惜 27 岁就英年早逝。老四张劝官做的比较大，做过御史中丞，相当于中纪委的书记，最后官任工部尚书，相当于现在的工信部部长。老五，也就是张元幹的父亲张动，官职不是太清楚。他的朋友李纲称他为少卿，应该是相当于现在中央政府的一个副司长。我最近发现，北宋末年的靖康年间，他曾经在兵部，相当于现在的国防部任职。

张元幹的母亲，原来是皇亲国戚。她是向太后的侄孙女。向太后是什么人呢？是宋神宗的皇后。神宗的儿子哲宗没有生太子，去世之后要扶持另外的皇族接班人来做皇帝。由于向太后坚持，最后让徽宗上台做了皇帝。这样，徽宗对向太后特别感激。因此，对向家大有封赠。从辈分讲，张元幹的母亲是宋徽宗的表妹，张元幹跟宋高宗相当于是表兄弟。但张元幹并没有托这位皇上表兄的福。不过，这样的家庭背景，对张元幹的成长还是具有正面影响的。

再说一下他的舅父向子諲。向家可以说是满门忠烈。张元幹的亲舅舅向子諲，是真宗朝宰相向敏中的五世孙，向太后的侄孙，14 岁因为向太后的恩荫出外做官。建炎年间，他在湖南长沙做安抚使，抗击金兵，曾率众与金兵巷战。建炎年间，金兵南侵，大部分守臣望风而逃，只有向子諲坚决抗击。当时著名诗人陈与义有首诗赞扬向子諲，说"稍喜长沙向延阁，疲兵敢犯犬羊锋"，"向延阁"就是向子諲，称颂他率领疲惫的守兵，敢于跟虎狼之兵——金兵来对抗。陆游的老师曾几也赞美他"忠义云霄逼，声名日月悬"，说他的忠肝义胆可与云霄比高，他的名声像日月光辉永不磨灭。绍兴八年宋金和议时，向子諲在平江，也就是今天的苏州做知府。当时金朝派来谈判的使臣称江南招谕使，这是一个不平等的名称，明显把南宋当成附属国，而且进入南宋境内，每过一个州县，地方长官都要跪拜迎接。向子諲觉得这很屈辱，宁可辞官，也不向金使跪拜。在金使进入苏州之前，他就扔了知府的官帽，回家闲居。这体现出他不甘屈服的民族气节。

张元幹另外一位舅舅向子韶，更是烈士。金兵攻宋，他在淮宁府（现在的淮阳市）抗击金兵，兵败被俘，决不投降，结果全家被灭门，只有一个六岁的小男孩幸免于难。这国仇家恨，对张元幹有着深刻的影响。

二、成长经历

在我的《张元幹年谱》里，没有说明张元幹出生在哪里。最近研读文献，终于弄清楚了张元幹是出生在永福家乡，也就是现在的嵩口镇月洲。他在《芦川豫章观音观书》里说他"卯角"、留着小辫辫、在五六岁的时候母亲去世。随后他离开家乡，离乡时还有一个弟弟，可惜，弟弟三岁就夭折了。所以他感慨，平生孤苦伶仃，终鲜兄弟。少年时期他在河北临漳，跟随父亲生活了一段时间。青年时代，主要是在汴京开封度过。当时张元幹的三个伯父都在汴京做官，那是张家最辉煌的时期。优裕的家庭环境给张元幹提供了优越的生活，他也过了一段非常痛快的京城贵公子的生活。他有两句词说："少年百万呼卢，拥越女吴姬共掷。"意思是他曾经带着 100 万去赌场，在赌桌上大喊着："卢！卢！""卢"是骰子中的六点。他左边是越地的美女陪伴，右边是吴地美女侍候。那个潇洒劲！这是他回忆年轻时候的一段 playboy 的生活。

高层的家庭背景，给他提供了汴京高端的朋友圈。他的朋友圈中，友谊很深厚、关系很密切的有两位，一位是太学同舍叫何桌。何桌是政和五年的状元，靖康年间官拜宰相，也是一位民族气节之士。他跟随徽宗被金人俘掳北上，最后绝食而死。另一位富直柔，是洛阳的才子，跟陈与义、朱敦儒等号称"洛中八俊"。他是宰相富弼的孙子、著名词人、宰相晏殊的曾外孙，后来做到副宰相——参知政事。何㮚给张元幹有题跋，张元幹跟富直柔有词唱和。在汴京，他结识了一批后来在政坛、学界、诗坛上都很有影响的人物，何㮚、富直柔只是其中的两位。

20岁以后，他离开京城，到处漫游，结交名流。先到南昌去拜师学诗。找谁学呢？找到当时的诗坛领袖、黄庭坚的外甥徐俯学习诗法。张元幹到南昌师从徐俯，是谁引荐的呢？是他舅舅向子諲。当时向子諲在南昌做学官，也拜徐俯为师。于是，张元幹有缘结识中国诗歌史上第一个正式的诗歌流派——江西诗派中的一大群人物，包括提出江西诗派名目的吕本中。这吕本中也是宰相的后代，吕家在北宋是很强盛的政治世家、文化世家。在南昌，张元幹诗艺大进，得到老师徐俯的认可表扬。

其实他到南方还有政治目的。他生活在京城，目睹上层社会的腐败，预感到国家会出大事，他后来回忆说"心知天下将乱，阴访命世之贤"，到处寻访能挽救国家危亡的杰出贤臣。离开南昌后，他到南康，现在江西九江，拜访了当时的名士陈瓘，跟随陈瓘在庐山上盘桓了一个多月，商讨古今治乱成败的原由，寻找治国理政的良策。他万分敬佩陈瓘，终身奉为精神导师。这次我门下博士生高武斌提交的会议论文就专门研究陈瓘对张元幹的影响。陈瓘慎重地向张元幹推荐了他看中的"命世"贤臣李纲。他说："我老了，不中用了，有一位贤能之臣李纲，你应该去结识，他将来一定是国家的栋梁。"张元幹听从陈瓘的建议，离开庐山后到江苏无锡拜访李纲，结为忘年交。李纲是福建邵武人，他母亲去世后葬在无锡，所以好长时间住在无锡梁溪，并自号梁溪居士。李纲可以说是一身系天下安危的人物，在历史上有非常崇高的地位。《宋史》里的传记一般是几个人合为一卷，如果一个人能占一卷就很了不起了，唯独李纲一个人占两卷的位置。可以想象，他在宋代历史上的地位多么重要。靖康之难中，张元幹投入到李纲幕下，参与了汴京保卫战。

刚才陈县长也特别提及张元幹参加汴京保卫战与金兵浴血奋战的事迹。这是张元幹人生历程当中最值得书写的靓丽一笔。在国破家亡、国难当头的时候，知识分子、士大夫都会爱国，但当时像张元幹这样舍身忘我、投笔从戎、与金兵浴血奋战的人不多。汴京保卫战十分激烈，汴京城墙上"矢集如蝟毛"，金兵射在城墙上的箭像刺猬的毛一样密集，这是现在电影电视上才能看到的画面。张元幹当时就在城墙上协助李纲指挥着这场战斗，最终取得汴京保卫战的胜利。《宋史》里没有张元幹的传记，这件事情是我在他的一篇佚文里发现的。

张元幹的人生经历比较简单，宋室南渡后的高宗朝，他做过将作少监，但在绍兴元年（1131）41 岁的壮年就辞官归隐，回到福建，住在福州，陪伴李纲十年。可惜李纲只活到 58 岁，绍兴十年（1140）就去世了。之后，老朋友富直柔和李弥逊来闽中居住，李弥逊是福州连江人，住在家乡。张元幹时常跟他们诗酒往还唱和。

三、人格精神

张元幹个头不高，是矮个子，身高大约 1.6 米，但性格刚烈，是一位非常有血性的男子汉。两件事情可以佐证。

第一，41 岁壮年就辞官。以前我不是太明白，为什么壮年就辞官不做，这在宋代很少见。古人的生活理想是功成身退，可张元幹并不没有建立什么了不起的功业。虽然古人说过，他是"不屑于与奸佞同朝"，其实哪朝哪代都有奸臣佞臣，为什么唯独张元幹宁可放弃官位、自甘寂寞冷清，也不跟奸佞同朝？也许跟他祖父的教育有关。祖父张肩孟不到退休年龄就提前退隐闲居，而张元幹从小跟祖父一起生活，会受到他人生态度的影响。不过，更主要的是跟他个人的经历、性格有关，特别是跟李纲的遭遇有关，他看透了当时朝廷的政治腐败。

北宋灭亡前，李纲指挥汴京保卫战，事出偶然。当时李纲的官位不高，只是六品官的太常少卿。金兵快打到汴京城下了，朝中文武大臣大多是主张投降求和，只有李纲主战。宰相说，"你主战，那你负责。"李纲说："如果让我负责，我愿以死报国。"李纲就这样被任命为尚书右丞，也就是副宰相，并担任亲征行营使、汴京保卫战的总指挥。李纲迅速招兵买马，网罗人材，张元幹也来到他的幕下，协助李纲指挥作战。由于指挥得力，汴京军民上下齐心坚决抵抗，终于取得汴京保卫战的胜利。当时的宰相大臣本想等着看李纲的笑话，没想到李纲打赢了！他们的脸就挂不住了，想办法把李纲挤出朝廷。当时金兵分两路，一路攻打汴京，一路围攻太原。他们让李纲率兵去解救太原之围。李纲是个书生，不懂打仗，不想去太原，但朝中大臣怂恿钦宗命令李纲兵援太原，结果，李纲打了败仗，于是朝廷借机将李纲贬谪，而且一贬再贬，最后贬到海南。李纲离开朝廷之后，北宋彻底灭亡。李纲贬谪和北宋灭亡的内幕，张元幹是看得透心凉。

李纲任南宋的首位宰相，也出人意料。建炎元年（1127）农历五月一日，宋高宗赵构在河南商丘登基当上皇帝。在这之前，赵构是天下兵马大元帅，在汴京之外组织抗击金兵。他身边有两个副元帅，一个叫汪伯彦，一个叫黄潜善。他们两个捣鼓着宋高宗当了皇帝，当然也得到众多文臣武将的支持。宋徽宗、钦宗被金人俘虏北去之后，天下不可一日无君，否则天下会更乱。元帅当了皇帝，两位副元帅以为理所当然由他俩做宰相。没想到，宋高宗觉得这两位人望不够，就把人气爆棚、尚在贬谪路上的李纲召回商丘来做宰相。李纲不负众望，在任75日，采取一系列军政措施，安定了北方，稳定了天下局势。可汪、黄两人极为不爽，心想，你李纲当宰相，固然稳定了天下江山，可也稳固了自己的地位，我们就没有机会做宰相了。于是想方设法把李纲赶下台。李纲一去相位，这姓汪的和姓黄的，如愿坐上宰相的交椅，把李纲规划安排的军政措施全部废除。结果金兵再次南下，很快就夺取了整个北方。宋高宗没办法，只好南逃，先逃到扬州，最后渡过长江，从此就没有回到过北方中原。

张元幹是亲自目睹了北宋的灭亡、南宋的撤退，了解其中的内幕，看透了一班高官大臣为了个人名利而完全置国家安危、民族存亡于不顾。张元幹觉得，如果按照李纲的战略方针，北宋或许不会灭亡，至少不会那么快的灭亡；南宋王朝如果让李纲继续做宰相，也不会把北方领土全部丢弃、让金兵渡过长江。

张元幹看着这样的朝廷、这样的政局，是越来越失望。到了建炎四年，他又受到诬陷，更觉得这朝廷没法待了，于是在41岁的壮年毫不犹豫地辞职回家！壮年辞官，可以看出张元幹是一位很有血性的男子汉。

第二，52岁作词送胡铨，也能见出张元幹的血性和正义感。绍兴八年（1138），宋高宗和秦桧主张向金人求和，签订不平等条约。当时满朝文武大臣，绝大部分都反对。其中枢密院，相当于现在中央军委的一位编修官胡铨反对最为激烈。他在上书中要求把秦桧和另两位主持谈判求和的南宋大臣王伦、孙近的头砍下来，以谢天下。他起草上书时，旁边有人同时传抄。他写完后，有点后悔，觉得用词太激烈，犹豫要不要把奏章交上去。旁边有人告诉他，你的上书外面已经盛传了，呈交上去还能保住性命，皇上迫于舆论压力，可能不会杀你，如果不上，可能会被悄悄干掉。胡铨就写好遗书，准备就义，把家庭后事安排好后，把这封《上高宗封事》呈交上去。高宗与秦桧看了之后，勃然大怒，但迫于舆论压力，不便重贬胡铨，只把他贬为福州佥判。四年后，社会舆论渐渐平复，秦桧再来收拾胡铨，把他重贬到广东新州。胡铨是政治犯，被再贬时，人们都不敢跟他来往，只有张元幹挺身而出，为他饯行，并写《贺新郎》词为他伸张正义。后来张元幹为此事付出了沉重的政治代价。九年之后，秦桧知道他写词的经过，将他逮捕下狱，并除名。张元幹辞官以后还有一点微薄的俸禄，除名以后，就变成了布衣平民。他的词作也被抄没，所以他的词流传到现在的只有180多首。

张元幹既有强烈的正义感，也有坚定持久的爱国情怀。无论在位不在位，爱国激情从未消退。靖康、建炎年间，身处战乱之中，写了大量反映时事局势、关注国家命运的诗词。辞官归隐之后，依然关注政局的变化。绍兴八年，宋高宗和秦桧主和，他立马写了一首《贺新郎》词，激励李纲站出来干预反对；后来写词送胡铨，质疑宋高宗向金称臣的居心用意。

张元幹的爱国精神强烈而持久，既与特殊的家世背景有关，就是前面讲的舅父向子諲的忠义勇敢和向子韶的血海深仇对他的影响，也与师友的引导启迪有关。学界已经注意到，师友中陈瓘和李纲对张元幹的影响很大，其实还有一位老人也深刻影响着他的人格精神，过去没人注意，这位老人就是郑侠。

郑侠，是福州福清人。他本来是王安石非常欣赏和器重的学生，当看到王安石变法给老百姓造成严重后果，民不聊生，流离失所，就上疏给宋神宗，同时画了一幅《流民图》，反映民生疾苦，为民请命。因言辞激烈，惹恼了神宗和宰相，终生受到打压。张元幹的祖父张肩孟跟郑侠是好朋友，经常带着年幼的张元幹去看望他。张元幹30岁回福建时，还专程去拜访郑侠。当时郑侠抱病卧床，"延入卧内，欢若平生"。郑侠好像是等待见上张元幹最后一面似的，几天后，就溘然长逝。所以张元幹说"后数日遂哭之，若有待然"。郑侠极富正义感，爱国爱民，为此屡遭重贬，但无怨无悔。他对张元幹的立身行事也有深刻影响。

张元幹为人的另一特点是孝友。《宣政间名贤题跋》里，当时很多名流高贤都十分赞赏他的孝友精神。他30岁回到故乡，发现祖父张肩孟的手迹，特地把它整理刻石，并找当时的名流题跋，传之后世，教育子孙。一个家族，能够长期兴盛，一定是有良好的家风。张元幹家族之所以有那么多人能中进士，是因为重教育、重孝友，有良好的家族传统。

四、词史地位

张元幹在词史上有承前启后的地位，是连接苏轼到辛弃疾之间的桥梁。宋词有两种风格，一种风格叫豪放，一种风格叫婉约。宋词是当时的流行歌曲，主要由女声歌唱，所以，主导风格是婉约。柳永、秦观、李清照等著名词人的词作都是这种风格。苏轼的豪放词风，在北宋没几个人学习传承。北宋灭亡，南宋战乱，就像诗人重新发现了杜甫的价值，词人重新发现了苏轼的意义，觉得苏轼的词风最符合当下的时代精神、社会氛围。张元幹就是较早传承苏轼豪放词风的代表性词人。

张元幹词，完成了两个转变，一个是词从娱乐性向政治功利性的转变，一个是词从远离社会现实向与时代变化同步的转变。唐宋词原来是娱乐的，是无关政治的。到张元幹手上，变成了政治斗争的工具。这是利好还是不好另当别论，反正词的创作内容发生了明显的变化。从此，宋词具有了功利性目的。张元幹送李纲、赠胡铨的两首《贺新郎》词，具有很强的政治性和批判性，改变了词体的性质，使它从娱乐形式转换成政治斗争的工具。原来的词是远离社会现实的，主要抒发个人的离愁别恨、儿女私情，到了南渡时期，词就贴近时代社会的发展变化，与现实同步共振。建炎三年（1129），张元幹在湖州太湖的船上写的《石州慢》词，就全景性地描绘了当时外敌入侵、内患严重、国土沦丧的社会乱象。张元幹词比较全面地反映了南渡战乱时期的社会现实。

在当代文学史著作里，张元幹的地位逐步提升。在 20 世纪五六十年代的中国文学史里，有的只是提到张元幹的名字而已。比如我读本科时用的教材之一、中国社会科学院文学研究所编的《中国文学史》，只有一句提到他说："词人当中有张元幹、张孝祥和刘过也都有爱国作品，为词坛生色。"另一部被广泛使用的大学本科教材、游国恩先生主编的《中国文学史》有一段话介绍，可惜把张元幹的籍贯弄错了，说他是闽侯人。以前张元幹的生卒年和籍贯都有不同的看法，我的《张元幹年谱》最终把它确定下来的。以前关注张元幹的学者有限，研究比较薄弱，对他的生平不太了解。到了本世纪，由北京大学袁行霈教授主编的红皮本《中国文学史》，是面向 21 世纪的国家级教材，大大提升了张元幹的地位。首先是张元幹第一次进入了章节目录，书中第七章《李清照与南渡词风的新变》第三节是《张元幹等词人的现实情怀》。章节目录是有讲究的，就像英雄排座次，作家上不上目录、上哪一级目录，代表编写文学史的人对他历史地位的认定。一流的大作家，往往占一章，名字上"章"的目录，比如李白、杜甫、苏轼、李清照，都是一流的大作家，他们的名字都出现相关各章的目录中。其次是叙述篇幅的扩大。在以前的文学史中，张元幹最多只有半页的篇幅来论述，可在袁编本文学史中，有一页多的篇幅来论述张元幹词的特点和贡献。这一章是我执笔写的，但并不是我个人的私心己见，而是随着研究的深入、学术的进步，学界对张元幹的词史地位、文学史地位有了新的认识，并得到主编和编写组的认同。我研究张元幹四十年，有幸见证了学界对张元幹认识的逐步提升，深感欣慰。

五、文旅资源开发

我们今天纪念张元幹，不仅仅是为了抒发怀古之幽情。我们怎样能够利用张元幹这笔精神财富、难得的人文资源，为我们当下的美丽乡村建设、文化旅游服务呢？昨天会上讨论的时候，有几位专家做了很精彩的发言，我受到他们的启发，也说几点想法和建议。

张元幹家族有三个亮点：一个是进士多。这一点，对我们当下高考的学生来说是有吸引力、有感召力的。我们可以考虑把张元幹的爱国故事、孝友精神和这个一家三代十一位进士的故事，做创造性转化。

第一，把张元幹的故居"半月居"和他所在的月洲打造成省级爱国主义教育基地，让福建省的党员到张元幹故乡去学习考察。学习的同时会拉动当地的消费。

第二，把它开发成省级的研学游基地。这个基地，可以让福建中考、高考的学生，去沾一些张元幹家族的福气。给学生讲好故事，或许可以让他们的中考、高考成绩提高个十分、二十分。

第三，把它打造成省级乡村振兴的旅游示范地。昨天我们去月洲看了一下，旅游资源不错,我们能不能把现在的 1.0 版升级为 2.0 版?我的团队在做乡村振兴和城市文旅规划。如果有需要,我们可以参与,做整体提升的规划设计。

这三个基地,如何打造?可用"五个一"来概括:

一是策划一部电视剧。张元幹及其周边,包括他的家族及父辈蛮有传奇色彩。可以请当地的作家、戏剧家来编写一部电视剧。

二是编写一部动漫书。把张元幹家族的进士故事、爱国故事,用现在学生、年轻人喜闻乐见的方式,用动漫把它表现出来。

三是拍摄一部更具有人文精神和文化底蕴的微电影。昨天我们在月洲村行政中心,看到一部风光片,拍得不错。但主要是介绍当地的自然风光,可以考虑在内涵上提升、加一些文化内容进去,讲好张元幹的故事。把张元幹及其家族的故事融进去,拍一部微电影,投入不会太大。

四是唱响一首月洲歌。刚才听了你们的一首歌,都是本地歌者唱的。从号召力、影响力来讲,这个档次还不够。可以请外面知名度高的团队,来打造表现本地风光的歌曲,拍风光片。

五是开发一款沉浸式文娱体验的游戏。现在的游戏太受年轻人喜欢了。我们利用游戏的形式思路,内容还是与张元幹及其家族有关的故事,并把当地风光融合进来。因为游戏有参与感,用户可以互动。

我们的团队最近给开封开发了一款游戏,叫"词人陪你旅游开封",其中有李清照陪你游开封,柳永陪你游开封,苏东坡、欧阳修陪你游开封。不同的词人讲的故事不一样、走的路线也不同。我们可不可以开发一款张元幹陪你游永泰的游戏呢?张元幹这一笔人文资源,需要我们去创造性转换和创新性发展。

从闽北理学家的家族养成看张元幹的学术取向

福建师范大学　徐心希

摘　要： 宋代理学是中国传统儒学吸取佛道精华而形成的新儒学，讲求"正心诚意""穷理尽性""穷天理，灭人欲"，本质上是重道轻文的，但由于文能载道，他们又不能完全忽视"文"这一载体，于是对文提出一些具体要求，如具有一定的社会内容，于世有所补益。张元幹生活于两宋之交，接受过完整的家族养成与家族长辈的儒学基础教育及学术启蒙。尤其是南渡之后，他跟随李纲，激发其强烈的爱国情感，学术理念也发生极大的变化。虽然严格意义上说，张元幹并非理学家，然而受众多理学大师的影响，学术上明显倾向于理学。

关键词： 张元幹；南宋；理学；词学家

宋代是福建文化史上登峰造极之时。理学在福建蓬勃发展，至朱熹时达到顶峰。张元幹生活于两宋之交，早年接受过完整的家族养成教育。尤其是南渡之后，跟随李纲来到抗金前线，深受抗金人士爱国理念之影响，其学术取向发生极大的变化。虽然从严格意义上说，他并非理学家，然而受众多理学大师的影响，明显倾向于理学。考虑到学术界少有涉及其学术取向，本文试图做一粗浅的探讨。

何谓家族养成？简而言之，即以家学陶冶家族子弟。譬如宋代著名学者、《淳熙三山志》作者之一陈傅良曾说："盖宋兴，士大夫之学亡虑三变。起建隆至天圣、明道间，一洗五代之陋，知乡方矣。而守故蹈常之习未化。范子（范仲淹）

作者简介： 徐心希，男，福建师范大学社会历史学院教授。

始与其徒抗之以名节，天下靡然从之，人人耻无以自见也。欧阳子（欧阳修）出，而议论文章，粹然尔雅，轶乎魏晋之上。久而，周子（周敦颐）出，又落其华，一本于六艺，学者经术，遂庶几于三代，何其盛哉！"[1] 总结出宋学发展的一般特点。可见，宋代家族养成的内容，已完全突破自汉代以来以解释经义为主的世传一经的限制，而呈现出包涵各类知识和伦理教化的相当宽泛的气象。这为家族青年适应社会、获得新的生命力提供了广阔的空间。在宋代专制主义制度加强，科举选官制度发达以及巩固自身社会地位的作用下，世家大族通过家族养成相互影响、成员自我注重学习内容以及家族学校教育等方式，推动了家学的传承和发展。世家大族家学的发展，不但使其成员取得引人注目的文化成就，提高了家族的社会声望，而且家学与仕宦相互影响，相互促进，逐渐形成宦学相长的互动机制，从而达到其维护政治地位的目的。刘子翚吟颂"乔木端由有世臣，传家事业饱经纶"，恰恰是这种社会现象的真实反映。闽北浦城籍真德秀为赵华文所撰墓志铭亦称："公之学，得于家庭而成于师友，以不欺为立心之本，思过为进德之方，其所居常揭以自警。"[2] 正是基于这种家族教育的重要性，吕希哲甚至说："人生内无贤父兄，外无严师友，而能有成者，鲜矣。"[3] 家族子弟在求学深造的过程中，往往以家族中的精英人物特别是先辈精英为榜样，在治学内容和方法上自觉向其靠拢。可见，家族养成的传承和发展，对其社会影响和政治地位，均有重要作用。

一、闽北理学精英与张元幹的词学生涯

闽北地灵人杰，名流辈出。历史上出将入相者有 17 位，如李纲、杨荣等。法医学家宋慈、历史学家袁枢、文学家严羽、词人柳永等均出自闽北。著名理学家朱熹一生 71 年有 40 余年时光是在闽北度过。北宋经学是宋学所有学术形态中的基础，发挥着异乎寻常的重要作用。北宋中期从义理之学到理学的发展，都是经学形态突变的结果。北宋经学与理学之间有着密切的关系，理学的发生不可能脱离其经学基础。在一定意义上可以说，唐宋儒学转型其实就是唐代经学形态向宋代经学形态的转型。学界认为，北宋理学的形成首先是由于"超越经学"。[4]这个转型就是在闽北完成的。张元幹深受闽北理学的熏陶，所以在他的诗词与文

章中经常会有不自觉的流露。简而言之，研究张元幹离不开他视为生命的词学。

（一）宋代词学背景：理学与古乐

宋代理学是中国传统儒学吸取佛道精华而形成的新儒学，讲求"正心诚意""穷理尽性""穷天理，灭人欲"，本质上是重道轻文的，但由于文能载道，他们又不能完全忽视"文"这一载体，于是对文提出一些具体要求，如具有一定的社会内容，于世有所补益。与传统诗文相比，词更多是一种抒情文体，脱胎于歌楼绮筵，是人们娱乐生活的产物，与理学家们克制人欲的要求格格不入，因此受到他们的鄙视。但是，词本身不断的发展，进入士大夫创作领域后，词趋于雅化，表现内容不断扩大，已经成为社会普遍流行的文学样式，受到各阶层的欢迎，因此理学家不得不重新审视词这一文体，对词的态度有所变化，甚至也进行创作。

反对文艺的理学家当中，最典型的是程颐，他认为"作文害道"，作文时会分散精力，不利于学道，简直就是玩物丧志，曰："凡为文不专意则不工，若专意则志局于此，又安能与天地同其大也。《书》云：'玩物丧志'，为文亦玩物也，……。古之学者惟务养情性，其它则不学。今为文者，专务章句，悦人耳目。既务悦人，非俳优而何？"[5] 相当偏激。张元幹对此颇有微词，尚有保留意见。这些意见体现在他的作品中，容当后叙。

程颐的文道观有些极端，绝大部分的理学家观点是重道轻文，但又没有完全摈弃文的作用，毕竟文是道的载体，可以抒情言志，阐发性理，很多理学家就写了大量的诗文，如朱熹，诗文取得很大的成就。作为一种新兴的文学样式，词的写作与阅读已经成为全社会的风尚，上至王公贵族，下至贩夫走卒，都能创作。在这种社会风气下，理学家们难免不受到影响，因此对词的态度发生微妙的变化。从总体上看，北宋理学家大多对词持否定态度，甚至坚决排斥，存词数量很少，仅邵雍存词一首，司马光存词三首。至南宋，大多数理学家对词的态度较为通达，逐渐能接纳这种文学样式并参与创作，如吕本中、刘子翚、朱熹、真德秀、魏了翁等人，留下大量词作。据许总《宋明理学与文学》[6]统计，理学家共存词达700余首，相当可观。词本质上是一种音乐文学，配乐而唱，理学家对词的态度往往与其对词所配之乐的态度相联系。宋人将配合词歌唱的音乐称为"今乐"，又称"俗乐"，古代庙堂所奏的为"古乐"，又称"雅乐"。孔子曾说："兴于诗，立于礼，成于乐"（《论语·泰伯》），强调诗乐合一，共同承担教化的功能。词从形式上看亦是诗乐合一，只是所配之乐发生变化。程颐认为礼崩乐坏之后，音乐已无法起教化的作用。他说："古礼既废，人伦不明，以致治家者皆无法度，是不得立于礼也。古人有歌咏以养其性情，声音以养其耳，舞蹈以养其血脉，今皆无之，是不得成于乐也。"[7] 据吕本中《童蒙训》卷下载："伊川先生尝有门弟子，日赴歌会过差，先生闻之大不乐，以为如此绝人理，去禽兽无几尔"[8]，刘宗周《人谱类记》卷下也曾记载："二程先生一日同赴士夫家会饮。座中有二红裙侑觞，伊川见妓，即拂衣起去。"[9] 程颐生活作风严肃，甚至刻板，极为排斥歌舞场面，对产生在歌儿舞女之间的词自然也不会有好感。到南宋朱熹时，当弟子问："今俗妓乐不可用否？"答曰："今州县都用，自家如何用不得！亦在人斟酌。"[10] 可见他对今乐已经能接受，不是一味地排斥。他认为："今之乐皆胡乐也，虽古之郑卫亦不可见矣。今《关雎》《鹿鸣》等诗，亦有人播之歌曲，然听之与俗乐无异，不知古乐如何？古之宫调与今之宫调无异，但恐古者用浊声多，今乐用清声处多。"[11] 认为今乐与古乐没太大差别，今乐多用清声，即高音，古乐多用浊声，即低音。对于词体与其他诗体的关系，朱熹曾云："古乐府只是诗，中间却添许多泛声。后来人怕失了那泛声，逐一声添个实字，遂成长短句，今曲子便是"[12]。词是否由古乐府增添实字而成，学术界尚有争议，但从这里可看出，朱熹努力寻找二者之间的联系，拉近二者的距离，以提高词体的地位，从而更加坦然接受词体。但词毕竟为"诗余"，与理学家强调的经世致用仍有一定的差距，因此，从根本上，他们虽然接受词，但不会重视。朱熹曾赋词二首《忆秦娥》，词题为《雪、梅二阕怀张敬夫》，词后附绝句一首，题为《题二阕后自是不复作矣》，云："久恶繁哇混太和，云何今日自吟哦。世间万事皆如此，两叶行将用斧柯。"[13] 将词视为"繁哇"，即靡靡之音，虽表面上接受词这一文学样式，但心里仍存偏见。他又说："小词，前辈亦有为之者，顾其词义如何，若出于正，似无甚害；然能不作更好也"[14]。他的创作实践大体与其观念相符，其词今仅存19首，与其1200多首诗无法相比。在对词的欣赏上，朱熹比较推崇那些接近诗的词，即内容充实，具有社会功用，如张祁、张孝祥父子的爱国词。他于淳熙元年（1174）将张氏父子爱国词刻于官署，并题云："右紫微舍人张伯和父所书其父子诗词以见属者。读之使人奋然有擒灭仇寇，扫清中原之意。淳熙庚子刻置南康军之武观，以示文武吏士。"[15] 他所推崇的不是辞藻或者音律，而是其爱国内容。朱熹的词学观在理学家中具有代表性，注重词的功用性，他们的词作可看出这一点。总之，理学家对词的态度随着时间的推移，发生了变化，由坚决排斥到逐渐接受，但本质上还是轻视作为艳科的词，只是不反对出于雅正的词作，朱熹的词学观具有代表性。

（二）危难之际的救亡图存与理学的蓬勃发展

宋代，尤其是南宋，是福建文化史上最为光辉灿烂的节点，理学在福建蓬勃发展，至朱熹时达到顶峰。明初宋濂说："天生濂、洛、关、闽四夫子，始揭白日于中天，万象森列，无不毕见，其功固伟矣。而集其大成者惟考亭朱子而已"。[16]理学在福建得到发展，具有其独特性，形成与濂学、洛学、关学相并列的一个流派，即闽学。闽北包括建宁府、南剑州和邵武军，是闽学的主要活动区域，朱熹之前的"南剑三先生"（杨时、罗从彦、李侗）和游酢、刘勉之、刘子翚等，以及朱子及其门人，他们主要在闽北讲学，交流，而且他们的籍贯大多为闽北，对闽北文化的发展做出巨大贡献。宋代闽北籍词人有 66 人，词作 858 首，其中有不少理学家及其门人，初步统计，约有 21 人，占闽北籍词人总数的 32%左右，词作247 首，约占 29%，即闽北词人及其词作，各有 1/3 左右是与理学家有关的。这些理学家词人如陈瓘、朱熹、真德秀、刘子翚、熊禾等，都是理学史著名者。理学家注重学术传承，他们往往以师友方式进行交流，形成特殊的闽北理学词人群体。在理学家看来，宇宙与人生在本体上是合二为一的，万事万物往往蕴含着哲理。《朱子语类》卷 62 云："天地中间，上是天，下是地，中间有许多日月星辰，山川草木，人物禽兽，此皆形而下之器也，然这形而下之器之中，便各自有个道理，此便是形而上之道。"[17]无论是天上的日月星辰，还是地上的山川草木，都可以是理的载体。通过对自然万物的体察便可以求得理，因此理学家们吟咏情性往往借自然景物。他们写诗文为了载道，词对于他们来说，很大程度上延伸了诗文的功能，因此往往在词中表达某种道理。通过描写客观景物，表达他们的情志，寄托某种感情，成为理学家词作的重要内容。钱锺书《谈艺录》卷 69 云："以山水通于理道，自亦孔门心法"，"惟宋明理学诸儒，流连光景，玩索端倪"，

"宋儒论道，最重活泼泼生机……感春亦道学家分内事也。"[18] 例如朱熹，善于从景物中发现道理，如其名诗《春日》云："胜日寻芳泗水滨，无边光景一时新。等闲识得东风面，万紫千红总是春。"寓理于景中，生动活泼，有理趣而无理障。他亦将这种手法运用到词的创作中，如《念奴娇·用傅安道和朱希真梅词韵》云：临风一笑，问群芳谁是，真香纯白。独立无朋，算只有、姑射山头仙客。绝艳谁怜，真心自保，邈与尘缘隔。天然殊胜，不关风露冰雪。应笑俗李粗桃，无言翻引得，狂蜂轻蝶。争似黄昏闲弄影，清浅一溪霜月。画角吹残，瑶台梦断，直下成休歇。绿阴青子，莫教容易披折。"

另外，《忆秦娥·雪、梅二阕怀张敬夫》之二亦写梅，上片云："梅花发。寒梢挂着瑶台月。瑶台月。和羹心事，履霜时节。"这两首词通过咏梅，抒发了自己的高洁心志，决不随波逐流，与世俯仰。王柏《跋文公梅词真迹》云："昔南轩先生与先大父石笋翁在长沙赏梅，分韵有曰'平生嘉绝处，心事付寒梅'，今又获拜观文公先生怀南轩之句曰'和羹心事，履霜时节'。由是知二先生心事与梅花一也。然此八字虽平熟，极有深意。盖和羹之用，正自履霜中来。自昔贤人君子，有大力量、立大功业者，必有孤洁挺特之操，百炼于奇穷困厄之中而不变者也。异时先生又曰：'绝艳谁怜，真心自保'，所以指示学者尤亲切。梅花与二先生之心，果何心哉？不过一真字而已。"[19] 梅花这一意象在朱熹眼里的确具有某种象征含义，其诗作中亦反复出现，咏梅诗有 30 多首，可见他用梅花寄托自己品格的用意所在。真德秀亦有咏梅词。真德秀（1178—1235），初字景元，后改为景希，浦城人，学者称西山先生，现仅存词一首，即《蝶恋花》，咏红梅。词云：

"两岸月桥花半吐。红透肌香，暗把游人误。尽道武陵溪上路。不知迷入江南去。先自冰霜真态度。何事枝头，点点胭脂污。莫是东君嫌淡素。问花花又娇无语。"

真德秀所作《蝶恋花》情致婉丽，令学界大跌眼镜，纷纷惊呼："作《大学衍义》人，又有此等词笔。"[20] 陈廷焯《白雨斋词话》卷 8 云："《词综》所录朱晦翁《水调歌头》、真西山《蝶恋花》，虽非高作，却不沉闷，固知不是腐儒。"[21]

理学家不仅借物言志，而且还借景抒情，"物""景"蕴含着哲理。闽北风景秀美，建州的武夷山，南平的建溪，邵武的富屯溪等等，引得文人墨客流连忘返。理学家在青山绿水间谈诗论道，学问日进，如朱熹《方舆胜览》卷11引韩无咎语："朱元晦居五夫山……暇则游焉，与其门生弟子挟书而诵，取古诗三百篇及楚人之词哦而歌之，得酒啸咏，留必数日，盖山中之乐悉为元晦之私也。"[22]

此等景象与理学家所期盼的理想境界颇为接近，即孔子所言"暮春者，春服既成，冠者五六人，童子六七人，浴乎沂，风乎舞雩，咏而归。"[23] 理学家认为宇宙与人生在本体上是合二为一的，在山水中体验道的本义，体会自然界的勃勃生机，他们常常在词中借山水抒发闲适之情以及隐居之乐。这在陈瓘词中尤为明显。陈瓘（1057—1122），字莹中，号了翁，又号了斋，南剑州沙县人，有《了斋词》，今存词24首。他为人刚正不阿，宦途坎坷，屡遭凶险，但其词总体上不流露出悲苦之音，颇能自足自乐，《减字木兰花·题韦深道独乐堂》很能代表其人生观，词云："世间拘碍。人不堪时渠不改。古有斯人。千载谁能继后尘。春风入手。乐事自应随处有。与众熙怡。何似幽居独乐时。""乐事自应随处有"，追求知足常乐，不因外界的干扰而乱了心性。又如《卜算子》："身如一叶舟，万事潮头起。水长船高一任伊，来往洪涛里。潮落又潮生，今古长如此。后夜开尊独酌时，月满人千里。"语言自然平淡，但深入浅出，透露出深刻的人生哲理。潮起潮落，生生不息，古今皆如此。没有怨叹，没有悲观，也不故作旷达，而是一种豁达。在理学家看来，宇宙与人生合二为一，人生有限，宇宙生机却是无限的，体现在世间万物的生生不息，人生的意义在于自得其所，这样有限的人生便与无限的宇宙融为一体，获得永恒。这种思想也在张元幹的文章诗词中有许多表现。

（三）张元幹政界生涯与词学创作

张元幹（1091—1161），字仲宗，号芦川居士，福建永福县（今永泰县）人。他是宋代的爱国词人，不顾会受到政治迫害的风险，写词声援反对议和、坚持抗金的李纲，声援上书请斩议和权奸的胡铨，最终被权贵追赴大理寺削籍。张元幹生于官宦世家。他的祖父张肩孟，是北宋皇祐五年（1053）进士，官至朝奉郎、歙州通判。祖父及三位伯父都是进士出身，家学渊源深厚。父亲张动，字安道，崇宁年间在邺城为官，政和年间则知建州。张元幹少年时曾问道于陈瓘，学诗于徐俯，政和年间入为太学上舍生。他和洪刍、苏坚、吕本中、汪藻、向子諲等人相结诗社，饮酒赋诗。张元幹年轻时即已有诗集流传，胡仔撰《苕溪渔隐丛话》记道："余宣和间居泗上，于王周士处见张仲宗诗一卷，因借录之，后三十年于钱唐与仲宗同馆谷，初，方识之，余因戏谓仲宗曰：'三十年前已识公于诗卷中。'仲宗请余举其诗，渠皆不能记，殆如隔世，反从余求之。"[24]

张元幹青少年时代接受过完整的教育，是"太学上舍"的学生。他的舅父向子谚，在金兵南侵的时候，曾在潭州亲自领兵和强敌作战，并且坚决反对和议，也是一位富有爱国思想的人物。这种家庭环境和社会环境，非常有利于他爱国思想的形成。年轻时代的张元幹就曾以长于写作诗词而闻名于时，赢得了文化界许多知名人士的器重。但作为一个胸怀壮志的青年，在国家存亡的关头，他并不甘心舞文弄墨，为北宋王朝粉饰太平。他迫切要求投身于火热的抗金斗争，为统一祖国做一番事业。他在《陇头泉》词里追忆年轻时代的生活说："少年时，壮怀谁与禾论。视文章、真成小技，要知吾道称即。类公车，治安秘计，乐油幕，谈笑从军。"这就是他年轻时期的抱负。宋徽宗时，他曾任小官，交结了许多社会上层人士，往来于家乡、延平、建康和东都之间，为呼吁抗金而到处奔波。宋钦宗当权后，金贵族大举南侵，宋徽宗与宋钦宗准备接受金人的城下之盟，宰相李纲坚决反对，说服他们坚持抗金斗争，并给予入侵的金兵以应有的打击。当时，张元幹兼任李纲的行营属官，参与了李纲领导的抗金斗争。不久，主和势力重新抬头，李纲被撤职，张元幹也被贬。宋高宗建炎元年（1127），赵构在南京称帝，驻跸杭州，在社会舆论的逼迫下，重新起用李纲为相，图谋恢复大业。大约在这时，张元幹也被起用，官将作监丞。

在靖康之变后，李纲主战，受到同僚排挤。张元幹因为力挺李纲，与李纲一同遭到贬逐。被贬后，张元幹离开汴京，一直游历于镇江、临安一带，同时也时常关心朝廷动态。面对"有心杀贼，无力回天"不可逆转之危局，张元幹此时已产生归隐之心。绍兴元年（1131）初，张元幹致仕，回到家乡永福。张元幹辞官还乡后，很长时间都留在福州，没有离开，但他依然关心时事政治，常常写作诗词批评朝政。南宋绍兴八年（1138），秦桧再度入朝为相，筹备与金议和事宜。李纲反对议和，罢官回到长乐。张元幹写下《贺新郎·寄李伯纪丞相》："曳杖危楼去。斗垂天、沧波万顷，月流烟渚。扫尽浮云风不定，未放扁舟夜渡。宿雁落、寒芦深处。怅望关河空吊影，正人间鼻息鸣鼍鼓。谁伴我，醉中舞？十年一梦扬州路。倚高寒，愁生故国，气吞骄虏。要斩楼兰三尺剑，遗恨琵琶旧语。漫暗涩、铜华尘土。唤取谪仙平章看，过苕溪、尚许垂纶否？风浩荡，欲飞举。"

时值秦桧当权，力主和议，张元幹"不屑与奸佞同朝"[25]，毅然辞官归里。因此，被时人誉为"飘然鸿鹄本不群"的人物[26]。张元幹辞官归隐虽属消极行为，但这仅仅是斗争方式的改变，而他的爱国立场和以前并无二致。正因为如此，所以他辞官后仍然坚持反对主和派的斗争。绍兴八年（1138），秦桧派王伦为计议使赴金谈判投降条件，遭到李纲和胡铨的激烈反对，张元幹便满腔热忱地写了两首传诵千古的《贺新郎》词，表示对主和派的谴责，对李纲、胡铨正义行动的支持。在北宋灭亡，士大夫南渡的艰难时刻，慷慨悲壮的忧国忧民的词人们，名篇叠出；张芦川有《贺新郎》之作，先以"曳杖危楼去"寄怀李纲，后以"梦绕神州路"送别胡铨，两词尤为悲愤痛苦，感人肺腑。高宗绍兴十二年（1142），因反对"和议"、请斩秦桧等三人而贬为福州签判的胡铨，再次遭遣，除名编管新州（今广东新兴），芦川作此词以相送。"梦绕神州路"，是说我辈灵魂都离不开未收复的中原。"怅秋风"三句，写值此金秋在萧萧的风声之中，一方面号角之声连绵不断，似乎武备军容，十分雄武；另一方面想起故都汴州，已是禾黍稀疏，一片荒凉。此句将南宋局势，缩摄于尺幅之中。以下便由此发出强烈的质问之声，酷似屈原《天问》之悲呛风格。

绍兴十二年（1142），曾上书请斩秦桧的胡铨，被朝廷除名，送新州编管，"一时士大夫畏罪钳舌，莫敢与立谈"，而张元幹亦作《贺新郎·送胡邦衡谪新州》，鼓舞胡铨。多年后，秦桧得知张元幹此词，命大理寺削去张元幹之籍："又数年，秦（桧）始闻仲宗之词。仲宗挂冠已久，以它事追赴大理寺削籍焉。"[27]二十六年（1156）张元幹不知何因事回到临安。一直到三十一年（1161）去世，他都没能回到福州。《暮山溪》："钱塘江上，冠盖如云积。骑马傍朱门，谁肯念、尘埃墨客？佳人信杳，日暮碧云深，楼独倚，镜频看，此意无人识。"他在临安求见高官达人却不能得见，而"佳人信杳"亦似指他托人办事而久久未得答复，或许是因削籍之事而走动关系。去世后，由子孙归葬在福州的螺山上。终其一生可知，早年的家族养成与理学熏陶，铸就了张元幹终生刚正不阿的坚强性格。

二、张元幹与闽北理学师友的学术活动

张元幹在闽北结识了众多师友，限于篇幅，重点介绍几位。

（一）刘珙、陈瓘、吕胜己等人的理学与词学

理学家通过描写隐居环境的优美，抒发归隐情趣，如刘珙。刘珙（1122—1178），字共父，崇安人，刘子羽之子，刘子翚之侄。今存词一首，即《满江红·遥寿仲固叔谊》，为寿词，但全无寿词的程序化语调，语言清新自然。词云：

南郭新居，忆乡社、久成疏隔。乘暇日、风吹衣袂，花迎村陌。果核鸡豚张燕豆，儿童父老联宾席。想笋舆、到处水增光，山添色。应情念，天涯任。随官牒，飘萍迹。叹离多聚少，感今思昔。鬓影羞临湘水绿，梦魂常对屏山碧。凭画栏、搔首望归云，情无极。

仲固即刘珙祖父刘韐之弟——刘韫，以门荫入仕，有政声，后以朝散大夫致仕，筑室县南，有台榭花木之胜，应是词中所云的南郭新居。上片所叙农居生活，颇有王维《渭川田家》味道，农村景色优美，人情浓厚，与下片所述宦途劳累形成鲜明对比，让人产生隐居的愿望。理学家强调心静如水，朱熹说："心如水，性犹水之静，情则水之流，欲则水之波澜。"[28]

陈瓘的词较为淡漠，绝大多数都看不出个人的喜怒哀乐之情，更看不出他的个人情感经历，24首词无一及男女之情，这在理学家的词作中很具有代表性。但是，词作为言情的重要手段，往往离不开宴会歌舞的场面，而宴会歌舞已经成为一种社会风气，是士大夫们交流、聚会的一种重要方式，即使严肃如伊川者亦无法躲避红裙侑觞场合。因此，虽然理学家们竭力克制自己的感情，但人非草木，孰能无情，他们的创作或多或少流露出一丝情的痕迹。如刘子翚《南歌子》云："曼声恰与贯珠宜，听此直教拼得醉翻卮"，描写宴会时歌妓声音之美。亦有描写与歌妓的交往，如陈以庄的《水龙吟·记钱塘之恨》。

陈以庄，字敬叟，号月溪，建安人，黄铢之甥，今存词三首。其《水龙吟·记钱塘之恨》抒发对一歌妓的思念，上片写到今日旧地重游，风景依旧，只是不见当年的佳人，下片回忆云："窈窕青门紫曲，蒨罗新、衣翻金缕，旧音恍记，轻

拢慢捻，哀弦危柱。金屋难成，阿娇已远，不堪春暮。听一声杜宇，红殷绿老，雨花风絮。"缠绵绮丽，不亚于柳永的歌妓词。

在闽北理学家中，词作中最显现个人情感的即吕胜己，字季克，自号渭川居士，建阳人，受学于张栻和朱熹。他现存词89首，今人辑为《渭川居士词》，是宋代闽北词人中存词最多者。其词作体现一个士人兼理学家的心路历程，年轻时曾抱有用世之志，但残酷的现实生活令其屡屡碰壁，于是寄情山水，归隐田园。

总之，闽北作为闽中理学的发展基地，集合了一大批优秀的理学家，他们在探讨理学之余创作不少词作，形成独特的理学词派，影响到闽中爱国词和寿词的大量产生。这些理学精英多数成为张元幹的挚友，他们所推崇的理学理念对张元幹造成很大的影响。

在民族危难之际，闽中涌现一大批爱国志士，如李纲、张元幹、刘克庄、陈人杰、陈文龙、谢翱等。这些爱国志士中有不少是词人，如李纲、张元幹、刘克庄、陈人杰等，他们创作了大量爱国词，形成闽中词的一大特色，这与闽中理学的发展、闽人性格有关。闽中是理学发展的前沿，理学家大都讲求节操义气，治世爱国，注重爱国教育，在他们的影响下，闽中多正义之士。一方面，理学家受家学的影响，培养了爱国热忱；另一方面，他们的爱国精神又感染了一批门人及朋友。这是闽中爱国词人成批涌现深刻内涵，如陈瓘影响了张元幹，真德秀影响了刘克庄，等等。张元幹和刘克庄就是闽中爱国词人的代表。

（二）张元幹与闽北理学家的家族养成

闽中理学家通常以家族形式出现，如尤溪朱氏、武夷胡氏以及崇安刘氏等。这些家族注重家庭成员节操的培养，尤其是民族气节。朱熹父亲朱松，曾手书苏轼的《昆阳赋》，给朱熹讲述"古今成败兴亡大致"[29]，灌输爱国思想。成人后朱熹反对议和，上疏出谋划策以抵御敌兵，关心国事，其门人黄幹云："先生平居惓惓，无一念不在于国，闻时政之阙失，则戚然有不豫之色，语及国势之未振，则感慨以至泣下"[30]。武夷胡氏亦是如此，（胡安国）"见中原沦没，常若痛切于身"，虽然在朝时间不长，"而爱君忧国之志远而弥笃"，平常训勉家庭严且正，他卒后，其子胡寅等人，"皆能不屈于秦，却其招，不往"[31]。崇安刘氏更是以忠君闻名。刘韐出使金营，不屈，死节于靖康之难。其子刘子羽宣和间与张浚协力，拒金人以保全蜀，立下赫赫战功，季子刘子翚写《汴京纪事》二十首，感愤国事，流传颇广。其孙刘珙立朝临阵，忘身忧国。理学家炽热的爱国情感的产生不仅仅是受家学影响，还可以认为，爱国亦是其人生理念重要组成部分。理学家的理论集中于"穷理"，以天人合一为契机，他们为学的宗旨最后指向修身齐家治国平天下。这就决定他们并非空谈性理，不闻窗外事，而是心系社稷。朱熹云："察四方之事情，览山川之形势，观古今兴亡治乱得失之迹，这道理方见得周遍，士而怀居，不足以为士矣，不是块然守定这物事，在一室关门独坐便了，便可以为圣贤。"[32] 南宋时期，国土残缺不全，理学家们积极献策，反对议和。朱熹在《壬午应诏封事》中说："金人于我有不共戴天之仇，则其不可和也明矣"[33]。甚至有人将抗敌御侮与天命、纲常联系在一起。如胡宏建议须先整顿三纲，三纲立则边鄙之敌可破也；真德秀认为"中原无主，正是上天监视四方，为民择主之时"，劝理宗"修德以格天"，方能收复国土 [34]。理学家的爱国意识反映在词作上，便是要求词具有社会功用，能够反映社会现实生活。他们虽瞧不起词，但对于具有现实内容的词则颇为赞赏。如朱熹言："顾其词义如何，若出于正，似无甚害"[35]，并对张祁、张孝祥父子的爱国词予以高度评价，认为"读之使人奋然有擒灭仇寇，扫清中原之意"[36]。因此，闽中词人在理学家的影响下，创作了大量爱国词。这些词人中不少本身便是理学家，如朱熹、胡寅、刘子翚等，他们的一些词作体现出浓烈的爱国情怀。另外一些词人虽不属于理学家，但与理学家交游，理学成为他们爱国思想的形成的源泉，如张元幹、刘克庄等。

张元幹的家族养成之路很值得学术界深入探讨。他的曾祖张昌龄曾任都御史，祖父张肩孟官至朝奉郎、歙州通判。祖父非常重视子弟的教育，张元幹的伯父和父亲，都是少年苦学，祖父与三位伯父均为进士，后来"相继登科，跟禁从，为南方仕族之冠"[37]，时有"丹桂五枝芳"之称。宋代重文，尤重砥砺士风。先辈们无论是学问，还是德行，都为时人所称赞。可想而知，出生在如此诗礼世家，张元幹从小会受到怎样的教育和熏陶，这为他一生的道德文章打下扎实的基础。年少的张元幹，资质、颖悟和刻苦都是出类拔萃的。14 岁时追随父亲到河北官廨，已经能写诗，而且能与父亲的"座客赓唱"，"初若不经意，而辞藻可观，莫不骇其敏悟"[38]。他自己回忆："少时有志从前辈长者，提竭蹶，不舍昼夜。"[39]

大观四年（1110）张元幹 20 岁时，在江西"问句法于东湖先生徐师川"。"是时洪当驹父、弟炎玉父、苏坚伯固、子库养直、潘淳子真、吕本中居仁、汪藻彦章、向子铔伯恭，为同社诗酒之乐"，"亦获攘臂其间"[40]。政和年间，张元幹进入京师太学，诗词创作开始显露才华，受到当时名士的赞赏。李纲曾经感叹："予昔与安道少卿游，闻仲宗有声庠序间，籍甚，恨未之识。"[41]周必大在《益公题跋》中说："张元幹，字仲宗，在政和宣和间，已有能乐府声。"此后，张元幹曾到过豫、赣、闽等地，并先后与陈与义、吕本中等交游，拜访了苏辙和谪居的李纲，并受到赞赏。可见他在青年时期，交游广泛，所交多为饱学之士和主战派官吏，都是忠直正义之人。这些人的言行和教诲必然使年轻的张元幹受益匪浅。同时，他还游历了许多地方，增长了见识，拓宽了视野，祖国的大好河山，人民的淳朴生活，必然给他留下了深刻印象。足见家族养成铸就了他强烈的爱国情感。

当然，话说回来，只有在经历了国破家亡、身世浮沉之后，青年张元幹才沉淀下来，居江湖之远，冷眼旁观世事变换，深刻反思自己的过往，他终于看清楚了当权者的自私无耻，爱国者的抗争无奈，人民的流离无助，金兵的需索无度。经历过一切后，他不改其赤子本色，仍然光明磊落，爱憎分明。诗词成为他新的征伐重器，挥斥方遒，刺奸疾佞，激励同道，矢志恢复，将其满腹爱国热情都融入篇篇词章，在身陷江湖的同时，却在艺术上破茧成蝶，走出了一片新天地。

张元幹年轻时与不少爱国志士交往密切，如杨时、陈瓘、吕本中、李纲、邓肃、陈与义等人，其中不少人是理学家。譬如杨时，字龟山，受学于二程，是闽中早期的理学家，朱熹、张栻之学即源于他。徽宗时官至国子监祭酒，反对议和，指斥蔡京误国。又如陈瓘，忠君爱国，反对奸臣蔡京最力。宣和庚子（1120），张元幹拜瓘于庐山之南，他后来记述："少时有志从前辈长者游，担簦竭蹶，不舍昼夜。宣和庚子春，拜忠肃公于庐山之南，陪侍杖履，幽寻云烟水石者累月，与闻前言往行，商榷古今治乱成败，夜分乃就寐。"[42]他对张元幹理学理念与爱国思想的形成产生很大的影响，张元幹年近七旬所作的《上平江陈侍郎十绝》仍云："每见遗编须掩泣，晚生期不负先生。"张元幹还满怀崇敬与不舍之心写下送别恩师陈瓘的诗词："梦绕神州路。怅秋风，连营画角，故宫离黍。底事昆仑倾砥柱,九地黄流乱注。聚万落千村狐兔。天意从来高难问,况人情老易悲难诉。更南浦,送君去。凉生岸柳催残暑。耿斜河,疏星淡月,断云微度。万里江山知何处,回首对床夜语。雁不到,书成谁与。目尽青天怀今古,肯儿曹、恩怨相尔汝。举大白,听金缕。"[43] "诗文有风骨砥柱社稷,清袖存正义气吞山河",这句诗概括了张元幹的一生。

随之在陈瓘的引荐下,张元幹认识了李纲,在《张致政》(即祭李纲文)一文中写道:"后数年,始克见公梁溪之滨。历论古今成败,数至夜分。语稍洽,爰定交焉。"[44] 这对他毕生经历产生了重大影响。他跟随李纲参加抗金斗争,使其爱国心愿付诸行动。除了理学家的言行对张元幹产生影响,理学经世致用的哲学思想也起了较大作用。他在《水调歌头·送吕居仁召赴行在所》中云:"吾道尊洙泗",洙、泗为当年孔子讲学处,后来的朱熹亦有诗云"胜日寻芳泗水滨",这里的洙、泗即指代儒家思想,在宋时更多指的是新儒学,即理学。在《陇头泉》中亦云:"少年时,壮怀谁与重论。视文章、真成小技,要知吾道称尊。"在南北宋交替的时代,民族矛盾凸显,理学以天下为己任的爱国思想影响了大批志士,张元幹亦不例外,感慨"干戈未定,悲河洛尚腥膻"。与张元幹不同,刘克庄与理学的关系更为复杂。理学家,尤其是北宋的理学家,对文艺持否定态度,刘克庄反对理学家这种崇理抑文的文道观。他说:"本朝文治虽盛,诸老先生率崇性理卑艺文,朱主程而抑苏,吕氏《文鉴》去取多朱氏意。"[45] 又云:"为洛学者皆崇性理而抑艺文,词尤为艺文之下者也。"[46] 刘克庄反对的只是理学家的文道观及其礼法观念,而并非全盘否定理学。他认为理学与文学二者并非不可兼容,深谙理学家也可以出文学佳品,他说:"近世贵理学而贱诗赋,间有篇咏,率是语录讲义之押韵者耳。然康节(邵雍)、明道(程颐)于风月花柳,未尝不赏好,不害其为大儒也。"[47] 事实上,他生活在理学气氛浓郁的福建,深受理学的熏陶,这主要体现在其家学,及与他交游的理学家,如真德秀、魏了翁、黄幹等人。他的祖父刘夙、叔祖刘朔,受学于理学家林光朝,以"言论风节闻天下"[48]。刘克庄亦受业于真德秀,真氏还以"学贯古今,文追骚雅"向朝廷推荐刘克庄。这些对其爱国思想产生了一定的影响。

理学不仅对张元幹、刘克庄爱国思想的形成产生重要的影响,而且深刻波及整个福建的士人群体，因此南宋时闽籍爱国词人成批涌现。从时间上看，闽籍爱国词人主要有南北宋之交的李纲、张元幹及其友人李弥逊、邓肃等人，南宋中后期的刘克庄、陈人杰、陈德武等人。李纲和张元幹亲身经历了靖康元年（1126）正月的汴京保卫战，对江山沦陷感同身受，因此其爱国词体现出慷慨悲壮之风格。

李纲（1083—1140），字伯纪，邵武人，与赵鼎、李光、胡铨合称"南渡四大名臣"。他坚决主张抗战，反对和议，献身家国，《宋史》本传称他："负天下之望，以一身用舍为社稷生民安危。虽身或不用，用有不久，而其忠诚义气，凛然动乎远迩。每宋使至燕山，必问李纲、赵鼎安否，其为远人所畏服如此。"[49]李纲著有《梁溪词》，今存54首，报国主要体现在咏怀词和咏史词上。《苏武令》云："塞上风高，渔阳秋早。惆怅翠华音杳。驿使空驰，征鸿归尽，不寄双龙消耗。念白衣、金殿除恩，归黄阁、未成图报。 谁信我、致主丹衷，伤时多故，未作救民方召。调鼎为霖，登坛作将，燕然即须平扫。拥精兵十万，横行沙漠，奉迎天表。"这首词鲜明地表达了李纲的理想，即率兵抗敌，保家卫国，风格慷慨悲壮，可见其忧国忧民之切。但现实生活彻底粉碎了他的理想，屡遭朝中主和派的暗算，被迫离朝，满怀壮志付诸东流，"追想平生发孤笑。壮怀消散，尽付败荷衰草。"（《感皇恩·枕上》）。壮志无法实现，只有寄托在古代明主贤臣身上，其七首咏史词，分别题为"光武战昆阳""汉武巡朔方""晋师胜淝上""太宗临渭上""宪宗平淮西""明皇幸西蜀""真宗幸澶渊"。其中《雨霖铃·明皇幸西蜀》，讽刺唐明皇终日沉迷酒色，导致"金舆远幸匆匆速，奈六军不发人争目"的后果，发出"明眸皓齿难恋"的感慨，带有劝谏意味，希望当今圣主能吸取历史教训。其余六题均写历代的著名战役，李纲主战的思想在词作中表露无遗。这六题正面直接描写战争的场面，如写昆阳之战，"提兵来击，声喧天壤，雷风借助。虎豹哀嗥，戈铤委地，一时休去。"（《水龙吟·光武战昆阳》）又写澶渊之战，"銮辂动，霓旌龙旆，遥指澶渊道。日照金戈，云随黄伞，径渡大河清晓。六军万姓呼舞，箭发狄酋难保"（《喜迁莺·真宗幸澶渊》）。均从大处着手，居高临下，场景壮观宏阔，使人感到"中华强盛，坐令夷狄衰弱"（《念奴娇·汉武巡朔方》），充满必胜的信心。词作以古喻今，寄托了李纲的迫切愿望，即希望当今君王能效仿古代的明君，要有战胜的信念，恢复中原，不能屈服敌对势力。这种忧国忧民之情贯串词中，使得李词慷慨悲壮，这种词风很大程度上影响了张元幹的创作。张元幹传世有《芦川词》，今《全宋词》收录 185 首。[50]

蔡戡《芦川居士词序》评介：张元幹"喜作长短句，其忧国爱君之心，愤世嫉邪之气，间寓于歌诗"[51]。年轻时志向远大，"整顿乾坤，廓清宇宙，男儿此志会须伸"（《陇头泉》）。面对山河沦陷的现实，"长庚光怒，群盗纵横，逆胡猖獗"，发出"欲挽天河，一洗中原膏血"的呐喊（《石州慢·己酉秋吴兴舟中作》）。集中两首《贺新郎》表达了张元幹对主战派的支持，是其代表作。绍兴八年（1138），高宗与秦桧商定议和，李纲上疏反对，张元幹作《贺新郎·寄李伯纪丞相》以示鼓励。词中吟唱："十年一梦扬州路。倚高寒、愁生故国，气吞骄虏。要斩楼兰三尺剑，遗恨琵琶旧语。"感慨当年往事，感情比较沉郁，最后以"风浩荡，欲飞举"结篇，气势磅礴。

另外一首《贺新郎·送胡邦衡待制》，胡铨，字邦衡，绍兴八年上书反对议和，请斩秦桧，遭贬广州。绍兴十二年（1142），谏官罗汝楫弹劾胡铨饰非横议，上诏，使得胡铨重贬新州。当时胡铨"平生亲党，避嫌畏祸，唯恐去之不速"，张元幹"作长短句送之"[52]，是为《贺新郎·送胡邦衡待制》。此词较之赠李纲词，更为沉郁悲凉，叹道统治者不能使用人才，以至忠而见疑，导致国家栋梁倾颓，造成"九地黄流乱注。聚万落、千村狐兔"的局面，不禁发出"天意从来高难问，况人情、老易悲如许"的感慨，既是伤人，又是自伤。《四库全书总目》卷 198 评张元幹这二首《贺新郎》："慷慨悲凉，数百年后，尚想其抑塞磊落之气。"[53]

与李纲、张元幹来往较多的闽中词人尚有李弥逊和邓肃。李弥逊（1089—1153），字似之，号筠溪翁，祖籍福州连江，居于苏州吴县。据《宋史》卷 382 载，李弥逊于高宗绍兴十二年（1142）反对秦桧议和，与赵鼎等受贬落职，居连江西山，"十余年间不通时相书，不请磨勘，不乞任子，不序封爵，以终其身，常忧国，无怨怼意。"[54] 其词为《筠溪乐府》，今《全宋词》录 82 首，《全宋词补辑》录 6 首，共 88 首。其词较为疏朗，同时写爱国之情，总体上感情较为平和，悲与壮不如李纲和张元幹，如"梦中北去又南来"（《江神子·临安道中》），"江城烽火连三月。不堪对酒长亭别。休作断肠声。老来无泪倾"（《菩萨蛮》）等。邓肃（1091—1132），字志宏，自号栟榈居士，永安人，今存词 45 首，总体风格婉丽，集中直接抒发爱国情的词作不多，以《瑞鹧鸪》为代表。

南宋中后期闽籍的爱国词人有刘克庄、陈人杰、陈德武等人。刘克庄的爱国词，与陆游、辛弃疾并称，此不缀述。陈人杰（？—1243），即陈经国，号龟峰，福州长乐人。《龟峰词》现存 31 首，均是用同一词调——《沁园春》，善用三国六朝治乱兴衰的典故，融化词中，流畅而不涩。较之南宋初期，此时南宋王朝已病入膏肓，大势已去，谈主战与主和已无意义，因此，30 余首龟峰词不仅仅是悲壮，简直是充满绝望，读来令人感受到词人跳跃的爱国心，看到他在捶胸顿足。词人抨击当权者误国害民，腐朽不堪。南渡百年，统治者安于一隅，早已丧失祖宗当年不容他人安睡卧榻之侧的霸气，终日耽于纸醉金迷中，"诸君传粉涂脂。问南北战争都不知""南北战争，惟有西湖，长如太平"，令壮士扼腕，慨叹"奈未遇良媒空自伤"（《沁园春·庚子岁自寿》），只好以"兴亡常事休悲。算人世荣华都几时"（《沁园春·为问杜鹃》）宽慰自己。

陈德武，生卒年不详，大约与陈人杰同时，三山（今福州）人，有《白雪遗音》一卷，今存词 65 首。其词多写花鸟草木及羁旅行役，亦有一些咏怀词，以《水龙吟·西湖怀古》和《望海潮·钱塘怀古》为代表。二词均讽刺南渡百年，朝臣消弭收复失地之志，安于现状，"使百年南渡，一时豪杰，都忘却、平生志。"（《水龙吟·西湖怀古》），"乐极西湖，愁多南渡，他都是梦魂空。感古恨无穷。"（《望海潮·钱塘怀古》）《水龙吟·西湖怀古》上片写西湖美景令人沉醉，忘却收复中原。下片笔锋一转，"可惜天旋时异。藉何人、雪当年耻。登临形胜，感伤今古，发挥英气。力士推山，天吴移水，作农桑地。借钱塘潮汐，为君洗尽，岳将军泪。"慷慨激昂，力士、天吴，都是古代传说中的神人，词人想借用神力把理想变为现实。这些爱国词人与张元幹吟唱诗词，成为两宋之交的亮丽风景。

三、张元幹《芦川词》版本探究

因为探索张元幹的理学取向，涉及《芦川词》之若干版本。藉此稍作探研。宋人直接记载的《芦川词》有两种版本，一为陈振孙《直斋书录解题》记载的一卷本，且该词集为长沙书坊所刻百家词本；一为《宋史·艺文志》，记为两卷本。

关于《芦川词》在宋代时的版本，已有学者进行了考证，如王兆鹏、曹济平、邹艳等。据王兆鹏《张元幹<芦川归来集>版本源流考》，宋代《芦川词》有四种版本：1. 张元幹之子张靖于家中所刻本，名为《芦川居士词》，大约刊刻于淳熙六年（1179）前后，以《贺新郎》送胡铨词压卷，收词共二百余首，二卷。2. 周必大所见版本，名《芦川集》，以《贺新郎》送李伯纪丞相为首，收词共一百六十篇，卷数不详。3. 陈振孙《直斋书录解题》所记版本《芦川词》，为长沙书坊所刻《百家词》本，一卷。4. 国家图书馆藏宋本《芦川词》，以《贺新郎》送李伯纪丞相为首，收词共 185 首，二卷。曹济平则把宋代《芦川词》分为两种版本：1. 一卷本，即宋《百家词》长沙刻本；2. 二卷本，即今国图藏本。邹艳、陈媛《张元幹词全集》中认为南宋时有三种版本，一种是家刻二卷本，一种是长沙书坊的丛刻一卷本，一种是卷数不详的坊刻本。总体而言，王兆鹏所列四种版本是比较可信的。

从校勘的角度来看，南宋时至少有两种不同的版本。国图所藏宋刻本中即有"飞，一作轻"等校勘小字注，可知有其他版本存在。南宋时期编辑成书的词集《草堂诗余》《中兴以来绝妙词选》和《阳春白雪》，以及南宋刻本《挥麈录》中所收张元幹词，均有多处文字相同之处，而以上诸本的共同之处，多数又不同于宋刻本《芦川词》，由此可知南宋时《芦川词》文字已经有多个版本。

明代以来，《芦川词》的刻本或抄本常常被收录在总集或丛书中，甚至有与其他词集合刻在同一本书中的情况，在《赵定宇书目》中，即有"张元幹、戴复古词一本"。明代吴讷《百家词》中收录的《芦川词》，一卷，收词 106 首，是与现存的宋刻本完全不同的版本。天津图书馆藏有明抄本《百家词》，与紫芝漫钞本《宋元名家词》《宋三十三家词》在词的篇次上完全相同，文字上亦基本相同，应属于同一系统。毛晋汲古阁的《宋六十名家词》虽然也作一卷，但是收词数、篇次与二卷的宋刻本大体一致，不过文字上略有差异，应该是毛晋综合了多种版本的结果。毛扆以两种版本校《宋六十名家词》本《芦川词》，其中留下了很多重要的校勘成果，其中一个版本与宋刻本相似，但是实际上，所用的版本并非宋本，而是明代的影宋本。影宋本与宋本之间字体、版式十分相似，但是仍有部分文字存在差异，这也使毛扆等人的校勘有了一些瑕疵。宋刻本与影宋本流传到黄丕烈手里时，黄氏依据宋本对影宋本进行修补。民国时，双照楼吴昌绶《仁和吴氏双照楼景刊宋金元词本十七种》中的《芦川词》也号称是影宋本，但实际上是辗转影自明代的影宋本，双照楼之影宋本与宋刻本文字上已有了很多不同之处。清代修《四库全书》，收录了张元幹的《芦川词》和《芦川归来集》，《芦川归来集》中也收录了张元幹的词，四库本《芦川词》取自毛晋《宋六十名家词》本，其中也有部分改动，并无太大价值。而四库本《芦川归来集》，辑自《永乐大典》，其中文字内容有很多不同，也有可以补充其他版本没有的内容，校勘价值很大。

张元幹于绍兴三十一年（1161）去世后，其子张靖整理并刊刻词集。遗憾的是，家刻本词集并未流传下来，我们只能从文献记载中了解家刻词集的情况。蔡戡《定斋集》卷13有《芦川居士词序》："公之子靖，哀公长短句篇，属为序。余晚出，恨不见前辈，然诵公之诗文久矣，窃喜载名于右，因请以送别之词冠诸篇首。"王兆鹏、曹济平认为，由张靖刊刻的《芦川词》，刻于淳熙六年（1179）前后。蔡戡为词集作的序文中也提到了"绍兴和议，今端明胡公铨"，而胡铨成为端明殿学士的时间为淳熙五年（1178）夏至淳熙七年（1180）四月间。另外，杨万里在张元幹《贺新郎·送胡邦衡待制》真迹题跋中提到了他见到词集的时间："万里顷官五羊，与少监张公之子提舶公同寮，相得《芦川集》，首见此词……杨万里书。庆元丁巳（1197）四月六日。"[55] 杨万里在广州（即五羊）任职的时间为淳熙六年（1179）至九年（1182），结合蔡戡序跋时间，得出《芦川词》版本应该刻于淳熙六年前后的结论。这个结论是可信的。不过，杨万里与蔡戡所提到的词集名却不同，蔡戡的序文中未提到词集。

综上所述，两宋之交闽籍爱国词人大量涌现与理学在福建的蓬勃发展有密切关系。理学家注重气节，尤其是民族气节，因此促进了闽籍词人爱国感情的滋养。早期理学家虽然轻视词学，然因文能载道，爱国词具有实际社会功效，故而倍受理学家青睐；加之当时高昂的抗敌救国背景，促成爱国词大量涌现。此外尚与闽人性格有关。从家族认同来说，闽人是南迁中原人士之后裔，因此受到中原正统文化教育熏陶较深，极具忧国忧民性格。譬如兴化军，南宋就产生了刘克庄、方孝孺、王迈等爱国词人，这与兴化军的文化传统息息相关。何乔远《闽书》卷38赞曰："其人好礼而修文，士相矜以名节"，"气韵之所歔吹，布韦蓬蘲莫不顾化。老生宿儒出而授经近县，步趋坐立，造次不失。下至洒削卖浆之伦，未尝敢岸帻科头行衢道。……吾伊之声，比屋而闻，通有韵之文，十人以三四"[56]。是为闽人爱国秉性之代表。张元幹生活于两宋之交，接受过完整的家族养成与家族长辈的儒学基础教育及学术启蒙，为此后的词学修养奠定基础。尤其是南渡之后，他跟随李纲，激发其强烈的爱国情感，学术理念也发生剧变。虽然严格意义上说，张元幹并非理学家，然而受众多理学大师的影响，学术取向上明显倾向于理学。

【参考文献】

[1] 陈傅良：《温州淹补学》，收录《田纪止斋先生通论》卷39，四部丛刊本，福建师范大学图书馆古籍部藏书。

[2] 真德秀：《西山文集》卷46，四库全书本，福建师范大学图书馆古籍部藏书，台湾商务印书馆1983年版。

[3] 李宗孔等：《宋稗类钞》卷4，四库全书本，福建师范大学图书馆古籍部藏书。台湾商务印书馆1983年版。

[4] 崔大华：《儒学引论》，人民出版社2001年版，第423-436页。

[5] 朱熹：《二程语录》卷11，《丛书集成初编》，中华书局1985年版，第180页。

[6] 许总：《宋明理学与文学》，百花洲文艺出版社1999年版，第251页。

[7] 朱熹：《河南程氏遗书》卷18，记程颐语，商务印书馆1935年版，第221页。

[8] 吕本中：《童蒙训》卷下，文渊阁四库全书，台湾商务印书馆1983年版，第533页。

[9] 徐士銮：《宋艳》卷1，引刘宗周《人谱类记》，浙江古籍出版社1987年版，第4页。

[10] 黎靖德：《朱子语类》卷92，文渊阁四库全书，台湾商务印书馆1983版，第915页。

[11] 黎靖德：《朱子语类》卷92，文渊阁四库全书，台湾商务印书馆1983版，第913页。

[12] 黎靖德：《朱子语类》卷140，文渊阁四库全书，台湾商务印书馆1983版，第813页。

[13] 朱熹：《晦庵集》卷5，文渊阁四库全书，台湾商务印书馆1983版，第87页。

[14] 朱熹：《晦庵集》卷63，《答孙敬甫书》，文渊阁四库全书，台湾商务印书馆1983版第200页。

[15] 朱熹：《晦庵集》卷84，《书张伯和诗词后》，文渊阁四库全书，台湾商务印书馆1983版，第768页。

[16] 宋濂：《宋学士全集》卷 5，《理学篆言序》，《丛书集成初编》，中华书局 1985 年版，第 54 页。

[17] 黎靖德：《朱子语类》卷 62，文渊阁四库全书，台湾商务印书馆 1983 版，第 225 页。

[18] 钱锺书：《谈艺录》卷 69，中华书局 1984 年，第 230 页。

[19] 王柏：《鲁斋集》卷 11，《跋文公梅词真迹》，文渊阁四库全书，台湾商务印书馆 1983 年版第 175 页。

[20] 王奕清等：《历代词话》卷 7 引《宋名家词评》，《词话丛编》，中华书局 1986 年版第 1230—1231 页。

[21] 陈廷焯：《白雨斋词话》卷 8，《词话丛编》，中华书局 1986 年版，第 3927 页。

[22] 祝穆：《方舆胜览》卷 11，引韩无咎语，中华书局 2003 年版，第 191 页。

[23] 语出孔子《论语·先进》，十三经注疏本，中华书局 1983 年影印本。

[24]（宋）胡仔：《苕溪渔隐丛话》，清乾隆刻本，卷五十五。

[25] 毛晋：《芦川词跋》。四库全书本。

[26] 陈与义：《送张仲宗押戟南归闽中》。

[27]（宋）王明清：《挥麈录》，上海古籍出版社，2009 年 4 月版，第 164 页。

[28] 黎靖德：《朱子语类》卷 5，文渊阁四库全书，台湾商务印书馆 1983 版，第 94 页。

[29] 朱熹：《晦庵集》续集卷 4，《跋书斋书昆阳赋》，文渊阁四库全书，台湾商务印书馆 1983 版，第 522 页。

[30] 黄幹：《黄勉斋先生文集》卷 8，《朱先生行状》，《丛书集成初编》，中华书局 1985 年版，第 182 页。

[31] 李清馥：《闽中理学渊源考》卷 3，《武夷胡氏家世学派》，文渊阁四库全书，台湾商务印书馆 1983 版，第 41 页。

[32] 黎靖德编：《朱子语类》卷 117，文渊阁四库全书，台湾商务印书馆 1983 版，第 389 页。

[33] 脱脱等：《宋史》卷 429，中华书局 1977 年版，第 12752 页。

[34] 转引侯外庐等主编：《宋明理学史》上卷，人民文学出版社 1984 年版，第 610 页。

[35] 朱熹：《晦庵集》卷 63，《答孙敬甫书》，文渊阁四库全书，台湾商务印书馆 1983 版，第 200 页。

[36] 朱熹：《晦庵集》卷 84，《书张伯和诗词后》，文渊阁四库全书，台湾商务印书馆 1983 版，

第 768 页。

[37] 李光：《宋中奉大夫集英殿修撰张公墓志铭》。

[38]《芦川归来集》卷 10《宣政间名贤题跋》，文渊阁四库全书，台湾商务印书馆 1983 年版。

[39]《芦川归来集》卷 9《跋了堂先生文集》，四库全书本。

[40]《芦川归来集》卷 9《苏养直诗帖跋尾六篇》，四库全书本。

[41]《芦川归来集》附录，四库全书本。

[42] 张元幹：《芦川归来集》卷 9，《跋了堂先生文集》，文渊阁四库全书，台湾商务印书馆 1983 版，第 655 页。

[43] 邹艳、陈媛：《张元幹词全集汇校汇注汇评》，崇文书局 2017 年 8 月版，第 106 页。

[44] 李纲：《李纲全集》附录 4，岳麓书社 2004 年版，第 1788 页。

[45] 刘克庄：《后村先生大全集》卷 96，《迂斋标注古文序》，《四部丛刊初编》，上海书店 1985 年版，第 3 页。

[46]《后村先生大全集》卷 106，《黄孝迈长短句跋》，《四部丛刊初编》，上海书店 1985 年版，第 10 页。

[47] 刘克庄：《后村先生大全集》卷 1，《恕斋诗存稿跋》，《四部丛刊初编》，上海书店 1985 年版，第 4 页。

[48] 钱仲联笺注：《后村词笺注》，洪天锡《后村先生墓志铭》，上海古籍出版社 1980 年版，第 364 页。

[49] 脱脱等：《宋史》卷 359，中华书局 1977 年版，第 11273 页。

[50] 张元幹：《芦川归来集》由文渊阁四库全书全部收录，台湾商务印书馆 1983 版。

[51] 蔡戡：《定斋集》卷 13，《芦川居士词序》，文渊阁四库全书，台湾商务印书馆 1983 版，第 702 页。

[52] 蔡戡：《定斋集》卷 13，《芦川居士词序》，文渊阁四库全书，台湾商务印书馆 1983 版，第 702 页。

[53] 永瑢等：《四库全书总目》卷 198，中华书局 1965 年版，第 1814 页。

[54] 脱脱等：《宋史》卷 382，中华书局 1977 年版，第 11776 页。

[55] 曹济平：《张元幹词研究》，南京师范大学出版社 2013 年版，第 176 页注释。

[56] 何乔远：《闽书》卷 38，福建人民出版社 1994 年版，第 945 页。

张元幹的历史性贡献

福建师范大学　游友基

摘　要：张元幹的历史性贡献表现在：与南渡时期李纲等词人承前启后，开启爱国豪放词的先声。两人的政治思想、文学观念大同小异。李纲咏史词塑造历史上胜利的英雄，张元幹时政词赞颂现实中失败的英雄，在美学意义上属于"崇高"的范畴，具有悲剧美。其代表作二首《贺新郎》当时即流传民间，对后代产生深远影响。张元幹词开启了南宋以豪放为主导风格，兼具婉约的多样化词风。他在闽都文学史上具有标杆意义，在张氏宗族文化中产生示范作用。

关键词：爱国豪放词；多样化词风；闽都文学；宗族文化；先声；标杆；示范

历史人物在历史上的地位，取决于他在推动历史车轮前进时起了多大作用。张元幹的历史性贡献主要表现在以下几个方面。

一、宋南渡时期承前启后，开启爱国豪放词先声

北、南宋之交，是中国民族矛盾异常激烈，战乱频仍、生产力受到严重破坏的时期，它起于靖康之变（1127），终于何时，学界颇有争论。笔者认同刘扬忠的见解："南渡时期"是一个特殊的时间概念，它指宋皇仓促南迁，金人不断南侵，赵宋政权尚未安定下来，宋、金对峙尚未定局之前这一段时期，所谓南渡时期的下限，应在高宗、孝宗皇位交接之际。[1]

作者简介：游友基，福建师范大学文学院教授，享受国务院政府特殊津贴专家。

南渡时期，词坛存在两大对立的派别，一是庙堂诗歌。庙堂诗歌表面上富丽堂皇、典雅雍容，实则空虚、苍白、低下。为朝廷妥协、投降、偏安一隅唱赞歌，为秦桧卖国求荣、"中兴大业"唱赞歌，阿谀之风笼罩词坛。例如，每年为秦桧贺寿诗词数量极多。典型的词人有周紫芝，他曾三次参加科考，并长于干谒求官，终于绍兴十二年（1142）释褐得官，"留京，每一诗出，（秦桧）辄称赏不已。"[2]

从此青云直上，完成了从"主战"到"主和"的思想转变，完全改变了南渡前作诗讽刺宋徽宗热衷花石纲的批判精神，也改变了"隐逸"词风，而歌咏"海宇无兵革"，"日日喷朝阳"（《晓色》），"万国朝元，百蛮款塞，太平多少"（《水龙吟》）的昇平景象，其歌颂秦桧的诗词约 50 首[3]，堕落为溜须拍马的谄诗谀词。"其诗在南渡之初，则特为秀出。"[4] 但这是"略其人品，取其词采可矣。"[5]文学岂可略其人品，不顾作品思想内容，而一味以艺术性评定其高低？"殊为老而无耻，贻玷汗青。"[6] 又如朱敦儒，南渡前以"词俊"著称，"他追求个体心灵的自由独立，力争摆脱世俗的一切束缚而任性逍遥"[7]。其名作《鹧鸪天》称："我是清都山水郎。天教分付与疏狂。""诗万首，酒千觞。几曾著眼看侯王。玉楼金阙慵归去，且插梅花醉洛阳。"南渡后，其人格个性也未改变，但 75 岁因幼子前途，而"复出"，奔走于秦桧门下，只做了十八天的鸿胪少卿，便下台，从此心灰意冷遁入虚无境界，晚年隐逸词充满消极颓废情调，其《念奴娇》："老来可喜，是历遍人间，谙知物外。看透虚空，将恨海仇山，一时抟碎。免被花迷，不为酒困，到处惺惺地。饱来觅睡，睡起逢场作戏。 休说古往今来，乃翁心里，没许多般事。也不蕲仙不佞佛，不学栖栖孔子，懒共贤争，从教他笑，如此只如此。杂剧打了，戏衫脱与呆底。"遭时人嘲讽，亦令后代鄙夷惋惜。周紫芝与朱敦儒的创作道路表明：一个词人要保持他的高尚气节与独立人格并不容易，因政治压迫、社会时尚浸染、个人家庭变故等，变节而丧失初衷者不乏其人，至于那些混迹词坛本性恶劣的宵小之辈更不在话下。当时词坛的阿谀偏安风气是词坛的一种声音。

另一种声音是爱国诗词。这又有二种类型。一为抒写故国之思，怀念中原，揭示南渡后身心痛苦的爱国词人，其典型代表为李清照。她是南渡后婉约派的翘楚。二是宋中兴四大名臣李纲、赵鼎、李光、胡铨的词作，岳飞一曲《满江红》奏响南渡时期爱国豪放词的最强音，那种坚定的乐观自信，丝毫不带悲剧色彩，与四大名臣不同，也有别于张元幹、吕本中、李弥逊、富直柔、向子諲等的悲壮。当我们说张元幹是宋南渡时期，承前启发，开启爱国豪放词的先声时，并不排斥其他词人相同的作用。实际上，当时词坛存在松散的爱国豪词派，是他们的共同影响，某种意义上造就了辛弃疾、陆游、刘克庄为代表的南宋爱国豪放词的发展。

有人说："许多论者认为，他（指张元幹——引者）是宋词由北向南的启承者，辛刘壮词的先声。这种说法颇需商榷。""李纲是这一词派的领袖，张元幹则是这一词派的杰出代表。"[8] 确实，张元幹是这一词派的杰出代表。李纲也是这一词派的重要人物，但不是领袖。南渡时期是过渡时期，时间较短，并未产生大词人，也未共同推出领袖。爱国豪放派词人有相当自觉的群体意识，但缺乏领袖意识，吕本中有成为盟主的欲望，也有些人追随之，但终未达到盟主的水准。李纲是政治上的主战派领袖，但并无做词坛盟主的意愿，他的词也未达到盟主的水平，其影响也并未超过张元幹。所以，学界有人质疑：《李纲是两宋之交豪放词派的领袖吗？——兼与张高宽教授商榷》[9]。

我们无意评判李纲、张元幹词的优次高下。我们拟通过两人思想、创作的比较理清其同与异，突现其各自的特色。李纲的政治理想是"安宗社，保生灵"。亦即爱国爱民，他的爱国是与忠君紧密联系的（如有"力疾驱驰为主恩"诗句）。张元幹职位低下，致仕时不过六品官，说不上安邦定国，但他的爱国思想十分强烈。如果说李纲是"爱国忠君"的话，那么，张元幹则是"爱国疑君"，他在二首词里都流露出"天意难问"的观念。《陇头泉》（少年时）有"天难问"之句，表明这一观念至死未变。他对君王神圣产生了怀疑，乃至有一定的批判。李纲是坚定的主战派，张元幹亦然，这一点完全相同。中国古代的读书人，其认知结构，多为"以儒为主，释道辅之"，李纲、张元幹也不例外，但李纲笃信佛教，喜谈佛理，竟至吃斋念佛，以致南宋诸儒因此"不肯称之"。张元幹亦有释道思想，但强度、色彩相对淡薄些。就创作思想而言，李纲的文学思想较全面，较有系统性，他提出"文贵适用"说，赞同苏轼的"以诗写词"说，主张学习杜甫，"杜子美诗，古今绝唱也。"[10] 主张"文章以气为主"，要善养气，主张"言为心声"，"文如其人"等等。张元幹青年时代从江西诗派学诗，他赞黄庭坚诗学"要是点化金丹手段。又如本分衲子参禅，一日悟入，举直神色，顿觉有异。超凡入圣，只在心念间，不外求也。句中有眼，学者领取。"[11] 对江西诗派诗学理论之精华，已心领神会，但他并非此派中人，故能融汇贯通，不受拘束。他主张"文章盖自造化窟中来，元气融结胸次，古今谓之活法。所以血脉贯穿，首尾俱应，如常山蛇势，又如风行水上，自然成文。又如优人作戏，出场要须留笑，追思有味。非独为文。凡涉世建立，同一关键。"[12] 又说："文章名世，自有渊源，殆与天地元气同流，可以斡旋造化。"[13] 强调文章是主客体融合的产物，源自造化，又可斡旋造化。颇有见地。主张血脉贯通，自然成文，留有余味，脱胎于江西诗派诗学又有所独创。认为文章如何，主要看其钟禀（天性）、师授。要"中仪矩"，"必也精神发挥"，"不然土木偶尔。"[14] 强调"精神"乃文章之灵魂。在师法杜甫（诗）、韩愈（文）方面，与李纲看法完全一致。"前辈尝云：'诗句当法子美，其他述作无出退之。''韩、杜门庭，风行水上，自然成文，俱名合法，金声玉振，如正吾夫子集大成。'盖确论也。"批评西昆体，"沿袭五代衰陋"，"未能超诣"。欧阳修得退之诗文，"爱其言辨意深"，遂使"文风丕变，寝近古矣。未几，文安先生苏明允起于西蜀，父子兄弟俱文忠公门下士。东坡之门又得山谷檃括诗律，于是少陵句法大振。如张文潜、晁无咎、秦少游、陈无己之流，相望辈出，世不乏才，是岂无渊源而然耶？"[15] 在阐述文章渊源中涉及东坡词法，以诗为词，多化用杜甫诗句等词学主张。在《跋了堂先生文集》一文，指出："孟轲氏曰：'富贵不能淫，贫贱不能移，威武不能屈，此之谓大丈夫。'又曰：'我善养浩然之气，至大至刚，以直养而无害，则塞乎天地之间。'合而言之，愚于先生平日立朝行已，信无疑矣。"[16] 张元幹一生以陈瓘（了翁）、李纲为楷模，行事赋诗均受其深刻影响，于此，我们亦可窥见张元幹词之爱国豪放风格的思想渊源、锤炼方法乃源自孟子的"大丈夫"论与"养气"法。张元幹有不少论画、论书法的精妙见解。艺概与词法相通，本可予以阐述，因篇幅所限，只好从略。

就诗词数量而言，李纲词 54 首，诗 1500 题约近 2000 首，显然诗大大多于词；张元幹词 185 首，诗约 160 题近 200 首，诗、词写作数量旗鼓相当。词的成就高于诗。就题材类型而言，李纲词的豪放集中体现在其咏史词，他创造了历史伟人群像图。《念奴娇》（汉武巡朔方）写汉武帝用大将卫青、霍去病，击败匈奴；《水龙吟》（太宗临渭上）写唐太宗率领大军震骇突厥，使之屈服；《水龙吟》（光武战昆阳）写光武帝战胜王莽；《喜迁莺》（晋师胜淝上）写晋谢安指挥淝水之战，打败拥有百万之众的苻坚；《喜迁莺》（真宗幸澶渊）写北宋抗辽，寇准力排众议，英勇抵抗。《苏武令》写苏武可"调鼎为霖，登坛作将，燕然即须平扫。拥精兵十万，横行沙漠，奉迎天表"。[17] 这些歌吟历史上明君贤臣抗敌业绩的词，显然乃借古喻今，批评或劝诫朝廷，放弃现有政策，重回抗金路线，这虽很难实现，却闪射着批判现实的光芒。它创造了一种以咏史词干预时政的先例。张元幹主要写时政词，直接干预朝政，词成为一种武器。就代表作而言，人们似乎还难以确定李纲爱国豪放词的代表作，笔者以为，《喜迁莺》（晋师胜淝上）、《苏武令》引用率最高，堪称代表作。《喜迁莺》（晋师胜淝上）云："长江千里。限南北、雪浪云涛无际。天险难逾，人谋克壮，索虏岂能吞噬。阿坚百万南牧，倏忽长驱吾地。破强敌，在谢公处画，从容颐指。 奇伟。淝水上，八千戈甲，结阵当蛇豕。鞭弭周旋，旌旗麾动，望却北军风靡。夜闻数声鸣鹤，尽道王师将至。延晋祚，庇烝民，周雅何曾专美。"李纲的这些咏史词，是英雄的颂歌，是凯旋曲。李纲作为现实中失败的英雄，将英雄情愫投射到历史上胜利的英雄身上，借此批判现实，颂扬理想。咏史词《水调歌头》（李太白画像）塑造了一个狂放不羁、蔑视权贵，"逸气薄青云"，"笔风雨，心锦绣，极清新"的诗仙形象，也寄寓着词人对理想人格的追寻。感怀词则呈现悲愤格调，写的是现实中失意的英雄，抒情主人公自己。"江湖倦客，年来衰病，望叹岁华空逝。往事成尘，新愁似镇，谁是知心底。王陵萧瑟，中原杳杳，但有满襟清泪。"（《永遇乐·秋夜有感》）新愁似锁，满襟清泪，为的是中原杳杳，何日回归？"回首中原何处是，天似幕，碧周遭。"（《江城子·九日与诸季登高》）中原是词人心中永远的痛！"误缚簪缨遭世故，空有当时胸臆。""这回真是休息。"对现实的无奈感多么浓重！于是，或"一酌散千忧"，"万事总休休"。（《忆江南》）或"扁舟归去五湖东"，"不管人间，荣辱与穷通"。（《江城子》）"休问六朝兴废事，白萍红蓼正凝愁。千古一渔舟。"（《望江南》）只能到自然与酒醉中寻求心理的平衡与自我的放松。这便是李纲隐逸词、山水词底蕴内涵之深意。

一提起张元幹的代表作，人们立即会想起那两首《贺新郎》。他不满仕途险恶，41 岁便挂冠而去。归隐期间，绍兴八年（1138），李纲上书反对宋向金屈膝议和，遂罢居福建长乐（即福州），48 岁的张元幹作《贺新郎·寄李伯纪丞相》：

曳杖危楼去。斗垂天、沧波万顷，月流烟渚。扫尽浮云风不定，未放扁舟夜渡。宿雁落、寒芦深处。怅望关河空吊影，正人间、鼻息鸣鼍鼓。谁伴我，醉中舞？

十年一梦扬州路。倚高寒、愁生故国，气吞骄虏。要斩楼兰三尺剑，遗恨琵琶旧语。谩暗涩、铜华尘土。唤取谪仙平章看，过苕溪、尚许垂纶否？风浩荡，欲飞举。

胡铨反对议和，上书请斩秦桧等三人，因而一贬再贬，绍兴十二年（1142），谪住福州宣判被除名，送新州编管。52 岁的张元幹作《贺新郎·送胡邦衡谪新州》：

梦绕神州路。怅秋风、连营画角，故宫离黍。底事昆仑倾砥柱，九地黄流乱注？聚万落、千村狐兔。天意从来高难问，况人情、老易悲如许。更南浦，送君去。

凉生岸柳催残暑。耿斜河、疏星淡月，断云微度。万里江山知何处？回首对床夜语。雁不到、书成谁与？目尽青天怀今古，肯儿曹、恩怨相尔汝？举大白，听金缕。

这二首词历来被称为芦川词的压卷之作。从美学的视角审视之，它们属于崇高的范畴，具有悲剧美。崇高表现为主体与客体（即人与环境）处于对峙、冲突的状态，而主体不敌客体，严重受挫。主体包括抒情主人公"我"和被描写对象（李纲、胡铨）。客体包括朝廷和社会。《贺新郎·寄李伯纪丞相》上片借"浮云风不定"的景物营造混乱不清的氛围，表现世人皆醉（安于现状、耽于享乐）我独醒（坚持抗战理念）的冲突。下片，主体"气吞骄虏"，"要斩楼兰三尺剑"，但这愿望、追求被朝廷（皇帝、奸臣）阻遏，"十年一觉扬州梦"，落得"遗恨琵琶泪语"的下场，以致宝剑也生尘土。只有退隐之路可走，构成实现祖国统一，"历史的必然要求和这个要求的实际上不可能实现之间的悲剧性冲突"[18]。主体内心也处于冲突状态，世人昏睡，鼾声如擂鼓，清醒者，惟你我。"谁伴我？醉中舞"，谁理解，谁支持？主体产生孤独感，"倚高寒，愁生故国"，产生悲痛感，但经过一番斗心灵挣扎，又振作起来，不必悲伤，"风浩荡，欲飞举"！《贺新郎·送胡邦衡谪新州》"梦绕神州路"，抗金的中流砥柱胡铨被贬，中原沦亡，"九地黄流乱注，聚万落，千村狐兔"，环境极为恶劣，是谁造成这局面？"天意从来高难问"，词充满怀疑、批判精神，主体无法改变客体，转入对北宋亡国原因的探究。今日送别抗金友人前往"雁不到，书成谁与"的新州（今广东新兴县），但不必悲观，不必流泪，"目尽青天怀今古"，举酒杯，听我这《金缕曲》（《贺新郎》）吧，壮别酒，壮行词，不向环境低头，悲愤之中保持淡定，以友情安慰、鼓舞战友。

代表作的思想、艺术成就，某种意义上将决定诗人在诗坛上的地位。张若虚以一首《春江花月夜》传世，张继因一首《枫桥夜泊》而闻名。凭着这二首代表作，张元幹奠定了在南渡时期词坛的地位：继往开来，上承东坡词之豪放，下启辛、刘、陆爱国豪放词之先声。实际上这种爱国豪放的词风一直在张元幹的词作生涯中延续。早在建炎三年（1129），张元幹39岁，作《石州慢·己酉秋吴兴舟中作》，其下片云："心折，长庚光怒，群盗纵横，逆胡猖獗。欲挽天河，一洗中原膏血。两宫何处？塞垣祇隔长江，唾壶空击悲歌缺。万里想龙沙，泣孤臣吴越。"此词的写作背景为：建炎三年二月，金兵攻陷高宗驻跸的扬州，仓皇逃亡杭州。三月，朝廷发生苗傅、刘正彦兵变，协迫高宗退位。六月，金兵大举南侵。十月，金兵渡江，陷京都临安，高宗狼狈出逃海上，金元术率军穷追不舍，江南一带惨遭蹂躏[19]。张元幹一路跟随高宗逃难，遭陷害，幸得汪藻救助，免罪。面对金兵猖獗，"两宫何处？"张元幹却"欲挽天河，一洗中原膏血"，他想的仍是恢复中原，这崇高的理想与现实产生尖锐矛盾，使他"唾壶空击悲歌缺"，主体陷入无限悲愤之中，却依然"万里想龙沙，泣孤臣吴越"。绍兴六年（1136），张元幹46岁。退隐福州的他作《水调歌头·送吕居仁召赴行在》，其上阕云："戎虏乱中原，星历一周天。干戈未定，悲咤河洛尚腥膻。万里两宫无路，政仰君王神武，原数中兴年。吾道尊洙泗，何暇议伊川。"张元幹词所表现的是现实中失败英雄的悲剧，这英雄包括所歌颂的李纲、胡铨等人，也包括抒情主人公自我。

就作品流传、影响而言，李纲《苏武令》（塞上风高）问世后，"绍兴初，盛传"[20]。造成相当大的影响。张元幹词的影响更甚。据南宋杨冠卿《客亭类稿》卷十四记载：他于秋日乘船过吴江垂虹桥时，"旁有溪童，具能歌咏张仲宗'目尽青天'等句，音韵洪畅，听之慨然。"其爱国豪放词已深入民间，广泛传播。令人想起柳永词的传唱情形，"有井水处，即能歌柳词"。李纲、张元幹词，历代皆有刻本，影响深远。当代学者王瑞明点校《李纲全集》，搜罗极广，但未辑录李纲《梁溪词》，他在该书前言里说："李纲的诗文有'雄深雅健，磊落光明'之誉。其精华多已编入此书……"[21] 这表明，至少在他眼里，李纲词无足轻重，可不选。

百二山河空壮，底事中原尘涨，丧乱几时休！泽畔行吟处，天地一沙鸥。

（摘自《水调歌头·同徐师川泛太湖舟中作》）

此词作于建炎二年（1128）秋，张元幹 38 岁。与老师徐俯游太湖。

西窗一夜萧萧雨，梦绕中原去。

（摘自《虞美人》）

此词绍兴六年（1136）作于福州。

别离久，千古恨，大刀头。老来长足清梦，宛在旧神州。

（摘自《水调歌头·和芗林居士中秋》）

此词作于绍兴十八年（1148）秋，和向子諲中秋词。

解衣盘礴，政须一笑属吾曹。洗尽人间尘土，扫去胸中冰炭，痛饮读离骚。

（摘自《水调歌头·丁丑春与钟离少翁、张元鉴登垂虹》）

此词作于绍兴二十七年（1157）春，张元幹 67 岁，晚年流落江浙，此为游吴兴县垂虹桥时作。

梦中原，挥老泪，遍南州。

（摘自《水调歌头·追和》）

此词为晚年重游吴江时作。

悲怀故国，梦绕神州，始终是张元幹词的重要主题。

四库馆臣说："其词慷慨悲凉，数百年后，尚想其抑塞磊落之气。"[22] 洵为的论。

对张元幹的贺寿词，应作具体分析。囿于体式，贺寿词难免说些套话，但其贺寿词往往表达他对理想人生、美好人格的追求。

他写给福建官员的生朝诗词不少。张浚绍兴九年（1139）二月任福建路安抚大使兼知福州。张元幹贺寿诗有《紫岩九章八句上寿张丞相》《张丞相生朝二十韵》《代上张丞相生朝四首》等，《感皇恩·寿》祈愿张浚长寿，长为君王重用，长做名相、抗金将帅。叶梦得绍兴十二年（1142）自建康移知福州，张元幹作《叶少蕴生朝》《叶少蕴生朝二首》等表示祝贺。他贺李纲生朝诗也不少，五言诗《李丞相纲生朝三首》，七言诗《李丞相纲生朝三首》，这些诗都根据各自的特点，多侧面地歌颂了他们的功绩、品行。

他与诗友的贺寿词，颇富生活情趣。李弥逊，时隐居于福州连江西山，张元幹生朝词有《青玉案·筠翁生朝》《青玉案·生朝》。后者云：

银潢露洗冰轮皎，谪仙下、蓬莱岛。帘卷横山珠翠绕。生朝香雾，玳筵丝管，长醉壶天晓。

金銮夜锁麻新草，入辅明光拜元老。看取明年人总道。中兴贤相，太平时世，分外风光好。

上阕描写祝贺李弥逊生朝宴会的热烈场景，下阕希望李弥逊被任命为中书舍人，将出入朝廷，拜见元老，明年要获得人人夸奖："中兴贤相，太平时世，分外风光好。"反映了人民企盼社会安定的愿望。

富直柔，时闲居福建。张元幹写给他的生朝词最多，有《满庭芳·寿富枢密》《感皇恩·寿》《望海潮·为富枢密生朝寿》《十月桃·为富枢密》《点绛唇·生朝》等。《感皇恩·寿》(年少太平时) 歌咏富直柔家世荣勋，祝愿年老壮志犹存，"谢公须再为、苍生起"，为苍生，东山再起。《点绛唇·生朝》表达了同样的祝愿："便向东山起"。

至于《瑶台第一层》(宝历祥开飞练上)《瑞鹤仙·寿》是否献给秦桧的谀词，这是个张元幹词研究中无可回避的问题。首先，从人格上看，张元幹一生反对秦桧，也遭到他残酷的迫害，张元幹不至于忽然改变态度，对仇人歌功颂德，那岂不意味着其人格的分裂？其次，从诗词文集的编辑出版来看，最早的坊刻本是其孙钦臣于宋宁宗嘉定十二年 (1219) 衰集锓梓的。那时秦桧早已是赫赫有名的奸臣、卖国贼，子孙在整理先人作品时，若有严重损坏其声誉者，都会删去。因此，可以推知，最早的版本中不含有这两首寿词。清初，芦川诗文已散佚，"逸去大半"。《四库全书》本《芦川归来集》是从《永乐大典》中衰辑而成的。第三，从这二首词的写作时间看，贺寿词未注明被寿者。词中"格天阁"是绍兴十五年 (1145) 丙子朔高宗赐秦桧的，戊寅桧迁居赐第。又，秦桧于绍兴十七年 (1147) 三月，以魏国公改封益国公，而《瑶台第一层》的写作时间为绍兴十五年底。故，此二首谀词"皆为伪作或误入"[23]。第四，从词的内容看，《瑞鹤仙》似为寿秦氏女嫁为贵妇人者[24]。第五，当时诗词混杂常有发生，如张元幹与李弥逊便有多首词混杂。

有人说二词为宋本《芦川居士词》所收录，该书为张元幹子所搜集，刊于淳熙六年（1179），因此二词为张元幹所作无疑。问题是现在根本看不到这真正的"宋刊本"。又有人说为早出狱张元幹献此二词。按：二词作于绍兴十五年（1145）末，而张元幹被秦桧下令逮捕至临安，因其挂冠已久，只好"以他事追赴大理夺狱"，是绍兴二十一年（1151）的事。此词作于下狱前六年，何来为出狱而献媚？因此，这些说法均难成立。

二、宋南渡时期，开启南宋多样化之词风

唐五代以来，婉约派词盛行，温庭筠首创"代言体"词体，其词大多模拟女性口吻吐露心音，韦庄"以清简劲直之笔为主观抒情之作"[25]，亦即"以自我身份在词里直接抒发主体的情感，表现自我的内心生活。"[26] 至北宋，柳永不仅突破了花间派词人描写男女情事的藩篱，"尤工于羁旅行役"[27]，而且发展了慢词长调，在题材与体裁方面均有所拓展。[28] 晏殊"是一位有闲而善感的词人，因而时常反思人生、体悟生命。"[29] 欧阳修词多是在"美景良辰，清风明月"的"高会"上为"敢陈薄伎，聊佐清欢"（《采桑子·西湖念语》）而作，"晚罢政事，守亳将老矣。更罹忧患，遂有超然物外之志……每以闲适饮酒为乐。"[30] 其抒情方式为个体化、自我化。尽管这些词人在题材选取、抒情方式、表达手段上有所不同，但有一点却一直延续，这就是沿着婉约派的路子前行。苏轼的出现，一改婉约词风而为豪放词风，而且变单一词风而为多样词风，即形成豪放为主，辅之婉约的多样风格的统一。学者王兆鹏称之为"东坡范式"，并认为："东坡范式的主要特征是着重表现主体意识，塑造自我形象，表达自我独特的人生体验，抒发自我的人生理想和追求"[31]。由于其"主体内在的心灵世界是矛盾性的、冲突性的"[32]，其"表现的人生态度是超脱的、放旷的"[33]，故决定了其词风格的豪放特征。但豪放主导风格容纳了婉约的多元化词风。晁无咎、黄庭坚"皆学东坡"，苏门四学士之秦观有所变异，入花间"艳词"之旧，出以强烈的自我感受，周邦彦已逸出东坡体，而创"清真体"。徽宗朝的词，"基本上是承袭花间范式，表现类型化的雪月风花、脂粉才情和悲欢离合"。[34]

张元幹南渡前的词作，已大量散失，现存能确认者，仅4首。[35]《风流子》（飞

观插雕梁)、《喜迁莺慢》(雁塔题名)、《菩萨蛮》(黄莺啼破纱窗晓)、《望海潮》(苍山烟波),此外,可推想为早期之作,还有《生查子》(天生几种香),《昭君怨春晚》(春院深深莺语)、《长相思令》(香腹帷)、《春光好》(吴绫窄)。曹济平《芦川词笺注》考证有 15 首。《菩萨蛮·政和壬辰东都作》:"黄莺啼破纱窗晓,兰缸一点窥人小。春浅锦屏寒。 麝煤金博山。 梦回无处觅,细雨梨花湿,正是踏青时,眼前偏少伊。"这首 22 岁时的青春之作,与花间派词人无异。《风流子·政和间过延平,双溪阁落成,席上赋》上片写双溪阁"凭虚起,缥缈五云间",阁间风光,颇为壮阔。下片写使君,"心醉一缸春色,满座凝香","天涯倦客"的我,"恼损柔肠",比不上"碧潭双剑"。偶露向往延平豪侠的峥嵘气概。南渡后,词风剧变。其间原因种种,而追随李纲主战主张,并积极参与李纲领导的京城保卫战,直面敌人的血肉搏斗,刻骨铭心。南渡后,国破家亡的惨烈,纵情游乐的丧失,人生悲剧的跌宕起伏,民族危机的长期存在,时代的剧变,令词风随之而变。爱国豪放词隐然成形。张元幹如此,其他一些词人亦如此。

张元幹主战时政词最具爱国豪放特色。其他隐逸词、山水词、交游词也有豪放者,且词风多样化。他开启了南宋词以豪放为主导风格,兼有婉约的多样化词风之先河。这并非他一人所能为,相当多词人参与了这一过程,不过,张元幹是其杰出代表。

作于建炎年间 (1127—1130) 的词作,已显示转变的到来,作于建炎三年的《石州慢·己酉秋吴兴舟中作》对靖康之耻的忧愤,对金兵肆虐国土的愤恨,对荡涤中原,收复失地的坚定决心,溢于言表,豪气冲天。前文已述,此不赘言。

作于建炎二年的《水调歌头·同徐师川泛太湖舟中作》,写乱离中与以前从学诗词的老师徐俯 (黄庭坚之甥) 相遇,泛舟太湖,是首山水词,咏太湖风急浪涌,亦可视为怀古词,咏伏波将军、东城太守陈登 (元龙) "临风酹酒,堪笑谈话觅封侯"的业绩与豪气,感叹自己"老去英雄不见,惟与渔樵为伴"。这一切,都寄寓了词人山河破碎、丧乱不休的无限感慨。这二首词,标志着张元幹已完成转型:以抒写爱国豪情为主调。

当时,词坛的隐逸词,或感伤生命易逝、人生疲惫,或沉湎醉乡、温柔乡,甚至虚无、颓丧。张元幹隐逸词呈现另一种风貌。写于绍兴元年 (1131) 的《蝶恋花》

(窗暗窗明昏又晓) 上片云："四十归来"，"浮名浮利都经了"。下片云："时把青铜闲自照。华发苍颜，一任傍人笑。不会参禅并学道，但知心下无烦恼。""一任傍人笑"，根本不顾时俗偏见，虽不会参禅学道，"但知心下无烦恼"。视归隐为身体与心灵的解脱与超越。作于同时的《蝶恋花》(燕去莺来春又到) 赞扬"闭门打坐安闲好"，下片云："败意常多如意少，著甚来内，入闹寻烦恼。千古是非浑忘了，有时独自掀髯笑。"那种看穿世事，浑忘千古是非，有时放声大笑的形象，展示出强大的精神力量，傲视俗世，了然于心，达观旷达，一扫词坛隐逸词颓丧之气。

写于绍兴七年 (1137) 的《沁园春》(神水华池) 是首游仙词，词人因梦与一道人对歌数曲，而作此词。上片描写烧汞炼丹情景。下片感叹劳神忧苦，"白骨成堆"，"位极人臣，功高今古，总蹈危机吞祸胎"，词人悟透人生变易之理，虽不追随道人而去，却乐于做一名隐士，"办青鞋布袜，雁台天台"，回归自然，放飞自我，词中仍回荡着一股豪气，与前引朱敦儒《念奴娇》(老来可喜) 迥然相异。

张元幹交游甚广，交游唱和词在芦川词中占比较高。最著名的二首交游词《贺新郎》已如上述。胡铨遭贬谪，有三年时间住在福州，他们有共同的朋友彭德器。张元幹《瑞鹧鸪·彭德器出示胡邦衡新句次韵》作于胡铨编管新州前。一说作于其后。词的上片云浮云似白衣，须臾变苍狗，千古功名正如浮云，刹那化为尘土。且让我们悲歌李白诗赋，沉浸于美妙的诗的世界。下片感慨"风光全似中原日，臭味要须我辈人"。但壮志无望实现，只能"醉来赢取自由身"。酒醉的目的是"赢取自由身"！这比烂醉如泥，浑浑噩噩，其精神境界不知要高出多少！张元幹与李弥逊、富直柔交往，除各写多首贺生朝的词给他们外，绍兴二十年 (1150)，他们三人同聚横山时，张元幹作《永遇乐·为洛滨横山作》，表达在大自然中寻求解脱，"相与似游蓬岛"，"不厌江山好"，"人间宠辱，付之一笑"的共同思想感情。

感怀词《永遇乐·宿鸥盟轩》的豪壮主要体现在境界的阔大，与胸襟之阔大相统一：

> 月仄金盆，江萦罗带，凉飙天际。摩诘丹青，营丘平远，一望穷千里。白鸥盟在，黄粱梦破，投老此心如水。耿无眠，披衣顾影，乍闻绕阶络纬。

> 百年倦客，三生习气，今古到头谁是？夜色苍茫，浮云灭没，举世方熟寐。

谁人著眼，放神八极，逸想寄尘寰外。独凭阑、鸡鸣日上，海山雾起。

　　词人退隐十年，居无定所，终于在绍兴十一年（1141）[36] 建成鸥盟轩。此时已无半句愤激语，"白鸥盟在，黄粱梦破"，只愿隐居无意功名，词人"此心如水"，但"耿无眠，披衣顾影"，其实内心并不平静。他胸襟何等宽广，轩前景物美如王维山水画、李成（营丘）平远寒林图，"一望穷千里"。虽为"百年倦客"，但"三生习气"，过去、现在、将来，谁是谁非？"举世方熟寐"，依然有众人皆醉我独醒的感慨，而词人已超越尘世，"放神八极，遥想寄尘寰外"。一夜无眠，那"鸡鸣日上，海山雾起"的日出山海图多么壮丽！

　　由此可见，豪放，是芦川词的主导风格，但正如《四库全书总目提要》所言："然其他作，则多清丽婉转，与秦观、周邦彦可以肩随。"亦如毛晋《宋六十家词·芦川词跋》所评："人称其长于悲愤，及读《花庵》《草堂》所选，又极妩秀之致，真堪与片玉、白石并垂不朽。"这就是说，芦川词有婉约的风格，总体上形成以豪放为主导风格，以婉约辅之的多样风格。这迥别于两宋之交李清照始坚持其婉约词风，独创"易安体"。

　　李清照词前期清丽，后期凄婉。"易安体"并没有直接表现"时代的动荡和爱国的情怀。""清丽也好，凄婉也好，都是词人内心情感的真挚流露，是其心声的外化，感情的浓郁与笔触的轻灵，浅显的词句与耐人寻味的意蕴，这些看似矛盾的因素和谐地统一词作中。"[37] 含蓄婉转，易安体具有雅士文人的气息、真挚浓烈的情感，"化俗为雅"的创作技巧等重要特色。[38] 李清照不存在多样词风，对后世词坛有深刻影响，并不是说多样词风一定比单一词风好，也不是说豪放词风一定比婉约词风好。因为艺术需要多样性，百花园才能满足人类的精神需求，只有牡丹园或一两个什么园是不够的。

　　张元幹词婉约的一面表现在：

　　"小调每寄闲情"。叶申芗《本事词》卷下以《春光好》为例，说明"小调每寄闲情"。此词作于南渡后，词云："花恨雨，柳嫌风，客愁浓。坐久霜刀飞碎雪，一尊同。 劳烦玉指春葱，未放筯，全盘已空。更与个中寻尺素，两情通。"词题"为杨聪父侍儿切脍"，不仅吟咏切脍技艺高超，"未放筯，全盘已空"，也写到"客愁浓""一尊同"，戏谑地说要到盘中鱼"寻尺素""两情通"。笔触细腻、温婉。

长调亦工委婉。如《念奴娇》（江天雨霁）："江天雨霁，正露荷擎翠。试问秦楼今夜里，愁到阑干几曲？笑撚黄花，重题红叶，无奈归期促。暮云千里，桂华初绽寒玉。　有谁伴我凄凉？除非分付与，杯中醹醁。水本无情山又远，回首烟波云木。梦绕西园，魂飞南浦，自古情难足。旧游何处？落霞空映孤鹜。"上片先写初秋之景，相当美好，不意一转折，问今夜里，"愁到阑干几曲？""笑撚黄花，重题红叶"，用红叶题诗传情之典，谓"无奈归期促"，等不到红叶传情至有情人了。一扬一抑之间，曲折细致地抒发了情意难寄的愁怀。下片"有谁伴我凄凉？"唯有杜康。在回忆旧游中透出几分孤寂之感，把凄清孤独的情怀写得萦绕不尽。

婉约常见于山水之游与咏物寓意的词中。《渔家傲》："楼外天寒山欲暮，溪边雪后藏云树。小艇风斜沙嘴露。流年度，春光忆向梅梢住。　短梦今宵还到否？苇村四望知何处。客里从来无意绪。催归去，故园正要莺花主。"词似为晚年重游江浙一带时作。"溪边""小艇"二句，杨慎《词品》"极叹赏之"。思乡之情深沉，以秀句出之。

咏物词在芦川集中数量并不多，词题中注明咏物者仅14首，大多咏花木。如《卜算子·梅》写得含蓄蕴藉，别有意趣[39]。吟咏故乡风物的词包含着浓郁的乡土气息，勾起故乡情思。《渔父家风》："八年不见荔枝红，肠断故园东。风枝露叶新采，怅望冷香浓。冰透骨，玉开容，想筠笼。今宵归去，满颊天浆，更御泠风。"上片写八年不见荔枝红，肠断故园中，想念荔枝，怅望其"冷香浓"。下片描摹荔枝果肉甜美，摹其形而传其神，想象今宵归去，剥食荔枝，大快朵颐，满颊留甜香的情景，令人读之心动。

张元幹也写有少量艳情词。陈廷焯《白雨斋词话》卷七曰："张元幹《楼上曲》云：'楼外夕阳明远水，楼中人倚东风里。何事有情怨别离，低鬟背立君应知。东望云山君去路，肠断迢迢尽愁处。明朝不忍见云山，从今休傍曲阑干。'意味深长，音调古雅，艳体之《阳春白雪》也。"

正是这些不同格调的词，与主色调连成一体，塑造了立体化的、伟岸飘逸的词人形象，影响着南宋的辛弃疾、陆游、刘克庄等词人的多样化词风。

张元幹词的艺术表现，对后代亦有启示。笔者以为其词的艺术特色主要在于：

一、创造丰富、生动的意象，氤氲相应的氛围，构建意、象、情相融的境界，从而抒情言志。其词意象丰富，且多密集，他不对某一意象作多方描述，而只匆匆提起，似一掠而过，从一意象跳跃至另一意象，而意象的指向性一致，共同酿造出一个总的意境。如作于南渡后的《兰陵王》，词题为"春恨"。恨什么？恨别，恨别后未能重见，恨长相思忘怀不了。词分上、中、下三片。上片意象有漫卷珠箔、朝雨轻阴的阁楼意象，阑干外烟柳弄晴、芳草侵阶、红药辉映、东风吹落枝头嫩萼，屏山掩映，沉水倦熏的春色意象，诗人酒醉后怕杯勺的意象。这些意象都是美的，共同创造了酒后见春光，春光妖娆的氛围。这里无一点恨意，只有爱意。中片是回忆性意象，寻思当年京洛生涯：年少疏狂、歌笑迷暮，车马相随，同道奔驰，携手上林苑，相约灯光下，是纵情狂欢的意象，然而，谁能想到会飘泊四方，约后误佳期，于是掀翻前面意象所显示的喜、狂，而为悲，稍露恨意。下片恨意更浓，诗人寂寞念行乐，衣冠不整，音断弦索，怅别那回双飞，陷入苦苦相思之中，相思，除非是向醉里，暂忘却。能忘却吗？这三个意象群创造了友情深厚，却因中原陷落，不得不离别，不得再见面，不得不在酒醉中暂忘却的隐痛，表层含义是恨春光里友情隔断，深层含义是投降误国，分裂造成的感情悲痛。十分含蓄深沉。

《水调歌头·罢秩后漫兴》写于致仕二纪（二十四年）后，题为"漫兴"，实则意象集聚，主题突出。上阕创造了一系列的"两纪傲闲居"意象，闲居本是失意落魄的，或是清闲脱俗的。而张元幹则为"傲闲居"，且已经历二纪即二十四年。张元幹是被迫退隐，若朝廷坚持抗战，他本可大有作为，但迫于谗言、迫于环境险恶、迫于恢复无望，故主动辞官。这"罢秩"便占据了道义的高位。

放浪形骸外，憔悴山泽癯。倒冠落佩，此心不待白髭须。聊复脱身鹓鹭，未暇先寻水竹，矫首汉庭疏。长夏啖丹荔，两纪傲闲居。

忽风飘，连雨打，向西湖。藕花深处，尚能同载鞠生无。听子谈天舌本，浇我书空胸次，醉卧踏冰壶。毕竟凌烟像，何似辋川图。

全词的中心意象是"傲闲居"，从属于此的次意象为：放浪形骸，憔悴消瘦，不修边幅，髭须斑白，此乃外貌形象。落拓吗？否！摆脱了宛若鹓鹭飞行有序般的朝官行列，无暇先寻水竹胜地，却矫首仰慕西汉疏广自动请辞，散所赐金与族人故旧的高风亮节。自己在故乡长夏啖丹荔，这脱身鹓鹭的意象，赞叹疏广归隐德行高尚的意象，乐啖荔枝的意象，便是傲世闲居的形象。下阕风飘雨打仍向西湖藕花深处载酒行舟的意象，听子谈天说玄，借他人酒杯，浇自家块垒，醉卧踏清白纯净之地的意象，长安凌烟阁里供二十四名臣画像，哪里比得上王维赋辋川诗、绘辋川图的意象，突现了一世功高不如半生傲世闲居的立意。

芦川词中，最多见的是中原意象（已如上引）、醉酒意象，其次是倦客意象、山水意象。醉酒意象的内涵是壮志未酬，遗恨彻骨，暂时忘却痛苦，摆脱醒时种种羁绊，获得宽慰，获得自由，是消极反抗现实人生中的某种积极，是悲痛中的一种乐观旷达。

芦川词的另一个突出特色是喜用事、善用事，镕铸典故，化用前人诗句（尤其是杜甫诗句），融为意象，不粘不隔，不露痕迹，贴切自然。

词本是诗之"雅"向民间之"俗"倾斜的产物与文体。芦川词保持本色美，语言俗白、清新。《如梦令》："潮退江南晚渡，山暗水西烟雨。天气十分凉，断送一年残暑。归去，归去，香雾曲屏深处。"纯用白描，完全拆除了词人与读者之间的"阅读障碍"。《点绛唇·丙寅秋社前一日，溪光亭大雨作》："山暗秋云，暝鸦接翅啼榕树，故人何处？一夜溪亭雨。　梦入新凉，只道消残暑。还知否？燕将雏去，又是流年度。"这首词作于丙寅，即绍兴十六年（1146），秋社乃乡村中以此为祭祀"土神"之节目。溪光亭，在建宁。词人身居异地，见大雨将至，暮鸦栖身大榕树，由此引起对"故人"的挂念。燕子将带雏鸟离去，又是一季年华流度，词人该想家了吧？在叙述所见所感中透露真情。《青玉案》（平生百绕垂虹路）小序交代贺铸《青玉案》，世间和韵者多矣。按：贺铸词有，"试问闲愁都几许？一川烟草，满城风絮，梅子黄时雨。"脍炙人口，被称为"贺梅子"。词人与同宗张椿老"载酒浩歌西湖南间，写我滞思，二公不可不入社也。"张元幹追和词写于绍兴二十七年（1157）临安。晚年流落江浙，词人感慨系之。词云："平生百绕垂虹路，看万顷，翻云去。山淡夕晖帆影度。菱歌风断，袜罗尘散，总是关情处。　少年陈迹今迟暮，走笔犹能醉诗句，花底目成心暗许。旧家春事，觉来客恨，分付疏篷雨。"张元幹年近七十重游吴江县垂虹桥，回忆往事，年少时在此邂逅某人，四目相接，心中暗许，此乃旧时春事，现觉来唯余"客恨"天涯孤客之凄苦也。读之，觉得用语朴实，无丝毫书卷气。其实，它化用了前人诗句。"袜罗尘散",活用了曹植《洛神赋》:"凌波微步,罗袜尘生。""目成",化用了屈原《楚辞·九歌·少司命》:"满堂兮美人,忽独与余兮目成。""客恨",用了唐李端《送刘侍郎》:"唯有夜猿知客恨,峄阳溪路第三声。"这时你会觉得张元幹此词多了几分典雅。李端之客恨,因闻猿三啼而起,张元幹把"客恨"托付给疏篷之雨声了。

《水调歌头·追和》,不知追和何人之词,此词作于晚年重游吴江县时,吴江,今属湖州市。词云:"举手钓鳌客,削迹种瓜侯。重来吴会,三伏行见五湖秋。耳畔风波摇荡,身外功名飘忽,何路射旄头。孤负男儿志,怅望故园愁。 梦中原,挥老泪,遍南州。元龙湖海豪气,百尺卧高楼。短发霜粘两鬓,清夜盆倾一雨,喜听瓦鸣沟。犹有壮心在,付与百川流。"此词用了三个典故。"钓鳌客",《唐语林·补遗》:"李白开元中谒宰相,封一板,上题曰:'海上钓鳌客李白。'宰相问曰:'先生临沧海,钓巨鳌,以何物为钩线?'白曰:'风波逸其情,乾坤纵其志。以虹蜺为线,明月为钩。'又曰:'何物为饵?'白曰:'以天下无义气丈夫为饵。'宰相竦然。""种瓜侯",《史记·萧相国世家》:"召平者,故秦东陵侯。秦破,为布衣,贫,种瓜于长安城东,瓜美,故世俗谓之'东陵瓜',从召平以为名也。"[40]"元龙湖海",东汉陈登,字元龙。《三国志·魏志·陈登传》:"许汜曰:'昔见元龙,元龙自上大床卧,使客卧下床。'刘备曰:'君求田问舍,言无可采,如小人欲卧百尺楼上;卧君于地,何但上下床之间耶!'"[41]弄懂了这三个典故,要解读此词,便化难为易了。张元幹于词之开首便自比李太白、东陵侯。后又自比陈元龙,这是何等宏伟之气魄!张元幹用典,是将其作为一种独特的历史人物意象,融入全词的意境之中的。词人重来江浙、太湖,功名飘忽,何路射杀金兵?壮志难酬,只能怅望故园愁。老骥伏枥,壮心不已,也只能"付与百川流"。历史人物典故的运用,收到以少胜多的艺术效果。

张元幹70岁时,作《陇头泉》:

少年时,壮怀谁与重论?视文章、真成小技,要知吾道称尊。奏公车、治安秘计,乐油幕、谈笑从军。百镒黄金,一双白璧,坐看同辈上青云。事大谬,转头流落,徒走出修门。三十载,黄粱未熟,沧海扬尘。

念向来、浩歌独往,故园松菊犹存。送飞鸿、五弦寓目,望爽气、西山忘言。

整顿乾坤，廓清宇宙，男儿此志会须伸。更有几、渭川垂钓，投老策奇勋。天难问，何妨袖手，且作闲人。

这是张元幹对自己一生经历、思想所做的总结。其《自赞》云："尔形侏儒，而行容与。所守者，独出处之大节；所历者，皆风波之畏途。彼其或取者在是，为之不悦者有诸？使其佩玉剑履，定非廊庙之具；野服杖履，庶几山泽之臞乎？"这个自我评价，十分准确。

三、闽都文学史上的标杆意义与张氏宗族文化中的示范作用

当我们把张元幹置于闽都文学的发展历史上来考察时，我们惊异地发现，张元幹具有标杆的意义，他成为闽都文学成熟的重要标志之一，与李纲等人掀起闽都词文化发展的热潮。

什么是闽都文学？从地域范围说，指传统意义上福州市所辖五区八县及古田、屏南。广义而言，包括以福州为中心的闽江中下游地区。从历史沿革说，俗称"福州十邑"。福州于前202年建城。汉时为闽越国都城，唐时始称建安郡、闽州。玄宗时设福州都督府，乾元元年辖闽县、侯官、长乐、福唐、连江、长溪、古田、尤溪八县，元称福州路，明改为福州府，辖十县，请雍正年间析古田县，增置屏南县。从生活习俗说，大致相同、相近。从语言文字说，除"官话"外，使用福州话方言。这在作品中有所体现，如《闽都别记》在官话的基础上便夹进了福州的方言土语。从作家构成说，有本土作家，寓居、过境作家。从作品内容说，包括乡土、外地。从文化特征说，融中原文化（农耕文化）与海洋文化于一体。闽都文化历史悠久，底蕴深厚，"山海兼备"，"负陆面海"，兼具海洋文化与内陆文化相综合的特征。它继承、汲取了以中原文化为代表的农耕文化的精华，又产生、发展了区别于江浙文化、岭南文化乃至闽南文化、海洋文化的独特形态。闽都文化勤于学习，善于发现；勇于探索，敢为人先；与时俱进，保持先进；海纳百川，无欲则刚的特质鲜明、突出。

与中原、江浙等发达地区相比，闽文学相对滞后，当唐诗鼎盛时，福建才出了第一个进士诗人薛令之，长溪（今福安）人，标志着本土文人诗歌的诞生。南朝宦闽、流寓文人有少量零星的诗文创作。闽都文学处于萌芽状态。至唐五代，

闽都文学逐步形成。闽王王审知治闽时期广开才路，中原文人涌入福建，成为闽都文坛的主力军。客籍诗人顾况用福州方言作四言诗《囝》写闽吏为朝廷置办阉臣、买卖人口之事。序云："囝，哀闽也。"诗云："囝生闽方，闽吏得之，乃绝其阳。""为髡为钳，如视草木。"官吏因之发财，"我罹其毒""吾悔生汝"，"囝别郎罢，心摧血下"。严厉谴责闽吏的凶残与贪婪。韩偓入闽时已65岁。早年之作多为闺阁诗，绮艳细腻。晚年饱受战乱之苦，诗风大变。多写追怀故国，激昂遒劲。《伤乱》："故国几年犹战斗，异乡终日见旌旗。父亲流落身羸病，谁在谁亡两不知。"另有《安贫》等诗反映现实。有《韩翰林集》《香奁集》。

本籍诗人有"闽中三绝"林滋、郑諴、詹雄，还有王棨、黄滔等。王棨，福清人，以写赋著称。其《江南春赋》是晚唐赋风由"冠冕正大"向"好尚新奇"转变的标志。一改歌颂帝德为描绘明媚风物，构思行文均别开生面。黄滔，侯官人，工诗善文，闽中碑碣多为所作，为唐末五代闽都诗人最著者，"诗清淳丰润，若与人对语，郁郁有贞元、长庆风。"（洪迈语）《闻新雁》："湘南飞去日，蓟北乍惊秋。叫苦陇云夜，闻为客子愁。一声初触梦，半白已侵头。旅馆移敧枕，江城起倚楼。余灯依古壁，片月下沧洲。寂听良宵彻，踌躇感岁流。"赋则多以历史题材抒写情怀，善用警句、丽句，与王棨并称晚唐律赋之"双雄"，首开闽中文学批评之风，《泉山秀句集》"编闽人诗，自武德尽天祐"，为闽人选闽诗之始。

两宋是闽都文学的发展期，本籍作家开始居于先导地位。陈襄（1017—1080），字述古，侯官人，与陈烈、周希孟、郑穆并称"海滨四先生"，有《古灵集》25卷，任杭州太守二年期间创作大量诗歌，以七律、七绝为多，现存诗170首。受苏轼影响颇深（时苏为杭州通判，二人交谊甚好），苏称陈为"能诗"太守，《和子瞻沿牒京口，忆西湖寒食出游见寄二首》其二："春阴漠漠燕飞飞，可惜春光与子违。半岭烟霞红旆入，满月湖风画船归。鼓笙一阕人何在，及鹤重来事已非。犹忆去年题别处，乌啼花落客沾衣。"纪晓岚认为此诗"殊饶情调"，谢肇淛谓其"声调凄婉，中晚唐之楚楚者"。《观海》前四句云："天柱支南极，蓬山压巨鳌。云崩石道险，潮落海门高。"境界阔大，豪情满怀。海滨四先生的主要贡献不在诗歌，而在理学，他们与同时代的周敦颐、程颢、程颐共同为理学发展奠定了基础。

两宋时期，闽文学的发展有重大突破，那便是词创作的勃兴。清叶申芗《闽词钞》、民国林葆恒《闽词徵》所选北宋及南宋初期词人约18家。按其籍贯分布：莆仙地区，北宋有徐昌图（莆田）、蔡襄（仙游）；南宋初期有蔡伸（仙游）、李持正（莆田）、黄公度（莆田）。闽北地区：北宋有杨亿（浦城）、柳永（崇安）；南宋初期有章粢（浦城）、陈瓘（延平）、黄裳（南平）、李纲（邵武）、刘子翚（崇安）；闽都地区，南宋有李弥逊（连江）、张元幹（永泰）。此外，还有邓肃（沙县）、高登（漳浦）、康与之（福宁）。其中，北宋柳永堪称中国词史上的一座高峰。中国词史，高峰迭起，令人目不暇接。闽北词人群阵容强大，成就巨大。而闽都词人群在宋南渡时期异军突起，本籍词人以李弥逊（连江）、张元幹（永泰）为代表。李弥逊（1089—1153），字似之，号筠翁，连江人。绍兴八年（1138），秦桧主和，李弥逊力持不可。秦桧遂邀李弥逊至其私第，企图利诱说服其跟随自己："政府方虚员，苟和好无异议，当以两地相浼。"[42] 李弥逊当即严词拒绝。为秦桧所不容，十年(1140)归隐连江西山。客籍词人以李纲、富直柔为代表。李纲(1083—1140)，字伯纪，邵武人，徽宗年间进士，累官至监察御史兼权殿中侍御史，抗金名臣，后为主和派所谗，仕途几经起落。建炎四年（1130）自海南还居福州，绍兴八年（1138）又回福州居住，著作颇丰，有《梁溪集》180卷，《四库全书总目》称其诗"雄深雅健，磊落光明"。富直柔（1084—1156），字季申，号洛滨，河南洛阳人，绍兴元年（1131）任同知枢密院事，为吕顺、秦桧所忌，数月即罢，提举临安洞霄宫。起知衢州，十一年（1141）罢知泉州，十二年落奉祠职，寓居福州。他们之间往来密切，诗酒唱和，徜徉山水，发抒悲愤，强化自我意识，追寻人生真谛，使闽都词跃上一个更高层面，对后代产生深远影响。

宋里人《芦川归来集原序》称："即公之文，验公之行，其作也古，其传也宜。"[43] 预言张元幹词必将传世。大约735年后，清人刘熙载在《艺概·词曲概》里赞誉张元幹："词莫要于有关系。张元幹仲宗因胡邦衡谪新州，作《贺新郎》送之，坐是除名，然身虽黜而义不可没也。……然则词之兴观群怨，岂下于诗哉！"[44] 充分肯定了张元幹词的战斗性与影响力。

闽都文学的主要成就集中在诗歌与散文，诗歌中以诗为主，明代以林鸿为代表的闽中十子、以郑善夫、徐熥、徐熛、谢肇淛、曹学佺为代表的闽中诗派等，词的创作数量不多，直至清代谢章铤不仅有《赌棋山庄·酒边词》，而且有词学著作《赌棋山庄词话》，他们或多或少都受到张元幹等人的影响。福州西湖宛在堂，明正德年间由诗人傅汝舟营建，后屡圮屡修，清乾隆十三年（1748）黄任、李云龙倡议复建，在堂中设立诗龛，作为诗坛同人吟诗聚会之所。民国三年（1914），许世英辟西湖为公园，由林炳章负责重建，为闽中诗人纪念堂。民国十年（1921）入祠者270人，张元幹名列其中。20世纪50年代，陈世容（伯治）将入祠者270人生平、佚事、诗评、代表作编纂成《福州西湖宛在堂诗龛征录》。这表明张元幹诗词对闽都文学的影响绵远深长。

张元幹对福建张氏宗族文化的贡献不应低估。宗族文化有两面性。一方面，它为封建统治服务，起到了政府、法律所无法替代的作用。另一方面，无论"诗礼传家"，还是"耕读传家"，无论村规，还是家训，都提倡义、德、勤、俭等，这对于维护社会安定，激励奋发上进，又有积极作用。宗族文化要求认祖归宗。宗族始祖享有至高无上的权威，获得族人的无限敬仰。闽都张氏宗族的始祖是张睦。光禄大夫张睦（850—926），字仲雍，号孔和，世居河南光州固始魏陵乡祥符里，从王潮、王审知入闽，居侯官县孝弟乡惠化里。唐天祐元年（904）四月，被王审知授三品官，"领榷货务，睦抢攘之际，雍容下士，招来蛮裔商贾，敛不加暴，而国用日以富饶。"[45]对福建开发有巨大贡献。其官邸建于福州城凤池坊，自此，其子孙后裔以"凤池"为堂号。梁开平三年（909）被王审知授予梁国公称号，建祠于福州东街凤池坊尾，称"榷货大王庙"。张睦成为张氏宗族的精神领袖与道德典范。张睦在哪些方面为后世族人所学习仿效呢？维护统一、保民护民、信守承诺、谦让尊位、反贪除暴、举贤引才、无私大度等，具有超人的智慧、才能、谋略。[46]正是在张睦功业、品格、精神的鼓舞、引导下，张氏宗族兴旺发达、名人辈出。历史名人为宗族所敬慕，在宗族中具有示范作用。张睦育有四子：廊、庑、膺、赓，一说三子：庑、膺、赓，其中膺公一支迁居永泰，繁衍发展，至七世肩孟，字醇叟，宋皇祐五年进士，能隶歙州，赠少师。其子五人（八世）：劢，熙宁六年进士，中奉大师；勔，熙宁九年进士，朝散郎；勋，文武两举，大学博士；劝，元符三年进士，工部尚书；动，恩奏进士、金紫大夫，龙图阁直学士。前四位是张元幹的伯父，张动是他父亲。张元幹是张睦的九世嫡孙。张动，字安道，又字几道，徽宗崇宁间曾出仕于邺（今河北临漳），后入朝为少卿，出任荆湖北路提举常平公事，又知建州，兵乱被执，而后落职。[47]祖孙三代，继承先祖张睦开创的优良传统，再创辉煌，特别是张元幹有抗金的业绩，以词鸣世，名垂青史，族人不仅以之为荣，而且以之为范。后代多曾世宦，或成为各行各业能人，虽未有名声盖过者，然张氏在月洲乡，在永泰县，都堪称望族。

张睦之子庑公生四子，为三世，第四子宗景一支迁往古田县四十三都梅洋召南里，其十五世留孙，元赠礼部尚书，是张以宁的祖父，父一清，元中奉大夫，福建江西省参知政事。张以宁是汉留侯张良第五十世裔孙、张睦十七世裔孙，一说是张良四十六世裔孙，张睦第十二世裔孙。[48]张以宁在诗文中常提及他的祖先张良、张骞。可见，功臣、名人，在宗族文化中有很高的地位，他们是族人的榜样。《翠屏集》仅占张以宁诗文之什一，余皆散佚，我们没看到他夸耀张元幹，但他们的心是相通的。张以宁（1301—1370），福建古田人。字志道，号翠屏山人。泰定四年（1327）登进士第，为元代古田县唯一进士。任黄岩州判官、真州六合县尹，有惠政及民。以丁内艰去官服阙。此后，留滞江淮十年，以授馆为生。至正中，征为国子助教，累官至翰林侍读学士、中奉大夫、知制诰、兼修国史。明洪武元年（1368），68岁，应召到南京，复原官。洪武二年（1369）出使安南册封其国王。于驿馆，撰成《春秋春王正月考》。因不辱使命及廉洁自律，获朱元璋赞许。回国途中，病逝于安南境内驿馆。今存《翠屏集》四卷、《春秋春王正月考》二卷，均收入《四库全书》。其诗对明初闽中诗派产生深刻影响。⑲宋濂在《翠屏集·序》里赞其文："诚可谓一代之奇作矣！"[49]

张元幹年轻时于乱纸堆中得祖父手泽，视若珍宝，跑了多地，敬请游定夫、杨龟山、陈了翁、朱乔年、李伯纪、洪驹、徐师川、吕居仁等名贤三十余家题跋，编成《幽岩尊祖录》。为士而能尊其祖，足以有誉于世矣。此举与张以宁常夸先祖张良、张骞，实乃异曲同工也。

张元幹家族的辉煌会成为永泰其他家族的榜样。清黄任（1683—1768）字于莘，又字莘田，因喜藏砚，自号十砚老人、十砚翁，永福（今福建永泰县）人。清康乾之际不标流派而有特色的重要诗人，藏砚家。康熙四十一年（1702）举人，官广东四会知县，三年后被勒罢官，归途船中所载惟砚石。居福州三坊七巷之光禄坊。生活清苦。诗以轻清流丽为时人所称，七绝尤负盛名。著有《秋江集》《香草笺》。

黄任一家乃官宦之家。历史上官宦之家不少，这不足为奇，奇的是这是个诗人世家：曾祖父黄文焕，进士，著作颇丰；伯祖黄璂，诸生，为诗纵横有法度；侄黄惠，进士，著有《余事斋诗文集》；子黄度，太学士，工诗。更奇的是黄任一家女性皆能诗：黄任妻庄孺人，能诗；长女黄淑窕，有《墨庵楼试草》，次女黄淑琬，著有《绮窗余事》，外孙女游合珍、外孙女林琼玉，五人皆录入梁章钜《闽川闺秀诗话》。还有一奇：外祖父一家亦多诗人。《笃叙堂诗集》是侯官许氏之家集。凡作者七人，集八种。其中，明一人：外曾祖父许豸《春及堂遗稿》；清六人：外祖父许友《米友堂集》、舅父（许友之子）许遇《紫藤花庵诗钞》、许鼎《少少集》、许均《雪邨集》《玉琴书屋诗集》、许荩臣《客游草》。[50] 目前尚未找到黄任家族如何受到张元幹家族影响的文字记载。但在同一个县，影响往往于一代一代人中口口相传而产生，故黄任家族之兴旺可能受到张元幹家族的影响不是胡乱猜测。

综上所述，张元幹作为历史人物，能做出如许之历史性贡献，不亦足矣！

【参考文献】

[1] 刘扬忠：《唐宋词流派史》，福建人民出版社1999年版，第334页。

[2] （明）黎晨修、李默纂：（嘉靖）《宁国府志》卷八。

[3] 徐海梅：《周紫芝生平考述暨创作探源》，中国社会科学出版社2014年版，第165—166页。

[4] （清）永瑢等：《四库本四库全书总目·太仓稊米集提要》，文渊阁四库全书本。

[5] （清）永瑢等：《四库本四库全书总目·太仓稊米集提要》，文渊阁四库全书本。

[6] （清）永瑢等：《四库本四库全书总目·太仓稊米集提要》，文渊阁四库全书本。

[7] 王兆鹏：《宋南渡词人群体研究》，凤凰出版社2009年版，第174页。

[8] 张高宽：《李纲＜梁溪词＞与豪放词刍议》，《文学评论》2013年第2期。

[9] 姚惠兰此文发表于《南京师范大学文学院学报》2004年6月，第158—162页。

[10] 李纲：《重校正杜子美集序》，见王瑞林点校：《李纲全集》下册，岳麓书社2004年版，第1320页。

[11] 张元幹：《跋山谷诗稿》，张守祥主编：《张元幹诗词》福建美术出版社2011年版，第148页。

[12] 张元幹：《跋苏诏君赠王道士诗后》，张守祥主编：《张元幹诗词》，福建美术出版社

2011 年版，第 152 页。

[13] 张元幹：《亦乐居士集序》，《张元幹诗词》，第 136 页。

[14] 张元幹：《亦乐居士集序》，《张元幹诗词》，第 136 页。

[15] 张元幹：《亦乐居士集序》，《张元幹诗词》，第 137 页。

[16] 张元幹：《亦乐居士集序》，《张元幹诗词》，第 140 页。

[17] 曹济平：《张元幹词研究》，齐鲁书社 1993 年版，第 70—71 页。

[18] 恩格斯：《致斐·拉萨尔》，《马克思恩格斯全集》第 29 卷，第 586 页。

[19] 黄佩玉：《张元幹研究》，三联书店香港分店、广东人民出版社 1986 年版，第 50 页。

[20]（宋）赵彦卫：《云麓漫钞》卷十四，中华书局 1996 年版。

[21] 王瑞明：《李纲全集·前言》，岳麓书社 2004 年版，第 15 页。

[22]《四库全书·芦川词提要》，《四库全书总目》卷一九八，中华书局本。

[23] 段熙仲：《张元幹"晚盖"质疑》，《文史》第十辑 1980 年。

[24] 张元幹著，曹济平笺注：《芦川词笺注》，第 180 页。

[25] 叶嘉莹《灵溪词说》，上海古籍出版社 1987 年版，第 91 页。

[26] 王兆鹏：《宋南渡词人群体研究》，凤凰出版社 2009 年版，第 138 页。

[27] 王兆鹏：《宋南渡词人群体研究》，凤凰出版社 2009 年版，第 141 页。

[28] 叶梦得：《避暑录话》卷上。

[29] 王兆鹏：《宋南渡词人群体研究》，凤凰出版社 2009 年版，第 145 页。

[30]（宋）陈振孙：《直斋书录解题》卷二十一。

[31] 王兆鹏：《宋南渡词人群体研究》，凤凰出版社 2009 年版，第 147 页。

[32] 王兆鹏：《宋南渡词人群体研究》，凤凰出版社 2009 年版，第 150 页。

[33] 王兆鹏：《宋南渡词人群体研究》，凤凰出版社 2009 年版，第 154 页。

[34] 王兆鹏：《宋南渡词人群体研究》，凤凰出版社 2009 年版，第 160 页。

[35] 黄佩玉：《张元幹研究》，三联书店香港分店 1986 年版，第 45 页。

[36] 王兆鹏：《张元幹年谱》，此词作于绍兴十一年（1141）；据曹济平《芦川词笺注》之《永遇乐·宿鸥盟轩》笺注（一），此词作于绍兴十六年（1146）。

[37] 黄海：《宋南渡词坛研究》，浙江大学人文学院中国古代文学学科 2004 年博士论文，第 41 页。

[38] 黄海：《宋南渡词坛研究》，浙江大学人文学院中国古代文学学科 2004 年博士论文，第 46 页。

[39] 曹济平：《张元幹词研究》，第 132 页。

[40] 邵艳、陈媛编著：《张元幹词全集》，崇文书局 2017 年版，第 45 页，（《水调歌头·追和》
注释①②）。

[41] 曹济平笺注：《芦川词笺注》，上海古籍出版社 2010 年版，第 41 页，（《水调歌头·同
徐师川泛太湖舟中作》笺注 [七]）。

[42] 曹济平笺注：《芦川词笺注》，第 144 页。

[43] 张守祥主编：《张元幹诗词》，第 180 页。

[44] （清）刘熙载：《艺概·词曲概》，上海古籍出版社 1978 年版，第 122 页。

[45] 吴任臣：《十国春秋》卷九十五《张睦传》，中华书局 1983 年点校本，第 1377 页。

[46] 张忠松：《试述闽国首辅张睦的功业品格》，《福州社会科学》，2020 年第 4 期。

[47] 王兆鹏：《张元幹年谱》第 4—13 页、张守祥主编：《张元幹诗词》附录《张元幹世系表》，
第 234—235 页。

[48] 游友基：《张以宁论》，海峡书局 2017 年版，第 21 页。

[49] 张以宁著、游友基整理：《翠屏集》，广陵书社 2016 年版，第 9 页。

[50] 郭云：《黄任研究》，福建师范大学文学院中国古代文学 2010 年硕士论文，第 5—7 页。

论宣和初年张元幹的交游及其影响

中共福建省委党校　林　怡

摘　要：宣和元年（1119）与宣和二年（1120），对张元幹而言，意义重大。宣和元年，他回到福州永泰省亲，发现了祖父手泽，为祖父的原配夫人刘氏祖母扫墓并作祭文，还刻之于石，以传子孙；同时，他拜见了前辈郑侠，结交了坚韧刚毅的高僧德隆老。德隆的生卒年应为宋仁宗至和三年（亦即嘉祐元年），即丙申年（1056），卒年为宋徽宗绍兴二十五年（1155），他历经北宋五帝，享年百岁，与张元幹的友情持续三十五六年之久。宣和二年（1120）张元幹从福建经江西北上汴京，拜谒并追陪陈瓘累月，得到陈瓘的奖掖提携，陈瓘为其祖父手泽题跋。此后，杨时、游酢、李纲、吕本中、朱松等名流也纷纷随之"题跋叹美"张元幹，这些都表明了在后王安石时代张元幹的政治立场，他反对蔡京等人以变法之名结党营私，滋扰民生。张元幹"劲正清峭"的"雄健"词风，得益于他承继陈瓘、杨时、游酢等人的"道学"涵养工夫。正是在"劲正清峭"的"雄健"一路上，张元幹之"豪"与苏东坡之"豪"形成了区别，张之"豪"为刚健遒劲，苏之"豪"乃疏放旷逸。张元幹刚健遒劲之"豪"，为其后的辛弃疾导夫先路，成为在婉约、豪放二途之外另开"劲正清峭"之"雄健"词风的先驱人物。张元幹也是以杨时、游酢、陈瓘为代表的北宋道学闽地一脉的继承者，他承上启下，持守道学气节，以其文其词，深刻影响了朱松、朱熹等后来者，从这个意义上说，他也是朱熹理学集大成之"闽学"一脉的源头活水。

关键词：道学；陈瓘；气节；张元幹；劲正清峭；雄健

作者简介：林怡，中共福建省委党校教授。

众所周知，张元幹（1091—1161）深受李纲（1083—1140）的影响，而将张元幹推荐给李纲的正是陈瓘（1057—1124）。张元幹为何拜谒并追陪陈瓘呢？陈瓘又为何为张元幹题跋并奖掖有加呢？这与宣和元年（1119）张元幹回乡省亲关系重大。这一年，张元幹回到福州，不仅发现了祖父手泽，替刘氏祖母扫墓，而且拜见了病笃弥留之际的郑侠，还结识了海印德隆禅师。所有这些，都决定了张元幹在后王安石时代两宋纷繁党争中的立身行事，并对他此后的人生境遇和词的创作也形成了深刻的影响。本文略议宣和元年和宣和二年间张元幹所遇主要人事，可证张元幹也是道学中人，其"劲正清峭"之"雄健"词风的形成与道学中人持守气节有直接的关联。

一、张元幹的好友西禅隆老海印大师何许人

宣和元年（1119）夏天，张元幹回乡省亲，结交了高僧德隆禅师。张元幹撰有《西禅隆老海印大师赞》《祭西禅隆老文》。王兆鹏《张元幹年谱》云：

此老事迹未详，唯祭文中称："吾闽有禅，师必称首，知其为闽中高僧。后芦川遭时多难，赖此老抚恤（详后谱宣和三年）。芦川诗多谈禅论佛，当曾受此老影响。"[1]

清释法纬撰写《西禅长庆寺志》记载："第十四代海印德隆禅师，嗣智海逸禅师，绍兴十八年（1148）府主延住当山"[2]。德隆是智海逸禅师的弟子，又称作海印德隆禅师或德隆海印禅师，系同一人。

宣和元年（1119），德隆禅师尚未住持西禅寺，而是在福州城内的大中寺庙。大中寺原址在今福州鼓楼区达明路附近。此寺在唐末宋时是禅宗的重要道场，青原行思与南岳怀让两脉都有传人在该寺修行。《五灯会元》卷第十六"青原下十一世"记载"智海逸禅师法嗣·大中德隆禅师"条写道：

福州大中德隆海印禅师，上堂："法无异法，道无别道。时时逢见释迦，处处撞著达磨。放步即交肩，开口即咬破。不咬破，大小大。"上堂："夫欲智拔，先须定动。"[3]

上述《五灯会元》谓德隆为福州大中寺的禅师。据前引清释法纬撰写《西禅长庆寺志》记载，绍兴十八年（1148），福州府主延请德隆禅师住持福州西禅寺。

西禅寺在今福州鼓楼区城西工业路上，与福州大学原址相邻。自唐末高僧懒安住持该寺庙起，便是中国禅宗重镇，其法脉不仅影响广袤的南中国，还远及东南亚与东北亚各国。据宋梁克家《三山志》，绍兴十八年（1148），薛弼在知福州的任上 [4]，应该就是他请德隆住持西禅寺的。张元幹为德隆写赞和祭文，在其法号前都加"西禅"，可见赞与祭文都应写于绍兴十八年（1148）之后。王兆鹏《张元幹年谱》将《西禅隆老海印大师赞》姑且系年于宣和三年（1121），不确。

德隆圆寂于何时？据清代释法纬撰《西禅长庆寺志》卷之二《禅宗志》记载：德隆之后的第十五代住持是懒菴（又作"庵"）需禅师，他"开法本山三载"，但无记载他何时入主西禅寺。懒菴之后，第十六代住持是守净禅师，"绍兴己卯出住本山，三载而退。"[5]绍兴己卯即绍兴二十九年（1159），上推三年，则绍兴二十六年（1156）年前后懒菴接替德隆禅师住持西禅寺，这意味着德隆禅师大约圆寂于绍兴二十五年至二十六年（1155—1156）之间。据曹济平《张元幹年谱简编》，绍兴二十五年（1155），张元幹在福州，所以，张元幹《祭西禅隆老文》，极有可能是作于这一年，即德隆禅师或圆寂于绍兴二十五年（1155）。从宣和元年(1119)至绍兴二十五年（1155），张元幹与德隆禅师的友情持续了三十五六年，确如王兆鹏所言，"芦川诗多谈禅论佛，当曾受此老影响。"[6]

北宋士大夫，已将儒道释融为一体。一如苏东坡、陈瓘、李纲等人，张元幹的词也不乏旷达之语，这与他们都深受禅师高僧影响有密切关系。李纲在《故谏议大夫了斋陈公真赞》中赞誉陈瓘道：

"置死生于一舍，会事理而皆融。吾不知其谁氏之学，混儒释而为宗，兹其所以为了翁者欤！" [7]

张元幹和陈瓘一样，同样将儒释道融于一身。

据《五灯会元》卷第十六"云门宗·青原下十世下"记载"智海本逸禅师"道：

僧问："古镜未磨时如何？"师曰："青青河畔草。"曰："磨后如何？"师曰："郁郁园中柳。"曰："磨与未磨，是同是别？"师曰："同别且置，还我镜来。"——道士问："如何是道？"师曰："龙吟金鼎，虎啸丹田。"曰："如何是道中人？"师曰："吐故纳新。"[8]

智海本逸禅师是德隆的师傅，上述智海的机锋颇能彰显他的文学修养和"吐故纳新"的胸怀格局，这应该也影响了其弟子德隆。张元幹赞扬隆老："其圆机转物也，山河大地不离掌握；其辩口谈天也，邪魔外道为之碎胆。"[9] 他在《祭西禅隆老文》中回忆与德隆惺惺相惜的友情，云："伤今念古，师适我同。尔定交有乎于中。……四海横溃，我还旧庐，忧患荐罹，独师恤诸。"[10]

张元幹在祭文中称"宣和己亥季夏年"（1119），回到福州，在钟山（即大中寺所在，故大中寺又作大钟寺）初识德隆禅师，两人一见如故，从此订交。他说德隆："师生丙申，阅世烂久，吾闽有禅，师必称首。百年老榕，忽仆道周。此木其坏，职师是忧。我来哭师，本安用哭，聊慰后人，示激颓俗。"[11]

据上述张元幹祭文，德隆生于丙申年，圆寂时届百岁，如他圆寂于宋徽宗绍兴二十五年(1155)，则当生于北宋仁宗至和三年(亦即嘉祐元年)的丙申年(1056)。这是历经宋仁宗、英宗、神宗、哲宗、徽宗五朝的高僧，对北宋的盛衰洞若观火，虽见惯了白云苍狗，但心中自有是非持守，对张元幹这样愤世嫉俗、拂逆当权者的士人给予恤悯关照，诚然也是刚毅坚忍之豪杰。

二、张元幹拜谒郑侠说明了什么

郑侠（1041—1119），字介夫，福清人，福清与张元幹家乡永泰相邻。郑侠年长于陈瓘，于英宗治平四年（1067）中进士，早年与王安石是知己好友，熙宁二年（1069）王安石开始变法，二人渐行渐远。王安石新法中一些举措扰民甚剧，郑侠对此多有批评建议，但王安石不能接受。至熙宁六年，因受市易法、青苗法之苦，又逢灾年，百姓流离失所者众，王安石一意孤行，听不进郑侠的逆耳之言。熙宁七年（1074）三月，郑侠目睹民生之痛，忍无可忍，画成《流民图》，写成《论新法进流民图疏》，请求神宗罢除新法，以纾民困。神宗皇帝得此真相，深以为悔，王安石因此去职。此后，郑侠又上疏抨击代替王安石的吕惠卿，结果被流放，直到哲宗元祐元年（1086）高太后临朝听政，才遇赦回到福清。高太后死后，哲宗一改太后之政，重用章惇，郑侠被列名为"元祐党人"，再次被贬去英州。元符三年（1100），哲宗薨，徽宗继位，郑侠等官复原职。但大观元年（1107），宋徽宗重用蔡京入朝为相，蔡京怂恿宋徽宗立"元祐党人碑"，对所谓的"元祐党人"进行政治迫害，郑侠列在"元祐党人碑"中第十五名，被罢黜还乡，在福清家居十二年，直到宣和元年（1119）八月去世，享年 79 岁。

郑侠有诗歌《和王荆公何处难忘酒》，写道：

> 何处难缄口，熙宁政失中。
>
> 四方三面战，十室九家空。
>
> 见佞眸如水，闻忠耳似聋。
>
> 君门深万里，焉得此言通。

这是上《流民图》之前郑侠写的诗歌，他直接批评王安石刚愎自用，所用非人，导致民生凋敝。

宣和元年（1119）夏，张元幹在家乡拜访了老迈的郑侠。郑侠与张元幹的祖父张肩孟是故交，时已"年垂八十""适已抱病"，听说张元幹求见，"延入卧内，欢若平生。而遗言余旨，预闻一二。后数日遂哭之，若有待然"。郑侠立身行事成为其后辈张元幹的楷模，他在临死前接见张元幹，张元幹也以此为荣，认为自己能够聆听到郑侠最后的"遗言旨意"，实属"天意"。据此可见，在北宋末宋徽宗重用蔡京之际，张元幹不与他们为伍，而是敬重亲近郑侠这样敢于为民请命、耿直刚正却横遭打压贬黜的前辈名士，这说明张元幹的政治立场与宋徽宗宠用的蔡京等人相左。郑侠与陈瓘一样，其立身行事深刻影响了张元幹，张元幹在四十一岁不惑之年毅然挂冠而去，以此行为宣告了自己以郑侠、陈瓘等前辈为典型，其罢官与李纲罢相、自己遭流言诬谤有关。

三、陈瓘等名儒时贤为何纷纷替青年张元幹题跋

张元幹是世家子弟，用今天的话说，是"官三代"。其祖父张肩孟有五个儿子：励、劢、勔、劝、动，父子兄弟相继登科并官至要职，被誉为"丹桂五枝芳"。张元幹的父亲张动，是张肩孟的最小儿子，官至龙图阁直学士。如此显宦之家，使得张元幹在二十二三岁间，即以太学上舍生的身份，直接释褐授官，赴澶渊任职。

宋徽宗宣和元年（1119），对于二十九岁的张元幹而言，意义重大。这年春，张元幹回乡，替忙于为官的父辈们扫墓省亲。据王兆鹏著《张元幹年谱》和曹济平的《张元幹年谱简编》，张元幹"六月至乡里，至十一月始行。"[12] 在乡期间，他除了结识德隆禅师、拜访郑侠之外，还有更重要的两件事：一是在外孙陈氏家

乱纸堆中，发现了祖父张肩孟的手迹，这是张肩孟在熙宁八年（1075）十二月出钱购置田地，捐舍给福清县幽岩院的手书文字凭据；二是去上仙宇观东祭扫先祖墓地，又祭拜其祖母刘氏的坟墓。张元幹将发现的祖父张肩孟手泽与自己写的《祭祖母彭城郡夫人刘氏墓文》，刻石以传子孙。他的这一举动得到当时诸多名儒的盛赞，因为刘氏祖母虽然是张肩孟的原配夫人，但并无生子。王兆鹏在《张元幹年谱》中写道："肩孟两娶。前妻刘氏，无子。继室林氏，芦川诸父皆林氏所生。……肩孟以子贵封赠少师，故其妻刘氏封赠郡夫人。"[13] 张元幹的父亲及其四个伯父都是张肩孟续娶的林氏夫人所出。张元幹为非血缘关系的刘氏祖母修坟并祭扫，此举为他赢得不凡的声誉。王兆鹏在《张元幹年谱》中叙之甚详，特摘录如下：

《宋诗钞》卷四八《芦川归来集钞》即云："宣政间，游定夫、杨龟山、陈了翁、朱乔年、李伯纪、洪驹父、徐师川、吕居仁名贤三十余家，咸题跋叹美之。"兹举几则，以见一班。陈了翁（瓘）曰："为士而能尊其祖，为子而能干父之蛊，此可久之习也。辞采灿然，足以有誉于世矣。"游酢、杨时皆称芦川"于尊祖追远之义尽矣。吾将见其流风所被，使乡邦民德归厚，必自兹始也。"陈、游、杨皆当时"儒门老尊宿"，而对一青年推许如是，足见芦川品节操行之特异、交游处世之非凡。诚如邓肃、汪藻所言："了翁，百世师也。下视时辈，如黄茅白苇耳！干蛊之语[14]，岂轻以予人？仲宗于是为贤。""其赠言皆百世之师，后之观仲宗者，可以知其为人矣"。[15]

宣和元年（1119）底张元幹离开家乡，经江西盘桓数月后北上汴京。宣和二年（1120）初春，他在江西南昌、九江，洪刍、徐俯、陈瓘等名贤纷纷为其题跋。洪刍（1066—1128），字驹父，黄庭坚是其舅父，时在豫章（即南昌）；徐俯（1075—1141），其舅父也是黄庭坚。宣和二年（1120）二月二十七日，洪刍为张元幹祖父手泽题跋，徐俯题跋称张元幹"不忘本也"。此后，张元幹到南康（今属九江），拜谒陈瓘，不但获得陈瓘为其祖父手泽题跋，且被陈瓘留居山中，随侍左右，侍陪陈瓘"幽寻云烟水石间累月""与闻前言往行，商榷古今治乱成败，夜分乃就寐。"[16]

王兆鹏指出：张元幹此番拜谒随侍陈瓘，不仅为作庐山山水之游，"还因目睹蔡京兄弟弄权，朝政日非，王朝将坠，'心知天下将乱，阴访命世之贤'，故特地拜谒了翁，与之'商榷古今治乱成败'，研求'平生王霸术'。又请求了翁介绍当世贤士，了翁当即向他推荐李纲，希望芦川能与之游处结交。……芦川与李纲、陈瓘都以天下为己任，故一见如故。"[17]

陈瓘（1057—1124），字莹中，号了斋，福建三明沙县坊人，元丰二年（1079）探花，授官湖州掌书记，历任礼部贡院检点官、越州、温州通判、左司谏等职。以敢言而不惧罹祸闻名于世。陈瓘历仕宋神宗、哲宗、徽宗三朝，由于王安石变法，导致这三朝的皇帝、太后与士大夫一直处于党争的纠纷中。主张变法的神宗皇帝驾崩后，其母高滔滔垂帘听政，辅佐年幼的孙子哲宗皇帝。高氏本对熙宁变法持否定态度，故"母改子政"，在元祐年间起用司马光为首的旧党，推翻此前的变法举措，史称"元祐更化"（1086—1093）。七年后，即元祐八年（1093）九月，高太后驾崩，哲宗皇帝终于亲政，立即改年号为"绍圣"，宣告自己与祖母的政治理念不同，要绍述其父神宗变法之举，全力打击其祖母高太后信任的"元祐党人"，贬谪苏轼等人，重新启用章惇（1035—1106）、吕惠卿（1032—1111）、曾布（1036—1107）、蔡京（1047—1126）、蔡卞（1048—1117）等人。陈瓘的福建同乡章惇、蔡京、蔡卞等长期当轴，蔡卞系王安石的女婿，蔡氏兄弟总体上偏向于王安石变法，但后来蔡氏兄弟俩在具体政事上也多意见歧异。当章惇、曾布、蔡氏兄弟等先后当轴之际，欲网罗英才为彼辈所用，蔡卞、章惇都荐举陈瓘，但陈瓘对他们的施政理念与举措甚不以为然，故自觉疏离他们。公元1100年，即宋哲宗元符三年，哲宗薨，徽宗初继位，陈瓘因批评外戚和皇太后向氏干预朝政，被贬为扬州粮科院监官，后改安徽无为军知事。彼时蔡氏兄弟权倾朝野，四十四岁的陈瓘虽遭贬谪，却上《论蔡京疏》，弹劾蔡京兄弟等。陈瓘在该疏中写道：

臣伏见翰林学士承旨蔡京，当绍圣之初与其弟卞俱在朝廷，赞导章惇，共作威福，卞则阴为谋划，惇则果断力行，且谋且行者京也。……惇之矜伐，京为有助，卞之乖悖，京实赞之。当此之时，言官常安民屡攻其罪，京与惇、卞共怒安民，协力排陷，斥为奸党，而孙谔、董敦逸、陈次升亦因论京，相继黜逐……是以七年之间五逐言者，掩朝廷之耳目，成私门之利势，言路既绝，人皆钳默。凡所施行，得以自恣，遂使当时之所行，皆为今日之所蔽，臣请略指四事，皆天下之所以议京者也。……今京桀骜自肆，无所畏惮，……且京久在朝廷，专以轻君罔上为能，以植党任数为术，挟继述之说，为自便之计，稍违其意，则以不忠不孝之名加之，胁持上下，决欲取胜而后已。主威不行，士论犹恐，京若不去，必为腹心之患，宗社安危未可知也。臣之一身迁贬，荣辱何足道哉？

如此不顾个人进退安危，疾言厉词声讨炙手可热的蔡京之流，可见陈瓘个性之耿直刚介。但对陈瓘的忠言，徽宗并未完全接受，虽然贬黜了蔡卞，蔡京依然是徽宗当朝二十五六年间的权相。

陈瓘的忠介之举，换来的是不停地遭贬迁，他一生"被调任过二十三次，历经八省份，十九个州县"。[18] 宋徽宗政和六年（1116），陈瓘贬至台州，作《四明尊尧集》，其自序道："与其赍志于殁后，宁若取义于生前。义在杀身，志惟尊主。"认为："尧舜之道，安民而已""先王之道，以百姓为先""江山之固，恃民心而已""民心休戚，系国安危"。宋徽宗宣和六年（1124），六十五岁的他客死江苏淮安，后迁葬江苏南通如皋城东蒋家庄集贤桥。

陈瓘死后二年，即钦宗靖康元年（1126），钦宗敕赠陈瓘谏议大夫，以褒奖其忠义之节。

南宋高宗建炎四年（1130），陈瓘家乡父老请立祠堂祭祀陈瓘，杨时为之撰写了《祠堂记》。

绍兴三年（1133），延平太守周绾建议在府学之西为陈瓘立祠，以便从祀孔子，杨时又为之作记。

绍兴四年（1134），陈瓘子陈正同在家刊行陈瓘的《尊尧集》。

绍兴二十六年（1156），宋高宗追谥陈瓘"忠肃"。

宋理宗嘉熙三年（1239），礼部颁祭春秋特祀文，称誉陈瓘"学际天人，忠贯日月，责沈尊尧，万古是式"。

上述陈瓘生前卒后的遭际，足见他在当时的影响力。宣和二年（1120），张元幹三十岁，正是而立之年，此时陈瓘六十三岁，且历尽坎坷，四年后客死江苏淮安。而立之年的张元幹对陈瓘立身行事，钦敬异常。王兆鹏指出：

（张元幹）"盛称这位儒门老尊宿'立朝行己，三十年间，坚忍对峙，略不退转，直与古人争衡。'""二蔡怀奸首排击，始终大节不同朝。"又赞其"平生刚烈，论奸邪于交结之初；先见著明，力排击于变更之际。去国而分甘百谪，笃信夏疑；尊君而独奋孤忠，始终尽瘁'，直到晚年仍深深怀念这位刚正之士。立身行事，终生以为楷模。七十岁时有云：'前贤一节真名世，此道终身公独行。每见遗篇须掩泣，晚生期不负先生。'芦川后'终不屑与奸佞同朝'，四十一岁就毅然挂冠致仕，的确'未负先生'。由此亦知芦川思想渊源之所自。"[19]

　　学界多述及陈瓘对张元幹影响深远，但对陈瓘为何对张元幹青睐有加，语焉未详。笔者以为，张元幹为其祖手泽和为刘氏祖母修坟祭祀，撰文刻石，此举之所以深深触动了陈瓘，是因为张元幹的行为恰可与哲宗、徽宗二帝乖悖祖母高太后之政形成了鲜明的对比。陈瓘揄扬张元幹能够"尊其祖"与"干父之蛊"，是大有深意的。太皇太后高滔滔是哲宗和徽宗俩兄弟的亲祖母，高太后甫一离世，哲宗就急不可耐一改太后之政，徽宗不仅一改太后之政，甚至比哲宗更为乖离高太后之道，一任蔡京等人敛财于民，奢靡无度。哲宗、徽宗对高太后治道的逆行乖离，实际上代表了后王安石时代的新旧党争。在王安石和司马光水火不相容的新旧党中，还有以苏轼、陈瓘等为代表的第三种力量。当王安石变法之际，苏轼对变法的弊端多有批评；至司马光当政之时，苏轼对不分青红皂白凡新法皆废弃的做法一样多有批评。陈瓘也是如此。虽然章惇、曾布、蔡京兄弟等人欲重用他，但他对这些人凡旧法和元祐党人必反的做派十分反感，且对他们只顾为皇帝朝廷敛财而无视民生疾苦的做法更加深恶痛绝，所以，他不停地批评弹劾在哲宗、徽宗朝当政的章惇、曾布、蔡京蔡卞兄弟等人。他不敢明斥哲宗、徽宗二帝乖悖祖母之道，只能通过揄扬张元幹礼敬其祖父母的做法，来针砭时弊。这就是为什么以陈瓘为首的时贤硕儒纷纷为张元幹题跋的原因所在。这些题跋不是一般意义上颂扬张元幹的尊祖追远，而是借此讽刺哲宗、徽宗二人"忘本"，乖悖其祖母高氏之志。

　　神宗皇帝虽然两度起用王安石变法，但后来神宗与王安石在变法的方法、途径和用人上并不完全一致，甚至还有所分歧，高太后作为神宗皇帝的母亲，本就反对变法，又看到神宗临死前对变法"有悔意"，同意自己死后由高氏垂帘听政，故她垂帘听政时，摒弃新法，其时民生疾苦有所缓解，所以，在陈瓘看来，蔡京当轴，不问是非，只论新旧，全面迫害元祐党人，其结党营私，势必为祸最烈。

陈瓘在《论蔡京疏》中批评蔡京结党营私，并提醒宋帝应该执中用两，不可偏执一端，他写道：（蔡京）"七年之间五逐言者，掩朝廷之耳目，成私门之利势，言路既绝，人皆钳默。……在昔熙宁之末，王安石、吕惠卿纷争以后，天下之士分为两党，神考患之，于是自安石既退、惠卿既出后，不复用此两人，而两门之士亦兼取而并用之也。当时天下之士有王党、吕党，而朋党之祸终不及于朝廷者以此。"[20]

陈瓘弹劾蔡京，自然是因为蔡氏结党营私之故；陈瓘的立场，是让蔡京远离朝廷，但对蔡京网罗的各路人才，并没有一棍子打死，他认为，只要这些人不再效忠蔡京，依然可为朝廷所用。北宋因为王安石变法，复杂的党争不断，不仅新旧党争，新党和旧党内部也各自不断分裂起争端。陈瓘等有识之士，希望摒除争执各方极端的做法，反对忽左忽右。高太后垂帘听政后，起用司马光等人，不分好坏利弊，尽黜新法，陈瓘对此也有批评，他在《四明尊尧集序》一卷中说："元祐之偏，可不鉴哉！臣窃以天下譬如一舟，舟平则安，舟偏择危。"[21] 可见，陈瓘的态度是治国必须摒弃各执一端的党争，应该以民生安宁为旨归，平衡好各方利弊，取中道而行之。

行文至此，我们可以看到宣和元年（1119）和宣和二年（1120）对于张元幹的重要意义。因为在宣和元年回乡省亲扫墓，他拜见弥留之际的郑侠，得其"遗言旨意"；因为发现了祖父手泽并修葺拜祭刘氏祖母坟，这使得他从宣和二年（1120）起得到洪刍（1066—1128）、徐俯（1075—1141）、陈瓘（1057—1124）、游酢（1053—1123）、杨时（1053—1135）、李纲（1083—1140）、吕本中（1084—1145）等三十余人的题跋。宣和二年（1120），张元幹三十岁，而立之年的他，结交的名贤硕儒，或列名元祐党人，如郑侠、洪刍；或同情元祐党人，如陈瓘；或为元祐党人的戚属门徒，如洪刍、徐俯二人都是黄庭坚的外甥，黄庭坚是名列元祐党人碑苏东坡的得意门生；游酢和杨时是程颐的高徒，程颐也被列名元祐党人碑中；吕本中是入籍"元祐党人"吕公著（哲宗元祐年间的宰相）的曾孙。这些人都反对蔡京等人结党营私，希望朝政执中守正。他们中的陈瓘、杨时、游酢、吕本中等，都是著名的道学家。因此，我们认为，张元幹深受陈瓘、杨时、游酢等道学名儒的影响，本身也是道学中人。这一派人物对民生疾苦尤为关切，在他们看来，无论旧法新法，如果给民生带来严重危害，都应该反对之。如此持中守正的政治立场，深刻影响了张元幹。陈瓘在《进四明尊尧集表》说："至美成于刚健，大患生于因循。儒宗数人，自是一家之说。"[22] 可见，"刚健"是他追求的至美的政治境界和人生境界，这一点，深刻影响了张元幹的人生观，并溢于词表，促成张元幹首开遒劲刚健的词风。

陈瓘对"刚健"这一"至美"境界的追求，也体现在其书法风格中。陈瓘书法造诣亦颇深，真迹传世唯《仲冬严寒帖》。李纲评价陈瓘书法云："非惟笔力遒劲，略无衰病之气，盖寓意靖康之变于其间；"[23]"了翁书法，不循古人格辙，自有一种风味。观其书可以见气节之劲也。"[24] 胡铨《跋公帖》曰："至今了翁名节，烂然于杀青之上……当时谋陷了翁者，无闻焉。乃知贤者必有后，天道岂可诬也。"[25] 邓肃在建炎四年（1130）《跋公真迹》曰："开卷凛然，铜筋铁骨，洗空千古，侧眉之态，盖鲁公之后一人而已。"[26] 刘辰翁《跋公真迹》说："旧见陈了翁笔法清劲……仿佛出《枯树赋》耳。"[27] 淳熙乙未年（1175），张拭《跋公帖》赞誉陈瓘"忠义刚大之气，高出一世"；又另有《跋公帖》称道陈瓘"素患难行乎患难""随缘安处""高风凛然，可畏而仰"[28]。可见，"刚健"遒劲之美，既是陈瓘气节人格的表征，也是他的书风文风，这些都对张元幹影响深刻。

张元幹词风多样，"本能为清丽婉转之词，与周、秦肩随"[29]，既有"情韵兼胜，深婉流美"之词，如《兰陵王·春恨》，代表了他"婉约的风貌"[30]；"他又是将政治斗争内容纳入词作，为南宋豪放词导夫先路的人物"[31]。但是，张元幹之"豪放"，与苏东坡的"豪放"，已经有所不同，这是需要加以细别的。

南宋蔡戡（1141—1182）、曾噩（1167—1226），与张元幹同是闽人。蔡戡，是蔡襄的五世孙，有《芦川居士词序》。曾噩，闽县（今福州）人，绍熙四年（1193）进士，作有《芦川归来集原序》。这二人离张元幹最近，他们对张元幹文气词风的评价最值得重视。蔡戡称赞张元幹"博览群书，尤好韩集、杜诗，手之不释，故文词雄健，气格高迈，有唐人风。"[32] 曾噩序《芦川归来集》道：

士君子处世，不以富贵贫贱累其心者，其所养可知也。所养既厚，则所言者必劲正清峭，而无轻懦衰惫之气，前哲之士以文词鸣者，此也。孟子曰："我知言，我善养吾浩然之气。"孟子之知言，自其所养之充也。韩子曰："气，水也；

言，浮物也。水大，而物之浮者，大小毕浮。"韩子所学，一独以孟子之传得其宗者，盖谓是也。故直而不倔，曲而不屈。孟子之书，可与《风》《雅》并传。……芦川老隐之为文也，盖得江西师友之传，其气之所养，实与孟、韩同一本也。……公以强仕之年，遂挂冠之请，兹盖不以富贵贫贱累其心者。所养着大，所言者真，表里相符，声实相应，夫岂以嘲风咏月者所可同日语？宜乎近世名公，勉其孙以文集行于世，欲以见公之大节也。[33]

蔡戡说张元幹"文词雄健，气格豪迈"，曾噩直接将张元幹目为孟韩道统的传人，认为以浩然之气养成的文风必"劲正清峭"，劲正清峭，正是张元幹区别于此前苏轼的"豪放"处。苏东坡和张元幹皆一世雄豪，不媚屈于权势，宁处困顿而持志益坚，其雄一也；但"豪"处略有不同。苏东坡之豪，在一"放"字，其"豪"落处在"疏放散逸"；张元幹之"豪"，在一"健"字，其"豪"落处在"劲正清峭"。东坡其时，尚处承平之际，即便仕宦困顿塞迫，犹可"疏放散逸"；张元幹遭逢亡国之秋，生死存亡关头，士大夫或拔剑起舞，或懦顺时势，全赖其平素学养功夫。张元幹显然属于前者，他慷慨悲歌，忠愤填膺，与李纲、胡铨等反对和议，力主抗金，刚健豪迈之气油然而生，故同为雄豪之士，其词风略有别于承平之际的苏东坡，以"劲正清峭"独树一帜，成为其后辛弃疾为代表的南宋爱国词派的开端人物，从这个意义上说，张元幹是两宋之交上承苏东坡并突破苏东坡、下开辛弃疾等南宋爱国词派的最为重要的词人。吴熊和先生指出："靖康之变后，词风慷慨任气，论词亦多重在家国之念，经济之怀。"[34] 如此词风的变异，张元幹实导夫先路，他写给李纲和胡铨的两首《贺新郎》词，彪炳词史，成为词风之变的经典代表作。陈庆元先生在《福建文学发展史》中指出：

"如果说李纲词虽然豪气弥满，而不免多少失之粗豪的话，那么，张元幹词在较大程度上克服了李纲词的不足，使充满豪气的词更为接近词的本色。……张元幹自年轻起学作词，一是养其浩然豪气、正气，一是修炼词华。"[35]

葛晓音在《唐诗宋词十五讲》"南宋爱国词的先驱"一节中指出：

"南渡前后词人中的张元幹，与稍晚于张元幹的张孝祥，以及南宋初抗金派名臣李纲、李光、赵鼎、胡铨、岳飞等，是南宋声势最大的爱国派词的开端"[36]；"在南宋词坛上，张元幹首先以其悲愤的高唱冲破了北宋末年的婉媚词风，为后来辛弃疾爱国词派开出了一条宽广的创作道路"[37]。

上述这些评论，都凸显了张元幹在词史上不同寻常的影响和历史地位。

前人论词的风格，或以"婉约""豪放"两大类区别之，或细别以"清疏""清空""雄放""遒峭"等20余种词风，前者颇为通行，后者似嫌过细"[38]。我们认为，细别张元幹之"豪"与苏轼之"豪"的不同，适足以就张元幹在词史上独特的先驱贡献和承上启下的历史地位做出充分的评判。

四、陈瓘张元幹与道学中坚游酢、杨时、朱松、朱熹等的交相影响

宣和二年（1120），张元幹离开江西北上途中拜访游酢（1053—1123），"游酢是年罢知濠州寓居历阳（今安徽和县），芦川当往拜访，故游酢为之题跋。"[39]宣和五年（1123），张元幹和陈与义、吕本中等交游唱和，吕本中为张元幹祖父手泽题跋；宣和六年（1124），李纲、汪藻、苏庠、刘安世等纷纷为张元幹祖父手泽题跋。陈瓘、游酢、杨时、吕本中等都是道学中坚人物，张元幹交好于他们，可见他也是道学中人，他和陈瓘、杨时、游酢、吕本中、朱松等交相影响，一起涵养化育出道学在闽地的集大成者朱熹。

陈瓘律己甚严。政和二年（1112），他已经五十六岁，作《责沈文》，反省自己年轻时孤陋寡闻。此文写作的原因是：元丰八年（1085），陈瓘年二十九，时任礼部贡院点检官，六年前他已中进士第三名。此时他与同僚范祖禹（1041—1098）交谈，发现自己竟然没有听说过程颢（1032—1085）和杨时（1053—1135），为此万分惭愧，此后，其兄子问学于杨时，陈瓘因此与杨时有了交往。杨时非常敬重陈瓘，他关于陈瓘的文字有如许多篇。宋高宗建炎四年（1130），陈瓘家乡父老请立祠堂祭祀陈瓘，杨时为之撰写《祠堂记》，曰："公之德业，足以泽世垂后，虽不用于时，而其流风余韵，犹足以立懦夫之志，盖天下士非一乡可得而擅也。……而邑之士大夫诵其书，尊其道，仗节秉义，继其风烈，时有人焉，则功施于其乡为多矣。"[40]在《跋公与韦深道书》中，杨时称道："了翁，天下士也，世以其言为轻重，而相与钦慕。"在《跋责沈文》，杨时称赞："了翁以盖世之才，迈往之气，包括宇宙，宜其自视无前矣。乃退然不以贤智自居，而以不闻先生长者之言为愧，非有尊德乐义之诚心，而以自胜为疆，何以及此高文大笔，著

之简册，使世之自广而狭人者有所矜式，岂曰小补哉！"在《诸儒祭文》中，杨时赞誉陈瓘"精贯日月""气包宇宙"。杨时另有《跋公书温公解禅偈》《答公书》等与陈瓘相关的文章，这些都表明杨时对陈瓘敬重有加。游酢也有《诸儒祭文》，称赞陈瓘乃"万夫之杰"。杨时游酢共同"程门立雪"，是程颐道学南传的嫡系门生，他们对陈瓘的推崇敬重，足以显示陈瓘对道学闽派的深刻影响，张元幹则是陈瓘道学气节的直接传人。

绍兴十二年（1142），张元幹五十二岁。七月，福州签判胡铨被除名，送新州编管。张元幹在福州作词《贺新郎》，送别胡铨。同年十月，十三岁的朱熹随侍其父朱松，与张元幹在福州连江县玉泉寺相见，朱松观张元幹祖父手泽并为之题跋。束景南指出：1142 年，张元幹居福州，张元幹作词送别胡铨，"其时朱松已在福州。又朱松与张元幹同在连江者，则又必是为访李弥逊。"[41]

少年朱熹必在随侍朱松会见张元幹时，听闻陈瓘的气节，成年后对陈瓘也赞誉有加。他作有《又跋责沈文》，称赞陈瓘"克己尊贤，虚心服善""刚方正直之操，得之天姿"[42] 等。

陈瓘虽为探花及第，但不汲汲于仕进，朱熹称道陈瓘云："了翁于义利上看得最分明，凡作文字多好正理。"又云："了翁气刚才大，至完道卿，不可及也。"又云："先儒云：明道先生之学，发乎诚；了翁先生之学，发乎忠勇，百世之下，闻风而兴起者甚远矣。"[43]

陈瓘撰有《谕子侄文》，要求子侄从小就当立志高远，向善背恶，持守忠信笃敬。朱熹著《小学》，有人问朱熹为何在此著述中引用陈瓘《谕子侄文》中的言辞，朱熹回答："此言学者当立志高大，以圣贤自期也。"[44]

隆兴甲申年（1164）十月，朱熹《跋公与兄书》云：

"予尝读陈忠肃公之文，观其述己之志，称人之善，未尝不推而决诸义利取舍之间，于是知公之所以常胸中浩然、前定不疚者，其所自得，盖有在也。孟子曰：欲知舜与跖之分，无他，利与善之间耳。又曰：生亦我所欲也，义亦我所欲也，二者不可得兼，舍生而取义者也，陈公之学，盖得诸此。"[45]

在《与廖子晦书》中，朱熹说道：

"东坡在湖州被逮时，面无人色，两足俱软，几不能行，求入与家人诀，而使者不听。虽伊川先生谪涪陵时，亦欲入告叔母而不可得。惟陈了翁被逮，闻命即行，使人骇之。请其入治行装，而翁反不听，奇哉奇哉！愿子勉旃，毋为后人羞也。"[46]

在《答宋深之》中，朱熹说：

"旧尝择其言之近者别为一书，名《近思录》，今往一通。了翁《责沈》墨刻，亦可见前辈师友源流，并以奉寄。幸细读之，有疑复见告也。"[47]

可见朱熹将陈瓘作为其"前辈师友渊源"之一，而承上启下连接陈瓘与朱松朱熹父子的，张元幹是至为重要的中间人物。

总之，张元幹"劲正清峭"的"雄健"之风，得益于他承继陈瓘、杨时、游酢等人的"道学"涵养功夫。他持守道学气节，以其文其词，深刻影响了朱松、朱熹等后来者，从这个意义上说，他也是朱熹理学集大成之"闽学"一脉的源头活水。

【参考文献】

[1] 王兆鹏等：《两宋词人丛考》，凤凰出版社 2007 年版，第 328 页。

[2]（清）释法纬撰：《西禅长庆寺志》，广陵书社（复印本），第 45 页。

[3]（宋）普济著：《五灯会元》（下），中华书局 1984 年版，第 1056 页。

[4]（宋）梁克家纂：《三山志》，卷第二十二秩官类三记载：绍兴十五年九月，薛弼以左朝议大夫、集英殿修撰知福州，绍兴十九年六月才移知广州，第 358-359 页。

[5]（清）释法纬撰《西禅长庆寺志》卷之二《禅宗志》，广陵书社，第 45-46 页。

[6] 王兆鹏著：《张元幹年谱》，南京出版社 1989 年版，第 36 页。

[7] 李纲著，王瑞明点校：《李纲全集》（全三册），岳麓书社出版 2004 年版，第 1346 页。

[8] 普济著：《五灯会元》（下），中华书局 1984 年版，第 1027-1028 页。

[9] 张元幹：《芦川归来集》，上海古籍出版社 1978 年版，第 186 页。

[10] 张元幹：《芦川归来集》，上海古籍出版社 1978 年版，第 198 页。

[11] 张元幹：《芦川归来集》，上海古籍出版社 1978 年版，第 198 页。

[12] 王兆鹏等：《两宋词人丛考》，凤凰出版社 2007 年版，第 328 页。

[13] 王兆鹏著：《张元幹年谱》，南京出版社 1989 年版，第 5 页。

[14] 干蛊：谓儿子能继承父志，完成父亲未竟之业。

[15] 王兆鹏等著：《两宋词人丛考》，凤凰出版社 2007 年版，第 325 页。

[16] 曹济平：《芦川词笺注·张元幹年谱简编》，上海古籍出版社 2010 年版，第 261 页。

[17] 王兆鹏著：《张元幹年谱》，南京出版社 1989 年版，第 39-40 页。

[18] 永安贡川陈氏大宗祠董事会重刊：《陈忠肃文集》，2005 年自印版，第 4 页。此版合刊了《宋忠肃陈了斋四明尊尧集》《宋陈忠肃公言行录》等，但标点讹误极多。本文据此版引用陈瓘之文，凡该版标点断句和字词讹误者颇多，显而易见者笔者引用时径改之。

[19] 王兆鹏等著：《两宋词人丛考》，凤凰出版社 2007 年版，第 329-330 页。

[20] 永安贡川陈氏大宗祠董事会重刊：《陈忠肃文集》，2005 年自印版，第 72-75 页。

[21] 永安贡川陈氏大宗祠董事会重刊：《陈忠肃文集》，2005 年自印版，第 90 页。

[22] 永安贡川陈氏大宗祠董事会重刊：《陈忠肃文集》，2005 年自印版，第 82 页。

[23] 李纲著，王瑞明点校：《李纲全集》（全三册），岳麓书社出版 2004 年版，第 1493 页。

[24] 李纲著，王瑞明点校：《李纲全集》（全三册），岳麓书社出版 2004 年版，第 1494 页。

[25] 永安贡川陈氏大宗祠董事会重刊：《陈忠肃文集》，2005 年自印版，第 184 页。

[26] 永安贡川陈氏大宗祠董事会重刊：《陈忠肃文集》，2005 年自印版，第 178 页。

[27] 永安贡川陈氏大宗祠董事会重刊：《陈忠肃文集》，2005 年自印版，第 178 页。

[28] 永安贡川陈氏大宗祠董事会重刊：《陈忠肃文集》，2005 年自印版，第 175-176 页。

[29] 曹济平：《石州慢》赏析，见《宋词鉴赏辞典》（上），上海辞书出版社 2013 年版，第 1058 页。

[30] 曹济平：《兰陵王·春恨》赏析，见《宋词鉴赏辞典》（上），上海辞书出版社 2013 年版，第 1052-1054 页。

[31] 周啸天：《石州慢·己酉秋吴兴舟中作》赏析，见《宋词鉴赏辞典》（上），上海辞书出版社 2013 年版，第 1058 页。

[32] 曹济平：《芦川词笺注》，上海古籍出版社 2010 年版，第 241 页。

[33] 曹济平：《芦川词笺注》，上海古籍出版社 2010 年版，第 241-242 页。

[34] 吴熊和著：《唐宋词通论》，浙江古籍出版社 1985 年版，第 298 页。

[35] 陈庆元著：《福建文学发展史》，福建教育出版社 1996 年版，第 171 页。

[36] 葛晓音：《唐诗宋词十五讲》，北京大学出版社 2003 年版，第 284 页。

[37] 葛晓音：《唐诗宋词十五讲》，北京大学出版社 2003 年版，第 286 页。

[38] 刘庆云、刘建国著：《词曲通》，湖南大学出版社 1999 年版，第 126 页。

[39] 王兆鹏著：《张元幹年谱》，南京出版社 1989 年版，第 40 页。

[40] 永安贡川陈氏大宗祠董事会重刊：《陈忠肃文集》，2005 年自印版，第 215-216 页。该版本标点断句和字词讹误者颇多，明显讹误处笔者引用时径改之。

[41] 束景南：《朱熹年谱长编》（增订本）卷上，华东师范大学出版社 2014 年版，第 72 页。

[42] 永安贡川陈氏大宗祠董事会重刊：《陈忠肃文集》，2005 年自印版，第 173 页。该版本标点断句和字词讹误者颇多，明显讹误处笔者引用时径改之。

[43] 永安贡川陈氏大宗祠董事会重刊：《陈忠肃文集》，2005 年自印版，第 57 页。该版本标点断句和字词讹误者颇多，明显讹误处笔者引用时径改之。

[44] 永安贡川陈氏大宗祠董事会重刊：《陈忠肃文集》，2005 年自印版，第 150 页。该版本标点断句和字词讹误者颇多，明显讹误处笔者引用时径改之。

[45] 永安贡川陈氏大宗祠董事会重刊：《陈忠肃文集》，2005 年自印版，第 175 页。该版本标点断句和字词讹误者颇多，明显讹误处笔者引用时径改之。

[46] 朱熹撰，朱杰人、严佐之、刘永翔主编：《朱子全书》（修订本），上海古籍出版社、安徽教育出版社 2010 年版，第 2091-2092 页。

[47] 朱熹撰，朱杰人、严佐之、刘永翔主编：《朱子全书》（修订本），上海古籍出版社、安徽教育出版社 2010 年版，第 2771 页。

从少年"敏悟"学诗到"词坛双璧"之一

——张元幹文学（诗词）生涯的历史地理学研究及其意义

四川省社会科学院　　刘雄峰

摘　要：作为宋代中国文学史上颇具影响力和卓越成就的著名人物之一，张元幹的出现可谓是一个划时代的现象。其少年聪明好学，以"敏悟"而参与江西诗派的诗社活动并深受其影响，二十二岁进京入太学、以清丽的词作和优异的学业释褐入仕，任开德府教授、授文林郎。而在文学上，他亦以词作卓著于文坛，而被誉为南宋"词坛双璧"之一。同时，他还将爱国主义思想融入诗词当中，从而开启一代风气并成为一代宗师。从少年"敏悟"学诗到"词坛双璧"之一，其毕一生之力而呕心沥血之文学（诗词）理论和实践，为宋代乃至中国文学的历史发展与创新，增添了新的内容。因此，对张元幹一生之文学（诗词）生涯进行深入的历史地理学梳理和研究，对于充分发掘和弘扬传统文化，服务于当代社会，具有重大的现实意义。

关键词：张元幹；文学（诗词）生涯；历史地理学研究；意义

一、前言

宋代在中国历史上可谓是一个重要的转折期。就社会文化层面而言，传统的宗教（儒释道）自当不必说，一直以来都蓬勃发展的文学思潮亦走向了一个新的高潮（宋词），并逐渐实现着由"雅"向"俗"过渡和转折，从而彰显了传统文化的社会化之功能趋向。在这一历史进程中，张元幹的出现可谓是一个划时代

作者简介：刘雄峰，男，历史学博士，四川省社会科学院全球文明研究中心主任，教授。

的现象。且不说他从小聪明好学，以"敏悟"而参与江西诗派的诗社活动并深受其影响，二十二岁进京入太学、以清丽的词作和优异的学业释褐入仕，任开德府教授、授文林郎。而政治上的"飞黄腾达"并不能掩盖他文学（诗词）上的"如日中天"，作为宋代中国文学（诗词）史上颇具影响力和成就的著名人物之一，他在诗词卓著于文坛，而被尊为南宋"词坛双璧"之一的同时，他还将爱国主义思想融入诗词当中，从而开启一代风气并成为一代宗师。如果说，少年"敏悟"学诗乃其于词坛天才之地位的认定的话，那么，"词坛双璧"之一则无疑就是对其诗词之典范引领作用的真实写照。从少年"敏悟"学诗到"词坛双璧"之一，其毕一生之力而呕心沥血之文学（诗词）理论和实践，特别是充满着爱国主义情怀的诗词，为宋代乃至中国文学（诗词）的历史发展与创新，增添了新的内容。因此，对张元幹一生之文学（诗词）生涯进行深入的历史地理学梳理和研究，对于充分发掘和弘扬传统文化，服务于当代社会，具有重大的现实意义。

二、张元幹文学（诗词）事迹的地域分布

纵观张元幹的一生，其文学（诗词）事迹是伴随着其入仕前的学习和入仕后政治生涯而发生的。其所活动的范围并不算十分的广大，除了在其家乡的福建芦川（今福建省永泰县）地区之外，还曾在江西南昌学习诗词。而入仕后的大部分时间主要是在当时的京城汴梁（河南开封）地区，后来由于受秦桧的迫害而下狱被除去名籍，出狱后在江浙一带云游，最后客死他乡。从他于宋太宗元祐六年（1091）出生，到入仕的这二十几年间，他应是一直在以永泰为中心的福建地区内活动学习（其间亦曾到过江西南昌学习诗词）。其后，便是于宣和元年（1119）释褐入仕，任开德府教授、授文林郎，直到绍兴十二年（1142）被秦桧陷害除籍下狱，后浪迹于江浙地区，其中的二十多年都是在一直都是在京城（开封）地区活动任职。这亦应是张元幹一生为官最长的一段时间。而他在江浙一带的云游，直至客死他乡（约1161年），亦经历了近二十年时间。因此，张元幹的文学（诗词）活动主要分为三个部分，第一部分为其家乡芦川（永泰）为中心的福建地区以及深受影响的江西地区（南昌学诗）；第二部分为以京城汴梁（开封）为中心的河南地区；第三部分则为被陷害除籍后四处云游并客死他乡的江浙地区（苏州、

杭州、嘉兴等)。而其中有一些在时间和地点上则是有所交集重叠的。

福建地区(永泰为中心)按照相关资料的记载,张元幹出生于福建芦川永福(即今福建永泰嵩口镇),据说张元幹幼年丧母,随父在任。他自小聪颖好学,经常与父亲的客人朋友应和,且随口拈来,辞藻可观。众皆惊叹,称之为"敏悟"。后赴江西南昌诗社学诗,深受江西诗派影响。因而,他的文学生涯便应是从永泰(抑或江西南昌)开始。而后来的一切活动(包括京城做官和被陷除籍、云游江浙客死他乡)中的文学事迹,都应是得益于在这里(家乡福建)所打下的基础。

河南地区(京城汴梁、开德府等)京城汴梁对于张元幹来说,是一个非常重要和终身难忘的地方。亦正是在这里,他以卓越的诗文功底而释褐入仕(任开德府教授、授文林郎),开启了他一生悲壮的政治生涯。由此而播下了他深切的爱国主义种子,并使他的文学(诗词)成就得以获得进一步的提升和发展,成为南宋时期著名的爱国主义词人,并与一起被誉为"词坛双璧"。因为,在靖康元年(1126),金兵渡过黄河进攻汴梁,张元幹抗金激情澎湃,立即上《却敌书》,投入李纲指挥的京都保卫战。而当金兵被击退后,张元幹撰写了《丙午春京城围解口号》一诗,庆祝抗金战争的胜利。建炎元年(1127),宋康王在南京(今河南商丘)建立南宋后,担任宰相仅75天的李纲被罢免。目睹着南宋王朝偏安江南一隅,张元幹义愤填膺,遂赋《石州慢·己酉秋吴兴舟中作》词,表达了对李纲抗金斗争的支持。但却也遭到朝廷奸臣之谤,幸有汪藻援救得以免罪。绍兴八年(1138)冬,奸臣秦桧、孙近等筹划与金议和、向金营纳贡,张元幹闻之怒不可遏,作《再次前韵即事》诗,痛斥秦桧、孙近等主和卖国之权奸为"群羊",表达自己请缨无路之悲愤。李纲在福州上疏反对朝廷议和卖国,张元幹得知李纲上书一事后,又作《贺新郎·寄李伯纪丞相》。绍兴十二年(1142),枢密院编修官胡铨因过去就一直上疏反对议和,并请斩杀奸臣秦桧、孙近等以谢天下,被奸臣诬陷,贬谪昭州(今广西平乐)。而张元幹不顾个人安危,挺身而出,作《贺新郎·送胡邦衡待制谪新州》为胡铨送行。此事大大地激怒了秦桧,遂将张元幹抄家,逮捕下狱,削除名籍。自此,张元幹结束了自己的政治生涯,在京城汴梁为中心的河南地区的活动亦划上了句号。而出狱后,张元幹就一直在江浙一带云游,直至客死他乡,再也没有回到汴梁和福建的家乡。因而,从张元幹在京城任职时所作的诗词来看，大都是同反对议和与投降，坚持抗战的相关的内容。因而，这些充满着爱国主义思想的作品，为他诗词无论是思想内涵抑或是艺术水平的提高和发展，起到了很大的促进作用，从而才出现了他被誉为"词坛双璧"之一的现象。

江浙地区（苏州、杭州、嘉兴、吴江等）苏州对于张元幹来说，亦是一个难以忘记的地方。这是他出狱后去的第一个地方。在这里，他归期难定，悲愤难平，由此而开始了他后半生漂泊流浪的生活。而杭州（即临安）或许是张元幹漂泊生活中过去的最多的地方。绍兴二十六（1156）年左右，已是满鬓白发的张元幹再次来到临安，在西湖不仅遇见了旧友，而且还结识了年轻的苏养直、张孝祥等诗人(张孝祥亦是所谓"词坛双璧"之一)，并为周德友所藏苏养直诗帖题诗《跋尾六题》。绍兴二十七年（1157），张元幹云游到了浙江嘉兴。两年后，又到了江苏吴江。之后不久(大约是1161年)，他便在七十岁的云游中去世，客死于他乡。可见，尽管是在悲愤中的"削籍"云游，但这对于他的文学（爱国主义诗词）生涯，都是不可或缺的、重要的履历和经验。

当然，对于张元幹来说，其最为彪炳史册的地方，还是其所为官生涯的以京城汴梁（开封）为中心的河南地区。在张元幹的一生当中，其政治成就和影响自或许并不显赫，他于文学上（诗词特别是爱国主义诗词）的成绩和影响则是毋庸置疑的。亦正是在京城的官场交往中，他作文赋词，讽和应对，从而成就了"词坛双璧"的地位，亦使他成为南宋时期著名的爱国主义词人之一。

三、张元幹文学（诗词）事迹的历史地理学考证

从以上所举可以看出，张元幹一生所活动之地域的范围尽管不是十分的广大，只是在他家乡的福建地区、以及京城汴梁一带的河南地区，还有江浙地区。而他入仕后、以及受陷害下狱被除籍之前为政生涯，则主要是集中于河南地区(以京城汴梁为中心)。而无论是河南，抑或是江浙，甚至包括他的家乡之福建地区，都是处于中国文化十分发达之江南地区。以他少年"敏悟"及赴江西学诗、后因诗文卓著而二十八岁（1119）之释褐入仕为时间节点，之前主要是活动于福建（其间亦去过江西南昌）一带，进行学习。之后，则是在京城一带为官，直至得罪秦桧被逮捕下狱、除去了名籍。在这一时间段里，不但成就了他的政治地位，而且

还铸就来了张元幹文学上（主要是诗词、特别是爱国主义诗词）上的开创性的地位。究其原因，首先是自宋代（南宋）以来，江南地区一直是为中国文化之中心。在这里，作为中国传统文化之重要组成部分的文学（当然包括诗词），自然是十分的发达和普及，有着深厚的群众之基础；其次是，随着自宋代以来，"三教合一"趋势的进一步加深，包括文学在内的中国传统文化在唐诗之高潮之后逐渐趋于"衰微"的同时，至宋代时代，亦出现了一些局部"复兴"的迹象，即新的诗歌形式——"宋词"脱颖而出了。而这时处于政治文化之中心的京城汴梁（河南地区）和"江南地区"的江浙（亦包括福建等）一带，则也延续着这一时期之文学的"复兴"态势，从而形成了有利于文学（包括诗词）发展的"主客观"环境。而在那些文化相对发达、且历史上处于传统文学之影响下的江南一带地域，随着经济社会的发展，其对于文化（包括诗词）的需求亦愈来愈急迫，这亦为这一带（江南地区）文学（包括诗词）的复兴和发展、从而传播一方创造出了得天独厚之条件。

纵观中国文学的发展历史，诗歌在其中一直扮演着至关重要的角色。中国诗歌从它诞生起，便同文人士大夫结下了不解之缘。这种不解之缘就表现在诗歌在文人士大夫的生活中起着举足轻重的作用，即诗歌成为衡量一个人才华和学问的标准。经过数百年的发展，于唐代达到了"最高峰"。而唐代的科举取仕，便是以作诗来一定乾坤的。之后，虽然从宋代开始，诗歌走上了下坡路。但其作为取仕之标准却仍在沿用着。而诗歌之一定程度的"衰微"，却是以一种诗歌的新形式——词的出现而为标志的。这种诗歌之形式（或曰新诗歌）实际上在唐末五代业已出现，而在宋代则是达到了它的高潮（即所谓"宋词"）。而张元幹等则是在这一过程中无疑是发挥了承前启后性的作用。因此，如果说唐末五代至宋初时期之中国文学的"新诗歌"——宋词的崛起是为张元幹等文学（诗词）家们的崛起创造了思想理论之基础的话，那么，离开这样的"基础"，张元幹的文学（诗词）活动便无从说起，更遑论其成为"词坛双璧"之一、以及著名的爱国主义词人了。所以，对他的文学（诗词）活动中的主要地点加以厘清，则意义颇为重大。

寒光阁。寒光阁为张元幹祖父辈的读书之处，是一座三层六角的木质结构的阁楼，位于张元幹之祖居地不远处。原建筑因兵燹战火早已废圮，现存的阁楼为新近所建。据传，张元幹祖父张肩孟在阁上读书，梦见神人告之曰："君看异日拿龙手，尽是寒光阁上人。"于是，遂名其阁为"寒光阁"。寒光阁作为张氏祖辈读书的地方，无疑收藏了大量的书籍资料，这为聪颖好学的张元幹提供了极好的学习机会，同时，张元幹还在这里经常和父亲的朋友和客人们吟诗唱和，深得众人赞誉。因此，寒光阁不但为他日后入仕为官打下了政治基础，更为他成为"词坛双璧"的诗词功力奠定了思想理论基础。

开德府。开德府本是中国古代的行政区名。北宋崇宁四年（1105），京畿分置四辅，北以澶州（今河南濮阳）为北辅。大观元年（1107），澶州升为开德府，府治濮阳城。张元幹入仕后的职务便是在开德府任教授，并授文林郎。而他所在的机构应是开德府的府学，而并非是朝廷的官员。因而，张元幹在开德府所任的教授之职务乃是开德府府学中的文职官员。大致也就是管理当地教育的中层官员。而出于工作和职责的需要，作为这里的官员，就必然要进行文章和献词的撰写，显然，这对于张元幹诗词的锤炼和提高具有重要的意义。在这里，张元幹大概待了七年左右的时间，从宣和元年（1119）直至靖康元年（1126），他被调入京城，入朝议大夫、将作少监。不过，后来金人入侵，高宗帝退居临安，无心收集失地，以求"苟安"，并重任奸臣秦桧为参知政事，主战派被排挤，仁人志士都不愿与其同流合污，只得退隐林泉，啸傲山水。张元幹亦曾一度辞官回到福建老家。

朝议大夫、将作少监，这应是张元幹入仕后所担任的最高的职务，亦是真正意义上的朝廷官员（京官）。即建炎元年（1127），宋康王在南京（今河南商丘）即位，建立了南宋王朝，是为宋高宗。宋高宗起用李纲为宰相，因而张元幹亦被召回京城，官朝议大夫、将作少监、充抚谕使。不过，这时的京城却不是汴梁（开封），而是南京（商丘）。升王府乃是宋真宗的第六子、后来的宋仁宗赵祯（即赵受益）为亲王时的府邸。天禧二年（1018），赵受益被封为升王，晏殊即被选为升王府的记室参军，再迁为左正言、直史官。而纪室参军便是掌管重要文书之类的官职，因此，张元幹在进入中央政府后，由于工作性质上的关系（朝议大夫等），加之可以亲眼看到朝廷的腐败和懦弱，所以，不但使他的诗词水平得到了进一步的提升，而且，亦使他的诗词中更多了一些忧国忧民的爱国主义的内涵。亦因此，为他日后的"见义勇为"（为北权臣所陷害之人士送行鸣冤）而被陷害下狱、进而削除名籍埋下了伏笔。因而,出任朝议大夫、将作少监之地,既是张元幹文学(诗词)活动的重要节点,更是他政治生涯的重大转折点和终结点。

除上之外,张元幹还在多个机构学习或任职,如水月亭、太学、将作少监等,以及遭陷害出狱后在吴越之地的云游。这些地方既是他政治生涯中的关键场所,同时亦是他文学(诗词特别是爱国主义诗词)活动的重要之地。

四、张元幹文学(诗词)事迹的环境意义

综前所述,在张元幹的文学生涯中,其所涉足并停留的数个地方,主要为处于当时中国京城为中心的河南和江南地区的江浙一带、福建(张元幹的家乡)等。而如此之地理环境,对于张元幹文学(诗词)思想理论的形成与践行,产生了巨大影响。

首先,是以京城汴梁(开封)为中心的河南地区。北宋的京城为东京,又叫汴京或曰汴梁,亦即今天的河南开封。东京作为中国历史上的都城(北宋),有着168年的历史,共经历的九代帝王。东京城有内城、外城、皇城之三座城池组成,其规模宏大,气势雄伟,当时的人口多达150万之众,是北宋的政治、经济、文化的中心。著名的《清明上河图》便全景式地展示出了当时都城的城市庙貌和社会生活的场景,亦生动地描绘出了当时东京城的繁华。因此,当时的东京城作为全国政治、经济和文化的中心,为张元幹在文学(特别是词)上的继承和创新,形成了良好的地理环境。而以此(京城)为中心,同处于河南其地的开德府等地区,亦因着距离京城邻近的优越位置,其文化以及文学的发展氛围亦较为浓厚,这一切都构成为张元幹之文学(诗词)成就的重要地理环境因素。他的许多著名爱国主义诗词诸如《丙午春京城围解口号》《石州慢·己酉秋吴兴舟中作》《贺新郎·寄李伯纪丞相》等便是在这种环境下的产物。同时,他亦在此留下了众多其他的诗词和文章。

接下来,就是江浙一带及其家乡福建所处的江南地区。所谓"江南地区"之称谓,大抵上有广义和狭义两层意思。广义的"江南地区"指的是长江以南的广大地域(包括安徽、湖南、湖北、福建、江西乃至四川等);而狭义的"江南地区"则主要是指包括上海在内的江浙(江苏、浙江)一带。众所周知,作为中

华传统文化之重要组成部分的佛教文化，乃是由域外而传入中国的，但其并非只是由西域通过张骞所凿空的"丝绸之路"这一条路线来实现的。同时，亦在通过海路（即所谓之"海上丝绸之路"）而进行着。由于江南地区靠近大海，水陆交通较为发达，因而，很早便已经有包括佛教在内的域外文化传入了。由此而开启了江南地区文化（文学）发展之序幕。而随着中国文化之历史发展进程，其在江南地区的发展亦呈现出了波澜壮阔、欣欣向荣之势。当然，正可谓"作为消费性的事业，宗教有赖于经济的发展而繁荣"，[1] 江南地区文化（文学）的繁盛，亦和宋代以来中国文化经济之中心的南移密切相关。亦是从那时起，江南地区便成为中国文化（文学）发展的中心地带。它既是经济"富土"，亦是文化"沃土"，更是文学"热土"。在这片土地上究竟孕育出了多少诗词大家、文学翘楚，恐怕没有人能确切知晓。而浓厚的文化氛围和广泛的群众基础，使得这里文学人才辈出、生生不息，却是不争的事实。即便是在中国诗歌从表面上看似走向"衰微"的宋元两代（特别是唐末宋初时期），依然是一些生活于这片土地上的文人志士（如晏殊、欧阳修等），依然是以这片土地为立足点，掀起了一场轰轰烈烈的新诗歌（宋词）"振兴"运动，并进而波及全国。而张元幹的一生，就一直在这片土地上生活学习、为官兴教，并亲身投入到了这场文学的"振兴"运动当中。因此，其宗风和思想的形成，无疑是江南这片充满着之沃土所养育的结果。可以说，离开了江南地区，张元幹的文学（诗词）思想便成为无源之水、无本之木。

最后，就其中的江西地区而言，包括张元幹年轻时所前往学习诗词的南昌及整个江西区域，自古以来就是中国文学之重镇，亦是江南文学发展和繁盛的核心区域。因而，在江西这块文学"热土"上，涌现出了许多名垂青史的文人墨客、诗词大家。譬如，欧阳修、苏轼、王安石、曾巩、黄庭坚等。当然，更有本文的主人公张元幹。而继黄庭坚之后，作为中国文学史上第一个具有正式名称的诗文派别——江西诗派，在陈师道、洪炎、吕本中等的倡导和参与下，亦在这块土地上"粉墨登场"了。就诗词而言，欧阳修力学韩愈，矫正西昆首启宋诗之端。其影响通过苏轼、王安石和曾巩并延至黄庭坚，终致北宋中后期诗歌的繁荣。而张元幹的诗词，吸收了"江西诗派"之"以旧为新"的典雅古朴之风，并赋予新的时代内涵，从而开创了有宋一代的"爱国主义"诗词之风，故而张元幹被赞誉，和张孝祥一起为"词坛双璧",其以词作之历史上的承前启后之作用,以官员士大夫的身份和大量优秀的爱国主义词作,带动了宋代(南宋)词坛的兴盛和繁荣。因此,这无疑亦应是张元幹能够脱颖而出,开启一代风气的重要原因。而正是在这样之丰腴沃土的基础上,开启了他终生弘诗词于家乡(福建)和江西地区、扬中华文化于江南地区乃至全中国的文学生涯。

五、结语

综上所述,张元幹作为宋代之著名的文学家、思想家、教育家和文学(诗词)理论实践家(爱国主义词人),在其近六十载(少年"敏悟")的文学(诗词)生涯中,不但为我们留下了思想深邃、观点鲜明并充满着爱国主义情怀的精品之作(《丙午春京城围解口号》《石州慢·己酉秋吴兴舟中作》《贺新郎·寄李伯纪丞相》等),而且,其毕一生之力而呕心沥血所实践的词学诗文事业,更为宋代乃至中国文学的历史发展和创新,增添了新的、厚实的内容,从而在中国古代文学史上书写下了浓墨重彩的一页。从其少年时"敏悟"应和、青年时赴江西诗社学诗、因诗文卓著而释褐入仕,到成为"词坛双璧"之一和著名的爱国主义词人,正是其毕生之文学理论和实践的具体写照,无不体现出他寻求正义、惠己及人之初衷。而他出入于中国传统的词章诗文,深得诗词之精髓而开创的一代风气,亦如黑夜里之明灯,为行进中的芸芸文学大众指引着前行的方向。张元幹为政为人,不辞辛劳地弘扬着中华传统文化,其孜孜不倦所作之众多福国利民之教育事业,深得各界人士之赞仰,堪为政界之楷模。因此,无论是就中国文学(包括诗词)本身而言,抑或是作为一种文化现象,对其研究的重要性无疑是不言而喻的。惟其如此,方可使古老的中华传统文化焕发出生机,从而有益于现代社会与人类福祉。

【参考文献】

[1] 严耀中《江南佛教史》,上海人民出版社,2000 年,前言第 3 页。

国家不幸与诗家之幸

——张元幹宋南渡之际的文学书写

中国传媒大学　姜欣辰

摘　要： 张元幹是著名的爱国词人，生活于南北宋交接时期，其早期生活带有北宋徽宗朝文人喜于唱和的风格，但是当靖康之变这一"国家不幸"发生时，其先参与汴京保卫战亲自与金兵浴血奋战，后又随南宋朝廷辗转漂移进行南渡，在南渡过程中躬身亲受了移民漂泊流离之苦，这是"国家不幸"背景下造成的"个人不幸"。但是正因这些经历，张元幹的词风才为之一变，词作境界变得高大起来，其不仅在文学创作中描述自己的理想失落，还展示了广阔的民生图景，为南宋词坛吹来一股新风，靖康之变对于张元幹来说既是"国家不幸"也是"个人不幸"，但是对于整个词坛来说，却是一种幸事。

关键词： "国家不幸诗家幸"；张元幹；靖康之变；南渡词人

一、引言

　　能诞生大量传世文学作品的文学时代究竟是在太平盛世还是纷争乱世是文学界一直争论不休的话题。诚然，太平盛世是产生文学作品的黄金时代，但历史发展不会总是一帆风顺，每逢遭遇战乱动荡，时代强加在个人身上的苦难却能成就一批大量佳作流芳百世的作家，这即是钱穆先生所说的："中国历史人物多产生于衰乱世。"这种历史成就个人的情况，来源于作家敏感的内心和广阔的视野格局，当帝祚蒙尘、国家处于危难、人民处于水深火热之中，这批作家总是心怀孤

作者简介：姜欣辰，女，中国传媒大学人文学院古代文学专业硕士研究生，研究方向为唐宋文学。

愤、将内心的激愤化为文字，其作品自然血肉饱满，令人动容。赵翼曾有《题遗山诗》道出了时代苦难与作家个体成就的关系："国家不幸诗家幸，赋到沧桑句便工。"这也就是说在国家危难的大背景下，对于文人来说是不幸的，但是对于文学来说保留了"幸"的一面，即文人的"发愤著书"。

历史各阶段产生国家危难的原因不尽相同，但是文人在国家危难时自觉地在诗词中反映时事，实现了不同空间的历史情感互通。本文选择金兵入侵，北宋灭亡，宋人被迫南渡的时间节点作为"国家不幸"，选取张元幹为例进行剖析，从张元幹词风突变入手，主要观之其南渡前后词作的对比，试图探讨张元幹词作表现内容从终日唱和、悠游卒岁的闲散生活到出现《贺新郎》为代表的爱国词作记录时代苦难的根本性转变完成自我创作内容的升华与"国家不幸"之间的关系。

二、国家不幸：靖康之变导致的黍离之悲

宣和七年（1125），金人的铁蹄分东西两路南下，随后长驱直入直逼汴京。靖康二年（1127）金兵掠走徽、钦二帝以及赵氏宗室子弟，朝臣、后宫妃嫔等三千余人一同被北掠其上，《靖康稗史》载："天会时，掠致宋国男、妇不下二十万。"[1] 东京城中公私积蓄为之一空，"靖康之变，测验之器尽归金人"，[2] 史称"靖康之变"。同年北宋宣告灭亡。靖康之变首先带来的就是人口的锐减，据葛剑雄、吴松弟的《中国人口史》研究表述：北宋人口的峰值出现在宣和六年（1124），即金兵南下的前一年。以徽宗在位时每年户数增长率 5% 计算，当时全国有 2340 万户，12600 万人。[3] 金兵第一次南下之后，人口开始急速下降，根据《中国人口史》，到绍兴五年（1135）南宋仅存 1086 万户，5650 万人。[4] 人口在短短 11 年间缩减了一半多，可见靖康之变对于宋人口的影响之大。金兵攻入宋京城（1126）后，一次性向宋索要金五百万两，银五百万两，牛、马各一万头，丝织品一百万匹；加之靖康之变让宋朝完全丢失了传统的农耕区——黄河中下游流域，田赋收入大幅度减少，使积贫积弱的北宋财政更加吃紧。

靖康之变给宋人带来的直接影响就是宋人口大量南迁，中原地区几乎到了杳无人烟的境地，许多史书中都记载了这段宋人南奔大逃亡之后中原地带的空旷凄凉，如《建炎以来系年要录》记载："民去本业，十室而九，其不耕之田，千里

相望，流移之人，非朝夕可还。"[5] 靖康之变发生之突然，使得许多沉湎于绮罗丛中的宋人措手不及。同年高宗赵构称帝，北宋遗民纷纷开始南渡。许多宋人都在这场南迁中不光感受到了国破家亡的悲痛，同时饱受漂泊流离之苦。南宋洪迈在《夷坚志》中回忆这场空前绝后的南逃时说道："自鄂渚至襄阳七百里，经乱离以后，长途莽莽，杳无居民。"[6] 李清照在《打马图序》中也曾谈及这段岁月："今年冬十月朔，闻淮上警报，江浙人自东走西，自南走北。居山林者谋入城市，居城市者入山林，傍午络绎，末卜所之。"[7] 而张元幹在"靖康之变"期间"主战"不成反遭贬谪后也被卷入南渡移民行列之中，根据王兆鹏《张元幹年谱》叙述，张元幹于建炎年间（1127—1130）漂泊吴越，携家逃难。[8]

伴随战争而来的不光是民族仇恨以及故国不再的痛苦，更加直接闯入文人眼中的是社会接踵而来的苦难。毕沅《续资治通鉴》载："自江西至湖南，无问郡县与村落，极目灰烬，所至残破，十室九空。"[9] 在金兵北归前，不仅是汴京形同废墟，在其他沿线城市金兵都进行了烧杀抢掠，同时所过之处焚毁房屋，中原地带饿殍遍地，易子相食的惨况再度出现。宋人庄绰就曾记载了自己南奔时所见到的人间惨象："建炎元年秋，余自穰下由许昌以趋宋城，几千里无复鸡犬，井皆积尸，莫可饮。"[10] "金狄乱华，六七年间，山东、京西、淮南等路，荆榛千里，斗米至数十千，且不可得，盗贼、官兵以至居民，更互相食。"[11] 其后高宗偏安于江南，南宋扎根于临安，许多文人、百姓、达官贵族等前往南方地区，"靖康之乱，中原涂炭，衣冠人物，萃于东南。"[12] 许多文人在南行途中不仅要躲避金兵的残暴，同时也需要躲避盗贼，北有金兵、南有贼寇，南渡的路途文人走的并不顺利，而此时的张元幹作为南渡遗民的一分子，自然也常常出现朝不保夕的仓皇之感。

三、诗人不幸：南渡之际民生苦难的受难者和见证者

靖康之变带来了一系列社会问题，从最直接的生死问题，出现"白骨露于野，千里无鸡鸣"的荒凉景象再到租税、物价飞涨。靖康之变将宋人从秦楼楚馆的靡靡之音中拉扯出来，并且强行将他们抛入乱世的洪流之中。背井离乡之伤、流寓不定之苦让此期间的南渡文人出现两种写作倾向：一种是因为地域环境的差异、

风土人情的陌生导致不习惯于"南音"产生怀念故国的心情，如李清照初从北方流落到江南时对南方的"点滴霖霪"的阴雨深感不惯。[13] 洛阳人陈与义也常常因"不解乡音"而产生跟当地人的隔膜，产生"只怕人嫌我"的焦虑。[14] 另一种则是张元幹这种虽然也常常表现漂泊之苦和怀念故国之情，但同时在动乱之中宣泄苦难，记录时代，用诗词表现对民生的忧患以及个人理想失落的不满。

时代的苦难推着张元幹进行改变，一路南行的过程中，他不再是"少年百万呼卢，拥越女吴姬共掷"的世家子弟，而是作为一个普通的布衣百姓加入到浩浩荡荡的南渡队伍之中。在南行过程中，普通百姓所遭遇的苦难他不仅亲眼所见同时也躬身身受，金兵南下所带来的国家浩劫他也经历了全过程。张元幹在经历了长达数年的南下过程后，目光所及以及切身感受的苦难成为其南渡期间文学创造的来源。苦难是"国家不幸"体现在张元幹身上的"诗人不幸"，也是从张元幹个体身上所折射出来的国家整体不幸。在南奔过程中张元幹所写所感都寓流离之苦，故国之思，此时的文学创作是紧紧联系在民族存亡之上的，百姓的安危、战事的进展、政策的变化都影响到了张元幹南渡的心情。

白敦仁先生评价张元幹"长于悲愤"，张元幹的悲愤有一部分原因就是来自于亲身经历了南渡时期的黍离之悲，他在《感事四首丙午冬淮上作》中写道：

国步何多难，天骄据孟津。焦劳唯圣主，游说尽奸臣。

再造今谁力，重围忌太频。风吹迁客泪，为洒属车尘。

帝祚蒙尘，宋室南迁，张元幹随之过上漂泊流离的生活，时代的苦难逼着张元幹进行改变，在历经长达数年居无定所的生活后，百姓苦难、时局变化让其产生风雨飘摇和家国何在之悲，这些成为其南渡期间文学创作的来源。"风吹迁客泪"点明张元幹的自我定位：客。"客"是对南宋偏安一隅的不满，也饱含张元幹怀念故国的愁思。如果说《感事四首丙午冬淮上作》张元幹是通过将自己定位为"客"来展示自己南迁的悲苦，那么《建炎感事》则是从心境的角度诠释张元幹自我生存的压力与不易：

乾坤忽震荡，土宇遂分裂。杀气西北来，遗毒成僭窃。议和其祸胎，割地亦覆辙。

倪从种将军，用武寨再劫。不放匹马回，安得两宫说。巍巍开国初，真宰创鸿业。

一统包八荒，受降临观阙。并州稍稽命，骈头巫膏钺。於今何势殊，天王狩明越。

诸镇本藩翰，楚破阖城血。翠舆欲东巡，蹈海计愈切。诏下散百司，恩许保妻妾。

瞻彼廉陛尊，孰与壮班列。肉食知谋身，未省肯死节。检校舆地图，宁复见施设。

三吴素轻浮，伤弓更心折。四顾皆惊波，苍黄共呜咽。维兹艰危秋，贫士转疏拙。

明年谷增贵，贤愚冈分别。何处置我家，患在建午月。故山盍早归，岂忧践霜雪。

作意海边来，初非事干谒。责我卖屋金，流言尚为孽。汪公德甚大，游说情激烈。

力救归装贫，一洗肝肺热。如公趋急难，正似古豪侠。行藏道甚明，亲养志先决。

去矣茅三间，无间衣百结。他时期卜邻，此日尤惜别。请以兄事公，尺书未宜缀。

张元幹早年间就曾入李纲幕僚，投笔从戎，参与抗金战争，与金兵短兵相接。但写下此诗的张元幹正是李纲被排挤出朝廷之时，张元幹也因仗义执言，力主抗战而遭遇牢狱之灾，幸得汪藻的相救，免于杀身之祸。张元幹多年来"主战"想法付之一炬，国家沦亡、理想失落的双重打击一齐袭来，更使得张元幹产生"三吴素轻浮，伤弓更心折。四顾皆惊波，苍黄共呜咽"的心理感受。

在这场靖康之变所带来的苦难大背景下，张元幹不仅是"国家不幸"下民生苦难的受难者和见证者，同时张元幹自身理想的失落也是其"诗人不幸"，这二者同时加诸于张元幹身上，使得张元幹愤慨之意喷薄涌动，亟需一个发泄的载体。

四、诗家之幸：词作蕴含了政治思考和理性反思与其他南渡词人共同构成词史的转折点

词从诞生之日起，便是文人墨客聊佐清欢的工具，如果说诗用来言志，那么大多数文人将词看作是娱乐工具，是不入主流的"小道"，即便是苏轼这样的词作大家仍然秉持着"诗言志"，词主抒情的观念。靖康之难导致北宋灭亡，打破了宋人沉湎于绮罗丛中的美梦。面对山河破碎、国家苦难的现状，文人不再需要搜肠刮肚去"为赋新词强说愁"，当个人的颠沛流离与时代苦难紧紧联系在一起时，如今一日的感受、一月的体验比他们在战乱前"升平"时代过得半辈子还要丰富复杂 [15]，只需将目光所及、亲身感受到的民生苦难述之于词便是满腔愁绪，因此靖康之难改变了词坛格局和词学发展轨迹。靖康之难将词人的个体命运同国家命运紧密联系，许多之前流连于风花雪月的作家开始将目光投向现实，词作表现对象不止局限于自身生活，词作内容同样反映了许多现实问题，相较于北宋词

坛，南渡之后的词作更加具有纪实性与战斗性。在此期间南渡词人自觉接受东坡词中向上的一路继续发展，词作中出现了爱国题材，这是词史中的重大转折，李光、张元幹、陈与义、李清照等南渡词人将宋词思想内涵提升到了一个全新的高度。五代以及北宋以来，词大多只表现自我人生，是一种排解内心苦闷的手段，再加上词应歌而作的特点，词难免流连于花前尊酒、风花雪月之中，但到了南渡词人手中，词的表现内容加入了国家苦难和作家的反思，词风大多变得慷慨激昂起来，在词的内容扩展和提升境界方面，南渡词人功不可没。

张元幹在南渡之前，前期词作多与人唱和，不离花间范式。当金兵南下他开始南渡时，强加在他身上的国家苦难便发愤为词，在整个金兵南侵、南宋朝廷偏安一隅的时代大背景下，个体与整体休戚相关，正所谓唇亡齿寒。那么当国家正在蒙受苦难，张元幹当然不能幸免，对于张元幹个体来说这一段经历是不幸的，但是对于词坛以及张元幹的创作来说保留了幸运的一面，此为"诗家之幸"。

（一）词风为之一变：感情悲愤，苦意十足

曹济平这样说："我们可以这样说，极其尖锐的民族矛盾斗争和北宋灭亡的惨痛史实，以及这个特定历史时期所孕育起来的反对民族压迫的爱国主义思想情感，使张元幹的诗词风格为之一变。"[16]

曹济平所说的诗词风格为之一变则是：悲愤。南渡词人普遍有感于国家的危殆、民生的困苦，当国家危难与个人报国之心不成的失望同时呈现在南渡词人身上时，他们便会改变心境，彻底告别南渡前狭小的创作题材，转而描绘社会与民生以及自己的心境，张元幹是南渡词人中的翘楚。在南下的过程中，张元幹的思想情感发生了很大变化，更加关注民生，对民生苦难带有悲悯、对导致民生苦难的原因产生愤恨，词作不再局限于自身而是联系时局使得思想内容得到升华，在思想得到升华的同时，词风也开始变得激愤悲凉。

其《贺新郎》二首更是给南宋词坛叩开了新声，词作的思想性和可读性都得到了一定的提升：

曳杖危楼去。斗垂天、沧波万顷，月流烟渚。扫尽浮云风不定，未放扁舟夜渡。宿雁落、寒芦深处。怅望关河空吊影，正人间、鼻息鸣鼍鼓。谁伴我，醉中舞。

十年一梦扬州路。倚高寒、愁生故国，气吞骄虏。要斩楼兰三尺剑，遗恨琵琶旧语。

谩暗涩、铜华尘土。唤取谪仙平章看,过苕溪、尚许垂纶否。风浩荡,欲飞举。[17]

梦绕神州路。怅秋风、连营画角,故宫离黍。底事昆仑倾砥柱。九地黄流乱注。聚万落、千村狐兔。天意从来高难问,况人情、老易悲如许。更南浦,送君去。凉生岸柳催残暑。耿斜河、疏星淡月,断云微度。万里江山知何处。回首对床夜语。雁不到、书成谁与。目尽青天怀今古,肯儿曹、恩怨相尔汝。举大白,听金缕。[18]

北宋城市经济高度繁荣,并且萌生了早期市民经济以及市民意识。北宋初年就制定的"重文抑武"政策使得举国上下推崇"文治",文人地位得到极大提升的同时,北宋士人对于英雄功名的渴望相比唐人已不复存在。宋人不再渴望驰骋边塞转而艳羡状元及第,崇拜富贵。这种时代风气的转变就意味着宋人把更多的精力转向了生活享受。张元幹南渡前也曾过着花前尊酒、与人唱和的生活,但张元幹《贺新郎》一出,便展示了南宋"将军词人"的英雄气概,展示了其对南宋求和政策的不满和愤懑,故国频频入词形成今昔对比,在词作中寄予复国理想。其爱国思想如江河般奔流不止、喷涌而出,词作气势恢宏程度,蕴含国家民族大义内涵堪比稼轩。张元幹的《贺新郎》完全摆脱了花间范式的影响,以靖康之变作为触发点表现民生拔高了词作内容的思想高度。之前徽宗朝悠游卒岁的生活已经完全被金兵的铁蹄踏碎,当时代的苦难影响整个社会时,每一个人都是局中人。此时的张元幹在时代的逼迫下,词中充满了国家沦丧的痛楚。此词可以看出张元幹词的基调开始变得悲愤苍凉,表现内容加入对沦陷区人民水深火热生活的关切和同情,词作境界一下子高大起来。

张元幹南渡之际的爱国词作或写国土沦丧下对于南宋朝廷偏安一隅的不满,或写想要匡复故国的雄心壮志,或写靖康之难导致的黍离之悲、流寓之苦,都蕴含着深刻的社会内容,写得催人肺腑。对于张元幹自身词作创作来说其笔触已经跳出个人的小圈子,深入到整个社会背景中去,其词的思想境界比整个南渡前都要高出许多,可见时代的苦难不光造成了诗人自身的不幸,同时为词坛的发展吹来一股春风。

(二)思想性和可读性得到提高:书写时局,复国理想

故国情结是在靖康之变的催动下才得以产生的,故国于张元幹来说更多的是对于现在南宋偏安一隅的不满,现实苦难直击眼前,张元幹是词人同时兼为主战派政客是在特殊历史背景下存在的，寄予了张元幹自己渴望中兴的政治理想。从青年时期苦练江西句法再到靖康之变之后主动想要"一洗中原膏血"，这一切的转折点都来自于靖康之变这一"国家不幸"，靖康之变后的国家苦难催生了张元幹报国立业的思想：

> 雨急云飞，惊散暮鸦，微弄凉月。谁家疏柳低迷，几点流萤明灭。夜帆风驶，满湖烟水苍茫，菰蒲零乱秋声咽。梦断酒醒时，倚危樯清绝。　心折。长庚光怒，群盗纵横，逆胡猖獗。欲挽天河，一洗中原膏血。两宫何处，塞垣祇隔长江，唾壶空击悲歌缺。万里想龙沙，泣孤臣吴越。[19]

这首《石州慢》创作功力之深一扫之前的忧郁烦闷而变得豪放刚健，全词的线索就是金兵大举南侵时作者的纪行感受，从江山风景写到了旅居感怀，由个人悲欢写到了国家命运，"欲挽天河，一洗中原膏血"饱含张元幹内心深处收复故国的政治理想。此词的"泣孤臣吴越"暗喻偏安一隅的南宋朝廷，作为"孤臣"的张元幹悲叹国势，感慨自己报国无门，对于南宋的偏安政策他无疑是失望的，直接讽刺了朝廷的一味求和，致使英雄蒙尘，暗示如再不反抗南宋也终将灭亡。王兆鹏在《宋南渡词人群体研究》中认为："这是一个需要英雄，也产生过英雄的时代，同时又是英雄们'有奇才，无用处'的苦闷时代。"[20] 英雄无用处让张元幹心灵有着沉重的压抑感，这种对于朝廷的期待和失望并存的复杂心态在本词完整的表达出来，但本词的光辉在于体现了张元幹忧国忧民的爱国精神，思想精神在《芦川归来集》中极为崇高。

王兆鹏在《张元幹年谱》中收录了张元幹入李纲幕府参与汴京保卫战时的一段佚文："登陴拒敌，矢集如猬毛，左右指麾，不敢爱死，庶几助成公之奇勋，初无爵禄是念也"，并且指出张元幹曾与辛弃疾一起冲锋陷阵，浴血杀敌[21]，这段经历在他的内心烙下印记，直接促使他的思想和词风发生了极大的改变，同时与舅父向子諲、李光等抗击金兵的名臣交好，更加使得他痛定思痛，词作不只是怀念故国，同时具有了反省意识和家国情怀。

陈廷焯《白雨斋词话》把张元幹词视为"慷慨激烈，发欲上指……足以使懦夫有立志"[22]之作，陈廷焯对于张元幹南渡后在时代影响下创作的感慨之作评价甚高。并且他在《白雨斋词话》中分析了张元幹词作思想境界提高、词风转向慷慨的原因："二帝蒙尘，偷安南渡，苟有人心者，未有不拔剑斫地也。"[23]
可见陈廷焯也认为是那个时代特殊的苦难造就了张元幹词作的阔大境界，正是因为张元幹作为创作主体亲身经历了这段黑暗岁月，才使得"国家不幸"在他的"诗家幸"中充分展示出来。

张元幹南渡之际的文学创作思想性不光表现在对民生的关切方面，同时还体现在张元幹开始进行理性反思，时代使得张元幹把握了一定的政治敏感度，虽然并未触及到靖康之变失败的根本原因，但是其建炎间所作诸诗，斥奸臣，骂叛党，讥朝廷，刺皇上，分析形势、指陈厉害。[24]张元幹南渡之际词作是《芦川归来集》中思想境界最为阔大的部分，"其忧国爱君之心，愤世嫉邪之气，间寓于歌诗。"[25]他的词不再局限于自我得失，而是将自己放到整个时代背景中去。靖康之变导致了"国家不幸"，但这种"国家不幸"所引发的"诗人不幸"却让作家的感触发生改变，进而使得词坛爆发出灿烂光辉。

张元幹的中期爱国词作其实是整个南渡词坛主战派词人的缩影。大部分的主战派词人在北宋年间是没有进入到权力政治中心的，几乎不涉及政治，偶尔如李纲等人步入政坛，也只是作为边缘化人物存在。但当靖康之变发生时，金兵铁马踏碎竹林清梦，强行把他们推向苦难，直面民族社会矛盾，此为"国家不幸"，也是存在于他们个体当中的人生不幸。

当历史推着张元幹不得不前进时，他的人生踪迹就不可避免的同国家危难相联系，词作内容自然也就不再局限于优游卒岁的安稳享乐生活，转而与时代和民族苦难相挂钩。此期间抛开花间范式、丢掉对之前富贵生活的怀念，把自己同时代的苦难相联系，同民族的悲哀相勾连，自觉接受东坡词向上的一面，在词作中表现自己的爱国精神，此为"诗家幸"。

（三）词史发展中的过渡人物：上承东坡，下启稼轩

王又华《古今词论》引张世文所云："词体大略有二，一婉约，一豪放。盖词情蕴藉，气象恢弘之谓耳。"[26]王又华揭示的是宋词自苏轼以来发展的两条道路：一走富丽精工、含蓄婉转的路子，即所谓婉约；一走豪言率性、慷慨激昂的路子，即所谓豪放。张元幹参与汴京保卫战亲自上战场与金兵浴血奋战，后又转而跟随南宋朝廷辗转南渡，时代造就的苦难让他有了明显的今昔对比之感，不

仅在词中回忆自己以前的生活，并同现在的苦难生活形成比较，同时故国常常入词展示了自己豪迈以及关注民生的一面，这即为张元幹接受苏轼豪放词的体现。

南渡期间的词作可谓是张元幹对于靖康之祸的反思，在经历了满眼疮痍的苦难之后，自觉接受东坡开创的宋词中向上的一路发展。苏轼的豪放词为张元幹提供了一种新的思路：词作内容不是只能表现文人墨客闲时的无聊，还能表现历史和人生感慨。诚然，对于张元幹此等"将军词人"来说，他想要在文学创作中表现自己"主战"的政治思想以及收复失地的愿望，必然不能再采取婉约词人的写作方法，便会自觉转向东坡豪放词的路子发展。除却婉约、豪放词表现手法的局限之外，张元幹的选择也体现了在国家危难的背景下文人自觉的一面。

张元幹的词作同时还在记录自己的内心，靖康之变之后，张元幹内心有着深沉的痛苦急需要发泄，因此自主选择了东坡词中回归自我"写心"的一面，在民族沉沦、人民苦难的社会中去找寻自我，表达出自己在这场令宋人耻辱的战争中所遭受的心灵创伤。在张元幹南渡期间，民族社会矛盾前所未有的尖锐，历史将文人推向了风口浪尖，张元幹也经历着社会责任与个人自由、民族命运与个人发展的冲突对抗。张元幹作为"主战"一方是想要重振宋朝风气，一雪前耻的，但南宋的偏安政策使得他"进"无所地方崭露头角，"退"又不甘心。在个人犹豫进退中心灵必定饱受挣扎，因此此时期的张元幹心态非常复杂多变、充满矛盾苦闷，此时期的词是在记录历史也是在描述心灵和思想的变化。这种描写心灵苦闷的创作手法，同样被后来"有奇才，无用处"的辛弃疾所继承，发展了悲思国事、自传写心的写作手法。

在宋词从苏轼到辛弃疾的过渡阶段，张元幹无疑是那个承前启后的人物，对于宋词的发展和思想境界的提高都做出极大的贡献。

五、结语

提及张元幹我们为他冠名"爱国词人"，本文不仅局限于张元幹爱国词作的分析，而是从时代与词作升华的角度入手，试图探索张元幹在"国家不幸"前提下激发出的"诗家幸"，对张元幹南渡前后的词风转变做了大致的介绍，并且初步认识到张元幹爱国词作的价值。张元幹在爱国词作中发挥词的抒情言志功能，进一步开拓词的表现方式。自词诞生以来，文人一直都有一种观念：诗和词表现内容的分离。即诗表达社会现实和民生苦难，词仅仅在于抒发自我人生感慨。但到张元幹爱国词作这里，词不仅仅是风花雪月和排解内心苦闷的方式，还可以表现社会现实，诗词的功能初步合一。张元幹在爱国词作中表现的不仅是自我的人生感慨，还在记录着当时社会民生的苦难。从而给后来的辛派词人以更直接的启迪和影响。

【参考文献】

[1] 确庵、耐庵编，崔文印笺证：《靖康稗史笺证·呻吟语笺证》，北京：中华书局出版社2010年版，第199页。

[2] 脱脱等撰，中华书局编辑部点校：《宋史》，卷四十八《志第一》，北京：中华书局出版社1985年版，第950页。

[3] 葛剑雄主编，吴松弟著：《中国人口史》，第三卷《辽宋金元时期》，上海：复旦大学出版社2005年版，第352页。

[4] 葛剑雄主编，吴松弟著：《中国人口史》，第三卷《辽宋金元时期》，上海：复旦大学出版社2005年版，第359页。

[5] 李心传撰：《建炎以来系年要录》卷四十，北京：中华书局出版社1988年版，第749页。

[6] 洪迈撰，何卓点校：《夷坚志》，北京：中华书局出版社2006年版，第880页。

[7] 傅璇琮、王兆鹏：《宋才子传笺证》（词人传），《李清照传》，沈阳：辽海出版社2011版，第346页。

[8] 王兆鹏：《张元幹年谱》，南京：南京出版社1989年版，第3页。

[9] 毕沅：《续资治通鉴》卷第一百九，北京：中华书局出版社1957年版，第2873页。

[10] 庄绰撰，萧鲁阳点校：《鸡肋编》，卷中《以人为粮》，北京：中华书局出版社1983年版，第22页。

[11] 庄绰撰，萧鲁阳点校：《鸡肋编》，卷中《以人为粮》，北京：中华书局出版社1983年版，第43页。

[12] 朱熹《晦庵文集》卷八十三，《朱子全书》，第3935页。

[13] 袁行霈《中国文学史》（第三卷），北京：高等教育出版社 2014 版，第 111 页。

[14] 袁行霈《中国文学史》（第三卷），北京：高等教育出版社 2014 版，第 111 页。

[15] 王兆鹏：《宋南渡词人群体研究》，南京：凤凰出版社 2004 年版，第 165 页。

[16] 曹济平：《张元幹生平事迹考略》，《南京师范学院学报》1980 年第 2 期。

[17] 唐圭璋编：《全宋词》，北京：中华书局 1965 年版，第 1073 页。

[18] 唐圭璋编：《全宋词》，北京：中华书局 1965 年版，第 1073 页。

[19] 唐圭璋编：《全宋词》，北京：中华书局 1965 年版，第 1076 页。

[20] 王兆鹏：《宋南渡词人群体研究》，南京：凤凰出版社 2004 年版，第 67 页。

[21] 王兆鹏：《张元幹年谱》，南京：南京出版社 1989 年版，第 2—3 页。

[22] 陈廷焯《白雨斋词话》卷八，北京：中华书局出版社 2013 年版，第 1289 页。

[23] 陈廷焯《白雨斋词话》卷八，北京：中华书局出版社 2013 年版，第 1287 页。

[24] 王兆鹏：《张元幹年谱》，南京：南京出版社 1989 年版，第 5 页。

[25] 曾枣庄、刘琳主编：《全宋文》第二百七十六册，卷六二五五《蔡戡——芦川居士词序》，上海辞书出版社；安徽教育出版社 2006 年版，第 275 页。

[26] 唐圭璋编：《词话丛编》，《古今词论》，北京：中华书局 2005 年版，第 596 页。

国家图书馆藏残本《芦川归来集》探微

华中科技大学　尧育飞

摘　要： 国家图书馆藏抄本《芦川归来集》残卷，保留宋本原貌，具有重要学术价值。经考订，此抄本诞生于清康熙年间，或由吴之振手抄，经曹溶、四库馆臣、蒋凤藻等人之手，最终入藏国家图书馆。将抄本与以"四库本"为底本整理的上海古籍出版社整理本《芦川归来集》对比，可知抄本保留了较多原貌信息。抄本中存留的空缺及"四库本"的挖改，显示清代文化政策从康熙到乾隆年间日趋严厉，从中也折射张元幹的爱国情怀。最后，两个版本的差异情况也反映了《永乐大典》《四库全书》两部大书在纂修时，与事者都曾对《芦川归来集》做过辑佚工作。

关键词：《芦川归来集》；抄本；版本源流；价值

张元幹（1091—1161），字仲宗，号芦川居士等，为南宋著名词人、文学家，著有《芦川词》《芦川归来集》等。关于《芦川词》《芦川归来集》的版本问题，王兆鹏《张元幹<芦川归来集>版本源流考》、曹济平《张元幹著述考略》已有详细梳理。[1] 大体结论为，《芦川归来集》与《芦川词》在宋代分别刊刻，《芦川归来集》最早在宋宁宗嘉定十二年（1219）刊刻，内附诗文十五卷，附录一卷。由于时局动荡等原因，此书流传不广，陈振孙《直斋书录解题》《宋史·艺文志》《文献通考》都无著录，及至明代，《文渊阁书目》卷九著录"张元幹《芦川归

作者简介： 尧育飞，文学博士，华中科技大学人文学院讲师，研究方向为古典文献学。

来集》一部八册，阙"，可见此书后世流传颇为不广。至清代，四库馆臣由《永乐大典》辑出十卷本，是为后来的通行本。王兆鹏先生分别述此书十六卷本、十卷本两大系统，认为十六卷本系统有宋刻原本（不传）、清钞十六卷本（残存六卷，即国家图书馆藏本）、清振绮堂六卷钞本，十卷本则有《四库全书》本、曹溶藏本[2]等，后上海古籍出版社1978年据《四库全书》本予以点校整理。[3]其中清振绮堂六卷钞本与国家图书馆同出一源，故国家图书馆所藏清钞十六卷本《芦川归来集》就颇值探究。

限于图书利用条件等情况，王先生等人的研究多从书目著录出发考察此书，今得益于国家古籍保护计划和各大图书馆纷纷开放数字资源的便利，得以重新对《芦川归来集》再做研究。本文谨略述国家图书馆藏《芦川归来集》（清钞十六卷本，残存六卷）概况，并阐述其价值。

一、国家图书馆藏《芦川归来集》残存六卷本概况

国家图书馆藏《芦川归来集》概况，王兆鹏先生文章略述云：

此书每半页九行，行十六字，无格，今藏北京图书馆，著录曰"《芦川归来集》十六卷"，实存六卷，即卷六（律诗五言）、卷七（律诗七言）、卷十二（序）、卷十三（赞铭）、卷十四（青词）、卷十六（附录）。此祖本当为宋刻十六卷本之残存者。

王先生另据丁丙《八千卷楼藏书目》和《四库全书总目》指出清人曾见宋刻本和此抄本。但因未见原书，或是其他原因，故他对此书上所钤印章没有著录，对该书的源流等也不甚了然。今据国家图书馆"中华古籍资源库"，可知残卷本卷六首页钤印有，"槜李曹溶""海盐张元济经眼""涵芬楼"等三方印章，卷十三钤印有"蒋香生秦汉十印斋收藏记"。这些信息有助于重绘此书流传路线图。

由藏书印信息流变可知，此书曾经清初曹溶（字秋岳，号倦圃，1613—1685）所藏，后入张元济涵芬楼。考曹溶为明末清初著名藏书家，且颇有佞宋之癖好。据曹溶藏书目《静惕堂书目》，录其所藏宋人集201种，但其中未见收录张元幹《芦川归来集》。[4]可知曹溶本人未曾收藏宋刻原本《芦川归来集》，则国图抄本《芦川归来集》残本并非曹溶据刻本抄录，而当别有源头。

（国家图书馆藏《芦川归来集》卷六、卷十三首页书影）

复考清吴之振（1640—1717）等编《宋诗抄》，其中《芦川归来集抄》小传中云：

《芦川归来集》十余卷，得之书肆废帙，逸其大半，诗止近体六、七两卷，清新而有法，蔚然出尘。[5]

吴氏所见诗止此两卷，而曹溶藏本《芦川归来集》抄本今存诗正好只有六、七两卷，因而吴之振于书肆所得的刻本可能正是曹溶这一抄本的祖本。从吴之振所云"逸其大半"，也就是说不足八卷，则极有可能的是，吴之振所得就是六卷本。也就是说，宋刻原本流传至清初，仅存残本，在书肆中为吴之振获得，吴氏手抄此本，此后这一抄本入于曹溶之手。这种推测未必完全可靠，但鉴于吴之振与曹溶之间密切的关系，如吴之振编辑《宋诗抄》，即大量利用曹溶所藏宋人文集，则此种推测也提供此书版本的一大源头。另外，此抄本原貌即六卷，非开始有十六卷完整本，后遗失方残存六卷。

在曹溶之后，此书显然为四库馆臣所见。《四库全书总目》关于《芦川归来集》的提要云："钞本但五言律诗一卷，七言律诗一卷，而无古体及绝句，知非完书"[6]。

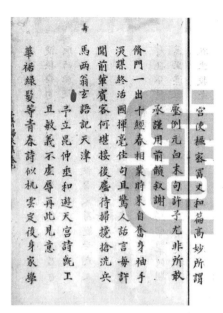

（国图藏本卷七《宫使枢密富丈和篇高妙所谓压倒元白末句许予尤非所敢承谨用前韵叙谢》"玄"字缺笔处书影）

可见，四库馆臣仅见该抄本的五言律诗和七言律诗两卷，而这恰恰就是抄本的第六卷和第七卷，由四库馆臣未见其他卷次，可知，馆臣所见也是曹溶旧藏本。

乾隆年间纂修《四库全书》以后，由于四库馆臣从《永乐大典》中辑出十卷本《芦川归来集》，因而十六卷本的残卷抄本隐没不彰，直至近代始复现于张元济涵芬楼中。故考索此书流传，当利用张元济藏书目录等信息。查《张元济古籍书目序跋汇编》收录"涵芬楼烬余书目"，恰好载有《芦川归来集》信息，此即今藏国图抄本者。故抄录如下：

芦川归来集残六卷　宋张元幹撰影宋钞本二册　曹倦圃、蒋香生旧藏

《四库》著录，从《永乐大典》辑出，凡十卷，附录一卷。题"宋张元幹撰"。又《别本》六卷，入存目。是为旧钞残帙，即《四库》所谓"别本"。存卷六、七，卷十二至十四，卷十六。半叶九行，行十六字。篇中遇皇太后、皇帝、皇朝及涉其先人等字，均空一格。是必录自其孙钦臣原刻。时人展转传钞，原有卷第，殆未照录。馆臣认为原本，故斥为编次无绪耳。

藏印："檇李曹溶""蒋香生秦汉十印斋收藏记"。[7]

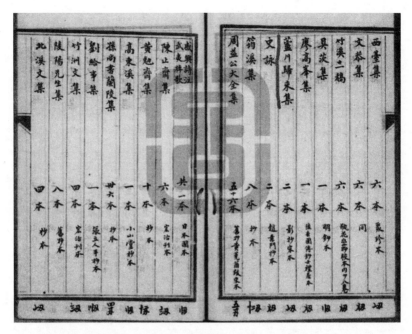

（稿本《秦汉十印斋书目》著录《芦川归来集》情况。）

张元济所记载残卷本信息与今日国图所藏者若合符契。张先生还注意到此书遇宋代皇帝等词前皆有空格，则表明此系宋刻原本抄录者。至于此书抄录时间，张元济先生并未注意。笔者检国图抄本卷七《宫使枢密富丈和篇高妙所谓压倒元白末句许予尤非所敢承谨用前韵叙谢》"两翁玄语记天津"，其中"玄"字最后一点缺笔，知抄本在康熙朝及其后。又由于抄本有曹溶印章，可知此抄本即抄写于康熙年间。此处材料也表明，前述推测抄本出于吴之振之手，有其合理处。

另外印章"蒋香生秦汉十印斋收藏记"，表明此前此书还曾在蒋凤藻（字香生，1845—1908）之手。检蒋凤藻《秦汉十印斋书目》稿本，是书集部收录《芦川归来集》，著录云："芦川归来集 二本 影抄宋本 六两。"[8] 知抄本此时明确为两册，蒋凤藻认为此书是影宋抄本，即认为此乃据宋椠所抄。至于书目所云"六两"，未知是蒋氏购入价格，还是拟售此书价格。关于蒋氏购入此书时间，据《秦汉十印斋书目》卷前蒋凤藻自题识语云："余以二十年心力搜罗善本，大都得之上海郁氏、福州陈氏者居多，此皆癸未以前所得者，自后续有所获，尚未编入，盖非全目也。"[9] 可知，蒋氏此书为光绪癸未（1883）以前购入者。至于来源，未知是出于上海郁松年（1799—1865）还是福州陈征芝藏书之中，俟将来材料充足时再考。

由上可知，国图今藏十六卷抄本《芦川归来集》（残存六卷）者为清康熙年间抄本，原为曹溶所藏，可能为吴之振手抄本，初始抄本即为六卷残本。乾隆年间纂修《四库全书》时，辗转入四库馆，为馆臣所见，著录于《四库全书总目》中。此后此本在江南等地继续流转，同治、光绪年间，此书入蒋凤藻之手，此时明确为两册。至清末民初，此抄本为张元济所得，后归北京图书馆（即今国家图书馆）。

二、国图藏书《芦川归来集》价值述略

国家图书馆藏十六卷本《芦川归来集》虽仅存六卷，然其自清代康熙年间传抄以来，流传有序，如上所示，知此本颇具价值，故向为藏家重视。历来藏家看重这两册残存抄本，皆如四库馆臣、蒋凤藻、张元济等人所云，在于此书为"影宋抄本"，保留宋代《芦川归来集》早期刊本面貌。其具体价值，仍有待申说。

本节主要以国家图书馆藏十六卷本《芦川归来集》与上海古籍出版社1978年所出整理本《芦川归来集》进行校勘，见出国图本的价值。之所以采用这种比较，原因在于上海古籍点校本以《四库全书》所收本为底本，且参考了另外几个抄本，校勘较为精审，可避免重复工作。兹将国图本与上海古籍点校本相关部分内容加以比较，列异文信息如下：

国图本《芦川归来集》与上海古籍1987年点校本校勘略表

芦川归来集（国图六卷残本）	芦川归来集（上海古籍点校本）
卷六《次韵唐彦猷所题顾野王祠与霍子孟庙对》"兰若典门像"	卷二，"兰若黄门像"
《过宿赵次张郊居二首》其二"灯火须臾仆"	"灯火须更仆"
《花飞》"还为后柳游"	"还为后泖游"
《偶成寄友人》"三年日至归"	"三年日至归"
《感事四首丙午冬淮上作》其二"心寒粘罕兵"	"心寒两路兵"

《感事四首丙午冬淮上作》其三"贼马环京洛"	"戎马环京洛"
《感事四首丙午冬淮上作》其四"珠旒轻遗贼"	"珠旒轻遗敌"
《感事四首丙午冬淮上作》其四"一战灭□尘"	"一战靖烟尘"
《丙午春京城围解口号》"□马来何速"	"戎马来何速"
《范才元参议求酒于延平史君邀予同赋谨次其韵》	《范才元参议求酒于延平使君邀予同赋谨次其韵》
《真歇老人退居东庵余过雪峰特访之为留再宿仍赋两诗》"□帐终亡灭"	"敌国终亡灭"
《申伯有行色会宿东禅次元韵》"一悼破春烟"	"一棹破春烟"
《次韵刘希颜感怀二首》"□骑欲归时"	"胡骑欲归时"
《上张丞相十首》其四"九宫殿六甲，何患五单于"	"九宫驱六中，何患五单于"
《上张丞相十首》其五"内地似频侵"	"内地任频侵"
《上张丞相十首》其五"德先非不僭，终识杀□林"	"会看璿象转，四海叶薰琴"
卷七《次友人寒食书怀韵二首》其一"陵邑只今称□地"	卷三，"陵邑只今称虏地"
卷十二《亦乐居士集序》"俱名活法""如吾夫子集大成"	卷九，"俱名合法""如正吾夫子集大成"

由上表可知，国图本和上海古籍 1978 年点校本（以下简称"上古本"）互有优劣。国图本的主要劣势在于抄手在抄写时存在一些讹写情况，至于其他方面则优点更为明显。

国图本不如上古本之处多由抄手误写所致，不过这些讹误，有的时候抄本已予以更正。如卷六《次韵唐彦猷所题顾野王祠与霍子孟庙对》"兰若典门像"，此处"典"显系"黄"之误。又如"使君"之"使"国图本多作"史"，系抄本书手习惯性的误写，如卷七《次韵文老史君宗兄见赠近体佳什两篇仆与公别四十余年一旦邂逅情著于辞》，同误。抄本书手误写处还有卷七《游东山二咏次李丞相韵》第一首，"右鳣溪"，误为"石鳣溪"，实即指第一首诗题为"鳣溪"。

此外卷七《次韵钱申伯游东山既归述怀之章》，"钱申伯"也误为"钱中伯"。一些错误因抄手手误，后来则自行更正，如卷六《乱后》，"年来事可伤"，"伤"字原误抄为"商"，后已更正。[10] 有的则仅仅为异体字，如卷六《登垂虹亭二首》"苍时稻粱先"，"苍"字即异体字。此外抄手还有一些因文字形近而误者，如"泖"误为"柳"，"日"误为"曰"等等。

以国图本和上古本两相对照，可知道上古本所据《四库全书》本将"贼"改为"戎"，"贼"改为"敌"，等等。反映四库馆臣修书时，对胡虏、贼等字眼的敏感和修饰。如此一来，国图本的价值就凸显出来，即较为完整地保留了宋本的原貌，使得这些涉及华夷关系的词语得以完整保留。

此外，国图本较上古本有价值处还在于，有时减少了明显的讹误。如卷十二《亦乐居士集序》"俱名活法""如吾夫子集大成"，而上古本卷九两处误为，"俱名合法""如正吾夫子集大成"。

不过，国图本也并非无可挑剔。这一抄本毕竟成于康熙年间，此时文化政策虽较为宽容，如《上张丞相十首》其六"华夷介土风"，并不犯讳，然文字狱也时有兴起。康熙朝的文人吴之振等人不能不考虑严肃的文化政策，因而一些词语在抄写时故意付之阙如，空而不写。例如，卷六《感事四首丙午冬淮上作》其四"一战灭□尘"，《丙午春京城围解口号》"□马来何速"，《真歇老人退居东庵余过雪峰特访之为留再宿仍赋两诗》"□帐终亡灭"，《次韵刘希颜感怀二首》"□骑欲归时"，《上张丞相十首》其五"德先非不僭，终识杀□林"，卷七《次友人寒食书怀韵二首》其一"陵邑只今称□地"等等。尽管文字空缺，当以之与上图本对照，仍可见《四库全书》本所做的修改。原抄本在误写时故意留下空白，再到乾隆年间四库馆臣的小心翼翼，表明从康熙朝到乾隆年间，清朝的文化政策的确日趋严厉。同时，清朝文化政策下对《芦川归来集》的修改，也表明张元幹的爱国情怀，在清代仍为当时的异族统治者所忌惮。

关于国图本和《四库全书》本的差异，上古本在校勘中已作了一些说明，如《感事四首丙午冬淮上作》其三"甲兵无息日"下注云，"一作'群兄未葅醢'"[11]，"群兄未葅醢"即抄本所载，又如卷七《次韵奉呈公泽处士》"雪夜剧谈金贼入"，四库本作"雪夜剧谈戎马入"，同一诗最末两句抄本作"何年天上旄头落，并灭穹庐旧契丹"，四库本改为"何年塞上烟氛净，薄海苍生庆乂安"，[12]上海古籍本均已校出。但上海古籍本所校并不完备，如国图本《上张丞相十首》其五中一句云"德先非不僭，终识杀□林"，四库本作"会看璿象转，四海叶薰琴"，上古本仅据四库本整理，未校出此条。

在文字存在异同之外，两个版本包含相同内容的卷次所收诗也存在一定差异。国图本原据宋本，原为十六卷，而上古本所据为四库本，已是十卷本。但国图本卷六与四库本卷二内容高度重叠，不过国图抄本卷六至《戊辰春二月晦同栖鸾子送所亲戚过宝积题壁间》止，而上古本卷二此后尚有《代上张丞相生朝四首》《李丞相纲生朝三首》《挽少师相国李公五首》《挽寺丞许子和》《挽梦锡机宜寺簿三首》《挽林天和二首》《挽李仲辅三首》《彭德器北堂太夫人挽诗》《刘建州母夫人难氏挽章》，并有五言排律《李丞相生朝》《张丞相生朝二十韵》，[13]计11题25首诗。

此外，国图抄本卷七至《再用前韵重哭德久贤史君》止，由于此后卷八至卷十一缺，不知原书是否七言律诗尚有他作，目前仅据上海古籍本，此本此后尚有《与富枢密同集天宫寺》《止戈堂》《次友人书怀》《和杨聪父闻雨书怀》《筠溪居士跳出随顺境界把住放行自在神通纵横妙用已是摸着妙现老子犹贬句中眼可谓善知识用心谨次严韵上呈》《次韵聪父见遗二首》《次韵聪父见遗韵》《李丞相纲生朝三首》《代上折枢彦质生朝二首》《福帅生朝二首》《叶少蕴生朝三首》《题企疏堂》《左举善高妙才且敏特要为世用而乃携孥抚孤以不二价从事丹壶中其胸次讵可窥耶一日出示诸公篇轴邀老夫同赋义不可辞》《病中示彭德器》《挽李文然明》《再次前韵即事》《再用韵奉留聪父》《辛酉别杨聪父》《次韵陈德用明府赠别之什》《希道使君弭节合沙馆奉太夫人游鼓山乃蒙封示所和梦锡赠行佳句辄次严韵少叙别怀》《希道使君入山再有佳句见及复次元韵因简老禅》，共21题28首诗。

这种卷次内容的变化，表明四库馆臣据《永乐大典》编纂时获得了更多的张元幹文本，而四库馆臣多据《永乐大典》而来，可知《永乐大典》在修撰时，采纳《芦川归来集》时，曾做过辑佚工作，且搜罗不少诗文。又据国图本卷十二至《跋张安国所藏山水小卷》止，而四库本卷九补入《吴缜著唐书纠缪、五代史纂误之因》，末附识云"按此篇见《挥麈后录》，云得之张仲宗，今附载"。[14]
知《四库全书》纂修时也对此书进行辑佚工作。

由如上分析对勘可知，国图本《芦川归来集》在校勘方面有不可磨灭价值，
今后如重新整理《芦川归来集》，应当详据此本进行校勘。

【参考文献】

[1] 曹济平：《张元幹词研究》，齐鲁书社，1993 年，第 170 页，该书第十二章《张元幹著述考略》，第 167–176 页。

[2] 此处王先生认为曹溶本系出阁本，误。曹溶为清初人，显然无法抄"四库本"。王兆鹏《张元幹＜芦川归来集＞版本源流考》，《南京师大学报》，1988 年第 2 期，第 50 页。

[3] 王兆鹏：《张元幹＜芦川归来集＞版本源流考》，《南京师大学报》，1988 年第 2 期，第 57 页。

[4] 李文藻抄录，曹溶：《静惕堂宋元人集目》，刘氏味经书屋抄本，国家图书馆藏。

[5] 曹济平：《张元幹词研究》，齐鲁书社，1993 年，第 169 页。

[6] 永瑢等编：《四库全书总目》卷一五八，中华书局，1965 年。

[7] 张人凤编：《张元济古籍书目序跋汇编》中册，商务印书馆，2003 年，第 691 页。

[8] 蒋凤藻：《秦汉十印斋书目》，稿本，国家图书馆藏。

[9] 蒋凤藻：《秦汉十印斋书目》，稿本，国家图书馆藏。

[10]《芦川归来集》卷六，国家图书馆藏抄本，第 2 页。

[11] 张元幹著，上海师范大学古籍整理组标校：《芦川归来集》，上海古籍出版社，1978 年，第 25 页。

[12] 张元幹著，上海师范大学古籍整理组标校：《芦川归来集》，上海古籍出版社，1978 年，第 43 页。

[13] 张元幹著，上海师范大学古籍整理组标校：《芦川归来集》，上海古籍出版社，1978 年，第 34–40 页。

[14] 张元幹著，上海师范大学古籍整理组标校：《芦川归来集》，上海古籍出版社，1978 年，第 181 页。

近年来张元幹词作研究综述

成都市住房和城乡建设局　　刘祯贵

摘　要：张元幹是北宋末年和南宋初年的一位承前启后的中国文学史上著名词人，开创了南宋爱国词派的先河，影响深远。为学习张元幹的人文精神与爱国情怀，弘扬闽文化等优秀传统文化，本文对近年来张元幹词作的特色、情感、形成缘由、受时代影响、对后世影响力等方面研究情况进行综述。

关键词：张元幹；词；研究；综述

张元幹是北宋末年和南宋初年的一位承前启后的中国文学史上著名词人，一生文武均有所成，其词中展现出爱国、为民的思想。张元幹赋予词以新的生命与精神内涵，不仅开创了南宋爱国词派的先河，开启了南宋词人的创作道路，而且开拓了词的境界，对后来词的发展影响深远。尤其是，张元幹继承了苏轼开创的豪放派的词风，将词的内容更紧密地与现实斗争结合起来，对很多优秀词人都起了重要的影响。据统计，张元幹共有 434 首诗词传世，名扬于后世 [1]。张元幹身上及所作词作体现的人文精神与爱国情怀，是闽文化的重要组成。笔者于词外行，但对张元幹身上展现的人文精神与爱国情怀充满敬仰之情。2021 年是张元幹诞辰 930 周年。拟借助所藏纸质资料及网络搜索资料，对近年来张元幹词作的研究情况进行综述，以达到学习张元幹人文精神和爱国情怀之目的，进而传承、弘扬闽文化等优秀传统文化。

作者简介：刘祯贵，男，四川省成都住房和城乡建设局二级调研员。

一、关于张元幹词作研究著作的情况

因多种原因，目前对张元幹词的研究稍显落后。截至 2021 年 11 月 24 日，以张元幹为篇名在中国知网数据平台进行搜索，仅有 62 条结果，研究张元幹词的论文才几十篇，多为赏析类，这与张元幹词的影响力不相匹配。在百度以张元幹为名进行搜索，共有 742,000 个结果。

借助孔夫子旧书网，涉及张元幹词方面研究的书籍 14 种，分别是：张元幹著《张元幹词集》，上海古籍出版社 2011 年版；邹艳、陈媛编著《张元幹词全集》，崇文书局 2017 年版；宋词别集丛刊，张元幹著《芦川词》，上海古籍出版社 1991 年版；张元幹撰，孟斐校点《芦川词》，上海古籍出版社 1985 年版；张元幹著《庐川词笺注》，上海古籍出版社 2000 年版；张元幹撰《卢川词》，北京图书馆出版社 2004 年版；张元幹撰《宋刻本芦川词》，文物出版社 2016 年版；张元幹撰《芦川归来集》，上海古籍出版社 1978 年版；张守祥主编《张元幹诗词》，福建美术出版社 2011 年版；王兆鹏著《张元幹年谱》，南京出版社 1989 年版；张一鸣隶书《爱国明贤张元幹选》，中共永泰县委宣传部 2003 年印；《芦川雅韵》编委会《芦川雅韵——张元幹故居楹联征集作品选》，福建美术出版社 2013 年版；《永泰文史资料》第 5 辑（张元幹、昔莘田专辑），1994 年版；《永泰文史资料》第 2 辑，内有《爱国诗人张元幹及其代表作》一文，1985 年版。

专题研究张元幹词的专著有 4 种，分别是：曹济平著《张元幹词研究》，齐鲁书社 1993 年版；曹济平著《张元幹词研究》，南京师范大学出版社 2013 年版；张守祥主编《张元幹研究文集》，海潮摄影艺术出版社 2010 年版；黄佩玉著《张元幹研究》，三联书店 1986 年版。专门介绍张元幹的著作有 1 种：中共永泰县委宣传部编《永泰历史名人张元幹》中共永泰县委宣传部 2003 年印。歌颂张元幹的著作有 1 种：永泰县纪念张元幹诞辰九百周年委员会编《仲宗颂》，1992 年版。

二、关于张元幹生平及词作情况的介绍

众多专家、学者在论及张元幹词时，专门谈了张元幹生平情况。张元幹（1091—1161），字仲宗，号芦川居士、真隐山人，晚年自称芦川老隐。历任太学上舍生、陈留县丞。金兵围汴，秦桧当国时，入李纲麾下，坚决抗金，力谏死守。曾赋《贺

新郎》词赠李纲，后作词为胡铨送行，后均为秦桧闻上述两事，将张元幹以他事被贬，进而被抄家、逮捕入狱，削除名籍。张元幹尔后漫游江浙等地，客死他乡，卒年约七十，归葬闽之螺山。张元幹与张孝祥一起号称南宋初期"词坛双璧"。张元幹词的题材与风格，对后来的辛弃疾等词派产生了重要影响，不愧为宋代著名的爱国词人[2]。

在论及张元幹生平情况过程中，专家、学者普遍认为：张元幹可算是北宋末年和南宋初年的一位承前启后的重要词人，他尤长于词，其作品中的二首《贺新郎》最为著名，被称为压卷之作，张元幹博览群书，文学修养很高，他能诗、能词、能文，其著作有《芦川归来集》10卷、《芦川词》2卷，计180余首。张元幹词的内容相当丰富，有写景色，歌颂祖国的美丽江山；有抒发与朋友之间的交往和友情；有怒斥昏庸误国的奸臣；有写坚决抵抗金兵侵扰等情况。张元幹的词作洋溢着爱国激情，深受人们称赞。张元幹的《芦川归来集》至今脍炙人口，影响深远。《四库全书总目》曾说，张元幹"其词慷慨悲凉，数百年后，尚想其抑塞磊落之气"。张元幹的词风随着时代的变化而改变，早年词作，风格清新、婉丽；南渡以后豪放、悲壮，风节凛然[3]。

三、关于张元幹籍贯情况的研究

长期以来，张元幹籍贯存在争议。因此，相关专家、学者在论及张元幹生平及词作时，也对张元幹籍贯进行分析、研究。对张元幹的政治立场与作品评价，古今略同，唯其籍贯说法不一。有的说是三山人。《四库全书·芦川归来集提要》中称张元幹为长乐人。睢阳王浚明跋其幽岩尊祖录，则称永福张仲宗。直至1988年全国高等教育自学考试教材《中国古代文学作品选》第二册（诗词曲部分）中的作者介绍，仍把张元幹的籍贯误作长乐人。

南宋初期著名的爱国词人张元幹在《宋史》中无传，有关他的籍贯问题，宋人文献资料记载，说法颇不一致。南宋黄升《花庵词选》曾云："张仲宗，三山人。"又，陈振孙《直斋书录介题》卷二十一亦云："《芦川词》一卷，三山张元幹撰。"周必大在宋宁宗庆元二年丙辰（1196）写的《跋张仲宗送胡邦衡词》则称："长乐张元幹，字仲宗"[4]。张元幹籍贯，自宋代即有闽人、三山人、永福人、长乐人四种说法，至今仍莫衷一是。谭燕在查阅张元幹相关资料基础上，发现了张元幹叔父张劢的两种摩崖石刻题名资料，该资料明确记载张元幹为长乐人[5]。张守存经过分析后则认为，张元幹应该是永泰县月洲村人[6]。

张元幹作为宋代著名的爱国词人，由于文献记载很少，后人往往误认他是福建长乐县人。官桂铨对词人张元幹世系进行论述[7]。曹济平先后在《文学评论》1980年第2期发表了《关于张元幹的籍贯问题》一文，在《南京师范学院学报》1980年第2期发表了《张元幹生平事迹考略》一文。丁立群对张元幹出仕时间及致仕原因进行了考辨。关于张元幹的出仕时间，社会科学院文学研究所选编之《唐宋词选》认为是宣和元年（1119）。程千帆、吴新雷合著之《两宋文学史》亦持同一见解。丁立群通过考证，认为早在政和三年（1113）时，张元幹已出仕。关于张氏致仕的原因，前人多认为系"不屑与秦桧同朝"。丁立群则通过对张氏自靖康至绍兴初之行踪的考辨，认为其致仕实与秦桧无关，真实原因是为了"避谗"[8]。

明万历年间所修《永泰张氏宗谱》，对研究南宋著名词人张元幹籍贯问题具有重要的史料价值。王兆鹏从《永泰张氏宗谱》辑录宋人佚文、佚诗兼说张元幹的籍贯。20世纪80年代，福州市文化局的曾意丹和福州市文物管理委员会的官桂铨曾先后撰文，披露过张元幹宗谱的有关内容，并据《永泰张氏宗谱》中所收张元幹之子张龙墓志铭，考出张元幹的卒年是绍兴三十一年（1161），并弄清了一向混沌的张元幹家世[9]。有的专家拟通过张元幹一些生活点滴来探索其籍贯问题。"幽岩尊祖"是张元幹宣和初归乡祭祖的一次私人活动。陈元锋专门探讨了张元幹"幽岩尊祖"的文化记忆与文学叙事，拟藉此探讨张元幹籍贯问题[10]。

王兆鹏编著的《张元幹年谱》（南京出版社1989年版），是作者"费时六载，详考宋人别集、史乘笔记、地志金石、谱谍图表，并参时贤之作"而写成的（唐圭璋序）。该书填补了张元幹研究的空白，从历史的美学的角度描述张元幹的形象，揭示张元幹的心态及其心路历程，并认为张元幹是南宋初期的杰出词人，以诗词并擅驰名文坛。但由于《宋史》没有为他立传，作品流传亦不广。此年谱也涉及到张元幹籍贯问题[11]。张守存在对张元幹籍贯进行考证的基础上，认为张元幹是北宋末南宋初的著名爱国词人。

四、关于张元幹词作特色的研究

张兆侠、王万昌认为，张元幹词中意象的运用有一个逐渐深化的过程：南渡前是第一阶段，基本上是传统词的情调；第二阶段爱国主义大放异彩，慷慨激昂，苍凉悲壮；第三阶段是隐士旷达和豪士悲愤的统一；第四阶段以思想修养陶冶为主，词风清旷 [12]。罗方龙详细论述了张元幹词作的艺术特色、主体风格、意象视界。张元幹词作的艺术特色在北南宋之交的词坛上是独树一帜的：在社会动荡之秋，张元幹主动地选择了类似于杜甫诗风的词风来抒发自己的复杂情感，形成了"含蓄""深沉"的艺术特色。同时，因受到"诗在词媚"传统的影响，其词作又兼有一种"清丽婉转"的艺术效果 [13]。罗方龙在其另一文中指出，悲壮沉郁是张元幹词作的主体风格。忧国忧民、抗争命运和湛怀息机，是张元幹词作风格的三大构成特质。而时代的剧变、封建艺术审美意识的变化以及张元幹对江西诗派创作理论的吸收，则是促成张元幹词作主体风格的主要原因 [14]。

黄海认为，张元幹词风具有多元性，反映出当时南渡之后的词坛风格并不单一，反而突破了北宋晚期词风趋予一致的局限，呈现多元的态势，个性特征也是较为鲜明的。张元幹在其词作中大量用典，引用或化用前人诗句、诗意，精于练字遣词，结构回环曲折，更多地呈现出婉约的风格。张元幹在南渡初年就已经流露出"慷慨悲凉"的词风。同时，张元幹词作体现出清新旷达之风格。在宋室南渡之后，主战派渐被弃用、打击，怀抱满腔热情壮志却遭谗言，张元幹不屑与奸人同朝，索性离开官场是非之地。高洁的人品反映到词作中，呈现出清新旷达的风格，表达了词人张元幹不愿随世俯仰，宁可放弃俸禄，以求性灵自由，不违本性的高尚情操。张元幹词作中显然萦绕着词人寄情山水以超越现实而获得的超逸之气，以及由此而生的坚持清高人格的刚毅之气、坚信自己精神力量的激昂之气 [15]。

李盈认为，张元幹的词作具有慷慨豪放，且不乏清新俊逸之风的独特风格 [16]。钟伟兰认为，张元幹词作具有爱国主义的艺术审美特质 [17]。钟伟兰还认为，张元幹的词作内容和风格具有丰富多样的审美特征，但主体内容为抒发爱国激情和"愤世嫉邪之气"，主体风格为豪迈慷慨、沉郁悲愤；其词作形式具有体裁丰富多样、结构绵密谨严、声韵谐和流畅、辞采自然精润之特色，且能为抒情、造境、蕴趣服务，做到形式与内容完美统一 [18]。

常效东论述了张元幹词作的美学特征，指出张元幹词的主要的美学特征是：豪壮悲愤的崇高美；婉约妩秀的阴柔美；情景交融的境界美 [19]。林东源认为，张元幹以爱国词人名世，其突出风格是"慷慨悲凉""抑塞磊落"；而他还有大量词作反映了与作者生活思想有关的另一侧面，即：生世之感、闺情、旅愁、美景、咏物等等，其词作风格则是具有"妩秀"柔美之风格 [20]。罗笑分析了张元幹早期词风与北宋末词坛整体词风及张元幹早期词作中个性化的抒情主人公 [21]。

姚璐雅认为，张元幹词作具有悲壮的风格 [22]。龚碧珍认为，张元幹词中异文众多，从校勘学角度对其异文进行分类，则有音同、音近词语替换；义同、义近词语替换；形近、形似词语替换；文字脱衍；不查原意改换词语；位置变换、避讳等六大类型。张元幹词作异文产生的原因，既包括创作过程中作者的斟酌改动，亦包括传播和接受过程中的"异化"现象。从"启发读者思考"的角度来看，张元幹词中的异文具有不同的表达效果，带给读者新的阅读理解和阅读感受。还有，张元幹受江西诗派影响，作词喜好用典，典故来源经、史、子、集无所不包 [23]。

周泥杉以张元幹退居福建时期的交游词为研究对象，探讨了张元幹退居福建时期交游词的艺术特质。张元幹退居福建后，有交游词传世的交游对象大致可分为四类，一类是以李纲、胡铨为代表，交游词主要展现了慷慨激昂的爱国主义情怀；一类是以李弥逊、富直柔为代表，交游词主要展现了张元幹的退居生活及其心态；还有以吕本中、向子諲为代表的一类，交游词主要体现了对老朋友的深厚情感以及故国之思；以及以叶梦得、程迈等为代表的一类，交游词主要表现的是张元幹在退居福建时期与当地官员的频繁互动 [24]。

五、关于张元幹词作爱国情感的研究

两宋之交的国难民耻，激发了人们高涨的爱国热情，词的创作也突破了北宋末期的限制，带上了鲜明的时代色彩，使词作出现了以前少有的慷慨之歌。张元幹在国难之际，亲身参加了保卫汴京的战斗，对收复中原充满了信心，可残酷的现实是"国步何多难，天骄据孟津。焦劳唯圣主，游说尽奸臣"（《感事四首

丙午冬淮上作》），他只能痛诉"天意从来高难问，况人情老易悲难诉"而已。他在诗中大略地说到"我辈避谗过避贼，此行能饱即须归。山川久有真消息，世上从渠闲是非"（《次韵奉送李季言四首》），可见他一腔的郁闷和无奈，残酷的现实，飞来的横祸，正直的词人在绍兴元年(1131)主动提出挂冠归乡。张元幹对家国的思念，在词中更多呈现出另一种风貌：深婉沉郁[25]。

王珏玥认为，张元幹词充满了爱国主义精神，抒发了爱国激情和"愤世嫉邪之气"。张元幹词从不同侧面表达了其伤感之情，在鲜明的时代色彩下展现深刻的思想内容。从张元幹词的艺术风格来看，其主体风格为豪迈慷慨，沉郁悲愤[26]。龚碧珍认为，爱国思想贯穿于张元幹词之中，而隐逸情志、与仙同游、世事沧桑等感受在典故的应用中皆有体现[27]。

常效东认为，张元幹是北宋后期至南宋前期的一位重要词人。他的词全面反映了自己的生活和情志以及当时的社会现实。其词现存180多首，内容丰富，风格多样，具有豪壮悲愤的阳刚美、婉约妩秀的阴柔美、情景交融的境界美等审美特征[28]。周泥杉认为，张元幹退居福建时期的交游词表现出强烈的主体精神、宽广的爱国情怀[29]。李珂认为，张元幹经历南渡之苦，词作风格由婉约绮丽转而深沉悲凉，由抒写个人情怀上升到家国抱负，从而开扩了宋词的境界，拓展了宋词的表现能力，使词由抒情式的诗余文学上升到与诗等量齐观的重要位置[30]。

苏航认为，张元幹词作中有着浓浓的爱国情怀。张元幹的词作有很强的现实性，他的一生经历了北宋的繁荣烂漫和南宋的亡国偏安，其词作中包含众多的宋文化因子，以爱国情怀为最。苏航撰文探讨张元幹词的爱国情怀，并详细分析了张元幹爱国情怀从萌发到终其一生的整个经历[31]。陈节认为，张元幹是开拓爱国词的重要词作家[32]。薛祥生认为，爱国词人张元幹，是我国南宋前期的重要作家。他长期坚持抗金，反对和议，坚持统一，反对分裂，在反对以汉奸卖国贼秦桧为头子的主和派的斗争中，写下了不少闪耀着爱国主义光辉的诗词。他的这些爱国主义杰作，生动地记录了当时以坚持抗金还是醉心和议为中心的和战两条不同路线的斗争历史，深刻地反映了南宋时代广大人民群众和爱国将士高涨的爱国热情，其中有些作品千百年来一直为人们所传诵[33]。

罗方龙认为，张元幹作为南宋词人，其词作继承苏轼的豪放风格，具有爱国思想。张元幹词爱国思想的成因，除社会环境之外，还有家庭、交游及颂经习儒诸因素的影响。张元幹爱国情感在词中的多侧面抒发，体现在颂和平生活、欲收复失地、与奸臣抗争、望君臣砥砺[34]。李杨论述了张元幹南渡以后词作的爱国情感。民族的灾难唤醒了词人张元幹埋藏在心底强烈的爱国之情，但由于朝廷的不抵抗政策，使他的报国之志得不到施展，所以其后期词作经常写到英雄才略受到压抑的苦闷与不平，其词风转向了苏轼开启的士大夫在词中言志的一派[35]。

六、关于张元幹词作受时代影响的研究

12世纪20年代的靖康之难，使北宋社会发生了巨大的变动。在统治阶级内部，围绕着抗金还是投降的问题，展开了极其尖锐、复杂的斗争。时代的"天风海雨"催生了一大批优秀的爱国志士，张元幹就是其中的一个。他奋袂攘襟，抽笔为刀，成为宋代第一个以大量爱国词参加抗金阵营的重要词作家。张元幹出身世宦家庭，从小跟随其父在河南、江西等地居住，结识了不少社会名流，如陈瓘、徐俯、李纲、向子諲等人。这些人或为正直的学者，或为主战派的中坚，他们在思想和文学修养方面，都给了张元幹词作以极大的影响[36]。

黄海认为，张元幹是两宋之交重要的词人，南渡后他一方面因个性和时代的关系，在词作中承袭了苏轼词对主体情性的突出和高扬，将个人的情感抒发、拓宽到对国家民族、时政的感慨。张元幹词是有鲜明的政治色彩的词作，承继了苏轼词高扬的主体意识，突破了个人情感的局限，自觉地用词来表现时事，拓宽了词的内容，意境的扩大和意象的宏大，使得词作焕发出新的光芒，成为辛弃疾等词人的先导[37]。李杨认为，张元幹南渡以后的词风转向了苏轼开启的士大夫在词中言志的一派。社会苦闷代替个人苦闷，成为张元幹及其同时代人们的主要苦闷，即：将忧国意识融入送别词，高而不亢、壮而不强、愤中带悲、快中带痛的爱国词。社会苦闷反作用于个人苦闷，呈现出使个人苦闷加深加重的倾向，词作出现新派别，即：社会苦闷笼罩下的羁旅词，社会苦闷压抑下的游仙词[38]。

吴卉认为，南宋词人张元幹的词作具有时代性，包含了诸多宋代文化因子，从中可以感受到若干宋文化情结，这些情结代表了宋代社会文化的时代特征。张元幹词作中的宋文化情结，主要体现在风花雪月情结、以俗为美的市井情结、

豪迈的爱国情结、壮志难酬的隐逸情结[39]。张元幹南渡后词作中的抒情主人公形象是：难伸其志的志士、难安于隐的隐士。对此，罗笑分析了张元幹南渡前后词作抒情主人公的转变。张元幹是南渡词人群的代表人物，他的词作在时代巨变的冲击下形成了风格不同的前后两期。从探究张元幹前后词作抒情主人公的转变入手，厘清张元幹作品中抒情主人公主要特质及其形象的发展，分析前后抒情主人公形象的裂变性与延续性，结合南北宋易代的历史和张元幹的生平经历分析作者身份的转变如何投射在抒情主人公身上，可以考定张元幹词作爱国情怀的形成与发展[40]。

七、关于张元幹词作特色形成缘由的研究

张元幹作为南渡词人群体中极少数直接亲身经历了汴京保卫战，并且自身的命运与宋室南渡结合非常紧密的士人，其思想和词风在南渡前后都出现了明显的变化。张仲英、郭艳华从张元幹的自身经历，追寻其心路历程，重点探讨南渡这一特殊经历对其人生和词作造成的影响，揭示出张元幹个人命运、词作与时代发展变化的关系[41]。罗笑认为，张元幹南渡前后词作抒情主人公的转变原因在于时代巨变与儒家精神的养成、凸显与转换[42]。

姚璐雅认为，时运维艰，具有强烈社会责任感与使命感的张元幹以词作反映与展现民族苦难与社会现实，抒写胸中的爱国情怀[43]。邹自振认为，南北宋之交，空前激烈的民族矛盾和动荡不安的社会环境，造就了一批充满爱国激情的杰出词人，使宋代词坛发生了深刻的变化。这些词人身经丧乱之苦，出于对国事的关心，他们抒写重大题材，词风慷慨激昂，成为上承北宋苏轼下启南宋辛弃疾的重要作家，其中以张元幹的词作成就最为突出[44]。黄海认为，张元幹以真性情贯注于词之中，加上高洁的人品、丰富的学识、曲折的经历，自然形成了磊落之气，以气驭词，使其词作的风格随着具体情性的变化，在不同的词作题材里呈现出不同的面貌。特别是南渡后，张元幹经历了国破家亡的社会大动荡，仕途上也受到挫折，各种情愫表现在词作中，丰富了词作的内容，拓展了词作的风格，深化了词作的意境[45]。

钟伟兰根据"知人论世"的文艺批评方法，对张元幹词作的创作情况进行

探研，论析其思想和词学渊源、时代社会和人生际遇对其词作创作的影响[46]。李盈探讨了张元幹的词作渊源，认为张元幹的词作创作，由江西词派而入，同时又兼法苏轼之自然天成，最终独具个性，形成自身独特风格[47]。罗方龙论述周邦彦沉郁顿挫词风对张元幹词作的影响。最早论及张元幹词作与周邦彦的词风有直接关系的，是明代的毛晋。他在《宋六十名家词》之《芦川词跋》中，对张元幹如此论道：人称其长于悲愤，及读《花庵》《草堂》所选，又极妩秀之致，真堪与片玉、白石并重不朽[48]。

金欢分析了张元幹词对苏轼词风的接受情况。作为南渡词人，张元幹对苏轼词风的接受，主要集中在归隐以后。其学苏词主要表现为：直接化用苏轼词的句式、措辞；与苏轼描摹物态呈现相似性；模拟苏轼词的取象、造境；与苏轼在言志、述怀方面形成情感共鸣。在接受过程中，特定的时代背景、命运遭际使张元幹词作具有明显的个性化特征，在归隐与梦回中原的思想碰撞中，其词作多了一份"抑塞"之气，其抒发的感情更为真挚，表达的内容更为醇厚。张元幹词学苏词的态度及过程是："松醪题赋倒纶巾""为君行草写秋阳"；张元幹词作学苏词呈现出"醉后少年狂""老去一蓑烟雨里"的样态。具体而言，张元幹词作学苏词后的句式、措辞的化用都是"此夜此生长好，明月明年何处"；张元幹词作学苏词后描摹物态的相似，即："夜久莫教银烛炧，酒边何似玉台妆"；张元幹词作学苏词后的取象、造境的模拟，即："寒侵十分明月""今夕定何夕"；张元幹词作学苏词后的言志、述怀的共鸣都是："不羡腰间金印，却爱吾庐高枕"。总体而言，张元幹学苏词后的词作个性化特征是："宛然京洛气味""梦中北去又南来"[49]。

申章文对张元幹是否进行考证认识苏轼。张元幹有《芦川归来集》10卷，清《四库全书总目》收录卷158《别集类》11，在这部书的提要中，四库馆臣曾言道："元幹及识苏轼，见《所作黄门帖跋》。"如果张元幹确实得识苏轼，则堪称词坛上一段佳话，一位是豪放派的创始人，另一位则是以豪放雄壮、悲痛苍凉的特色，而赢得了宋代词坛豪放派词人的声誉。这样两位词人相识自不免会有些轶闻趣事流传，只可惜正史、野史均不见记载。究竟两人是否相识，得从他们的生卒年来考查[50]。李珂认为，北宋末年的靖康之变给宋朝社会造成了巨大的影响，也在相当程度上影响了当时的词坛。词人纷纷南渡，饱受流乱之苦，相应的词作内容与写作风格也发生了显著改变。张元幹、朱敦儒、李清照作为南渡词人中的代表，其生活经历与具体词作中使用的意象变化，可反映出该时期社会变化对作品风格产生的具体影响[51]。

王玞玥认为，张元幹词作受苏轼、杜甫等前人影响，其词作中多有用与他们有关的典故诗句，表现手法多样，并借用丰富的意象寄托主观思想，想象奇特、风格雄放、意境阔大[52]。李杨论认为，张元幹南渡以后的词风既受到社会动荡的影响，同时又具有作者独特个性，是二者共同作用的产物[53]。

周泥杉认为，张元幹退居福建时期交游词产生的社会条件是南渡后的文坛结社风气的影响、宣泄压抑感的需要、交游的地域之便，个体条件是张元幹自身所具有的群体意识以及其生活境遇，即：明确的群体交往意识、以干谒的方式求生活[54]。罗方龙认为张元幹词汲取了佛道思想。谈佛论道是张元幹渲泄内心激愤和无可奈何情绪的两大渠道。佛之"苦空"观、秋月心及道之闲适意、渔隐趣，是张元幹词作汲取佛道思想的主要内容。张元幹词作的亦佛亦道，既是时代风尚的反映，也是他个人生活际遇坎坷的产物[55]。

八、关于张元幹《芦川词》等词作个案赏析的研究

诸多专家、学者对张元幹词《芦川词》等个案进行赏析[56]，其中：河北大学郭一鸣2021年硕士论文专题对张元幹《芦川词》版本进行研究[57]。周篤文认为，宋朝爱国词家张元幹的词《念奴娇·题徐明叔海月吹笛图》，是一首涉及宋朝与高丽王国外交活动的作品，里面包含了丰富的文化与航海方面的信息[58]。

张元幹词风被后人称为"慷慨悲凉"，主要以两首《贺新郎》为代表，"待制胡铨谪新州，元幹作《贺新郎》词以送，坐是除名……又李纲疏谏和议……元幹又有寄词一阕。今观此集，即以：二阕压卷，盖有深意。其词慷慨悲凉，数百年后，尚想其抑塞磊落之气"。这两首《贺新郎》都与时事结合，表现了作者鲜明的政治态度和高洁的人品，对后人产生了很大的影响。"张元幹仲宗善词翰，以送胡邦衡李伯纪两词除名，其刚风劲节，人所共仰""张仲宗《贺新郎》'天意从来高难问，况人情易老悲难诉'皆所谓跋地倚天，句句欲活者"，诸如此类

的评说极多。另外，芦川词妩秀的一面早有公认，张元幹南渡前的作品以此类风格为主，南渡后也依然不少[59]。

王兆鹏对张元幹《芦川归来集》版本源流进行考证。张元幹《芦川归来集》现通行本为 10 卷，诗词文合刻，其中词为 3 卷。考诸南宋时张元幹文集刊刻经过，张元幹诗文集与词集原是分刻别行，而词集 2 卷刊行在先，诗文集 16 卷刻印在后。词集为张元幹子张靖所裒集，刊刻于宋孝宗淳熙六年（1179）前后，名《芦川居士词》，福建莆田蔡戡为之作序[60]。另外，《贺新郎·送胡邦衡待制赴新州》是南宋诗人张元幹所做的一首词，被选入《宋词三百首》。韩成武、韩梦泽认为，该词反映了张元幹对中原故国横遭掳掠、南宋朝廷的昏庸腐败无能，忧心忡忡，抒发了对金国统治者猖狂侵略、南宋统治者卖国投降的一腔悲愤。同时，该词抒写离情，追忆往事，表现了朋友间的真挚友谊和共同的爱国情怀。该词采用虚实结合的表达手法，深刻表达了张元幹既悲国事，又悲远别的心情，体现了当时南宋仕者普遍的悲愤心情[61]。

崔光慧论述了张元幹《芦川归来集》中蕴涵的"笑傲江湖"之情。《元载》鱼朝恩曾言道："怒者常情，笑者不可测也。"笑的内涵有很多种，张元幹以笑词来表现一种达观态度、男儿风度，用笑词对历史、现实及社会人生进行反思，同时，也是对他自己抑郁、不得志的自我劝慰，寻求闲适的归隐心态[62]。王玞玥从张元幹的生平、词的内容、词的艺术风格、在词坛上的地位和影响四方面展开对《芦川词》的研究。从题材内容上看，《芦川词》的内容丰富，有慷慨激昂、充满忧患意识的爱国词；有把愤世之情与淡泊之心相融合的隐逸词；有展现时节风情表现民风、民俗的节序词；有感情朴实而脱俗的寿词；有对友人惜别的送别词；以及咏物抒怀、表现男女情爱等其他词类[63]。

九、关于张元幹词作影响力的研究

1933 年秋，周恩来在建宁时，偶然中看到了中共地下福建省委负责人陈金来在笔记上抄录的张元幹给胡邦衡（胡铨）的词时说："我们共产党人要好好学习这首词。学习张元幹锄奸靖国、抵抗侵略的精神。"又说："张元幹是你们福建人，我很为福建人骄傲。"[64] 钟伟兰通过张元幹诗与词、张元幹与同时期诗人诗歌的艺术成就和历史地位的对照、比较，并参照当世学者对其词作艺术成就和历史地位的评论，探索性地评价了其词作的审美价值和历史地位。钟伟兰认为，张元幹的词作继承了爱国主义诗歌和现实主义文学传统，开创了南宋初期爱国主义诗歌、豪放派诗词风格之先河，在中国古代文学史上具有承上启下的历史地位和作用[65]。

黄海认为，张元幹词作赋予了传统的伤春悲秋题材更深的内涵，提升了词的境界，以婉约之笔写尽心中之志，化直为曲，化刚为柔，对后世词人有很重要的影响。张元幹是北宋与南宋之交词坛上重要的词人，"芦川词多伤时忧国之心，愤世嫉邪之气，风格慷慨悲凉，开启陆游、辛弃疾一派，为两宋词风转变之先导"。这是 20 世纪以来对张元幹词作的代表性评价。此外，也有人指出张元幹"在北宋末年的词以清丽婉转为特色，而南渡以后所作则关心时事，发抒感慨……成为写作爱国词的先导"。完全可以说，张元幹词作上承东坡，下启稼轩，而不仅仅局限于词风的豪放和词境的开拓[66]。

云亮论述了张元幹爱国词在中国文学史上的地位。在我国漫长的古典文学史上，矗立着一个个高峰式的文学巨人。他们集数代风流之大成，以其如椽巨笔天才般地展示出社会生活的真实画面，奏时代之强音，发民众之呼声，以鲜明的风格成为一代宗师。然而纵观文学史，我们看到，在这些巨人前头，总有一些英灵以自己的身躯作桥梁，为天才的崛起铺平了道路。他们也许没有攀上顶峰，没有在文学史上独占章节而为后人称道。但是，是他们最先感受时代的脉搏，顺应社会发展对文学的要求，开创一代文学之先河[67]。王珏玥认为，张元幹词风上承苏轼，下启辛弃疾，其词在当时及后代传播较广。张元幹作为宋代词风新旧交替的关键人物，开创了南宋初期爱国主义诗词豪放派诗词风格之先河，在中国文学史上有承上启下的历史地位和作用[68]。

林东源认为，张元幹词作豪放的民族"弦歌"开出后来张孝祥、陆游、辛弃疾等爱国词人的先河，而那婉约的"阳春白雪"之歌则是对雅艳词传统的美好继承[69]。钟伟兰认为，张元幹爱国词风上承苏轼，下启辛弃疾，充满着抗战精神和爱国激情，成为南宋爱国词派的先驱。张元幹"虽以词名世，而其诗也现实性强，充满着炽烈的爱国情感，既具有历史价值，又富于审美价值"[70]。龚碧珍认为，宋代以来，张元幹词作的传播途径之一是凭借各种词集选本。不同时代词选对张元幹词作的收录，既体现不同时代的审美，又促进张元幹不同词作风格的流传。从词选收词情况来看，张元幹从游离于正统词人行列之外的宋代，过渡到收词稳定的明代，至收词数量庞大的清代，张元幹词作经历了文学生命力和价值的淬炼而流传至今[71]。

姚璐雅认为，张元幹开南宋爱国词之先河，意义重大，其词风豪迈雄浑，抑塞磊落之气荡涤人心，影响深远[72]。张元幹的词作长于抒发悲愤之感，为南宋爱国词人开辟了广阔的创作道路[73]。黄震云认为，张元幹是南宋初期的杰出词人，以诗词并擅驰名文坛。其作品主要写于动乱时期，悲愤沉郁，豪壮有力，开南宋爱国作家之先河[74]。曹济平认为，张元幹是最早把民族战争风云熔铸入词篇的爱国词人[75]。

【参考文献】

[1] 王珏玥：《张元幹词研究》，长春师范大学 2012 年硕士论文；吕路阳：《永泰修建张元幹纪念馆》，《福州日报》2010 年 5 月 4 日。

[2] 曾意丹：《张元幹生平及其思想渊源考辨》，《中州学刊》1987 年第 6 期；曹济平：《张元幹生平事迹考略》，《南京师大学报（社会科学版）》1980 年第 2 期；郭一鸣：《张元幹及＜芦川词＞版本研究》，河北大学 2021 年硕士论文。

[3] 贺闻：《梦绕神州的爱国词人张元幹》，《晋中师专学报》1987 年第 2 期；吕路阳：《永泰修建张元幹纪念馆》，《福州日报》2010 年 5 月 4 日。

[4] 曹济平：《关于张元幹的籍贯问题》，《文学评论》1980 年第 2 期。

[5] 谭燕：《张元幹籍贯新证》，《文献》2005 年第 2 期。

[6] 张守存：《张元幹籍贯考》，《上海师范大学学报（哲学社会科学版）》1991 年第 1 期。

[7] 官桂铨：《词人张元幹世系》，《文献》1988 年第 4 期。

[8] 丁立群：《张元幹出仕时间及致仕原因考辨》，《大连大学学报》1994 年第 2 期。

[9] 王兆鹏：《从＜永泰张氏宗谱＞辑录宋人佚文佚诗——兼说张元幹籍贯及佚文价值》，《文献》2006 年第 1 期。

[10] 陈元锋：《张元幹"幽岩尊祖"的文化记忆与文学叙事》，《新宋学》2016 年增刊第 1 期。

[11] 黄震云：《谱牒学的突破——评<张元幹年谱>》，《求索》1992 年第 1 期。

[12] 张兆侠、王万昌：《张元幹词中"月亮"意象视界浅探》，《职大学刊》1995 年第 2 期。

[13] 罗方龙：《张元幹词作艺术特色新论——<芦川词>论稿之四》，《柳州师专学报》1995 年第 3 期。

[14] 罗方龙：《论张元幹词作的主体风格——<芦川词>论稿之三》，《柳州师专学报》1995 年第 2 期。

[15] 黄海：《张元幹词风格浅论》，《贵州文史丛刊》2002 年第 4 期。

[16] 李盈：《论张元幹的诗学渊源》，《安徽文学》2008 年第 5 期。

[17] 钟伟兰：《浅论张元幹爱国主义诗词的艺术审美特质》,《福建论坛（人文社会科学版）》2006 年增刊第 1 期。

[18] 钟伟兰：《张元幹诗歌研究》，福建师范大学 2006 年硕士论文。

[19] 常效东：《论张元幹词的美学特征》，《咸阳师专学报》1997 年第 1 期。

[20] 林东源：《刚柔相济 多元之美——评析张元幹词》，《福建工程学院学报》2009 年第 5 期。

[21] 罗笑：《张元幹南渡前后词作抒情主人公的转变》，《黄山学院学报》2020 年第 4 期。

[22] 姚璐雅：《张元幹词作的悲壮风格探析》，《中国文艺家》2018 年第 2 期。

[23] 龚碧珍：《异文用典选本传播——张元幹词考论》，福建师范大学福建省 2018 年硕士论文。

[24] 周泥杉：《张元幹退居福建时期交游词研究》，重庆师范大学 2011 年硕士论文。

[25] 黄海：《张元幹词风格浅论》，《贵州文史丛刊》2002 年第 4 期。

[26] 王玞玥：《张元幹词研究》，长春师范大学 2012 年硕士论文。

[27] 龚碧珍：《异文用典选本传播——张元幹词考论》，福建师范大学福建省 2018 年硕士论文。

[28] 常效东：《张元幹词审美特征之管见》,《宁夏大学学报（人文社会科学版）》2009 年第 4 期。

[29] 周泥杉：《张元幹退居福建时期交游词研究》，重庆师范大学 2011 年硕士论文。

[30] 李珂：《宋代南渡词人命运观与风格转型初探——以张元幹、李清照、朱敦儒为典型》，《青年文学家》2017 年第 8 期。

[31] 苏航：《浅析张元幹诗词的爱国情怀》，《艺术科技》2016 年第 9 期。

[32] 陈节：《开拓爱国词的重要作家——张元幹》，《福建论坛》1983 年第 1 期。

[33] 薛祥生：《试论张元幹及其爱国诗词》，《山东师院学报（社会科学版）》1978 年第 4 期。

[34] 罗方龙：《张元幹爱国词四题——<芦川词>论稿之一》，《柳州师专学报》1994 年第 4 期。

[35] 李杨：《浅论张元幹南渡以后词》，《边疆经济与文化》2011 年第 8 期。

[36] 陈节：《开拓爱国词的重要作家——张元幹》，《福建论坛》1983 年第 1 期。

[37] 黄海：《张元幹词风格浅论》，《贵州文史丛刊》2002 年第 4 期。

[38] 李杨：《浅论张元幹南渡以后词》，《边疆经济与文化》2011 年第 8 期。

[39] 吴卉：《张元幹词中的宋文化情结》，《黑龙江史志》2010 年第 22 期。

[40] 罗笑：《张元幹南渡前后词作抒情主人公的转变》，《黄山学院学报》2020 年第 4 期。

[41] 张仲英、郭艳华：《两宋剧变对张元幹思想和词风的影响》，《赤峰学院学报 (汉文哲学社会科学版)》2011 年第 9 期。

[42] 罗笑：《张元幹南渡前后词作抒情主人公的转变》，《黄山学院学报》2020 年第 4 期。

[43] 姚璐雅：《张元幹词作的悲壮风格探析》，《中国文艺家》2018 年第 2 期。

[44] 邹自振：《南宋词人张元幹及其 < 芦川词 >》，《福建乡土》2005 年第 1 期。

[45] 黄海：《张元幹词风格浅论》，《贵州文史丛刊》2002 年第 4 期。

[46] 钟伟兰：《张元幹诗歌研究》，福建师范大学 2006 年硕士论文。

[47] 李盈：《论张元幹的诗学渊源》，《安徽文学》2008 年第 5 期。

[48] 罗方龙：《论周邦彦沉郁顿挫词风对张元幹的影响》，《广西师范大学学报（哲学社会科学版）》1995 年增刊第 2 期。

[49] 金欢：《张元幹词对苏轼词的接受研究》，《六盘水师范学院学报》2020 年第 2 期。

[50] 申章文：《张元幹能认识苏轼吗》，《史学月刊》1987 年第 5 期。

[51] 李珂：《宋代南渡词人命运观与风格转型初探——以张元幹、李清照、朱敦儒为典型》，《青年文学家》2017 年第 8 期。

[52] 王珗玥：《张元幹词研究》，长春师范大学 2012 年硕士论文。

[53] 李杨：《浅论张元幹南渡以后词》，《边疆经济与文化》2011 年第 8 期。

[54] 周泥杉：《张元幹退居福建时期交游研究》，重庆师范大学 2011 年硕士论文。

[55] 罗方龙：《论张元幹对佛道思想的汲取—— < 芦川词 > 论稿之二》，《柳州师专学报》1995 年第 1 期。

[56] 张羽飞：《一壶慷慨杯中泻——张元幹 < 贺新郎 > 赏读》，《湖北招生考试（快速阅读）》2007 年第 1 期；姚勇文：《以豪迈之语写锥心之痛——张元幹 < 贺新郎 > 赏析》，《语文月刊》2002 年增刊第 2 期；王茂恒：《刚正不阿慷慨词 抑塞磊落正气歌——张元幹 < 贺新郎·送胡

邦衡待制赴新州＞赏析》，《陕西教育》1998 年第 10 期；王茂恒：《壮志深忧国 悲歌曲融神——张元幹词＜石州慢＞赏析》，《阅读与写作》1998 年第 1 期；王茂恒：《情景相生 一时俱极——张元幹＜满江红（春水迷天）＞赏析》，《阅读与写作》1997 年第 12 期；缪钺：《灵谿词说（续十一）——论贺铸词；论张元幹词》，《四川大学学报（哲学社会科学版）》1985 年第 1 期；王之义：《张元幹诗》，《中华诗词》2018 年第 1 期。

[57] 郭一鸣：《张元幹及＜芦川词＞版本研究》，河北大学 2021 年硕士论文。

[58] 周笃文：《从张元幹＜念奴娇＞看宋词中的妈祖信息》，《词学》2013 年第 1 期。

[59] 黄海：《张元幹词风格浅论》，《贵州文史丛刊》2002 年第 4 期。

[60] 王兆鹏：《张元幹＜芦川归来集＞版本源流考》，《南京师大学报（社会科学版）》1988 年第 2 期。

[61] 韩成武、韩梦泽：《民族志士的深思与呐喊——张元幹＜贺新郎·送胡邦衡待制赴新州＞词赏析》，《名作欣赏》2008 年第 13 期。

[62] 崔光慧：《张元幹＜芦川归来集＞的"笑傲江湖"》，《名作欣赏》2019 年第 30 期。

[63] 王玞玥：《张元幹词研究》，长春师范大学 2012 年硕士论文。

[64] 林精华：《周恩来盛赞张元幹》，《福建乡土》2006 年第 6 期。

[65] 钟伟兰：《张元幹诗歌研究》，福建师范大学 2006 年硕士论文。

[66] 黄海：《张元幹词风格浅论》，《贵州文史丛刊》2002 年第 4 期。

[67] 云亮：《论张元幹爱国词在文学史上的地位》，《中山大学学报（哲学社会科学版）》1985 年第 3 期。

[68] 王玞玥：《张元幹词研究》，长春师范大学 2012 年硕士论文。

[69] 林东源：《刚柔相济 多元之美——评析张元幹词》，《福建工程学院学报》2009 年第 5 期。

[70] 钟伟兰：《浅论张元幹爱国主义诗词的艺术审美特质》，《福建论坛（人文社会科学版）》2006 年增刊第 1 期。

[71] 龚碧珍：《异文用典选本传播——张元幹词考论》，福建师范大学福建省 2018 年硕士论文。

[72] 姚璐雅：《张元幹词作的悲壮风格探析》，《中国文艺家》2018 年第 2 期。

[73] 曾意丹：《张元幹生平及其思想渊源考辨》，《中州学刊》1987 年第 6 期。

[74] 黄震云：《谱牒学的突破——评＜张元幹年谱＞》，《求索》1992 年第 1 期。

[75] 曹济平：《读张元幹＜芦川词＞札记》，《文学遗产》1987 年第 6 期。

时势造就的爱国词雄

福建省文史馆　卢美松

张元幹（1091—1161）是两宋之际的著名爱国词人。他生于安乐之家、死于忧患之中，经历了宋朝由盛而衰，国势日益孱弱，个人生活也由优渥而趋于困顿。但因生性聪慧，又饱饫诗礼文学熏陶，最终成长为具有强烈爱国情怀而又诗词造诣极高的大词家。他的词作，上承苏轼开创的雄浑豪迈、豁达奔放的词风，下启辛弃疾一流雄健宏阔的格调，而与张孝祥比肩共享豪放词风之盛誉。

张元幹生长于官宦世家，早年随父就官，多承庭训家教，又进京都汴梁的太学就读，因而"事业日进""卓然成材"。他有富足的家境，性格豪放，爱好交友，喜游历，"凡所游从，皆名公胜流"。因他的性格、才华，故甚得其父执的青睐关爱。由于他禀性"隆于慈孝""笃于礼义之道"，具有优良的品行修养，成就了他青少年时代深厚的学业功底和道德修为，爱国名相李纲曾评价他"其文清新而不群""文字妙当世"。的确，他从小有着不同凡响的珪璋美质。

但是，出身官宦之家，少年张元幹自不免沾染纨袴子弟的陋习。青年以后，受长辈的教诲，朋友的影响，开始明白为人处世的道理。最重要的是，金兵屡屡南侵，前线节节败退，朝廷阵阵屈节事敌。张元幹和许多有远见、有作为、有血性的男儿都忧心忡忡，担忧国家的命运与前途。

"渔阳鼙鼓动地来，惊破霓裳羽衣曲"。金兵大举南侵的鼙鼓，震碎了北宋君臣纸醉金迷的生活，许多醉生梦死的官绅开始感觉到自己好日子的终结，大多

作者简介：卢美松，福建省文史馆原馆长。

惶惶不可终日。张元幹也从温柔乡中惊醒，但他并未被吓破胆。面对社会变故、政治变局，他满怀民族仇恨和家国情怀，转而奋身抗敌，慷慨赴义。36 岁那年（1125），金兵气势汹汹，长驱入寇。他奋身迎敌，站在抗金战斗的最前线。张元幹加入李纲率的行营，投入保卫首都汴京的战斗。亲上城墙，"登陴拒敌，不敢爱死""城守麾强弩，雨箭勇争先"。与同袍同仇敌忾，顽强抗敌，暂时挽救了国家的危亡。嗣后他在朝任职，上《却敌书》慷慨论政，力主抗金，无奈朝廷听不进忠言谠论，他终觉人微言轻，报国无门，奸臣当道，拒战媚敌，对此他深感悲痛和殷忧，一腔愤激之情，唯有形诸笔墨，泄于纸上。为了抒发自己"抑塞磊落"之情，将喷勃而出的爱国忠愤发为歌诗词赋。从此连篇累牍地发表充满激情、动人心魄的壮烈词作。他矢志不渝的爱国忠悃，结合他的高才远见，挥洒自如地奔涌在创作的词章中，淋漓尽致地发挥着自己的文学才能，大胆狂放地表达他对敌兵的憎恨和对误国奸臣的愤懑，这是时代的强音。

张元幹大胆责问："底事昆仑倾砥柱，九地黄流乱注。聚万落千村狐兔。天意从来高难问，况人情易老悲难诉。"（《贺新郎·送胡邦衡待制谪新州》）其批判矛头直指最高统治者，明确而尖锐地指出了祸乱根源。无怪乎他因此得罪当朝，受到重谴。他在给李纲的赠词中，表达了自己的雄心："十年一梦扬州路。倚高寒愁生故国，气吞骄虏。要斩楼兰三尺剑，遗恨琵琶旧语。"（《贺新郎·寄李伯纪丞相》）这里再次表达了对最高统治者冷酷无情，漠视民瘼的怯战避敌卑鄙行为，更进一步直率地表达了自己忠勇之气在胸，仇敌之忾不息，立下杀敌报国收复失地的誓言，只是一想到现实便使他气愤难平，急于寻找情绪的发泄与寄托。

可见，此时的张元幹，已成为一位充满家国情怀和大无畏精神的勇士和豪杰。他把自己的报国决心，忠勇气概，凭借其文学才能尽情地狂泻于纸上。他用自己的词作，鼓吹北伐中原，驱逐敌虏，收复大好河山；他宣扬为国忘身，慷慨赴敌，拯救百姓于水火之中；他抨击君主无能，奸臣误国，秉政者庸弱昏聩，以致生灵涂炭，国家危亡。张元幹的觉醒与彻悟，是经过血与火的锻炼而获得的。他亲眼看到国破家亡的惨剧，思想感情产生了深刻的变化，他的词作的内容也因之改变，更加面对政治现实，直面民生苦难；他的词作风格也因此有了根本性的转变，由温柔纤弱、清丽婉转的绮罗香泽之音，转而为雄健高昂，慷慨悲凉，抑塞勃发的黄钟大吕之声。当然，这种转变是时势使然，时代造就，也是他个人生活阅历成熟与个性风格养成的结果。

张元幹词风的重大变化，产生了深刻而广泛的影响。影响所及使南宋以后的词坛造就了大批豪放派词人，风格沉郁雄浑而且成就卓著。他开创词风新生面，大大开拓当代与后世作词者的眼界与胸襟，他因此而成为词坛雄杰的声名。

张元幹的词作成就，除受时代、社会、家庭影响之外，主要还得益于他的才学、品格与个性。他平生以忠义自矢，既具有刚风亮节，又具有执一不二、百折不回的精神。读他的词作，可以感受到扑面而来的凛然正气，聆听到高亢嘹亮强音。既有对"少年疏狂"的自责，也有对"愁生故国，气吞骄虏"的沉郁与威猛，更有"风浩荡，欲飞举"的明智与旷达。他既有"国步何多难"的痛苦哀吟，又有"愤怒吞妖孽"的呐喊。总之，他的坦荡胸怀、侠骨忠肠表现为慷慨激越的词风；他嫉恶如仇、忧国忘身的高尚品格，深刻影响后世，激励志士勇猛向前。正如孟子所言，直使"顽夫廉，懦夫有立志。"

张元幹由感慨时势、愤切当政、痛恨敌虏情怀出发而锻造出来的词句，既是个人的吐属，也是时代的回响，千载之下仍然掷地有声、令人闻而惊心。细心体味他的词作，真令人感到"千载有余情"。由此我们想到，革命领袖毛主席、周总理都对张元幹词情有独钟，这应是异代同心的爱国情感共鸣。

从张元幹身上我们可以感受到，作为豪放派词人，应该具有高远的志向，远大的目光、开阔的心胸，还应具有热烈的爱国情怀，奋不顾身的斗争勇气，体现的是气势恢宏的家国情怀，而不局限于个人恩怨、主观感受，或私意气的散发。

古人称"国家不幸诗人幸"，"诗穷而后工"，说的应是在国家沦落、社会动荡之时，有良心、有觉悟、有担当的诗人的逆势而为，反而有优秀作品面世。的确，张元幹的大量作品，就是直面国仇家恨的佳制名作。他表达的是至死不渝的家国情怀。

综观张元幹一生，生活迭宕起伏，仕途坎坷艰险。虽因得罪权臣而遭削职罢官、身陷囹圄，最后成为隐士逸民。但他心坚如铁，志不可夺，村居仍不忘爱国忧民。他不能忘怀："小隐故山今去好，中原遗恨几时休？""梦中原，挥老泪，遍南州""犹有雄心在，付与百川流""孤负男儿志，怅望故园愁"。这是何等坚执的爱国情愫？慷慨悲壮的声音、词句，传达出的是时代的呼声，这是令人永记难忘的哀音。诚如《四库全书总目》评价张元幹的："其词慷慨悲凉，数百年后尚想其抑塞磊落之气。"志士的力作代表时代的声音，个人的风骨，是时势造就了这样的一代词雄。

张元幹的儒士品格及其词作品
所蕴涵的儒家思想探颐

福州大学　吴　杰

摘　要：张元幹深受儒家思想影响，忠君爱民的家风培育了他的儒士品格，后虽际遇坎坷，仍以"弘道"为己任，忠君爱民，不改少时所立"治国""平天下"之志。张元幹广结儒林契友，讲习责善，与友朋交游唱和的同时，培固了他的儒士品格。张元幹的词作深受杜甫诗风和江西诗派的影响，开创性地将社会现实、个人抱负与儒家思想融汇于词中，颇具感发的力量。

关键词：张元幹；张元幹词作品；儒家思想

一、引言

张元幹（1091—1161），字仲宗，号庐川居士、真隐山人，又号庐川老人、芦川老隐，福建永福县（今福建永泰县）人。张元幹生于儒家文化大张的宋代，彼时，儒学发展进入到了一个"新纪元"，"元祐之学"备受宋高宗喜爱，其曾言"最爱元祐"(1)，并采取了一系列举措发扬元祐学问，包括"笃好孔子所作。安石所废之《春秋》又于讲筵，进读，神祖所序司马光所纂之《通鉴》，下杨时家取《三经义辩》，置之馆阁。选从程氏学士大夫渐次登用，甄叙元祐故家子孙之有闻者，仍追复其父祖爵秩"[1]等。此种文化环境对当时士人思想的养成产生了莫大影响，

基金项目：福州市社科规划项目"张元幹词作品所蕴含的儒家思想探颐"成果（项目号：2017FZC05）。

作者简介：吴杰（1984-），女，河北迁西人，博士，福州大学法学院讲师，硕士生导师；卢蝴蝶（1998-），女，贵州毕节人，福州大学法学院硕士研究生。

（1）宋绍兴四年（1134）八月，宋高宗与范祖禹的儿子范冲有过一段对话，高宗曾言："朕最爱元祐。"参见：（宋）李心传.建炎以来系年要录[M].北京：中华书局1956：1289-1290.

加之宋代中原与外族间征战不断的社会大环境，客观上强化了士人的儒家思想意识。张元幹生于仕宦之家，其家世代奉儒守官，可以说他从小到大直接受儒家思想陶冶煦育，待其稍长后，所结交之契友亦奉行儒家文化，其中包括儒门老尊宿陈瓘与道学家杨时、游酢等。于此，我们可以推断，儒家思想潜移默化地影响了张元幹的人格、行止以及他的诗词作品，其于词中直言："吾道尊洙泗"[2]29，这也就无怪乎曾噩有言说："芦川老隐之为文也，盖得江西师友之传，其气之所养，实与孟、韩同一本也"[3]218。

二、家道颖颖：张元幹儒士品性的养成

西晋潘岳有诗云："义方既训，家道颖颖"[4]，张元幹尊崇并恪守家风，其有词云："忠孝家传大雅"[2]84。有鉴于此，若了解张元幹须追溯他的家风、家道。张元幹出生于书香门第，其家有经术立身之传统。张元幹远祖张睦，志书有载：

> 张睦，光州固始人，唐末入闽，居侯官县，王审知为威武军节度使，为请于朝，授睦三品官，领榷货务，睦当扰攘之际，雍容下士，招来商贾，敛不加暴，财用日饶，后薛文杰继睦，竭取于民，闽人益思之。[5]

张睦深受闽人爱戴，为纪念他的功德，闽人特在城中立社祭祀。[(1)]张睦之子张庑，字居仁，官至殿中侍御史，"弹劾百僚，甚有风采，及王氏政衰，谢事归田里，立宗法，建祧庙，修祀事，乡邦式之。"[6]儒家推重孝道人伦，孔子言："孝弟也者，其为人之本与"[7]2，又说："慎终追远，民德归厚矣"[7]6。张庑孝友谦抑，"立宗法，建祧庙，修祀事"正是对儒家伦理思想的践行。张元幹的祖父张肩孟，字醇叟，皇祐五年及进士第，官至终朝散郎，通判歙州[(2)]。张肩孟幼而颖悟，稍长嗜学，曾闭户阅读经史群书，文章议论称颂于远方[(3)]，"历宦方面，皆有奇绩，

（1）《十国春秋》有载，张睦"封梁国公，卒葬福州赤塘山。后以薛文杰代其职，闽人益思睦，立社城中祀焉。"（清）吴任臣.十国春秋（卷九十五·闽六），清文渊阁四库全书本。

（2）据《淳熙三山志》载，皇祐五年癸巳郑獬榜，"张肩孟，字醇叟，永福人，终朝散郎、通判歙州。"（宋）梁克家.淳熙三山志（卷二十六）[M].清文渊阁四库全书本。

（3）据《宋特进仪同三司少师文靖公墓志》载："公幼而颖悟，方六岁，能属对为诗，……稍长，嗜学，丛聚经史群书，闭户阅之。已而文章议论，蔚然称于远方。"转引自王兆鹏.从《永泰张氏宗谱》辑录宋人佚文佚诗——兼说张元幹籍贯及佚文价值[J].文献，2006（01）：146.

年七十致仕。"[8]48 张肩孟教子得方，五子皆登显宦。长子张励，字深道，熙宁六年进士(1)，性酷嗜学，于经史无所不通，著有《文笔峰书堂总录》七十卷及《中庸、论语解》(2)，影响颇大。张励甚有儒者风范，为政以仁，曾力争救下不当死但被判死的囚犯(3)，主张以礼义化导民俗，其墓志铭有载："有问政者，公曰：'为政，忠与信耳。豚鱼可感，况类我者乎？'"[9]"忠"乃儒家所倡导的为臣之道，而忠恕之道是孔子"仁爱"思想的核心(4)。此处的"信"，笔者揣测当是为人诚信，待民诚信，孔子有云："言忠信，行笃敬，虽蛮貊之邦，行矣。"[7]160 又说"恭、宽、信、敏、惠"，"能行五者于天下为仁矣。"[7]181 张励所奉行的为政之道与儒家所倡导的为政之道相契合。次子张劢，字臻道，熙宁九年进士(5)，张劢"天资醇厚，孝友廉谨。七岁时，能诵唐人诗。……登第后，除授知建州，建民剽悍健讼，公谕以礼义期年风俗丕变。"[8]49 三子张勔，"熙宁丙子，公应文武两举，官太学博士，既通文史，复谙韬钤"[8]50，奈何天不假年，张勔早殁，年仅 27 岁。四子张劝，字闳道，元符三年进士(6)，幼年时就已显露出不凡的天资，"及为官，帅福建，以乡邦人情风俗素所详究，兴利剔弊。民深德之，岁时祷祀，为公祈福，虽禁之不止也"[8]50-51。五子张动，即张元幹之父，"以恩奏出身。政和间，出知建州，范汝为反，剑南骚动，公以州兵保建城，民皆安堵。后募兵剿寇，恢复数

（1）据《淳熙三山志》载，熙宁六年癸丑余中榜："张励，肩孟之子，字深道，以集贤殿修撰知本州，移知广州，加集英殿修撰，知洪州、建州，终中大夫。"（宋）梁克家. 淳熙三山志（卷二十六）[M]. 清文渊阁四库全书本。

（2）据《宋中奉大夫集英殿修撰张公墓志铭》载："有文集七十卷，号《文笔峰书堂总录》，及《中庸论文解》并藏于家。"转引自王兆鹏. 从《永泰张氏宗谱》辑录宋人佚文佚诗——兼说张元幹籍贯及佚文价值 [J]. 文献，2006（01）：148.

（3）据《宋中奉大夫集英殿修撰张公墓志铭》载："狱有强盗十余，法当止流。郡将有所希望，命悉抵死，公之争甚力，卒如公言。"转引自王兆鹏. 从《永泰张氏宗谱》辑录宋人佚文佚诗——兼说张元幹籍贯及佚文价值 [J]. 文献，2006（01）：148.

（4）孔子之道，"一以贯之"，"忠恕而已矣。"参见杨伯峻. 论语译注 [M]. 北京：中华书局，2009：38.

（5）据《淳熙三山志》载，熙宁九年丁巳徐铎榜："张劢，肩孟之子，励之弟，字臻道，终朝散郎。"（宋）梁克家. 淳熙三山志（卷二十六）[M]. 清文渊阁四库全书本。

（6）据《淳熙三山志》载，元符三年庚辰李釜榜："张劝，肩孟之子，励、劢之弟，字闳道，历中书舍人、给事中、御史中丞，除述古殿学士、知本州，陛辞，除工部尚书，终大中大夫。"（宋）梁克家. 淳熙三山志（卷二十七）[M]. 清文渊阁四库全书本。

邑。疏上，当叙功，而公没。剑民立祠以祀，敕赐英显庙"[8]51。

由此可见，张元幹祖辈多忠直爱民之士，几辈人均效力于朝廷，以天下为己任，如此家风如春雨润物般滋养了张元幹，塑造了他刚直不阿、爱国忧民的儒士品格。张元幹尊祖追远，笃于孝友，宣和元年得祖父手泽，"严饰而藏之，以诏子孙"[3]203，并请名士为其祖父手泽题跋，宋人苏庠有谓："仲宗隆于孝慈，盖天性然也。苟其本立矣，则积而为事业，发而为词章，岂复有二道哉？有德者必有言，其仲宗之谓乎！"[3]205 在家庭环境的熏陶下，张元幹在少年时期就有"谈笑从军"的志向，晚年作词《陇头泉》追忆其少年时云："少年时，壮怀谁与重论？视文章、真成小技，要知吾道称尊。奏公车、治安秘计，乐油幕、谈笑从军。"[2]99-100 由此可见，少年时期的张元幹并不看重文章，将其视为"小技"，其志在实现儒家所崇尚的"治国、平天下"之抱负，直到晚年仍坚信"整顿乾坤，廓清宇宙，男儿此志会须伸"[2]100。

三、张元幹儒士品格的培固与发扬

（一）两宋剧变对张元幹儒士品格培固与发扬的影响

张元幹一生历经两宋剧变，目睹社会由和平转向战乱，追溯他的人生经历，不难发现其思想观念、情感心境紧随时代脉搏跳动并发生着深刻变化。靖康之难奏响了北宋的亡国悲歌，此亦成为张元幹人生中的重大转折点，其词风以南渡为轴发生嬗变，其儒士品格在此过程中得到培固并尽为彰显。

青年时期，张元幹在诗词方面就已表现出了不凡的天资，欧阳懋曾赞曰："时仲宗年未及冠，往来屏间，亦与座客赓唱，初若不经意，而辞藻可观，莫不骇其敏悟。"[3]204 宋徽宗政和、宣和年间，张元幹已有词名，这一时期的词作有《菩萨蛮》(政和壬辰东都作)、《风流子》(政和间过延平双溪阁落成席上赋)、《满江红》(自豫章阻风吴城山作)、《兰陵王》(绮霞散)、《念奴娇》(江天雨霁)等。不过，由于生活平顺，"词中缺乏深沉的人生感慨，词的境界不出'银烛暖宵，花光照席'狭窄香软的酒畔花前。……摹拟温庭筠'花间'词的痕迹比较明显"[10]前言。从张元幹这一时期的作品中可窥得其词作婉秀的一面，如《兰陵王》(绮霞散)：

绮霞散，空碧留情向晚。东风里，天气困人，时节秋千闭深院。帘旌翠波飐，窗影残红一线。春光巧，花脸柳腰，勾引芳菲闹莺燕。

闲愁费消遣。想娥绿轻晕，鸾鉴新怨。单衣欲试寒犹浅。羞袭凤空展，塞鸿难托，谁问潜宽旧带眼，念人似天远。

迷恋，画堂宴。看最乐王孙，浓艳争劝。兰膏宝篆春宵短。拥檀板低唱，玉杯重暖。众中先醉，漫倚槛、早梦见。[2]8

然而，张元幹并非醉心诗酒的风流之徒，他善于洞察时代风云，于歌舞升平中"心知天下将乱"，于是"阴访命世之贤"[10]39，曾拜识苏辙于许昌，结识闽中高僧西禅隆老，拜谒陈瓘于庐山之南，访道学家游酢、杨时，与李纲结为莫逆之交[1]。由此可见，张元幹不仅是一位怡情山水的风雅文人，更是一位具有社会责任感和使命感的彬彬儒士。

靖康元年（1126），金兵南侵，围攻汴京，金人对神州山河的蹂躏，激起了一众爱国志士的愤慨。三十五岁的张元幹投笔从戎，加入了时为亲征行营使李纲的麾下，并立即上却敌书，随后于京城保卫战中夙夜临城，冒矢雨指挥杀敌，《祭李丞相文》中有云：

直围城危急，羽檄飞驰，寐不解衣，而餐每辍哺，夙夜从事，公多我同。至于登陴拒敌，矢集如猬毛，左右指麾，不敢爱死。庶几助成公之奇勋，初无爵禄是念也。[10]58-59

靖康之变让张元幹为国建功的理想变为现实，他浴血奋战，将个人生死完全抛诸脑后。对这段奋战经历，张元幹是有些自得的，其曾谓："笑谈曾击贼。"[3]24遗憾的是，半年之后，张元幹与李纲一起被主和派排挤出朝廷。汴京陷落后，张元幹举家避乱南下，漂泊流落，饱受离乱之苦，即便如此，张元幹"忧道不忧贫"[2]，心系国家，不以己忧，依然对"道"怀有精白之心。建炎三年底，张元幹追随逃跑的高宗至海边，欲有所献纳，一吐胸中成奏，不料却遭谗获罪，幸得友人汪藻力救，此事有诗为证："作意海边来，初非事干谒。责我卖屋金，流言尚为孽。汪公德甚大，游说情激烈。力救归装贫，一洗肝肺热。"[3]10此后偏安的南宋朝

（1）政和二年在许昌拜识苏辙；宣和元年季夏，结实闽中高僧西禅隆老；宣和二年春，陪陈瓘游庐山；宣和二年尝访游酢；宣和六年访杨时于毗陵，宣和六年访李纲于无锡梁溪。参见：王兆鹏．张元幹年谱 [M]．南京：南京出版社，1989：27-28，35-36，37-40，40，50，49-50。

（2）子曰："君子谋道不谋食。耕也，馁在其中矣；学也，禄在其中矣。君子忧道不忧贫。"杨伯峻．论语译注 [M]．北京：中华书局，2009：166。

廷让主战的张元幹倍感失望，或许也因此坚定了他的退隐之心，其有诗云："行矣收功名，远过麒麟阁。气投平生欢，事付今夕噱。吾衰世无用，鼓勇徒矍铄。"[3]5 其后又有诗送李纲之弟李纶曰："不见君家好兄弟，何人怜我最奇穷？我辈避谗过避贼，此行能饱即须归。山川久有真消息，世上从渠闲是非。"[3]65 虽则如此，张元幹从未改变主战的立场——"始终誓复仇，志愿久已确"[3]5，即便仕途坎坷，亦未曾坠青云志，大有儒家"天下无道，以身殉道"(1) 的气魄。张元幹有着一颗赤诚的爱国心和一身的浩然正气，忠义的儒士品格在国家危亡之际尽为彰显。

（二）儒林契友对张元幹儒士品格培固与发扬的影响

《近思录》有言曰："古人欲得朋友，于琴瑟简编，常使心在于此。惟圣人知朋友之取益为多，故乐得朋友之来。"[11]189 叶适释曰："朋友有讲习责善之益，琴瑟有调适性情之用，简编有前言往行之识。朝夕于是，则心有所养，而习俗放僻之念不作矣。然三者之中，朋友之益尤多。"[11]189 张元幹早岁丧母，十四五岁便随父亲宦游南北，与父执辈的交往让他受益良多。及冠之年的张元幹已开始师从东湖居士徐俯习诗词句法，常参与江西诗社的唱和雅集，广结了一众贤士好友，《苏养直诗帖跋尾六篇》中云：

> 往在豫章问句法于东湖先生徐师川，是时洪刍驹父、弟炎玉父、苏坚伯固、子庠养直、潘淳子真、吕本中居仁、汪藻彦章、向子諲伯恭，为同社诗酒之乐，予既冠矣，亦获攘臂期间，……且念向来社中人物之盛，予虽有愧群公，尚幸强健云。[3]173

张元幹于闲暇之余常常拜谒友朋，其与陈瓘、李纲、胡铨、陈与义、吕本中、叶梦得、富直柔等多有酬唱之文。他交游的这些朋友大多是忧国忧民的真儒士，"观其出生而知其性情之所由来，观其交游而知其为人之所以然"[12] 序言，从张元幹的交游可窥得他对儒学的尊奉。此种朋友间的交流强化了他对儒家思想的坚守，据考证，陈瓘、李纲等对张元幹影响甚大。

陈瓘，字莹中，号了堂、了翁，南剑州沙县人（今福建沙县人），以作《尊尧集》反对王安石而闻名。陈瓘才学品性俱佳，据《宋史》载，陈瓘"少好读书，

（1）孟子有云："天下有道，以道殉身；天下无道，以身殉道。"杨伯峻. 孟子译注 [M]. 北京：中华书局，2010：297.

不喜为进取学。父母勉以门户事，乃应举，一出中甲科。……瓘谦和不与物竞，闲居矜庄自持，语不苟发。"[13]10961-10964 道学家杨时曾评价陈瓘说："天生我公，为时元龟，精贯日月，而无以自表；气包宇宙，而不容于时。"[14] 张元幹在《跋了堂先生文集》中对陈瓘的生平给予了高度评价，他说：

先生独知尊尧，爱君忧国，先见之明，肇于欲萌；逆料其弊，甚于中的。视之若仇敌，甘心犯难，虽百谪濒九死而弗悔。……百世之下，凛凛英气，义形于色，如砥柱之屹颓波，如泰、华之插穹昊，如万折必东之水，如百炼不变之金，舍吾先生其谁哉？死而不忘者，予于先生见之。[3]161

宣和二年（1120），而立之年的张元幹曾陪同陈瓘游览庐山，逗留累月，常与他"商榷古今治乱成败，夜分乃就寐"[3]160。张元幹视陈瓘为楷模，终身慕之，直到不逾矩之年，仍有诗赞曰："前贤一节皆名世，此道终身公独行。每见遗编须掩泣，晚生期不负先生。"[3]63

李纲，字伯纪，祖籍福建邵武，政和二年(1112)中进士，是两宋之际的抗金名臣，仕历徽、钦、高宗三朝，一生心系社稷和百姓安危，忠君爱民。《宋史》有论曰："纲虽屡斥，忠诚不少贬，不以用舍为语默，若赤子之慕其母，……若纲之心，其可谓非诸葛孔明之用心与？"[13]11274 张元幹与李纲交往颇深，情义至重。绍兴八年（1138）冬，奸臣秦桧筹划与金议和，李纲上书朝廷坚决反对，张元幹得知后，作词《贺新郎·寄李伯纪丞相》，该词除却抒发对权臣"欲息干戈"的义愤和"气吞骄虏"的壮志外，还表达了对李纲的敬仰之情，并寄望李纲能够东山再起，收复失地，其词曰：

曳杖危楼去。斗垂天、沧波万顷，月流烟渚。扫尽浮云风不定，未放扁舟夜渡。宿雁落、寒芦深处。怅望关河空吊影，正人间、鼻息鸣鼍鼓。谁伴我，醉中舞？

十年一梦扬州路。倚高寒、愁生故国，气吞骄虏。要斩楼兰三尺剑，遗恨琵琶旧语。谩暗涩、铜华尘土。唤取谪仙平章看，过苕溪、尚许垂纶否？风浩荡，欲飞举。[2]3

同样，李纲对张元幹亦是颇为赞赏，曾有未识之憾(1)，梁溪之会后，对元干

（1）其曾言："予昔与安道少卿游，闻仲宗有声庠序间籍甚，恨未之识。"参见：(宋) 张元幹. 芦川归来集 [M]. 上海：上海古籍出版社，1978：206.

颇为称道，他说："听其言鲠亮而可喜，诵其文清新而不群，予洒然异之"[3]206，之后，张元幹请李纲跋其祖父手泽，李纲甚为欣赏他的孝行，称赞道："夫学士大夫则知尊祖矣，君子笃于亲，则民兴于仁，推是心以往，所以称其文而副其言者，率如是，古人不难到也，在仲宗勉之而已。"[3]207 李纲一生忠直爱国，其儒士风范必然对张元幹产生莫大影响。

此外，张元幹曾专程拜访过道学家杨时、游酢以及元祐党人郑侠等。杨时好学明辨，是举世著名的道学家，陈瓘、邹浩等名流曾事之以师礼，朱熹、张栻之学亦源于杨时[1]。宣和六年（1124）夏四月，张元幹曾抵达毗陵（今江苏常州市）拜访杨时，并邀杨时跋其祖父手泽，杨时赞其孝举曰："其于尊祖追远之义尽矣。吾将见其流风所被，使乡邦民德归厚，必自兹始也。"[3]206 游酢以文行知名，所结交者皆天下士，"程颐见之京师，谓其资可以进道。程颐兴扶沟学，招使肄业，尽弃其学而学焉"[13]12732。张元幹曾于宣和二年（1120）拜访游酢，游酢为其祖父手泽题跋，盛赞其用心，曰："君子以是贤之。"[3]203 郑侠乃元祐党人，史书有论曰："侠以区区小官，虽未信而谏，能以片言悟主，殃民之法几于一举而空之，功虽不成，而此心亦足以白天下后世。"[13]10437 据《豫章书》所载，郑侠与张元幹是同乡，早就相识，郑侠晚年时，张元幹曾拜谒过他，其曾回忆届时场景："适已抱病，延入卧内，欢若平生。而遗言余旨，预闻一二。"[3]202 张元幹徜徉于儒林间，与硕学师友作文唱和，将萦绕心头的京华之梦、离别之愁、国破之恨统统付诸笔端，客观上培固了他的儒士品格，阐扬了他的儒家思想。

四、张元幹词中蕴含的儒家思想

张元幹是一位爱国词人，这已是学界的不争之论。何为"爱国主义"？中国古代文学中是否存在"爱国主义"曾是一个问题。有学者认为中国古代根本不存在产生"爱国主义"的社会文化土壤，并认为古代文学中的"爱国主义"不过是尊夏（王）攘夷主义而已，中国古代的"忠君"与"爱国"，不仅不是相互统一的，

（1）据《宋史》载："时在东郡，所交皆天下士，先达陈瓘、邹浩皆以师礼事时。……凡绍兴初崇尚元祐学术，而朱熹、张栻之学得程氏之正，其源委脉络皆出于时。"（元）脱脱等撰. 宋史 [M]. 北京：中华书局，1977：12743.

反而是彼此对立的。"'忠君'并非'对于国家的一种义务，而是对私人的义务'。中国中心主义的实质，是把中国文化圣化为独一无二的天下最完美的和别人无法企及的文化，以中国文化的价值取向作为判定和裁决世间所有一切的至高无上的圣典。"[15]曹济平先生认为"爱国主义"的具体内容是依据具体社会历史条件所定的，观有宋一代，始终没有摆脱民族之间的纠纷与对抗，"每当这些民族挑起战争，进行军事掠夺的严峻时刻，广大人民群众和有血性的、有正义感的人士，总是挺身而出，为保卫自己的民族利益和国家主权而英勇奋战"[16]，而这些爱国将领保卫国家民族利益的抗战精神恰是"爱国主义"的最好体现。笔者以为学界之所以对"爱国主义"有不同理解，其症结在于传统中国的国家观与现代的国家观迥异，中国古代的国家形态并非现代意义上的"民族国家"，而是"天下"模式。

传统中国以"天下"为统治，此"天下"既没有"民族国家"的主权边界，亦不指称整个世界，"'天下'是一个无远弗届的同心圆，一层一层地开化，推向未开化。中国自诩为文明中心，遂建构了中国与四邻的朝贡制，以及与内容边区的赐封、羁縻、土司诸种制度。"[17]此种制度模式下的国家，是以文化为内核的，凡受中华文化所化的诸民族、地区都被涵括在了"天下"之内。职此之故，与其说中国古人"爱国"，倒不如说他们热爱中原文化。有宋一代，诸如寇准、李纲、胡铨、陈瓘、张元幹这些士人，或驰骋疆场，或口诛笔伐，他们的"爱国"之情，实则是对中原文化的热爱之情，即对儒学的热爱。徐复观先生在谈及宋代儒学时曾言，在儒学复兴的宋代，新儒学的发展是两宋史上"一大事因缘"，儒家思想的微言大义被发扬光大，"忠君爱国""尊王攘夷""大一统""内中国、外夷敌"等渗透在士大夫骨子里的观念在特定社会环境的刺激下，被彻底唤醒，士大夫们通过政治实践将若干儒家观念纳入法度与习惯之中，使之成为结构性的存在。[18]张元幹正是这些士大夫们中的一员，其词作所蕴涵的"爱国主义"精神就是儒家精神。

叶嘉莹先生曾言，诗人要表现一种感发的生命[19]，诚哉斯言！张元幹"喜作长短句，其忧国爱君之心，愤世嫉邪之气，间寓于歌诗"[20]，"其词慷慨悲凉，数百年后，尚想其抑塞磊落之气"[21]。笔者以为这种"感发的生命"可以追溯至儒学人性论本源，概括地讲，此"人性论本源"可归结为孔子的仁道思想。李泽厚先生曾对"仁"做过四个层次的分析，他认为氏族血缘是孔子仁学的社会渊源，而孝悌是这种渊源的直接表现，他把仁的最后根基归结为以亲子之爱为核心的人类学心理情感，其"不诉诸神而诉诸于人，不诉诸外在规约而诉之于内在情感"，李先生认为"从根本上说，它是对根基于动物（亲子）而又区别于动物（孝）的人性的自觉"。它是把这种人性情感本身当作最后的实在和人道的本性。这正是孔子仁学以及整个儒家的人道主义和人性论的始源基地。[22]396 孔子的这种"要求人们建立起区别于动物的情感心理的哲学"塑造了儒家士大夫的基本人格，"这种人性自觉意识和情感心理本身，具有了一种生命动力的深刻性。因之，并非'个性解放'之类的情感，而毋宁是人际关怀的共同感情（人道），成了历代儒家士大夫知识分子生活存在的严肃动力。"相应地，"对人际的诚恳关怀，对大众的深厚同情，对苦难的严重感受，构成了中国文艺史上许多巨匠们的创作特色"[22]398。如世所公认，杜甫就是这"许多巨匠"中的佼佼者，叶嘉莹先生对杜甫诗作品的分析恰是抓住了这一点，重新感动了读者。

张元幹词作深受用生命写诗的杜甫影响。杜甫出生在一个世代奉儒守官的家庭，系统地接受了儒家思想的正统教育，他的诗作体现了儒家的"仁爱""贵民""忠君"等思想[23]。张元幹甚为欣赏杜甫及其诗作，如其所言："少陵佳句是仙方"[2]48，他善于将杜诗写入自己的词中，根据笔者对张元幹188首词作的考察，其中有46首词作融入了杜诗。如：《贺新郎·寄李伯纪丞相》之"要斩楼兰三尺剑，遗恨琵琶旧语"[2]3，用典杜诗之"千载琵琶作胡语，分明怨恨曲中论"。[24]652 面对宋朝向金求和苟安之行径，张元幹空有一腔热血，怨愤不已，遗恨怅然，这与杜甫借咏昭君寄托爱国之情并无二致。又，《石州慢·己酉秋吴兴舟中作》之"欲挽天河，一洗中原膏血"[2]14，用典杜诗之"安得壮士挽天河，净洗甲兵长不用"。[24]218 该词作于建炎三年（1129），是年金兵大举侵凌南方，张元幹眼见山河破碎，内心悲愤至极，希望能击退金兵，收付中原，此与杜甫渴望社会安定的强烈心愿如出一辙。绍兴六年（1136），张元幹作词为吕本中送行，曰："万里两宫无路，政仰君王神武，愿数中兴年"[2]29，该词两处源自杜诗，"君王神武"出自于杜诗"君王自神武，驾驭必英雄"[24]71，"中兴年"出自于杜诗"今朝汉社稷，新数中兴年。"[24]139 甚至《临江仙·赵端礼重阳后一日置酒，坐上赋》

用典杜诗多达 4 处，其词曰：

> 十日篱边犹袖手，天教冷地藏香。王孙风味最难忘。逃禅留坐客，度曲出宫妆。
>
> 判却为花今夜醉，大家且泛鹅黄。人心休更问炎凉。从渠簪发短，还我引杯长。[2]36-37

该词中"逃禅""鹅黄""簪发短""引杯长"分别源于杜诗之"苏晋长斋绣佛前，醉中往往爱逃禅"[24]17"鹅儿黄似酒，对酒爱鹅黄"[24]449"白头搔更短，浑欲不胜簪"[24]128"检书烧烛短，看剑引杯长"[24]7。张元幹在词作中用典杜诗，是其将儒家思想融入词作创作的有力证据。

张元幹在诗词上的成就亦离不开江西诗派的影响，所谓江西诗派，有学者指出，其学术目的在于呼应元祐学术的复兴，重续这一文统[25]。江西诗派的诗人大都是忠义的儒士，他们关注社会现实，对国家的陆沉忧愤不已。如与张元幹交往颇多的吕本中，其祖父吕希哲，父亲吕好问，均是当时有名的儒士，吕本中从小受儒家思想熏陶，朱熹曾评价他说："吕居仁学术虽未纯粹，然切切以礼义廉耻为事。"[26]在国家危亡之际，江西诗派的诗人表现出了儒士特有的风骨，吕本中有诗曰："主辱臣当死，时危命亦轻。谁吞豫让炭，肯接仲由缨。泣血瞻行殿，伤心望虏营。尚存仪卫否？早晚复神京。"[27]又如，徐俯誓不与奸佞为伍，张邦昌建立傀儡政权后，他愤而辞官，并将家里的婢女取名为"昌奴"，遇有客人来访，则唤昌奴前来驱使[13]11540。徐俯、吕本中等人对张元幹的诗词创作影响甚大，张元幹"与江西诗派诗人的交往是张元幹在不得志的现实中获得慰藉的重要途径，也是他提升自我诗词创作技艺的催化剂"[12]。张元幹与此辈师朋唱和，共同抒写家国情仇，他们的性情、行止彼此影响，共同成就。

综观张元幹词作，其所蕴含的儒家思想俯拾即是，其中有对友朋的信义、有对君主的忠诚以及对国家的担当。儒家重视人际关系的和谐，对友朋间的情谊亦特为珍重，五伦之中的一伦讲得就是朋友，所谓"朋友有信"(1)是也。孔子说："有朋自远方来，不亦乐乎"[7]1，又说："乐多贤友，益矣。"[7]174《白虎通》直言朋友之道："近则正之，远则称之，乐则思之，患则死之。"[28]在张元幹的词作中

---

(1) 孟子有言："契为司徒，教以人伦——父子有亲，君臣有义，夫妇有别，长幼有叙，朋友有信。"参见：杨伯峻. 孟子译注 [M]. 北京：中华书局，2010：114.

有诸多赠与友人的词，展现了他对志同道合友人的挚爱之情。李纲被罢职、胡铨被贬谪，张元幹曾作词《贺新郎·寄李伯纪丞相》《贺新郎·送胡邦衡谪新州》，在抒发耿耿报国志的同时，更表达了对友人的同情，其中送胡邦衡的词堪称压卷之作，其词曰：

梦绕神州路。怅秋风、连营画角，故宫离黍。底事昆仑倾砥柱，九地黄流乱注？聚万落、千村狐兔。天意从来高难问，况人情、老易悲如许。更南浦，送君去。

凉生岸柳催残暑。耿斜河、疏星淡月，断云微度。万里江山知何处？回首对床夜语。雁不到、书成谁与？目尽青天怀今古，肯儿曹、恩怨相尔汝！举大白，听《金缕》。[2]4

张元幹赋此词送胡铨，悲叹友人受谗被贬，甚为抑郁，亦因此被除名。宋人有赞曰："绍兴议和，今端明胡公铨志在复仇，上书请剑，欲斩议者，得罪权臣，窜谪岭海，平生亲党，避嫌畏祸，唯恐去之不速。公作长短句送之，微而显，哀而不伤，深得三百篇讽刺之义。非若后世靡丽之词，狎邪之语，适足劝淫，不可以训。"[20] 明人杨慎赞曰：张仲宗"以送胡澹庵及寄李纲词得罪，忠义流也"[29]。

乱世之中的张元幹历经凄苦，然而，他心中所思所想并非个人生活，而是两宫的安危，这种忠君之情亦在词作中抒发，如其曾谓"露华浓，君恩重"[2]27。宋高宗建炎三年（1129），金兵大举侵入南方，直驱扬州，江北陷落，眼见山河沦落，张元幹悲愤至极，几欲"心折"，他挥毫词章，曰：

雨急云飞，惊散暮鸦，微弄凉月。谁家疏柳低迷，几点流萤明灭。夜帆风驶，满湖烟水苍茫，菰蒲零乱秋声咽。梦断酒醒时，倚危樯清绝。

心折。长庚光怒，群盗纵横，逆胡猖獗。欲挽天河，一洗中原膏血。两宫何处？塞垣只隔长江，唾壶空击悲歌缺。万里想龙沙，泣孤臣吴越。[2]14

张元幹时刻心系中原，即便梦中，亦牵挂中原，"老来长是清梦，宛在旧神州"[2]19，"西窗一夜萧萧雨，梦绕中原去"[2]63。张元幹对国事忧心忡忡，愁肠郁结，"倚槛旧愁新恨，一时生"[2]40，"花下愁，月下愁。花落月明人在楼，断肠春复秋"[2]51，"天涯旧恨，试看几许消魂，长亭门外山重叠。不尽眼中青，是愁来时节"[2]13。壮志难酬的张元幹不免有廉颇老矣之叹："春来春去催人老。老夫争肯输年少？醉后少年狂，白髭殊未妨。"[2]79 无能为力的张元幹亦不免沉郁、无奈，他说："堪恨归鸿，情似秋云薄。书难托，尽交寂寞，忘了前时约"[2]61。儒家所谓的士人均怀抱有无所为而为之的勇气，即便是仕途坎坷，也不会退却，如孟子所谓"穷不失义，达不离道"[30]是也！张元幹就是这样一位勇敢的儒士，如其诗所云："未能忘壮志，遽肯变刚肠。"[3]26他削官为民后，驰骋词笔，仍然抒写了对国家、民族的片片赤诚。

张元幹是一位热烈的儒士，然而，异乡飘零，羁旅困顿，张元幹终究还是灰心了，他将自己的柔弱与无力也用词表达出来。"搔首烟波上，老去任乾坤""白纶巾，玉麈尾，一杯春"[2]21，又有词曰："败意常多如意少。着甚来由，入闹寻烦恼。千古是非浑忘了，有时独坐掀髯笑。"[2]34 在时代面前的无能为力让张元幹渴望隐遁于自然，过上"渔童拍手樵青笑""醉眼冷看城市闹"[2]64 的清闲生活。据此，我们可从张元幹的词作中嗅出"佛老"思想的味道。不过，这并不意味着张元幹深入骨髓的儒家情愫被"佛老"思想取代了。正如他在《水调歌头·追和》中所言：

举水钓鳌客，削迹种瓜侯。……耳畔风波摇荡，身外功名飘忽，何路射旄头。孤负男儿志，怅望故园愁。

梦中原，挥老泪，遍南州。元龙湖海豪气，百尺卧高楼。短发霜黏两鬓，清夜盆倾一雨，喜听瓦鸣沟。犹有壮心在，付与百川流。[2]28

于斯可知，张元幹或归隐、或向佛，都不过是爱国之情的一种纾解罢了，他始终没有背离儒者的人生轨道，"小隐故山今去好，中原遗恨几休"[3]59，即便归里闲居，生活安适，张元幹亦未尝忘却中原！他的归隐追求不过是现实不得志的一种精神自我解压罢了，只能看作是他的精神慰安，认不得真。韩愈曾言："山林者，士之所独善自养而不忧天下者所能安也，如有忧天下之心，则不能矣。"[31] 心系天下的张元幹又怎会自安于山林呢？

五、结语

宋代的士人是忧国忧民的，无论居庙堂之高，还是处江湖之远，他们都将一颗道心奉献给了国家，张元幹就是这样一位儒士。他着力践行儒家思想，以弘道为己任(1)，重道轻势；行止循儒士操守而为，宦海浮沉不改道心；诗词演儒学精

（1）孔子有言："士志于道"（参见杨伯峻.论语译注[M].北京：中华书局，2009：36.），孟子有云："天下有道，以道殉身；天下无道，以身殉道"（杨伯峻.孟子译注[M].北京：中华书局，2010：297.），儒士以道自重，将"道"奉为圭臬。

义而作，正心内修，感发生命。《四库全书总目提要》中有言，张元幹之学"尊元祐而诋熙宁，诗文亦皆有渊源"[3]216，信如是，则足见张元幹的儒士风骨。

【参考文献】

[1]（宋）胡寅·斐然集 [M]. 容肇祖点校·北京：中华书局，1993:404.

[2]（宋）张元幹·张元幹词集 [M]. 曹济平，导读，上海：上海古籍出版社，2011.

[3]（宋）张元幹·芦川归来集 [M]. 上海：上海古籍出版社，1978.

[4]（唐）欧阳询等·艺文类聚（卷二十三·人部七）[M]. 清文渊阁四库全书本。

[5]（清）徐景熹·（乾隆）福州府志（卷六十四）[M]. 乾隆十九年刊本。

[6]（清）吴任臣·十国春秋（卷九十五·闽六）[M]. 清文渊阁四库全书本。

[7] 杨伯峻·论语译注 [M]. 北京：中华书局，2009.

[8] 官桂铨·词人张元幹世系 [J]. 文献，1988（04）.

[9] 王兆鹏·从《永泰张氏宗谱》辑录宋人佚文佚诗——兼说张元幹籍贯及佚文价值 [J]. 文献，2006（01）:149.

[10] 王兆鹏·张元幹年谱 [M]. 南京：南京出版社，1989.

[11] 陈荣捷·近思录详注集评 [M]. 上海：华东师范大学出版社，2007.

[12] 邹艳，陈媛·张元幹词全集 汇校汇注汇评 [M]. 武汉：湖北辞书出版社，2017.

[13]（元）脱脱等撰·宋史 [M]. 北京：中华书局，1977.

[14]（宋）杨时·龟山集（卷二十八）[M]. 清文津阁四库全书本。

[15] 王培元·爱国主义的文化特征 [J]. 文学评论，1989（04）:129-132.

[16] 曹济平·张元幹词研究 [M]. 南京：南京师范大学出版社，2013:2.

[17] 许倬云·我者与他者：中国历史上的内外分际 [M]. 北京：生活·读书·新知三联书店，2010：20.

[18] 余英时·朱熹的历史世界：宋代士大夫政治文化的研究（上）[M]. 北京：生活·读书·新知三联书店，2004：5.

[19] 叶嘉莹·叶嘉莹说杜甫诗 [M]. 北京：中华书局，2008:16.

[20]（宋）蔡勘·定斋集（卷十三）[M]. 清光绪常州先哲遗书本。

[21]（清）永瑢等·四库全书总目提要（卷一九八）[M]. 王云五，总编纂，北京：商务印书馆，1912：518.

[22] 李泽厚·哲学纲要 [M]. 北京：中华书局，2015：396.

[23] 赵海菱·杜甫与儒家文化传统研究 [M]. 济南：齐鲁书社，2007：4-42.

[24]（唐）杜甫著 ;（清）杨伦笺注. 杜诗镜铨 [M]. 上海：上海古籍出版社，2019.

[25] 黄宝华·《江西诗社宗派图》的写定与《江西诗派》总集的刊行 [J]. 文学遗产，1999（6）：69.

[26]（宋）黄士毅编. 朱子语类汇校 [M]. 徐时仪、杨艳，汇校，上海：上海古籍出版社，2014：3152.

[27]（宋）吕本中·东莱诗集（卷十一）[M]. 四部丛刊续编景宋本。

[28]（清）陈立·白虎通疏证 [M]. 吴则虞，点校，北京：中华书局，1994:241.

[29]（明）杨慎·词品 [M]. 岳淑珍，导读，上海：上海古籍出版社，2009:76.

[30] 杨伯峻·孟子译注 [M]. 北京：中华书局，2010:281.

[31]（唐）韩愈·昌黎先生文集（卷十六）[M]. 宋蜀本。

沧波万顷　月流烟渚

——访南宋词人张元幹故里

刘义萍

　　初夏，是唯美的季节，温暖而不炎热，清爽而不寒冷。适才作别了春天，磅礴的夏雨，常伴随着轰隆的惊雷炸响，倾泄而下，令人猝不及防，却在你谔然中戛然而止。

　　"首夏犹清和，芳草亦未歇"。又是一个胜日寻芳的日子，我携妇将雏沿大樟溪南岸西行，两岸连山，略无阙处，青林翠竹，绵延不绝，山川之美，令人心旷神怡。约两小时的行程，便抵达倾慕已久的南宋爱国词人张元幹的故乡——永泰县嵩口镇月洲村。

　　月洲，一个充满诗意的地名。

　　大樟溪的支流——桃花溪，清澈幽静，汩汩地从村东婉约而来，悠悠地穿过村庄，溪水绕村作180度大弯之后，又回到了村东，然后，斗折南流，汇入大樟溪。溪水在此画出了一个大大的"月"字，并在"月"中腹地形成半岛沙洲，村庄因此而得名。

　　假日里的月洲村，车水马龙，游人如织。街道两旁的商贩，热情地叫卖着，整洁而有序，儒雅规范的旅游文字简介，随处可见，足以衬托出，这个历史文化名村的深厚底蕴。

　　穿过溪上廊桥，沿鹅卵石铺就的小道漫步，一阵沁人心脾的花香，扑面而来。

作者简介：刘义萍，高级记者，中国电视艺术家协会会员，福建省作家协会会员，游记散文作家。

溪岸上种满了桃树、李树和柳树，其景象恍若"忽逢桃花林，夹岸数百步，芳草鲜美，落英缤纷"，仿佛误入乌托邦世界。

现在，正是桃花盛开的季节，眼前这一大片怒放的桃花，姹紫嫣红，娇嫩而鲜艳，粉里透红的桃花，一朵挨着一朵，挤满了枝头，一阵微风吹过，桃花像一只只妖娆的蝴蝶，扇动着五彩的翅膀，在风中翩翩起舞。站在树下，轻轻摇晃树枝，许多花瓣纷纷飘落，洒在身上、地上，四处都充满了淡淡的幽香。

穿过桃林，一座具有盛唐遗风的古厝，突兀于眼前，这便是"半月居"了。

张元幹故居，又名"半月居"。它选址建在月洲村的高处，以防洪水，宅邸不大，却是十分别致，庭院为弧形建筑，飞檐翘角，燕尾龙舌脊。故居开门见山，桃花溪从门前流过。不远处，便是寒光阁，水月亭、雪洞等读书处。张元幹在此出生，并度过了童年和少年时代。正门上镶着一副对联："灵椿一枝秀，丹桂五枝芳"，这"一枝秀"和"五枝芳"，分别指的是张肩孟和他的五个儿子，这父子六人，六进士，六同朝，再加上张元幹这一代，祖孙三代有18条官带，这是中国历史上罕见的科举辉煌。

张元幹，字仲宗，号芦川居士，是张肩孟第五子张动的儿子，15岁后，随在河北临漳县为官的父亲共同生活，后任陈留县丞，是南宋主战派李纲的属官。

"要斩楼兰三尺剑，遗恨琵琶旧语"（寄李伯纪丞相）。这首《贺新郎》是写给自己的老领导李纲的。李纲，字伯纪，闽北邵武人，两宋时期著名的主战派，张元幹的一生，与李纲亦师亦友，结下不解之缘。

靖康元年（1126），金兵大举南犯，入侵首都汴京，宋徽宗闻之东逃，传位于钦宗，在此危难时刻，李纲自愿担当守城重任，并被任命为亲征行营使，张元幹在其麾下，任行营属官，参入帅府当幕僚，这一年，36岁的张元幹做了两件事，一是上《却敌书》，主张抗敌御敌；二是亲自参加了东京保卫战。

正月初八夜，金兵强攻汴京西门，数十只火船沿汴河顺流直下，要冲破城门，情势十分危急，张元幹披挂上阵即随李纲登城督战，他们临时招募了两千多人的敢死队，用长钩把火船拖到岸上投石砸碎，并调遣兵力，不断击退敌兵数十次进攻。翌日，金兵又架起云梯攻城，张元幹再随李纲指挥战斗，亲冒刀剑矢雨，自清晨战至天黑，毙敌数千人，终于赢得了东京保卫战的胜利。张元幹在回忆这场战斗时说"云梯攻正急，雨箭勇争先，中夜飞雷炮，平明破火船"，足见当战斗之激烈。

自从一役，张元幹的人生理想，发生重大转变，从过去的"坐看平辈上青云"，转变为爱国抗金，这一崇高理想，成为他后半生矢志不渝的追求。

建炎元年（1127），宋康王赵构即位，是为高宗，建立南宋王朝，重新起用李纲为宰相，张元幹被召回任朝议大夫，协助李纲工作。可惜的是，李纲仅任宰相75天，又被奸臣陷害后罢免。之后，秦桧为参知政事，主战派不断受排挤，许多有识之士，不愿与奸佞同朝，纷纷退隐山林，笑傲江湖。绍兴元年（1131），张元幹以朝奉郎官阶致仕，辞官回闽返乡。

绍兴八年，秦桧、孙近等筹划与金议和，张元幹闻之怒不可遏，作《再次前韵即事》诗，其中"群羊竞语遽如计，欲息兵戈气甚浓"，痛斥秦、孙等卖国权奸为"群羊"，表达自己请缨无路的悲愤。同时，李纲在福州上疏，反对朝廷议和，张元幹得知李纲上书后，遂作《贺新郎》相赠，其中"唤取谪仙平章看，过苕溪尚许垂纶，风浩荡，欲飞举"，希望李纲能东山再起，重披战袍，收复失地，重振朝纲。

第二首《贺新郎》是为好友胡铨送行而写。绍兴九年，枢密院编修官胡铨上《戊午上高宗封事》奏疏，反对宋金议和，并请斩秦桧、孙近、王伦等三人以谢天下，引起朝野震动，胡铨被贬昭州，三年后（1142），秦桧不甘心，又将胡铨削籍除名，送广东新州编管，当时，胡铨在福建福清闻谪命，即由福清出发，途经福州时，亲友避嫌畏祸，皆不敢送，张元幹置迫害于不顾，挺身而出，作《贺新郎》词，为胡铨送行。

这首词从梦魂常绕中原，写到中原沦陷后的荒凉景象，提出了三个责问，把矛头指最高统治者，表露自己悲伤的情感，"目尽青天怀今古，肯儿曹恩怨相尔汝"，他暗示胡铨，不能讲恩怨私情，要放眼古往今来的国家大事，要向先哲一样，以国家兴亡为念，最后，以酒和词为老友送行，并表达深切同情和支持。

此词一出，激怒了秦桧，张元幹被抄家逮捕入狱，削籍除名。出狱后，官籍被取消了，连退休养老费也没有了，成为一个普通百姓，从此，他优游于山水之间，浪迹于江湖之中。

此后，张元幹长居福州近20年，他交往的朋友有李纲、张浚、吕本中等爱国抗战著名人物。他们一起，游览过福州及周边的山水名胜，雪峰寺、涌泉寺、西禅寺、沧浪亭、道山亭等，留下了许多诗词作品，在鼓山喝水岩旁，至今还留有张元幹与友人同游鼓山的摩崖石刻。

张元幹主要著作《芦川归来集》，共十卷，内容十分丰富，洋溢着爱国主义的激情，两首《贺新郎》，被称为压卷之作。《四库全书总目》评价为"其词慷慨悲凉，数百年后，尚想其抑塞磊落之气"。

张元幹最大的贡献在于他继承了苏东坡豪放风格，又经过自己的创作实践的检验，把爱国主义内容融进诗词中，赋予诗词以新的生命，开启了南宋词人的创作风格，对后来辛弃疾、陆游等词创作产生了重要影响。

月洲村自古文风鼎盛，是著名的"学霸村"。自唐末月洲始祖梁国公定居至今，这个不足百户人家的小村落，在宋、明、清三朝，先后涌现出一名状元，一名尚书，50名进士，还诞生了张元幹和道教闾山派大师张圣君两位名闻天下的历史人物。

宁远庄位于月洲村旁的一座小山上，曾是清乾隆皇帝御批建造的"四井拱梁"大寨堡。走进庄寨，厅堂内贴满了从清雍正到咸丰年间，从京城和各地发来的捷报，从这些斑驳的捷报上，可以感受到当时读书科举的辉煌，印证着月洲村这个科举圣地的美名，不愧为八闽文化第一村。

如今，这座曾经透着沧桑，充满颓败的古庄寨，在党的乡村振兴政策的助推下，得到了保护和开发。近年，村里对宁远庄进行招商引资，予以修复，活化利用，并在保持历史原貌的前提下，改造成大中华古兵器博物馆，并于去年国庆节正式开馆，吸引了大批游客前来参观，大大推动了乡村旅游和当地经济发展。

薄暮时分，站在宁远庄前，居高临下，俯看月洲村，美丽村落，尽收眼底。此时，这片形似"月"字的洲渚上，已升起了袅袅炊烟，阵阵泥土的芳香，在清新空气中四处荡漾，阡陌纵横的小道上，铺满了细碎的残阳，这也许是夕阳最美的落脚点。

沧波万顷，月流烟渚。千百年来，月光依然平静地洒在这片洲渚之上，十里桃花溪，紧紧地偎依在她身旁，默默地诉说着古老村庄的非凡与神奇……

历史巨变对文学作品的影响之研究

——以张元幹诗词作品为例

永泰县葛岭中学　黄德舜

摘　要： 张元幹作为南渡词人群体中极少数直接亲身经历了汴京保卫战，并且自身的命运与宋室南渡结合非常紧密的士人，其思想和词风在南渡前后都出现了明显的变化。本文试图从张元幹的经历，追寻其心路历程，以其诗词作品为例，重点探讨南渡这一历史巨变对其人生和创作的文学作品造成的影响，揭示个人命运与时代发展变化的关系。

关键词： 历史巨变；南渡；词风；爱国主义思想；影响

张元幹（1091—1161），字仲宗，号芦川居士，又号真隐山人，晚年自称芦川老隐。芦川永福人（今福建省永泰县嵩口镇月洲村人）。他出身于诗礼之族，官宦之家。祖父、伯父、父亲都是进士。从小受到家庭环境的熏陶，有较好的文学修养。

据《张氏家谱》载：元幹始祖张睦，字仲雍，号宗和，于唐末随闽王王审知入闽。当他进入永福（永泰）嵩口月洲村时，见一条清澈的小溪绕村而过，形成一个半月型的洲渚，村口有笔架山，山川灵秀，景色宜人，便定居下来。元幹始祖张睦为闽开国功臣，被封为太师、梁国公。元幹是张睦第九世孙，因月洲溪畔多芦苇、竹、树，故自号"芦川居士"。元幹祖父张孟肩，为宋皇祐五年进士，官至朝奉郎，歙州通判。孟肩生有五子，相继登进士第，被称为"丹桂五枝芳"，五子都在朝中为官。张元幹父张安道（族谱为几道），进士出身，官至龙图阁直

作者简介： 黄德舜，男，福州市永泰县葛岭中学办公室主任、高级教师，福州市作家协会会员。

学士，曾在邺县为官。

张元幹早年丧母，随父就学，天资聪颖，十岁能跟父亲对诗。十四五岁就能作一手好诗，并随父亲在官府中"与座客赓唱"。政和初，入京都太学，为太学上舍生。二十三岁即释褐入仕，任职于澶渊（今河南濮阳县）。宣和末，元幹为陈留（今河南开封）县丞。宣和年间，元幹曾两次到福州，回到自己老家月洲，沿途广交朋友，结识了陈瓘、杨时等仁人志士，拜访了大政治家李纲。他胸怀壮志，"奉公车治安秘计，乐油幕谈笑从军……整顿乾坤，廓清宇宙……"（《陇头泉》）深得主战派大臣李纲的赏识："听其言，鲠亮而可喜；诵其文，清新而不群。"这些名流不仅带给元幹全新的知识，更让他领悟非同寻常的人生境界。

靖康元年，对我国国土垂涎三尺的金兵直逼汴京（今河南开封），懦弱的钦宗皇帝只想出逃，李纲力主誓死保卫京都，并受命为亲征行营使，张元幹为其属官。他将个人命运与国家的命运紧密相连，他上《却敌书》，辅佐李纲指挥将士日夜与金兵奋战，金兵节节败退，京城解围。张元幹喜赋《丙午春京城解围口号》。

但事态的发展并没有那么简单。当时主战派和议和派的斗争十分激烈而复杂。不久，无能的钦宗听信议和派谗言，采取不抵抗政策，以"纲专主战议，丧师费财"之罪，将李纲罢免官职，元幹也因牵连被贬，后任将作少监。靖康元年（1126）十二月，金兵如狼似虎，再度攻入汴京，掳走了徽宗、钦宗两帝，北宋灭亡。

张元幹目睹宋室半壁河山毁于误国奸臣之手，忠贞义士遭受打击迫害，人民处于水深火热之中，无比悲愤。这一时期，国家危亡，生民涂炭，奸佞当道，张元幹词风为之一变。写了《感事四首》诗，发出一声长啸，"不堪宗社辱，一战靖边尘"。又作《石州慢·乙酉秋吴兴舟中作》词："……心折，长庚光怒，群盗纵横，敌人猖獗。欲挽天河一洗中原膏血。凉宫何处？塞垣只隔长江，唾壶空击、悲歌缺。万里想龙沙，泣孤臣吴越。"面对山河沦陷，生灵涂炭的现实，词人空有满腔热血，却因投降派的阻挠而报国无门，只能空击唾壶。从词的发展史看，张元幹的这些爱国主义词作，无论在内容、题材，还是在意境方面，都是划时代的新开拓。

北宋灭亡后，建炎元年（1127）五月，高宗皇帝赵构即位于南京（今河南商丘）建立南宋。高宗重新起用李纲为丞相，张元幹也被召用任朝奉郎，将作少监。不久，高宗对元幹恩宠有加，授予正义大夫，充抚谕使，御赐金牌"虽无銮驾，如朕亲行"。这时元幹头上的光环，既让人羡慕，又让人嫉妒。

但这种光环哪能让他独占？立即遭到投降派的毁谤，险被罢官。绍兴元年（1131）江南战火虽已暂息，但高宗却听信投降派谗言，执意与金议和以求偏安一隅。力主抗金的张元幹，屡遭打击报复。他遥望故国沉沦，悲歌长啸，抒发抗金豪情与复国壮志，表现出对山河破碎、人民离乱的现实的无比悲愤。"梦中原，挥老泪，遍南州。"萌发了"举手钓鳌客，削迹种瓜侯"的隐退官场念头。41岁，这位血性冲天的汉子与一些有识之士，抛却功名，辞官归里，找到了心灵的慰藉。但他仍把民族安危挂在心上，"小隐故山今去好，中原遗恨几时休"，以诗词发泄胸中抑郁。

绍兴八年（1138），秦桧一伙策划与金议和，皇帝竟然向金称臣纳贡，天下群情激愤。李纲在福州闻知，上疏反对议和。张元幹，这位"要斩楼兰三尺剑"的热血男儿，心系国家民族命运，寓居于福州，更是义愤填膺，对李纲很是敬佩，作《贺新郎·寄李伯纪丞相》一词寄给李纲。词云"曳杖危楼去。斗垂天、沧波万顷，月流烟渚。扫尽浮云风不定，未放扁舟夜渡。宿雁落、寒芦深处。怅望关河空吊影，正人间、鼻息鸣鼍鼓。谁伴我，醉中舞。十年一梦扬州路。倚高寒、愁生故国，气吞骄虏。要斩楼兰三尺剑，遗恨琵琶旧语。谩暗涩铜华尘土。唤取谪仙平章看，过苕溪、尚许垂纶否。风浩荡，欲飞举。"

对一个作家的评价，离不开对其作品的具体分析。张元幹的《贺新郎·寄李伯纪丞相》和《贺新郎·送胡邦衡待制谪新州》两词是《芦川词》的代表作。《贺新郎·寄李伯纪丞相》这首词作于南宋高宗绍兴八年（1138），词的上阕一开始，就展示出词人登楼所见景物，表现出作者面对惨淡山河满怀惆怅，无限感慨的内心世界。"正人间、鼻息鸣鼍鼓"这是一个怎样令人窒息的世界啊！这里倾诉的不是"世人皆醉我独醒"的清高脱俗，而是面对这个"万马齐喑""孤忠只自知"的时代所产生的沉重的孤独和悲哀。由此发出"谁伴我，醉中舞"的叹息，寄慨遥深，令人为之动容。词的下阕回顾了十年前恢复之业如梦而逝的往事，借傅介子斩楼兰王的壮举和昭君出塞和亲的前事，抒发自己"不堪宗社辱，一战靖烟尘"

的壮志。在对国家栋梁被弃之不用表示愤慨的同时，鼓励李纲不必消沉，振作精神以图大业。全词贯注着一股卫国驱敌的豪气，也浸润着对黑暗现实的愤怒和对卖国劣行的痛恨。年过七旬仍有此闻鸡起舞的力作，堪称时代的绝唱。

杜甫《咏怀古迹》诗云："千载琵琶作胡语，分明怨恨曲中论。"作者在此用杜甫诗意，说明在琵琶声中流露出对屈辱求和的无穷遗恨与悲愤，以此暗示南宋与金人议和也将遗恨千古。"谩暗涩"句，这里运用比喻，以宝剑被弃比喻李纲等主战人物的受到朝廷罢斥压制。"唤取"两句，先以"谪仙"李白来比李纲，这是对李纲的推崇。李纲自己也曾在《水调歌头》中说："太白乃吾祖，逸气薄青云。"作者对他评论，即发表意见，面对和议已成定局的形势，爱国之士能否就此隐退苕溪（浙江吴兴一带）垂钓自遣而不问国事。结尾振起，指出要凭浩荡长风，飞上九天，由此表示自己坚决不能消沉下去，而是怀着气冲云霄的壮志雄心，对李纲坚持主战、反对和议的主张表示最大的支持，这也就是写他作此词的旨意。李纲与己志同道合，而天各一方，不能在此月下同舞。同舞当亦包括共商恢复中原之事，至此才转入寄李纲本题。

张元幹《贺新郎·送胡邦衡待制谪新州》词云："梦绕神州路。怅秋风、连营画角，故宫离黍。底事昆仑倾砥柱，九地黄流乱注，聚万落千村狐兔？天意从来高难问，况人情老易悲难诉，更南浦，送君去。凉生岸柳催残暑。耿斜河，疏星淡月，断云微度。万里江山知何处？回首对床夜语。雁不到，书成谁与？目尽青天怀今古，肯儿曹恩怨相尔汝！举大白，听《金缕》。"

这是一首不寻常的送别词，作于宋高宗绍兴十二年（1142）。作者在胡铨遭贬后，不顾个人安危，写这首词为他送行，凝聚了多少痛苦、悲哀、愤懑之情，表达了作者忧国忧民的悲壮情怀以及对胡铨的深挚感情。

此词打破了历来送别词的旧格调，把个人之间的友情放在了民族危亡这样一个大背景中来咏叹，既有深沉的家国之感，又有真切的朋友之情；既有悲伤的遥想，又有昂扬的劝勉。作者以慷慨悲凉的笔调，所抒发的不是缠绵悱恻的离愁别恨，而是忧念国事艰危的愤慨之情。作者连梦中都思念着被金军蹂躏的中原河山，表现了对南宋投降路线的不满与愤恨，特别是词的结尾所表白的与友人共勉的磊落胸襟和远大的抱负，在当时的艰难困境中，是十分可贵的。

　　"梦绕神州路"首先点明此乃词人梦境，与事实存在一定差距，也从侧面反映出了词人对当时朝廷的无奈以及对奸臣的提防，连写诗填词都要避嫌。其次用典故"故宫离黍"既写出了宋朝当局的动荡及凄凉，也体现出了张元幹虽有报国之心，但奸臣当道，报国无门的无奈。接着根据前文的景致描写发出疑问，对山河沦陷设问，对百姓遭遇设问，对战争发展进行发问，从中表达了词人的爱国情怀。下阕描绘的则是另外一番景象，上阕写的是秋天，下阕写的则是夏末。在岸柳生凉，夏季将尽的时节，天空中散布着点点星光，残云慢移，秋季悄然而至，张元幹用点滴笔墨将夏秋交替之时的美景完美地描绘出来，这本该是无限美景供人欣赏的时节，但是遥想当时动荡的社会，战争频发，百姓流离失所，同时又是友人离别的场景，使得词人触景生情，又想到国家局面，不免伤感，最后发出无限感慨。

　　张元幹将他的爱国情怀表现在词的每一句中，完美地展现了他的爱国情怀，对后世爱国诗词的发展产生深远的影响。张元幹通过两种不同的写作手法将爱国情怀及对与友人离别的伤感巧妙地联系在一起。在词的上阕，词人以虚写实，用梦境写实景，描绘出战后山河破碎，百姓的悲惨遭遇，以及朝廷的无所作为，体现了张元幹的爱国情怀，但是从中也可看出张元幹的无奈。到了下阕，又将描写的重点放在友人离别上，但是仍不失对国家时局及百姓遭遇的描写。首先在下阕中所有景象都写出了友人离别的伤感以及对友人遭遇的同情，接着又从友人的遭遇联想到国家遭遇，足可见张元幹的爱国情怀，最后在友人离别与朝廷局势的双重情绪影响下，最终发出"举大白，听《金缕》"的愤恨与无奈。

　　南渡时凡经离乱的词人，必有抒愤感慨之作。如李清照的"物是人非事事休，欲语泪先流"（《武陵春》），陈与义的"二十年来觉一梦，此年虽在堪惊"（《临江仙》），朱敦儒的"万里烟尘，回首中原泪难消"（《采桑子》）等等。这些愁苦、悲哀、感伤之作，反映的不仅仅是个人的感情，而是南渡人民国破家亡、背井离乡的共同感受，有一定的社会意义。别林斯基曾说过"世人不可能因为歌唱个人的情感而使自己伟大，无论是歌唱一人的幸福和痛苦；他必须把幸福和痛苦的根子深深地埋进社会的土壤里去，这样他才能成为社会,时代和人类的喉舌"。张元幹正是上面所说的"社会，时代和人类的喉舌"。在辛弃疾以前的词人中，只有比他晚了几十年的另一爱国词人张孝祥才继承了他的词风，力作迭出，堪与他合称"双璧"，并肩词坛。而同代词人，竟无一足以抗衡——他是词史上第一个以国家民族为支点，积极主动地以词反映当时社会民族矛盾的杰出词人。

张元幹为胡铨作词送行一事激怒了秦桧，张元幹被抄家、逮捕入狱，削除名籍。绍兴二十五年 (1155)，秦桧死。元幹才得已出狱。出狱后，张元幹又来到苏州，然而他归期难定，依旧浪迹江湖之上，在绍兴二十六年左右，白发苍颜的张元幹又重来临安。张元幹滞留临安，羁寓西湖之上，不仅与幸存的旧友刘质夫相遇，而且结识了年轻的周德友、张孝祥等人，并为周德友所藏苏养直诗帖题《跋尾六篇》。此后数年，他又在吴越一带漫游。绍兴二十七年 (1157)，举杖登上垂虹桥，依栏远眺，感慨万千。这年夏天，他又漫游浙江嘉兴。两年后的中秋，他再到吴江，旧地重游，那已是将近七十岁的老人了。所以他在《上乎江陈侍郎十绝》的小序中深情地说："辛亥休官，忽忽二十九载，行年七十矣。"绍兴三十一年 (1161) 张元幹含恨去世，生命年轮定格在 70 圈。据其孙钦臣记述"芦川收葬于闽之螺山"，即葬在福州。元幹生有靖、𫖮、竦三个儿子，均致仕。

张元幹是北宋末年和南宋初年的一位承前启后的重要词人，他尤长于词，其作品中的二首《贺新郎》最为著名，被称为压卷之作，其著作有《芦川归来集》10 卷、《芦川词》2 卷，计 180 余首。

《宋史翼》有传曰："张元幹，字仲宗，在政和、宣和间，已有能乐府声。今传于世，名《芦川集》，凡百六十篇，而以《贺新郎》二篇为首。"《四库全书总目》说"其词慷慨悲凉，数百年后，尚想其抑塞磊落之气"。他的词风随着时代的变化而改变，早年词作，风格清新、婉丽；南渡以后豪放、悲壮，风节凛然。

靖康之难宋室南渡这一历史巨变，金兵的马蹄不仅践踏了人民，而且大大损害了上层社会的利益。张元幹正是从北宋婉约的词坛，走向南宋豪放阵营的第一个词人，是毅然走向社会，把国家、民族大业纳入词中而加以表现的第一个词人。纵观张元幹的一生，不论"居庙堂之高"，还是"处江湖之远"始终关注着深厚的爱国主义激情。他的词继承了苏轼清雄豪迈和辛弃疾的悲壮沉郁的风格，充满着炽热的爱国忧民情感，既具有历史价值又有审美价值，在中国文学史上占有重要的地位。1933 年周恩来总理在建宁召开的福建省委干部会议上说："张元幹是福建人民的骄傲。我们要学习他锄奸靖国，抵抗侵略者的精神。"

【参考文献】

[1] 云亮：《论张元幹爱国词在文学史上的地位》。

[2] 习国学网：《张元幹诗词》。

[3]《宋史翼》卷七《张元幹传》。

[4] 大闽网：《张元幹纪念馆——文化景区》。

[5]《永泰张氏宗谱》：《宋人佚文佚诗——兼说张元幹籍贯及佚文价值》。

[6] 房日晰：《张元幹生平及其思想渊源考辨》。

[7]《张元幹、张孝祥词之比较》《CNKI》。

[8] 张仲英、郭艳华：《浅论张元幹爱国主义诗词的艺术审美特质》。

论陈瓘对张元幹的影响

中南民族大学　高武斌

摘　要：陈瓘是影响张元幹人生的关键人物。陈瓘影响了张元幹人格的形成。陈瓘对张元幹影响最深的是他直言敢谏的精神与甘于清贫的操守；陈瓘是助张元幹拓展人际关系的关键人物，他重塑了张元幹的交游圈；陈瓘还影响了张元幹词风的转变，在陈瓘的中介与影响下，张元幹不仅延续了苏轼的新词风，而且将讽谏功能融入词中，为词的发展开创了新道路。

关键词：张元幹；陈瓘；影响

宣和二年（1120），三十岁的张元幹专程"拜忠肃公于庐山之南，陪侍杖履，幽寻云烟水石间者累月，与闻前言往行，商榷古今治乱成败，夜分乃就寐"。[1] 这是史料所载张元幹与陈瓘生平惟一一次接触，虽然只有短短几个月，但张元幹的余生却深深地烙刻上了陈瓘的印记。张元幹终身敬佩陈瓘，在六十九岁高龄的时候，因为熟识陈瓘的旧人已所存无几，他便担负起校雠《了堂文集》的重任。七十岁时，也就是他生平的最后一年，他仍恭谦地以"了翁门人"自称[2]。陈瓘对张元幹的影响毕其终身。下面从三个方面探讨陈瓘对张元幹的影响：

一、陈瓘影响了张元幹的人格形成

陈瓘，字莹中，号了翁，以敢于指陈时弊而知名。元符三年（1100），徽宗

作者简介：高武斌，中南民族大学文学与新闻传播学院。

登基之初，陈瓘被擢升为左正言，后迁左司谏。在陈瓘的带领下，徽宗初期的台谏基本控制在以陈瓘为首的元祐党人手中，之后陈瓘等人对新党人士展开大范围弹击。陈瓘是名副其实的旧党旗手。

徽宗时期陈瓘在朝野上下享有很高的政治威望，是能够影响朝局的重要政治人物。陈瓘在徽宗登基之始就广泛联络同道，力促旧党回朝，全力排击以二蔡为首的新党，在士人中建立了声望。

崇宁元年（1102），徽宗倒向新党，陈瓘被贬谪出朝。在首次刻石颁布的"元祐党籍碑"中，陈瓘便名列其中。在被贬之后，陈瓘声望不降反升，《宋元学案》全祖望案语称"了翁弟子遍东南，其后多归龟山之门"[3]，可见陈瓘在徽宗时期的人脉之广，影响之大。张元幹在《跋了堂文集》中说："愚于先生平日立朝行己，信无疑矣。百世之下，凛凛英气，义形于色，如砥柱之屹颓波，如泰、华之插穷昊，如万折必东之水，如百炼不变之金，舍吾先生其谁哉？"[4]就是对陈瓘在徽宗朝地位的形象定位。

张元幹拜见陈瓘有个人的政治目的。宣和二年（1120）六月，长期执掌权柄的蔡京致仕。王黼继任宰相后，"阳顺人心""悉反其（蔡京）所为"，很多人被其迷惑以致"四方翕然称贤相"[5]。张元幹就是在这之前，政局似乎有转向可能的微妙时刻求访陈瓘的。更为重要的是，由于蔡京和徽宗过于贪奢淫逸，北宋社会已摇摇欲坠。张元幹"心知天下将乱"，便着手"阴访命世之贤"[6]，以图安邦定国，重整社会。张元幹认为能在混淆不清的朝局中为其指明前行方向的惟有与蔡京集团艰苦对峙的元老重臣陈瓘。由此可见，在未结识陈瓘之前，陈瓘在张元幹心目中已经有着崇高的地位。

张元幹见陈瓘之前做了精心的准备。拜见陈瓘之前，张元幹在《豫章观音观书》中曾特地写到郑侠。《豫章观音观书》所叙事情本为宣和元年（1119）回乡祭祖的经过，但张元幹在叙述家族之事时却意外地插入了一段"外人"的介绍：

有乡先生郑侠介夫者，年垂八十，及与先祖游，元幹儿时所愿见，赍书及门，适已抱病，延入卧内，欢若平生。而遗言余旨，预闻一二，后数日遂哭之，若有待然。[7]

张元幹将郑侠记入文中显得相当突兀，当是有意为之。他为什么要这么做？

我们首先需要简单了解一下郑侠其人。

郑侠是神宗时期代表旧党反对新法，排击新党的标杆性人物。熙宁七年（1074），时在监安上门任的郑侠，借神宗下诏求言之机，采取非常手段，呈进了一张反映变法之弊的《流民图》，结果引发了一场政治地震，新法首脑王安石被迫罢相，新法遭受重击。"安石去，惠卿执政，侠又上疏论之。仍取唐魏征、姚崇、宋璟、李林甫、卢杞传为两轴，题曰《正直君子邪曲小人事业图迹》。在位之臣暗合林甫辈而反于崇、璟者，各以其类，复为书献之。"[8]王安石罢相后，郑侠仍对吕惠卿等人又持续弹劾。郑侠后来虽被贬窜英州，孤独终老，但在旧党及其同情者眼中，他以铮铮铁骨的谏臣形象而广受尊敬。

郑侠与陈瓘处于同一政治阵营，并且个性、气质都极为相似。张元幹曾称陈瓘"立朝行己，三十年间，坚忍对峙，略不退转，直与古人争衡"[9]，这"古人"当也包括郑侠。张元幹特意提及郑侠，并通过请陈瓘题跋向其展示，当是借此表明其政治立场与情感倾向，以取得陈瓘的认可。此过此事，可以看出张元幹对陈瓘的重视。

与陈瓘相识后，张元幹更是对其终身敬佩，并以其为榜样。即使在七十岁的高龄，张元幹依然称："前贤一节皆名世，此道终身公独行。每见遗编须掩泣，晚生期不负先生。"又说："英灵精爽平生话，尚记先生苜蓿盘。仙去星辰终不灭，至今梦想骨毛寒。"[10]这里的"此道"是指陈瓘不计个人利益，对朝中以蔡京集团全力排击的谏诤精神。"苜蓿盘"用的是唐薛令之的典故，指贫士所过的清苦生活。[11]陈瓘不仅和薛令之一样因为讽谏皇帝而被迫归隐，甘于肖贫，而且与薛令之同为福建人。以此一例，还可看出张元幹用典的精切。

对陈瓘的直言敢谏与甘于清贫，张元幹生平中反复提及。在《贺陈都丞除刑部侍郎启》中他也说：

> 粤若了堂，真儒长雄，谏垣耆旧。平生刚烈，论奸邪于交结之初；先见著明，力排击于变更之际。去国而分甘百谪，笃信奚疑；尊君而独奋孤忠，始终尽瘁。躬履践不欺暗室，视富贵如彼浮云。[12]

张元幹没有辜负陈瓘对他的赏识。他四十一岁时便因不愿与权奸同朝而挂冠归隐。之后，在秦桧专政时，他又无视个人安危，全力支持抗战派，反对庸懦短视的求和政策，虽获罪而终生无悔。张元幹以实际行动践行了陈瓘对他的教诲。

据张元幹早期词《柳梢青》中云："少年百万呼卢，拥越女吴姬共掷。"[13]则他少年时期曾有过一段颇为放荡的生活。自宣和年间开始，张元幹开始砥砺名节，以道自任。不得不说，在张元幹人格的转变过程中，陈瓘的示范与教诲作用不可低估。

二、陈瓘是帮助张元幹拓展人际关系的关键人物

张元幹一生虽职位不显，但所交游者多为名公巨卿。朱熹父亲朱松在为张元幹《幽岩尊祖录》题跋中称"亦足以见仲宗所与游，多天下长者也"[14]。叶梦得在题跋中也说"所推许者皆一时名人"[15]。张元幹能广泛与朝廷重臣大儒建立联系，拓展人脉，得力于陈瓘的鼎力支持。

宣和元年，张元幹回乡祭祖时，偶得祖父张肩孟的一份手写的购田字据，内容是将每年所购田地收益舍入幽岩寺，遥托张九娘代为祭奠祖父业已亡故的岳父岳母及夫人刘氏。之后，在祭拜刘夫人时，他撰写了一篇《祭祖母彭城郡夫人刘氏墓文》。宣和二年，北归途中停留豫章的张元幹又将回乡祭祖的经过写成《豫章观音观书》。对这次祭祖，张元幹十分重视，他要将孝行作为家族的传统延续下去，为了增强此次祭祖活动的严肃性与厚重感，以利于传诸子孙，他广泛邀请名贤为他这三份文书题跋。

自宣和二年至张元幹晚年，他总共获得了三十位在当时有声望、有影响力的名公巨卿的题跋。应该说，这三十人基本代表了张元幹朋友圈所达到的高度与边界。而这三十人，尤其是南渡之前的二十人中，陈瓘是最核心与关键的人物。翁挺、辛炳、邓肃在跋文中都特别提及陈瓘，表示尊重，其中邓肃推崇道："了翁之言，可谓句中具眼。夫了翁，百世师也。下视时辈，如黄茅白苇耳！干蛊之语，岂轻以予人？"[16]足见陈瓘在时人心目中的地位。陈瓘在联接张元幹与其他友人的交往中起着纽带作用。

据《幽岩尊祖录》的题跋日期，张元幹在庐山拜见陈瓘之后，紧接着访问了道学家游酢。据《宋元学案》，陈瓘与游酢互为道学讲友。[17]又，徽宗即位后，游酢被召为监察御史，与陈瓘同为谏官。张元幹结识游酢当是出于陈瓘的推荐。

《幽岩尊祖录》中又有道学家杨时的题跋。陈瓘与杨时关系非同一般。陈瓘之侄陈渊是杨时的女婿。陈瓘去世后，杨时又为陈瓘撰写《沙县陈谏议祠堂记》以垂示后人。《宋元学案》称"了翁子弟遍东南，其后多归龟山之门"[18]，"龟山"即杨时，张元幹以"了翁门人"自谓，陈瓘去世后，他便受教于杨时。张元幹结识杨时，当也是籍由陈瓘这层关系。

在张元幹的交往圈中可明确知道属陈瓘推荐的有两人：一是李纲，一是刘安世。

张元幹在《祭少师相国李公文》中回忆了陈瓘向他推介李纲的细节：

往在宣和庚子，拜了堂先生庐山之南，心知天下将乱，阴访命世之贤。先生指公曰："讳言久矣，乃者巨浸暴溢，都邑震惊。阴盛，兵象也。贵臣亦负薪临河，有柱下史（李纲）叩头陛下，愿陈灾异大略，胸中之奇曾未一吐，已触鳞远窜矣，异时真宰相也！吾老不及见矣，子盍从之游。"后数年，始克见公梁溪之滨，历论古今成败，数至夜分，语稍洽，爰定交焉。[19]

陈瓘看重李纲，是因为他曾经借京都发大水，向皇帝谏言，并因此被贬谪远窜，他在李纲身上看到了自己的身影，认为李纲是同气相求的后辈。陈瓘去世后，李纲成了对张元幹影响最大的人物。

在陈瓘的介绍下，张元幹还认识了长一辈的元祐大臣刘安世。[20] 刘安世是新旧党争时知名的谏臣，在当时享有盛誉。[21] 他师事司马光，后在吕公著推荐下升任右正言，历任左司谏兼权给事中、左谏议大夫、中书舍人等言官之职，最后因持续弹劾以章惇、蔡卞为首的新党人士被长期流放。《建炎以来朝野杂记·乙集》卷十二"刘李二忠定得谥本末"条载：

淳熙庚子，刘元城家请谥，上谓大臣曰："元祐党籍中，朕几不记此人。"赵温叔曰："党籍从官以苏轼为首，安世乃第二人也，今其语录尚传于世。"乃谥忠定。[22]

《闽中理学渊源考》载：

紫阳先生每以公（陈瓘）与元城忠定刘公并论，大抵其志气相同，其才略亦同也。[23]

据此可知，刘安世是旧党的中坚力量，与陈瓘一样在士人中有着强大的号召力。

事实上，在为张元幹《幽岩尊祖录》题跋的朋友圈中，大部分名贤都或多或少与陈瓘有关联。陈瓘是旧党旗手，台谏名臣，因为他的原因，张元幹的朋友圈呈现出两大明显特征：一是多为元祐旧党及其子弟。其中，洪刍、徐俯俱为黄庭坚外甥；刘路为刘挚之子；欧阳懋为欧阳修之孙，欧阳棐之子；吕本中为吕公著曾孙；刘安世为元祐大臣；苏迨为苏轼之子；张械为张耒之子；李光为刘安世门人，这些人或是被蔡京打入党籍的元祐旧党，或是旧党子弟；一是多为台谏官员。其中洪刍、游酢、李纲、刘安世、邓肃、辛炳都曾任台谏官，而刘路、任申先，分别是台谏官的刘挚、任申先的儿子。这种以元祐旧党及台谏为主要特征的朋友圈，对张元幹的行为处世产生了潜移默化的作用。

在陈瓘的助推下，张元幹得以与当时一流的学者与政治家结交往来。这些名儒重臣对张元幹学问的增长、眼界的拓展、思想境界的提高，都起到了重要的促进作用。在一定意义上，陈瓘重塑了张元幹的交游圈，并由此重塑了他的人格，提升了他的人生境界。

三、陈瓘对张元幹词的影响

陈瓘是谏臣，是道学家，还是一位被忽略的词人。陈瓘词散佚较多，《全宋词》仅录其词二十二首。陈瓘词虽然不多，但内容比较丰富，有题赠词，有与朋友之间的戏谑词，甚至还有别具一格的药名体词，但数量最多的还是抒发思乡归隐之情的作品。不管内容如何，陈瓘的词总体上风格清旷疏朗，呈现的是东坡所开创的新词风。以《醉蓬莱》为例：

问东州何处，境胜人幽，两俱难得。狼山相望，有高堂千尺。妙曲轰空，彩云翻袖，乐奏壶天长日。笑我飘然，蓬窗竹户，只延山色。

拟棹舣船，径冲花浪，直造雕筵，共釂仙液。仍乞蟠桃，向庐山亲植。未举江帆，早逢淮雁，问故人踪迹。远老池边，陶翁琴里，此情何极。[24]

从"庐山""远老""陶翁"等字眼来看，这首词是陈瓘在庐山所作。陈瓘于宣和二年十二月，转往楚州，因此，这首词所作时间应在张元幹到庐山之前，或者就作于他在庐山之时。陈瓘的词皆儿女情少，文士气多，这首词就是典型。

这是一首抒发他贬谪南康期间孤独苦闷的抒情之作。开篇以设问的方式，表达对蓬莱仙境的向往。在文学传统中，对仙界的向往，即暗含着对现实的不满。仙界是如此的美好，回过头来再看自身，却只能与竹屋、破窗、青山为伴。陈瓘在词中用了一个"笑"字，这笑，即是嘲笑，也是苦笑，更是无奈的笑。下片词人欲乘船前往蓬莱仙界，他甚至想向王母求得蟠桃，在庐山种下，以求得不老。就在将要出发之际，天上飞来一群大雁。于是他又想象，这群大雁应该就是仙界派来打探他是否已经出发的信使。词人的想象就此戛然而止。在词的末尾，与之前的美好形成强烈反差的是现实中词人孤苦无依的愁苦身影。

如此，陈瓘将一首苦闷忧愁之作写得想象丰富而又略带情趣。看来，陈瓘虽在朝中能言敢谏，又是一位理学家，但在词中却一点也不刻板。总体上，这首词空灵蕴藉，意境高妙，虽有学苏的痕迹，但艺术水准并不亚于苏轼。

在庐山之前，张元幹与陈瓘的词风并不相同。《满江红·自豫章阻风吴城山作》是张元幹前往庐山途中所写的一首词[25]，创作时间与《醉蓬莱》接近，但风格差异却十分明显，词曰：

> 春水迷天，桃花浪，几番风恶。云乍起，远山遮尽，晚风还作。绿卷芳洲生杜若，数帆带雨烟中落。傍向来沙嘴共停桡，伤飘泊。
>
> 寒犹在，衾偏薄。肠欲断，愁难著。倚蓬窗无寐，引杯孤酌。寒食清时都过却，最怜轻负年时约。想小楼终日望归舟，人如削。[26]

这是一首旅途思归之作。虽然其间夹杂了部分文人气息，但总体仍恪守婉约传统，风格柔美清丽，酷似欧阳修、秦观。明代杨慎非常欣赏这首词，称"其词最工。《草堂诗余》选其"春水迷天"及"卷竹箔"两首，脍炙人口，"春水迷天"即指这首词。而对张元幹的名作《贺新郎·送胡邦衡待制谪新州》，他却认为："此词虽不工，亦当传，况工致悲愤如此，宜表出之。"[27]杨慎的评价实际上是对张元幹南渡前后两种词风的评价。但今天来看，南渡之前张元幹的词，虽圆融工巧，但多承袭花间词风，创新不足，算不得其词的上乘之作。张元幹与陈瓘是在花间范式与东坡范式两条不同轨道上创作的词人。

张元幹早有词名，周必大曾说："长乐张元幹，字仲宗，在政和、宣和间，已有能乐府声。今传于世，号《芦川集》。"[28]现存张元幹的词作中，可以确定编年的最早词是他二十二岁时所作的《菩萨蛮·政和壬辰东都作》：

黄莺啼破纱窗晓，兰釭一点窥人小。春浅锦屏寒，麝煤金博山。梦回无处觅，细雨梨花湿。正是踏青时，眼前偏少伊。[29]

这首词秾艳绮媚，直逼花间词作。与《满江红·自豫章阻风吴城山作》相较，可以看出，随着年龄的增长，创作量的增多，善于学习的张元幹，其词有渐次摆脱脂粉味的趋势。

张元幹在庐山与陈瓘盘桓，据张元幹所说主要是与其讨论天下大事。但两人毕竟在一起有几个月的时间，在此期间谈诗说词应非无端猜想。以张元幹对词的偏爱及对陈瓘的敬仰，不难推测，他必定会取陈瓘词中的新鲜成份，或者向陈瓘请教作词之法。

庐山之后，张元幹的词风是否受陈瓘的影响马上发生转变，就目前所存作品来看，很难确定。在他可确定编年的词作中，距庐山时期最接近的一首词是《望海潮·癸卯冬为建守赵季西赋碧云楼》。这首词写于宣和六年（1124），距张元幹拜见陈瓘已有四年。在这首词中很难找出受陈瓘词影响的元素，这或许是因为它仅是一首应景之词。再之后，就是作于建炎三年的《石州慢·己酉秋吴兴舟中作》：

雨急云飞，惊散暮鸦，微弄凉月。谁家疏柳低迷，几点流萤明灭。夜帆风驶，满湖烟水苍茫，菰蒲零乱秋声咽。梦断酒醒时，倚危樯清绝。

心折，长庚光怒，群盗纵横，逆胡猖獗。欲挽天河，一洗中原膏血。两宫何处？塞垣只隔长江，唾壶空击悲歌缺。万里想龙沙，泣孤臣吴越。[30]

这首词情感激越，一洗张元幹以往词中的胭脂水粉气息，风格疏朗，标志着他的词由花间传统向苏轼所开创的豪放新风的正式转向。在这种转变过程中，陈瓘词居中起到了重要的过渡与借鉴作用。

除了风格，陈瓘对张元幹词更为根本的影响在于张元幹词的精神底蕴，其中最重要的就是无所畏惧的谏诤精神。这在张元幹的压卷之作《贺新郎·送胡邦衡待制谪新州》有集中体现。张元幹乡人蔡戡在其所编《芦川词》序中说："绍兴议和，今端明胡公铨上书，请剑欲斩议者，得罪权臣，窜谪岭南。平生亲党避嫌畏祸，唯恐去之不速，公作长短句送之，微而显，哀而不伤，深得三百篇讽刺之意。非若后世靡丽之词，狎邪之语。"[31] 胡铨乞斩秦桧，触怒秦桧，秦桧当时在朝中气焰熏天，张元幹却顶风而行，作词支持胡铨而讽刺秦桧，这正是陈瓘为张元幹所灌注的以道自任的谏臣精神在词中的亮丽闪现。

张元幹的《贺新郎·寄李伯纪丞相》也是一篇讽谏之作。绍兴八年，秦桧向金屈辱求和，向来主张对金强硬的李纲上疏反对，张元幹在靖康元年曾于李纲并肩组织东京保卫战，因此他作词表达对李纲的支持与对朝廷对金求和的义愤。另外，如《水调歌头·同徐师川泛太湖舟中作》《水调歌头·和芗林居士中秋》《水调歌头·追和》都是"深得三百篇讽刺之意"的具有开创性新型词作。

张元幹的讽谏之作并非仅此数篇。张元幹侄孙张广在《芦川归来集序》中称他的作品："逮绍兴末，忤时相意，语及讥刺者，悉搜去。"[32] 据此，张元幹的讽谏之作当为数不少。只是因为得罪秦桧，几被搜检殆尽。

除讽谏词外，张元幹还有部分写隐逸情调的词，如《渔家傲·题玄真子图》：

钓笠披云青嶂绕，橛头雨细春江渺，白鸟飞来风满棹。收纶了，渔童拍手樵青笑。明月太虚同一照，浮家泛宅忘昏晓。醉眼冷看城市闹，烟波老，谁能惹得闲烦恼。[33]

张元幹四十一岁即因不愿与权奸同朝，辞官归隐。胡仔曾说："张仲宗有《渔家傲》词，余往岁在钱塘，与仲宗从游其甚久，仲宗手写此词相示，云旧所作也。"[34] 这首词可能作于辞官之后不久。张元幹淡泊名利，安贫乐道的品格应当也部分受到陈瓘的影响。

张元幹的词在南渡前后在内容与风格方面有明显变化，而一般都将变化的原因归结为国家的惨变，认为是时代风气使然。但是，外因要通过内因才能发挥作用，个体因素在词风变化中的作用绝不可忽视。

讽谏本是自《诗经》以来我国诗文所固有的传统，但自北宋新旧党争以来，由于愈来愈强化的言论管控，诗歌中的讽谏声间越来越弱小，苏轼、黄庭坚等文坛巨匠都曾告诫后辈作诗需要谨慎。到徽宗时期，讽谏性的诗歌几乎泯灭。但这并不意味着讽谏精神在士大夫中的绝迹，以陈瓘为首的诤臣群体仍在利用各种机会与蔡京等执政集团与朝廷中不合理的举措进行着不屈不挠的斗争，他们的铮铮铁骨，感染影响了众多的后辈士人，张元幹就是其中之一。在国家无道之际，张元幹以歌词为武器，对其进行批判，就是谏臣意识作用下的创作行为。

在陈瓘的中介与影响下，张元幹不仅延续了苏轼的新词风，而且将讽谏功能融入词中，使词与诗一样，成为经世致用、干预社会的一种武器，提高了词的功能与境界，为词的发展开创了全新的道路。也正因此，张元幹成为联结苏辛的关键词人。

综上所述，陈瓘是影响张元幹人生的关键人物。陈瓘影响了张元幹人格的形成。张元幹自称"了翁门人"，终身敬佩他的高洁品格，尤其是他直言敢谏诤的精神与甘于清贫的操守；陈瓘是助推张元幹拓展人际关系的关键人物，他重塑了张元幹的交游圈；陈瓘还影响了张元幹词风的转变，在陈瓘的中介与影响下，张元幹不仅延续了苏轼的新词风，而且将讽谏功能融入词中，为词的发展开创了新道路。

【参考文献】

[1] 张元幹：《芦川归来集》，上海古籍出版社 1978 年版，第 160 页。

[2]《上平江陈侍郎十绝》，张元幹《芦川归来集》，上海古籍出版社 1978 年版，第 63 页。

[3] 黄宗羲原著，全祖望补修：《宋元学案》卷三五，中华书局 1986 年版，第 2 册，1208 页。

[4] 张元幹：《芦川归来集》，上海古籍出版社 1978 年版，第 161 页。

[5] 脱脱等：《宋史》卷四百七十，中华书局 1977 年版，第 13682 页。

[6] 李纲：《梁溪先生文集》，凤凰出版社 2011 年版，第 534 页。

[7] 张元幹：《芦川归来集》，上海古籍出版社 1978 年版，第 202 页。

[8] 脱脱等：《宋史》卷三百二十一《郑侠传》，中华书局 1977 年版，第 10436—10437 页。

[9] 张元幹：《芦川归来集》，上海古籍出版社 1978 年版，第 62 页。

[10] 张元幹：《芦川归来集》，上海古籍出版社 1978 年版，第 63 页。

[11]《唐摭言·闽中进士》："时开元东宫官僚清贫淡，令之以诗自悼，复纪于公署曰'朝旭上团团，照见先生盘。盘中何所有？苜蓿长阑干。'"见王定保《唐摭言》阳羡生校点，上海古籍出版社 2012 年版，第 109 页。

[12] 张元幹：《芦川归来集》，上海古籍出版社 1978 年版，第 144 页。

[13] 张元幹：《芦川归来集》，上海古籍出版社 1978 年版，第 100 页。

[14] 张元幹：《芦川归来集》，上海古籍出版社 1978 年版，第 211 页。

[15] 张元幹：《芦川归来集》，上海古籍出版社 1978 年版，第 212 页。

[16] 张元幹：《芦川归来集》，上海古籍出版社 1978 年版，第 210 页。

[17] 黄宗羲原著，全祖望补修：《宋元学案》卷三五，中华书局 1986 年版，第 2 册，997 页。

[18] 黄宗羲原著，全祖望补修：《宋元学案》卷三五，中华书局 1986 年版，第 2 册，1208 页。

[19] 李纲：《梁溪先生文集》，凤凰出版社 2011 年版，第 533—534 页。

[20]《上平江陈侍郎十绝》：常佩了堂一则语，睢阳举似刘潞州。大期不复见丙午，二老信然成古丘。附注：先生尝委达意于器之待制刘公云。刘安世，字器之。见张元幹《芦川归来集》，上海古籍出版社 1978 年版，第 63 页。

[21]《宋史·刘安世传》云"年既老，群贤凋丧略尽，（刘安世）岿然独存，而名望益重"，见脱脱等《宋史》卷三百四十五，中华书局 1977 年版，第 10955 页。

[22] 李心传：《建炎以来朝野杂记》，徐规点校，中华书局 2000 年版，第 689 页。

[23] 李清馥：《闽中理学渊源考》，徐公喜等点校，凤凰出版社 2011 年版，第 110 页

[24] 唐圭璋：《全宋词》，第 2 册，中华书局 1999 年版，第 634 页。

[25] 吴城山在洪州与南康之间。据王兆鹏师考订，这是张元幹自洪州往庐山拜访途中所写的一首词，见王兆鹏师《张元幹年谱》，南京出版社 1989 年版，第 36 页。

[26] 张元幹：《芦川归来集》，上海古籍出版社 1978 年版，第 72 页。

[27] 杨慎：《词品》卷三，《词话丛编》第一册，中华书局 2005 年版，第 481 页。

[28] 周必大：《跋张仲宗送胡邦衡词》，见曾枣庄、刘琳主编《全宋文》第 230 册，上海辞书出版社 2006 年版，第 399 页。

[29] 张元幹：《芦川归来集》，上海古籍出版社 1978 年版，第 118 页。

[30] 张元幹：《芦川归来集》，上海古籍出版社 1978 年版，第 77 页。

[31] 张元幹：《芦川归来集》，上海古籍出版社 1978 年版，第 320 页。

[32] 曹济平：《芦川词笺注》，上海古籍出版社 2010 年版，第 240 页

[33] 张元幹：《芦川归来集》，上海古籍出版社 1978 年版，第 109 页。

[34] 张元幹：《芦川归来集》，上海古籍出版社 1978 年版，第 109 页。

论芦川词中的家乡书写与故园情结

福建工程学院　　鹿苗苗　　刘彦妤

摘　要： 张元幹作为南渡文人的典型代表，故乡福建永福（今福建永泰）的浸润对其成长与发展具有重要的意义，通过分析芦川词中故园书写的具体呈现，探寻其家乡书写的创作动因，并剖析其家乡书写所流露出的审美意蕴，以此追寻张元幹词体创作的内蕴，丰富张元幹的个案研究成果。

关键词： 张元幹；词；家乡书写；故园情怀

张元幹（1091—1161），字仲宗，号芦川居士、真隐山人，福建永福（今福建永泰县）人。张元幹所生活的时代，是两宋之交社会发生重大变局的时期，奸佞当道，外族入侵，靖康之耻，家国蒙难，在这内忧外患之时，催生了一批优秀的爱国之士，而张元幹即是其中颇为典型的一员。他的词，收录在《文渊阁四库全书》中的有 186 首，收录在《全宋词》中有 185 首，[1] 在这些词作中，有不少词具有时代的气息，呈现出豪放的风格，在后人的评价中也多以"慷慨激昂"作为芦川词的注脚，如明杨慎道元幹书写的是"胸中有万卷"的气概，[2] 清叶申芗评价芦川词能体现出元幹的"刚风劲节"，[3] 四库馆臣更是直言其词"慷慨悲凉，数百年后，尚想其抑塞磊落之气"，[4] 等等，可见后人重点论及的还是元幹词中所表现出来的爱国情怀和慷慨悲凉的风格特色。但是芦川词其他题材和风格的词也需要关注，本文就芦川词中涉及家乡的作品进行论述，窥探张元幹内心深处的故园情结。

作者简介： 鹿苗苗，女，文学博士，福建工程学院人文学院副教授，福建省社会科学研究基地·地方文献整理研究中心副主任。研究方向：古代诗文与诗文批评、词学研究、文献整理与研究；刘彦妤，女，福建工程学院人文学院 2021 届学生。

一、芦川词家乡书写的具体呈现

张元幹是土生土长的福建人，但是不管是作为学术研究者，还是普通的读者，都不约而同地将关注点放在他总是眺望的被金人侵占掠夺的北方地区，"中原鞠茂草，万里尽豺虎"（《和韵奉酬王原父集福山之什》），"眼看杀人等蝼蚁，剑血洗尽湘川流"（《赠庆绍上人》），"莫思淮海上，黑帜杂黄巾"（次韵奉和平叔亭林至日之什），"洛师闻已破，陵邑得无惊"，"始望全三镇，谁谋弃两河"（《感事四首丙午冬淮上作》），"天心厌中原，国势苦自削"（《过白彪访沈次律有感十六韵》）等等，这些仅仅是元幹作品中对中原朝廷、人民关心和挂念的冰山一角，足见文学史对其爱国文人定位的准确性。但是，他眺望中原的同时，无时无刻不在挂念着自己的家乡。

（一）离家难即的故园之思

元幹还未及冠，便离开家乡跟随父亲在外地宦游，直到绍兴元年（1131）辞官才回到家乡。这期间二十多年的时间里，他经历国破家亡、仕宦沉浮的苦难，离家而不得归的感受陡然剧增。远离家乡，抒发自己思归却未能实现，对家乡及其亲人强烈思念的感情，充斥在他很多的作品中。在《建炎感事》中说："何处置我家，患在建午月。故山盍早归，岂忧践霜雪？""他时期卜邻，此日尤惜别"，可见他对当时自己归家而仍未归的叹息之感。他在《送江子我归严陵》道："久客惊秋晚，怀归更送君。"送别好友归家，然而自己仍在客居，凄凉之感油然而生。故乡不仅仅在他现实中的思想中时时体现，也时常出现在他的梦中，"故山常入梦，何日到吾庐"，（《冬夜有怀柯田山人》）故乡已被元幹拟人化，常常主动来到他的梦中，还会责怪他为何还未回家，何时方能归家。可见，离家却难归，深扎在元幹的内心深处，无处释放。

他常常在词中也表达这样的情绪，如《菩萨蛮》一阕：

微云红衬馀霞绮，明星碧浸银河水。欹枕画檐风，愁生草际蛩。

雁行离塞晚，不道衡阳远。归恨隔重山，楼高莫凭栏。

明星摇曳的深夜，元幹无法欹枕入眠，听着窗外的蛩鸣阵阵，就像是萦绕在他心头的悲哀惆怅，难以挥之即去。大雁飞行至衡阳而返，却无法飞到他的家乡，即使楼台再高，烟雾迷绕，重山叠嶂，也无法望见故园山水。就像李煜在《浪淘沙令》中所说的那般："独自莫凭栏，无限江山，别时容易见时难。"还如《渔家傲》一阕：

> 楼外天寒山欲暮，溪边雪后藏云树。小艇风斜沙觜露。流年度，春光已向梅梢住。
>
> 短梦今宵还到否，苇村四望知何处。客里从来无意绪。催归去，故园正要莺花主。

这首词被历来的词评家喜爱，如明杨慎称赞其上阕中的"溪边雪后藏云树，小艇风斜沙觜露"两句是秀句，甚至以为这首词中"否"唤为"府"，与"主"与"舞"字押韵，猜测这是福州话所致。[5] 当然，不管元幹在这首词是否有涉及福州话的使用，但是上片用工笔画般描摹景色的手法都十分令人惊叹。天色渐晚，雪藏云树，小艇风斜，本是一片清冷寒寂的冬日暮景，然而梅花树梢却成为暮景之下令人温暖欣喜的一个片段。下片由上片现实的景象转而描绘寒夜中的梦中场景，故园中的莺花一直入梦而来，催促他回家赏景。虽然下片没有像上片那般精致、真实，但是正因为是梦境，才愈发模糊幻觉，更能催生元幹心底那股深沉的家园情结。

所以我们发现，他在无时无刻不想着归家，无时无刻不在向别人表达这样的情绪，也难怪好友沈与求诗中写道："相逢无日不怀归，又是春山听子规。"[6] 建炎三年（1129）元幹在吴兴避乱，与沈瑶、沈与求昆仲时相往来，三人经常有诗词唱和抒怀。沈与求见元幹的作品后，便作题为《张仲宗有诗怀归因次其韵勉之》一诗，其中"无日不怀归"可谓元幹当时思乡的真实写照，然而当时"豺狼""貔虎"班的金人与盗寇横行于世，举世为艰，元幹还抱有一丝回报朝廷的壮志未酬，因此只能在时光飞逝中叹息离家之思。

所以，元幹在目睹国家被破坏的情况下，对于家乡的回归，可以通过他那一字一句，一事一物来展现他那份赤子之心，那份温暖的家园所在。

（二）家乡风物的书写与赞叹

除了比较直白地表达自己的思归之情，元幹也经常提及与家乡相关的人、事和物，其中包蕴着他对故乡的热爱与深情。

元幹曾在《福州连江县潘渡石桥记》中曾写道福州的地形、气候等特色："闽中统八州之地，重山复岭，绵亘联属，而旁海城邑亦居其半。大抵溪壑之交会，潮汐之吐吞，或汇为深渊，或激为奔湍，必曰蛟螭窟穴存焉。设有舟楫乘险可虞，恶少椎理，得以邀留行旅。自夏徂秋，飓风飘烈，瞬息暴至，固使人惴慄震悼，一旦雷雨晦暝，莫辨咫尺，凡问津者，皆病涉也。"福州是八闽大地的首府，是人文荟萃的地方，然而，如若来福州必须经历或潮汐深渊、或猛兽出没等艰险万千。在元幹的笔下，福州已然没有了曹学佺《永福山水记》中的钟灵毓秀和人杰地灵，这样的福州也会令众人望而却步。虽然福州远离中原、地形复杂，但是元幹还是可以排除各种艰难险阻，愿意回到这个生他养他的地方，这就是故乡的魅力所在。

他在词中会提及家乡的物产，比如荔枝。福建的荔枝闻名遐迩，宋洪迈曾经在《容斋笔记》中专门列《莆田荔枝》进行详细地说明："莆田荔枝，名品皆出天成，虽以其核种之，终与其本不类……初，方氏有树，结实数千颗，欲重其名，以二百颗送蔡忠惠公，给以常岁所产止此，公为目之曰'方家红'……自后华实虽极繁茂，逮至成熟，所存者未尝越二百。"[7]"方红"就是比较有名的品种，品质上乘，产量不高，因而十分罕见，更显珍贵。元幹的家乡在福州永泰，位于莆田之北，两相临近，所以，元幹小时候也见过这种名为"方红"的荔枝。那时自己年幼不知，竟与其他人说"方红"叫"红蕊"。父母听后，反而觉得"红蕊"二字将荔枝的外形之美形容得十分贴切。所以，荔枝对于元幹来说，是少年时期美好过往的象征，是故乡的象征。于是，每逢炎热的夏天，他总会想起家乡果实繁硕的荔枝，比较具有代表性的是以下三首：

诉衷情

予儿时不知有荔子，自呼为红蕊。父母赏其名新，昔所未闻，殊尽形似之美。久欲记之而因循。比与诸公和长短句，故及之以诉衷情。盖里中推星球红、鹤顶红，皆佳品。海舶便风，数日可到。

儿时初未识方红，学语问西东。对客呼为红蕊，此兴已偏浓。

嗟白首，抗尘容，费牢笼。星球何在，鹤顶长丹，谁寄南风。

渔夫家风

八年不见荔枝红，肠断故园东。风枝露叶新采，怅望冷香浓。

冰透骨，玉开容。想筠笼。今宵归去，满颊天浆，更御冷风。

采桑子

奉和秦楚材史君荔枝词

华堂清暑榕阴重，梦里江寒。火齐星繁。兴在冰壶玉井栏。

风枝露叶谁新采，欲饱防悭。遗恨空盘。留取香红满地看。

在这三首词中，元幹直抒胸臆，不仅仅写道自己记忆中的荔枝，也幻想着身在远方的自己仿佛回到了家乡的荔枝林，采摘果实的欢乐而温馨的场面。其实这样美好的画面背后，却是元幹笔下"嗟白首，抗尘容，费牢笼"的奔波沧桑之感，这种美好的家园记忆带有令人心酸与凄楚的涩涩之味，也更能反衬出身在故园的甜蜜与温情。

因而，家乡的秋天在元幹的眼中便是"荔子秋"，与好朋友在家乡的相会称之为"丹荔盟"，可见，荔枝已然成为元幹内心世界中一种家乡的美学特质，令人可叹可喜。

荔枝是我国南方地方盛产的水果，因此它带给元幹的家乡记忆是比较具有代表性的。另外在他作品中时常出现的一种花，在我国大部分地方都有种植，但是这种花却与家乡也形成了一种比较稳定的关系，这就是梅花。

《论语·子罕》中有道："岁寒，然后知松柏之后凋也。"这句话在现在都被视作称赞松柏在严寒季节的坚毅品质的警句。宋人林景熙曾作《五云梅舍记》，其中说道："告院梅山君即其居累土为山，种梅百本，与乔松、修篁为岁寒友。"[8]因此，在一年中最为寒冷的季节中，除了松柏之外，修竹亦经冬不凋，而梅花自是极为耐寒并独自绽放，"香自苦寒来"。因此，在古人眼中，松、竹、梅被称为"岁寒三友"。

中国古代的文人对梅花可谓是情有独钟，赏梅、咏梅、画梅都是文人日常的雅事。因此，以梅花为中心形成的梅文化是中国文学和文化中重要的组成部分。文人赏梅之时，对于梅花的色彩、香味、形态、气韵等方面都有独到的讲究，体现在诗、词、画作品中更为直观地体现着梅花的独有特质。而宋代作为梅花文化颇为繁盛的时代，以梅为核心的诗、词、画等作品纷纷问世，在数量上更是超越前代。在这些众多诗词作品中，林逋的《山园小梅》最为著名，其"疏影横斜水清浅，暗香浮动月黄昏"句更是用通感和动静结合的方式，描绘出梅花横斜疏瘦的气韵和清逸幽浸的蕴香，成为后世争相和韵的对象。

南渡之后，国家蒙难，文人身世飘零，此时催生了咏物诗词的迅速发展，文人士子特别喜爱借"物"来抒发表达自己的情感和志向，而吟咏梅花的作家与作品不胜枚举，体现了梅花在诗人心中所赋予的情操之高尚。元幹也喜欢咏梅，除了其他人咏梅作品中所呈现出的对于梅花高洁品质的赞咏，他还将梅花与家乡做了一定的关联。如《十月桃》一阕：

年华催晚，听尊前偏唱，冲暖欺寒。乐府谁知，分付点化金丹。中原旧游何在，频入梦、老眼空潸。撩人冷蕊，浑似当时，无语低鬟。

有多情多病文园。向雪后寻春，醉里凭阑。独步群芳，此花风度天然。罗浮淡妆素质，呼翠凤、飞舞斓斑。参横月落，留恨醒来，满地香残。

这首词在清代沈辰垣《历代诗余》调下有题为"梅花"，所以，当身在漂泊中的自己立于梅花点点的梅林中，想象着伊人倚靠梅花孤独的身影，想念着故园的梅花是否也有此刻的忧伤，所以，梅花是元幹借以慰藉孤独之感、家园情结的媒介。

除了借物抒发家乡之感，元幹对于八闽大地的人也十分钟情，这也是出于他对家乡的热爱和深情。北宋政和、宣和年间，有一次，元幹曾经出席了一个为当地举子所设的鹿鸣宴，便在席中写了一阕《喜迁莺慢》，在这首词中，他表示虽然科举考试自唐朝以来各地才人辈出，但是即使再多，"山川秀，圜冠众多，无如闽越豪杰"，福建的人才却能蔚然出秀。所以，词中的"南台又是，合沙时节"，又重点提到福建举人中特别喜欢听到福州人喜报归来。南台，是南台山，位于福州市南闽江中，属于现在福州市仓山区。所以，这其中的家乡情结便溢于言表了。

（三）家乡闲适生活的乐趣

元幹在辞官回到福州后，虽然在他的内心，仍然对国家、民族、人民的安危十分关心，也时时表露出抱负难酬的心态，但是当在战乱的环境下，最后回到了这个温暖的家乡，长期漂泊辗转的生活暂时停下来，因此，他还是有一丝宽慰留存心底。于是，在他辞官闲居福州时创作的不少作品，流露出舒缓、闲适的心情，也算是民族危难重压下士人沉重心情下的一种解压方式。

元幹在晚年时期写过一首《水调歌头》，道：

雨断翻惊浪，山暝拥归云。麦秋天气，聊泛征棹泊江村。不羡腰间金印，却爱吾庐高枕，无事闭柴门。搔首烟波上，老去任乾坤。

白纶巾，玉麈尾，一杯春。性灵陶冶，我辈犹要个中人。莫变姓名吴市，且向渔樵争席，与世共浮沈。目送飞鸿去，何用画麒麟。

少年时期的元幹可以"谈笑从军"、憧憬建立军功，整顿乾坤的豪情壮志，在这个麦熟的时节，不再羡慕那显贵官宦的金印紫绶，而是像陶渊明一般，有时紧闭柴门，在自己的庐内高枕仰卧；有时手执麈尾去尘，饮一杯酒，作一首诗，绘一幅画，看尽人生的沉浮。所以，即使对仕途、对前程、对家国有过热情，甚至现在仍留有这种热情，但是既然选择了归隐，就开始过着疏放而闲适的生活。所以，他不再意气风发，而是"华发苍颜，一任傍人笑。不会参禅并学道，但知心下无烦恼"（《蝶恋花》），除却感慨功名浮云，对人生多了一些自适的参悟。有时徜徉在繁杏枝头的雨中，与两三好友，或李弥逊，或富直柔，或苏粹中，优游自如，宠辱不惊，"情知醉里惜花深，留春住。听莺语，一段风流天赋与"（《天仙子》），这种超拔于凡尘世俗之外，在故乡的莺花烟雨中回归自由自在的状态，不仅仅是面对政治倾轧和离家难归的痛苦、焦灼、煎熬之后的选择，也是他自己所树立的一种悠然自得的人生范式。所以他愿意继续这种令自己自在的生活状态。于是，他与好友在福州寻山问水，得一处佳地，筑起了鸥盟轩，开启新的生活：

永遇乐·宿鸥盟轩

月仄金盆，江萦罗带，凉飙天际。摩诘丹青，营丘平远，一望穷千里。

白鸥盟在，黄粱梦破，投老此心如水。耿无眠、披衣顾影，乍闻绕阶络纬。

百年倦客，三生习气，今古到头谁是。夜色苍茫，浮云灭没，举世方熟寐。

谁人著眼，放神八极，逸想寄尘寰外。独凭栏、鸡鸣日上，海山雾起。

鸥盟轩建成之后，元幹凭栏远望，看着圆月升起，江水如练，凉风习习，青山如画，一望无穷。如此美景，可以想见元幹选址之时，见到如此接近青山绿水的地方能成为自己的居所时兴奋欢快的场景。在这样的美景映衬下，思虑功名已如黄粱一梦，他愿意看尽夜色的苍茫，如杜甫"放神八极外，俯仰俱萧瑟"，不再去想尘世间的诸多烦忧，心思早已飞向九霄云外。所以鸥盟轩与李弥逊的横山阁一样，具有一种蓬莱仙境的气质，诸人居住于此，"乘除了，人间宠辱，付之一笑"，漂泊在外的疲惫之感和人生的困惑在这里都得到了化解，国破后普通士人缺乏安全感的心境也在这个温暖、安逸的地方得到了舒缓，因此，微雨过后花儿开得着实灿烂，鼓山小路中的杂草也显得格外可爱，雪峰寺旁的小僧人清扫庭院的动作是那么娴熟而轻盈……这些不再是心情暗淡寂寥的投射，而是一种富于生命的象征。所以，即使很多读者可能认为闲居中的元幹仿佛没有了那种意气风发和激怀壮烈，但是却是真实的人性的存在，多种风格的存在，也造就了非单一化的元幹，也更值得我们去阅读、去探索，去与那个时代进行思想的碰撞。

二、芦川词家乡书写的动因

（一）南渡词人地理空间下的黍离之悲

建炎元年（1127）以来，外敌金人的入侵致使国家残破，这场天崩地裂的民族灾难打破了北宋士人闲适安逸的日常生活，侵吞了他们楚馆秦楼的创作环境。在"二帝蒙尘，偷安南渡，苟有人心者，未有不拔剑斫地也"[9]的时代背景下，孕育出了以张元幹、李清照、陈与义、朱敦儒等为代表的爱国南渡词人。这批祖国的爱护者在经历了"靖康之难"这场国破家亡的灾难后，他们的生活命运被改变，面对民族的危亡与个人仕宦的沉浮，南渡词人们选择了新的作词内容和表达方式，他们赋予"词"这一文体以全新的政治意义与功能，由传统词的妖冶艳丽而变得慷慨激昂起来，抒发内心愤怒的呼喊和痛苦的呻吟，爱国由此成为他们词作中的主旋律。

国家的四分五裂，社会的巨大动荡，让南渡词人们不得不背井离乡，颠沛流离的逃难避难，四散飘零之下，他们都在乱世中尝尽了生活的艰难困苦。陈与义"遭乱始知承平乐，居夷更觉中原好"，[10]辗转湖湘边远地区之时，发出在河南避地的感慨；吕本中"稍离烟瘴近湘潭，疾病衰颓已不堪。儿女不知来避地，强言风物胜江南"，[11]他拖着病体，从京城出逃至岭外，后又返归湘潭，历尽千辛万苦，苦不堪言；张元幹则是从中原逃往吴越一带，且在逃亡途中仍怀揣着强烈的爱国热情追随宋高宗南逃到海边，却被谗言迫害，报国无门，在《家公生朝设醮青词》发出"父子俱尘于仕籍，闽吴并脱于贼兵。初赴难以请行，惊魂永定；迨再生而聚首，旧观复还"的哀叹。一路担惊受怕的路途辗转，痛苦又无助的哀嚎，字字尽是人生血泪。

经过了颠沛流离的兵燹和国破家亡的丧乱，"靖康耻，犹未雪。臣子恨，何时灭"[12]蒙受前所未有的巨大民族耻辱，在南渡词人们的心中留下了难以磨灭的伤痕，然而这样的一批英雄豪杰却无法在政治上施展自己的爱国情怀。民族耻辱与迫害打击交织缠绕在一起，纵然被迫逃往各地，但他们却时时刻刻关注着民族的危亡，挂念着祖国的山河湖海，心系着中原大地。正是以宋室南渡为分水岭，南渡词人的作品开始变得悲慨浑厚，社稷之忧，黍离之悲，一并融入自己的诗行，呈现出震撼人心的力量。对自少年时期起就在汴京太学读书学习，后又长期仕宦于中原大地的张元幹而言，这种感情是更加深沉和真挚的。在《水调歌头·举手钓鳌客》的下阕"梦中原，挥老泪，遍南州。元龙湖海豪气，百尺卧高楼。短发霜粘两鬓，清夜盆倾一雨，喜听瓦鸣沟。犹有壮心在，付与百川流"中，怅惘中原故国的愁怀，国未复，人已老，泪空流的悲痛，壮志难酬而壮心犹在的复杂情绪，悲愤而激昂。

（二）个体生存的孤独困境

张元幹将政治斗争内容纳入词作，为南宋豪放词派做引路人。如《石州慢·己酉秋吴兴舟中作》："心折。长庚光怒，群盗纵横，逆胡猖獗。欲挽天河，一洗中原膏血。两宫何处，塞垣只隔长江，唾壶空击悲歌缺。万里想龙沙，泣孤臣吴越。"在上阕描摹兵荒马乱的战乱而致的荒凉凄惨之景后，以"心折"转到下阕部分的抒情，怒斥贼兵横行并抒发国家耻辱难雪的忧愤，将秋夜泛舟的感受与现实政局形势巧妙结合，词境浑然一体，慷慨悲壮。这既是国难当头时忠臣义士的共同哀嚎，也是他这个颠沛飘零者的自我哀叹。

张元幹在金兵大举入侵的危难关头，面对统治阶级内部主战和主和派的两相斗争，始终坚定地站在主战派的阵营，并主动上阵前线，参加了保卫汴京的激烈战争，表明自己的政治立场和决心。如《感事四首丙午冬淮上作》中所言"贼马环京洛，朝廷尚议和。伤心闻徇地，痛恨竟投戈。始望全三镇，谁谋弃两河。群凶未菹醢，吾合老江波。"他坚决反对屈辱的妥协，至死不渝地守护国家和民族的尊严，积极勇敢地捍卫祖国的利益。

在南渡词人的群体中，李纲作为其中的核心人物，张元幹与他意气相投，心系国事朝政，在他身上寄托了自己关于政治和文学上的希望。他曾写下《贺新郎·曳杖危楼去》来表达自己对李纲坚决主战、反对求和主张的支持，对"世人皆醉我独醒"的李纲的坚持寄予无限的崇敬之情。但文武兼备的李纲的仕途却一再遭遇贬谪，透过李纲个人的被朝廷排斥的现实，张元幹认识到了这关乎着他们整个爱国之士的结局，在乱世流离和趋炎附势明哲保身的氛围中，试图想挽救国家危亡的他们在苦苦挣扎中倍感孤独。

情感上的孤立无援，政治观念的不被重视，张元幹要承受的远不止是这些，在南渡时期生活上的穷困，是挣扎在温饱线上的。他在《冬夜有怀柯田山人四首》中曾记录道："客里了无况，乱来何止贫。淹留频换岁，老大更思亲。泥饮思田父，供粮乏故人。自怜归来得，不是白头新。"漂泊生涯里面临乱粮绝炊，贫苦的生活也在不停磨灭他的意志力和战斗力。而他仍旧在词作中唱响当时最强烈也最悲壮的赤诚爱国情怀。在南渡之后，张元幹在自己的咏物词中借物抒情言志，在寓寄自己对中原故土怀念的同时，也借此抒发了自己清高淡泊的高尚志趣。如《十月桃·年华催晚》，"年华催晚，听尊前偏唱，冲暖欺寒。乐府谁知，分付点化金丹。中原旧游何在，频入梦、老眼空潸。撩人冷蕊，浑似当时，无语低鬟。"词赋梅花，亦抒伤怀，辗转漂泊之中，唯有梅花可堪慰藉，反映了时代的现实，寄托了自己的爱国之情。

三、芦川词家乡故园书写的审美意义

（一）个体血性气质下的温情流露

"黍离麦秀之悲，暗说则深，明说则浅。"[13]张元幹在自己的词作表达中曲折含蓄，情谊深沉，笔力凝重，呈现出深婉的个人风格。在家乡书写的呈现上，他以清丽委婉，意蕴含蓄淡雅的风格来表达。

如《点绛唇·春晓轻雷》"春晓轻雷，采彩洲上清明雨。乱云遮树。暗淡江村路。今夜归舟，绿润红香处。遥山暮。画楼何许。唤取潮回去。"细雨纷纷的清明时节，张元幹在归乡的行舟上，放眼所见只有沉沉的暮景而不见归家之路，内心里对于故人的思念与担忧，加剧了内心的怅惘，特定时间背景下的情感发作的愈加强烈。

又如《满江红·自豫章阻风吴城山作》"春水迷天，桃花浪、几番风恶。云乍起、远山遮尽，晚风还作。绿卷芳洲生杜若。数帆带雨烟中落。傍向来、沙觜共停桡，伤飘泊。寒犹在，衾偏薄。肠欲断，愁难著。倚篷窗无寐，引杯孤酌。寒食清明都过却。最怜轻负年时约。想小楼、终日望归舟，人如削"。这是张元幹一篇代

表性的春日羁旅之作，这首别样的满江红冲破了传统意义上的豪放激越而写的婉约深情。收获了后辈词评家多番赞誉。明代吴从先在《草堂诗馀隽》中言"上言风帆漂泊之象，下言归舟在家之思。""前后俱在舟帆上写情景，想所思之人，尚是江湖浪客。"[14]词作的上阕在春水迷天、桃花浪涌的舟行环境中，抒发漂泊之感。下阕转入怀人愁思，以伊人之瘦削衬托自身归心之切，将羁旅愁思之情写得起伏动荡。这些作品与以《贺新郎》为首的压卷之作体现的血性气质的张元幹不同的是，更多了一份被南方水土浸染的柔婉与温情。

（二）丰富多样的词体风格表达

张元幹有着鲜明的创作个性，综合《芦川归来集》所收录的词作而言，他的创作总体的艺术风格是有发展变化的，极具艺术创新的开拓精神。历来文学史上对张元幹词体风格的评价大多集中在他是开启辛派词人词风之人，是苏轼与辛弃疾连接的纽带。但通过对张元幹家乡书写的研究，折射出他词体风格的多样表达层面，除长于悲愤的阳刚之美外，也不乏清丽深婉的含蓄美。如《谒金门·鸳鸯渚》"鸳鸯渚。春涨一江花雨。别岸数声初过橹。晚风生碧树。艇子相呼相语。载取暮愁归去。寒食烟村芳草路。愁来无着处。"这首词言春日愁绪，欲载愁归去，而愁又无处着处，融情入景，写出心中的无限离愁。正如《宋六十名家词·芦川词跋》中所云"人称其长于悲愤，及读《花庵》、《草堂》所选，又极妩秀之致，真堪与片玉、白石永垂不朽。"[15]可见，在词史的叙述进程中，其悲愤、妩秀的不同词体风格，已经得到后人的关注。张元幹在其词作中，既保持着含而不露的抒情本色，又寄托着南渡时代的特殊情感，对婉约词境的扩展和深化，作出多样化词风的探索。

（三）浓郁斑斓的地域文化色彩

在张元幹北上仕宦的生涯里，离乡的漂泊无助，前线的抗战经历都被他寄托在自己的词作中，透过它的视角，真实地还原了南宋前期祖国北方大地的风貌。在他的二首《贺新郎》中有着淋漓尽致地展现，慷慨之音，泪洒神州，如"凉生岸柳催残暑。耿斜河，疏星淡月，断云微度。万里江山知何处？"下阕的这句描绘既点明了初秋的季节，又描绘了北方秋夜之景，从离别的自然环境烘托出悲凉的心境，展现出忧国忧君之心。又如《石州慢·己酉秋吴兴舟中作》开篇"雨急云飞，惊散暮鸦，微弄凉月。谁家疏柳低迷，几点流萤明灭"，也通过景物的描摹，在勾勒湖面烟水苍茫的画面之时，描绘出湖一幅风云变幻的时代图景。

然而，张元幹有关故乡的书写却尽然是闽地特色的诠释，同词作中的北方意象形成了鲜明的地域反差，这样的江山之助正是其词作展现丰富多样地域文化的窗口，也为闽文化的传播提供了可供参考的文字材料。前文中所提及的关于家乡风物的书写，皆是印证。

四、结语

"诗品出于人品"，[16] 对词作家张元幹也应如是。对于张元幹丰富多样的词体风格表达不应作局限的研究，而通过对芦川词中故园情怀书写的探究，追寻故乡对张元幹人生成长和创作的浸染，体会意气风发和壮怀激烈的硬汉形象下的柔软，这也是真实人性的存在。多种风格的存在，造就了非单一化的元幹，也更值得我们去阅读、去探索，去与那个时代进行思想的碰撞。

【参考文献】

[1] 唐圭璋：《全宋词》，中华书局，1965 年。

[2]（明）杨慎：《词品》，上海古籍出版社，2009 年，第 236 页。

[3]（清）叶申芗：《本事词》卷下，中华书局，2019 年，第 188 页。

[4]（清）永瑢：《四库全书总目提要》之《芦川词提要》，中华书局，1965，第 47 页。

[5]（明）杨慎：《词品》，上海古籍出版社，2009 年，第 128 页。

[6]（宋）沈与求：《龟溪集》，浙江古籍出版社，2014 年，第 87 页。

[7]（宋）洪迈：《容斋笔记》，上海古籍出版社，1978 年，第 49 页。

[8]（宋）林景熙：《林景熙集补注》，浙江古籍出版社，2021 年，第 363 页。

[9]（清）陈廷焯：《白雨斋词话》，上海古籍出版社，1986 年，第 26 页。

[10]（宋）陈与义：《增广笺注简斋诗集》，商务印书馆，2005 年，第 37 页。

[11]（宋）吕本中：《东莱诗词集》，黄山书社，2013 年，第 53 页。

[12]（宋）岳飞：《岳飞集辑注》，中州古籍出版社，1997 年，第 465 页。

[13]（清）陈廷焯：《白雨斋词话》，上海古籍出版社，1986 年，第 74 页。

[14]（明）吴从先：《草堂诗馀隽》，陕西师范大学出版总社，2008 年，第 39 页。

[15]（明）毛晋：《宋六十名家词·芦川词跋》，上海古籍出版社，1992 年，第 69 页。

[16]（清）刘熙载：《艺概》，上海古籍出版社，1978 年，第 108 页。

论张元幹南渡后诗歌

延边大学　田佳依

摘　要： 张元幹作为北、南宋之交的一名爱国志士、一名诗人，在南渡之后率先开启了爱国主义风气，在诗歌中不断地表达着自己对国家、对民族的深切关怀，并且抒写着自己的内心感受，通过分析也可以看出笔力雄健，语言淡雅，寄托遥深的艺术手法，其"文词雅健，气格豪迈"的风格影响了后期如张孝祥、辛弃疾等一批诗人词人有关爱国主义题材的诗词创作。

关键词： 张元幹；南渡诗歌；爱国主义；现实主义精神

一、前言

宋代的南渡诗歌由于处于南北宋之际，面对外界的社会环境变化呈现出纷繁复杂的状态。然而又受到当时的士风影响，导致大部分诗人产生畏惧与避祸心理。而张元幹在经历过靖康之难和绍兴和议两大历史事件后，在南渡诗坛中率先开启了爱国主义风气。就张元幹诗歌的审美价值来说，同大部分南渡诗人的诗集相比，他的诗歌在歌颂和议以及用诗歌换取功名利禄的谄媚之风盛行的情况下，多胸臆语，宣泄内心郁积的对朝廷的不满。其批判的清醒度、尖锐性和深刻性以及其诗歌的审美价值要略高于同一时期的其他诗人。其"文词雅健，气格豪迈"[1]的风格影响了后期如张孝祥、辛弃疾等一批诗人词人有关爱国主义题材的诗词创作。

作者简介：田佳依，延边大学。

二、南渡后诗歌的主题思想

纵观张元幹的诗歌，从他从政以来，"国家"一直是他诗歌内容的主题，而又由于其政治立场和宋高宗所主张的"议和"不同，远离朝廷，所以他更像是站在旁观者立场来看待南宋朝廷的所作所为。而南渡这一特殊历史时期，使民族冲突、阶级冲突和内心冲突之间三种情感都上升为张元幹爱国诗歌当中的主旋律，使其诗歌呈现出豪迈慷慨、悲愤沉郁的艺术审美特质。

（一）心系国家命运，对民族侵略的强烈愤慨

从宣和七年开始，金兵南下灭北宋，发生靖康之变，康王赵构在南京改元建炎。在这短短两年时间内，宋朝发生了翻天覆地的变化，亡国之痛和此起彼伏的政变激起了张元幹一众士人潜在的爱国热情。如其作于建炎三年的《返正》，诗中"诸将争传檄，群凶尚阻兵"[2]之句，反映了当时逆臣苗傅、刘正彦发动兵变逼宋高宗退位、造成天下动乱之事，并且对苗、刘的倒行逆施表达了强烈愤慨，虽然能看到"鲸鲵终必戮"[3]之后的欣喜之感，但是后句"丧乱多妖孽，经纶贵老成"[4]，又表达了对国家前途命运的焦虑担忧，并且随后提出自己的治乱之方。又如作于建炎四年的《花飞》，"雨暗连兵气，花飞点客愁。"[5]在春天的花和雨都是代表着生机勃勃的新气象，然而"雨暗连兵气"写出了金兵来势汹汹，高宗不断的逃亡但是却逃不到一个可以安心的地方。在同年的《次韵奉送李季言四首》其一"向来敌帅窥吴越，稳泛楼船舍骑兵。开辟所无颠倒事，可能今日独横行"？[6]中写金兵舍弃战马，驾驶楼船，入海追击高宗赵构。用"开辟所无颠倒事"[7]来写即使是擅长骑术的女真族都已经无所畏惧的使用自己不擅长的战术来追击，"独横行"是对金兵的讽刺，也是对无能朝廷的讽刺。同样的事情也被写在了《访周元举菁山隐居》中"贼舟会稍远，请复安柴荆"。[8]而"那知戎马际，亦使山房惊。四海方荡潏，积骸盈破城。"[9]则描写了金兵入侵的惨烈场景，从小空间到大空间，又从大空间转回到小空间，直接将人带入当时的场景感同身受。进一步描写金兵残暴的还有《赠庆绍上人》中的"眼看杀人等竣蚁，血光洗尽湘川流"。总之，以诗歌写时事反映了张元幹对国家社会命运前途的关注，充分体现了一位正直士大夫的责任感和使命感。

（二）对统治阶级的腐朽懦弱进行的无情批判

宋金战争初期，金朝希望追击立足未稳的南宋朝廷，而在建炎三年，金兵追击高宗的过程中，宋朝军民来不及撤退，死伤与落水者不计其数。在南渡完成，绍兴年间军队的三大主力维护南宋统治时，宋高宗由于担心帅权会威胁到自身统治，同意了屈辱的"宋金议和"，确定了政治上的不平等关系。张元幹愈是对时局洞察得清楚，对朝廷的怯懦腐朽认识得深刻，他的忧愤就愈深沉持久。"轻丝软管不足宣泄其郁闷压抑，他要'挟取笔端风雨，扫去胸中冰炭'，或'痛饮读《离骚》'《水调歌头》，借古人的酒杯浇自己的垒块。这时，也只有屈子那样问天的怒歌，才符合他的心境与审美要求"[10]。作于建炎三年的《建炎感事》，"议和其祸胎，割地亦覆辙""于今何势殊，天王狩明越""肉食知谋身，未省肯死节"[11]等句，是张元幹对于高宗入海逃跑之计表示强烈不满的表现。再看其作于绍兴八年的《再次前韵即事》，此年冬秦桧、孙近等策划与金议和，张元幹在福州闻之亦义愤填膺，作此诗抒愤痛斥卖国权奸。"群羊竞语逮如许，欲息兵戈气甚浓"[12]句，则对一味屈膝议和、不敢抗金复国的秦桧、孙近、王伦等奸臣进行鞭笞和谴责。同样"天心厌中原，国势苦自削"[13]，"天意非难见，人情漫自凉"[14]，等皆与例句有异曲同工之妙。我们可以真切地感受张元幹强烈的思想感情。张元幹以犀利的言辞，独到的见地，雄健的胆识，尖锐地谴责了朝廷和误国权奸屈膝议和、俯首称臣、贪生怕死的卖国行径，深刻揭示了造成国难的社会根源，具有强烈的批判精神，使诗歌呈现出浓烈的现实主义色彩。

（三）抒写壮志难酬以及想要归隐的悲愤之情

从张元幹自身心境来说，从一腔孤勇到无奈归隐的心境的分界点在于建炎三年跟随高宗沿海逃跑，因为受到谗言而获罪，从当时的《建炎感事》对汪藻所言中"他时期卜邻，此日尤惜别"。[15]可以看出他已经坚定退隐之心。此后，他又屡言"我辈避谗过避贼，此行能饱即须归"。[16]"行矣收功名，远过麒麟阁。"[17]可见一斑。转眼到绍兴十一年正月，战火又起，《次友人书怀》其二中末句"强索芳樽乐有涯"[18]反映出张元幹苦闷的心情，以"芳樽"为线索，写前线的战事，朝廷的歌舞升平与战场的节节败退形成了强力的对比，而自己每年在清明节都会喝一杯为战士们祭祀，一幅张元幹手握酒杯，站在鸥盟轩窗前沉思的画面清晰的浮现在我们面前。其一中"此生无意入修门，粗饱鸡豚短褐温。卜筑几椽临水屋，经营数亩傍山园。酒杯剩喜故人饮，书帙能遮老眼昏。身世颇同猿择木，功名谁问鹤乘轩"。[19] 则对隐居的田园生活进行了简单概括，依山靠水，和老友在小屋中聊天畅饮，吟诗对唱，看似是乐在其中，但在第一句"此生无意入修门"中就能体会出张元幹在51岁的年纪已经深刻意识到世事沧桑，而其尾联的"猿择木""鹤乘轩"则通过用典来表明自己不会改变自己的政治立场。而绍兴和议后，为了巩固和议的成果，秦桧在相期间一直在对主战派予以残酷的打击。正因如此，当时的士大夫普遍都有一种人生幻灭感，这也就从侧面增加了张元幹对于人生不得志的主观体验，张元幹深知恢复河山已经成为历史，偏安成为定局，而友人相继去世，于是自伤衰老和对人生的反思的主题就相继出现在他的诗歌中，如《冬夜书怀呈富枢密》，即使"耳聋""目昏"，但是"背驰宁受乞怜恩"一句充分展现了他不愿意向权贵摇尾乞怜的心态，而"渡江今有几人存"又写出了亲友凋丧的感慨和自己的孤独。从以上论述可以看出，忠心报国是张元幹一生的理想，但是时不我与，最终使张元幹高亢的斗志和决心逐渐走向低沉。爱国而有罪，斯人独憔悴，大概就是黑暗时代的特征。

三、南渡后诗歌的风格特征

（一）气势豪迈 笔力雄健

孙望、常国武主编《宋代文学史》提出了"张元幹工诗文，但以词著称"。[20] "其爱国感事题材诗歌具有强烈的爱国激情，笔力雄健，气势豪迈。这种'大节耻和戎'的高亢呼声，开创了南宋爱国诗歌的先河"[21] 之说。并且方东树在《昭昧詹言》中评价张元幹说："七古以才气为主，纵横变化，雄奇浑颗，亦由天授，不可强动。"[22] 这种壮伟的情思与壮美的山水相遇的时候，体现得更加明显，能激发出张元幹内心的浩瀚之气。比如大约在绍兴元年所作的《西峡行》，整首诗围绕西峡展开，先描写西峡"中流荡潏"，但是转而张元幹又开始带入自身复杂处境，得出"我曹过计常私忧，垂堂之戒宁自尤"[23] 的结论。结尾"天下英雄古难得"[24] 七个字掷地有声，一方面是对宋高宗用人不当的愤慨，一方面也有为像李纲和自己这样平昔以英雄事业自居的人不得其用的感伤。此外，张元幹选取"风水相吞两岸壮"[25] 这样浩大的景象，来写其喷涌的情思，无疑为诗歌增添了几分豪气。又如在建炎三年所作的《奉送李叔易博士被召赴行在所》，采用的是七言古诗的形式，反映了苗刘逆叛、金兵侵犯、张浚等将领平乱抗金等现实，连续表达了"会扫氛浸开云衢""直欲并驾仍齐驱""速拯涂炭疲氓苏"[26] 等热切希望为国抗敌的愿望，同时，高度赞扬了李纲的忠勇之举，对李叔易李经，李纲之弟提出殷切的希望，又抒发了报国无门、请缨无路的怨愤心情。

（二）形象单纯 寄托遥深

清代吴之振曾评论张元幹说："诗清新而有法度，蔚然除尘。"[27] 毛晋跋也说："人称其长于悲愤，及读《花庵》《草堂》所选，又极妍秀之致。"[28] 在绍兴六年与吕本中等从游唱和时，有《信中居仁叔正皆有诗访梅于城西而独未暇载酒分付老拙其敢不承》，"关山往岁曾冰裂，跋马平坡千树雪。疏枝冷蕊最撩人，雪后生香微带月。醉中不数长短亭，狐裘拥鼻风前醒。"[29] 用了一系列简单的事物来描写内心境遇，整体都能看出"醉"字，然而不管是"疏枝冷蕊"还是"狐裘"，醉意涌上后再回头一看吕本中所作的"新诗"，"十年丧乱"所带来的影响还是一直萦绕在张元幹的心头。再次举杯和朋友们畅饮，企图把国事抛掷脑后，忧愁之意又开始随着醉意徘徊。"此花到眼春光催""便于此花长作主"[30] 就开始写张元幹心中的悲凄之情，苍凉之感，与众多朋友相聚但是大家都郁郁不得志，无人赏识自己就只能像花一样在有限的生命却留不下最长久的美。此外，还有一首《登垂虹亭二首》作于绍兴二十七年，是年近七十、休官归隐二十多年的张元幹与友人重游吴江县垂虹亭时所作。从第一首"山暗松江雨"[31] 句至第二首"醒人水上风"[32] 句，张元幹连续用了十句诗，来描写松江之景，上有"行云""飞电"，下有山雨、波风远有"长空""蛟鳄"，近有亭台"扁舟"，日有风雨、江山，夜有"皎月""萤火"，时间、空间各种景色交汇在一起融成一幅画卷，让人眼前一亮。而后又用"暗""吞""扫""流""饮"等一连串颇具动感、气势的动词，将气吞天河、浩大广博的景色与自己的豪壮慷慨之情相连，扫去了淤积在胸中的沧桑、悲凉之情，其情其气如词中所云"洗尽人间尘土，扫去胸中冰炭，痛饮读离骚"。[33]

（三）语言简练 自然流动

白敦仁先生指出：“他晚年写的《上平江陈侍郎十绝句》成格亦与黄庭坚的《病起荆江亭即事》诸事相近。但元幹和一般江西诗派诗人之‘长铺广一引，盘折生语者’不同，他的诗写得比较流动、自然。”[34] 在绍兴三十年时作的《上平江陈侍郎十绝》序中写道：“行年七十矣，日暮途远，恐惧失坠，辄追记平昔所得先生话言，裁为十绝句。”当时张元幹年届七十，然壮志未衰。从一开始称赞陈正同用到“前贤一节皆名世，此道终身公独行”。[35] 总结，后面又表示“每见遗编须掩泣，晚生期不负先生”。[36] 如何不负呢？“星辰”“青天”“白日”“片云”“雨雹”都不忘，深思回想，再对比诗中的“杖履周旋痛开警，为言小子颇尝参”。“碑版灿然垂世誉，要知忠肃有门人。”[37] 就很自然地表露出了陈正同的贤明以及张元幹对他的敬佩。再如《送江子我归严陵》，此诗作于建炎四年秋，此时张元幹落职避难吴越，以诗送别至交江端友。前四句诗中“久客”“惊秋”“怀归”“送君”“避乱”“老去”“离群”等语，为张元幹羁旅怀归的孤寂、悲凉之情怀作了叙写和铺垫。张元幹送走朋友后，独自回到阁楼中，视线由山及阁及杯再及杯中之菊，由远景至近景，由大景到小景，最后凝视在菊的动感“浮”上。张元幹视线移过之景皆为静景，惟有菊此景在“浮”动，张元幹最后凝神在一个如此微弱的动作之上，其怅然若失的心情，空寂、落寞、悲凉的心境由“浮”一字全见矣。张元幹不堪如此寂寥的心情，又转移视线，极目远眺，然而看到的是江城上空穿云飞过的鸿雁，鸿雁者，自古为游子思妇羁旅愁思、离愁别恨之代景也，此时张元幹空寂、悲凉的心境又浓一层矣。

张元幹作为北、南宋之交的一名爱国志士，其南渡后的诗篇既受社会时代的激荡，又受政治因素的压制，因而深深蕴含着对社会现实和人生际遇的感悟和体验，记录了一个身历变乱的文人士子内心世界的痛苦挣扎和沉重的历史责任感。也正因如此，他的诗歌从不同的侧面展现出了气势豪迈、笔力雄健，形象单纯、寄托遥深，语言简练、自然流动等多样化的艺术风格，对后期爱国世人、词人的思想和创作都产生了深刻影响，开创了南宋初期爱国主义诗歌的先河，为人类留下了一笔丰厚的文化遗产。

【参考文献】

[1] 蔡戡：《芦山居士词序》。

[2] 张元幹：《芦川归来集十卷》卷二。

[3] 张元幹：《芦川归来集十卷》卷二。

[4] 张元幹：《芦川归来集十卷》卷二。

[5] 张元幹：《芦川归来集十卷》卷二。

[6] 张元幹：《芦川归来集十卷》卷四。

[7] 张元幹：《芦川归来集十卷》卷四。

[8] 张元幹：《芦川归来集十卷》卷一。

[9] 张元幹：《芦川归来集十卷》卷一。

[10] 王兆鹏：《英雄的苦闷—宋南渡词人心态试析》江海学刊 1991 年。

[11] 张元幹：《芦川归来集十卷》卷一。

[12] 张元幹：《芦川归来集十卷》卷三。

[13] 张元幹：《芦川归来集十卷》卷一。

[14] 张元幹：《芦川归来集十卷》卷二。

[15] 张元幹：《芦川归来集十卷》卷一。

[16] 张元幹：《芦川归来集十卷》卷四。

[17] 张元幹：《芦川归来集十卷》卷一。

[18] 张元幹：《芦川归来集十卷》卷三。

[19] 张元幹：《芦川归来集十卷》卷三。

[20] 孙望、常国武：《宋代文学史》。

[21] 孙望、常国武：《宋代文学史》。

[22] 方东树：《昭昧詹言》。

[23] 张元幹：《芦川归来集十卷》卷一。

[24] 张元幹：《芦川归来集十卷》卷一。

[25] 张元幹：《芦川归来集十卷》卷一。

[26] 张元幹：《芦川归来集十卷》卷一。

[27] 清吴之振等：《宋诗抄·＜芦川归来集抄＞小传》。

[28] 清永瑢等：《四库全书总目提要》。

[29] 张元幹：《芦川归来集十卷》卷一。

[30] 张元幹：《芦川归来集十卷》卷一。

[31] 张元幹：《芦川归来集十卷》卷二。

[32] 张元幹：《芦川归来集十卷》卷二。

[33] 张元幹：[水调歌头]《丁丑春与钟离少翁，张元鉴登垂虹》。

[34] 白敦仁：《水明楼诗词论稿》之《张元幹评传》。

[35] 张元幹：《芦川归来集十卷》卷四。

[36] 张元幹：《芦川归来集十卷》卷四。

[37] 张元幹：《芦川归来集十卷》卷四。

[38] 陈节·开拓爱国词的重要作家——张元幹 [J]. 学术评论，1983.

[39] 徐吉军·论宋代文化高峰形成的原因 [J]. 浙江学刊，1988.

[40] 张元幹，曹济平注. 芦月词 [M]. 上海古籍出版社,1991.

[41] 张元幹·芦川归来集 [M]. 上海古籍出版社,1978.

[42] 云亮·论张元幹爱国词在文学史上的地位 [J]. 中山大学学报，1986.

[43] 王兆鹏·张元幹年谱 [M]. 南京出版社,1989.

[44] 白敦仁·中国历代著名文学家评传第 3 卷《张元幹评传》[M]. 山东教育出版社,1985.

[45] 王兆鹏·张元幹芦川归来集版本源流考 [J]. 南京师大学报，1988.

[46] 王兆鹏·唐宋词的审美层次及其嬗变 [J]. 文学遗产,1994.

[47] 王兆鹏·英雄的苦闷——宋南渡词人心态试析 [J]. 江海学刊,1991.

[48] 虞云国·南渡君臣：宋高宗及其时代 [M]. 上海人民出版社,2019

[49] 顾友泽·宋代南渡诗歌研究 [M]. 北京大学出版社,2014.

[50] 任群·绍兴和议前后士风与诗风演变研究 [D]. 南京师范大学,2011.

[51] 张仲英，郭艳华. 两宋巨变对张元幹思想和词风的影响［J］.赤峰学院学报，2011.

[52] 钟伟兰·张元幹诗歌研究 [D]. 福建师范大学,2006.

[53] 张邦炜·论北宋晚期的士风 [J]. 四川师范大学学报,2002.

明月偏来照海洲，芦川归梦觅真游

湖北襄阳　　胡娟娟

摘　要： 宋代理学是中国传统儒学吸取佛道精华而形成的新儒学，讲求"正心诚意""穷理尽性""穷天理，灭人欲"，本质上是重道轻文的，但由于文能载道，他们又不能完全忽视"文"这一载体，于是对文提出一些具体要求，如具有一定的社会内容，于世有所补益。张元幹生活于两宋之交，接受过完整的家族养成与家族长辈的儒学基础教育及学术启蒙。尤其是南渡之后，他跟随李纲，激发其强烈的爱国情感，学术理念也发生极大的变化。虽然严格意义上说，张元幹并非理学家，然而受众多理学大师的影响，学术上明显倾向于理学。

关键词： 张元幹；南宋；理学；词学家

一、前言

张元幹（1091—1161），字仲宗，自号芦川居士，真隐山人，晚年又称芦川老隐、芦川老人，芦川永福人（今福建永泰嵩口镇月洲村人）。历任太学上舍生、陈留县丞。金兵围汴，秦桧当国时，入李纲麾下，坚决抗金，力谏死守。曾赋《贺新郎》词赠李纲，后秦桧闻此事，以他事追赴大理寺除名削籍。元幹尔后漫游江浙等地，客死他乡，卒年约七十，归葬闽之螺山。张元幹博览群书，文学修养很高，他能诗、能词、能文，与张孝祥一起被誉为南宋初期"词坛双璧"。其著作有《芦川归来集》10 卷、《芦川词》2 卷，计 180 余首。

张元幹为张睦九世孙。张睦生三子庞、膺、赓。庞居侯官（今福州），膺、

作者简介： 胡娟娟，湖北襄阳人。作品散见于《诗潮》《中华诗词》《国诗》《文思》等刊。

赓迁月洲乡。元幹是张膺第八世后裔。祖父张肩孟，字醇叟，宋皇祐五年进士，官至朝奉郎，歙州通判。父张安道（族谱为几道），进士出身，曾在邺县（今河北临漳县）为官。张元幹早年丧母，十四五岁随父在任，每逢宾客酬唱，必专心倾听，有时随口应和，辞藻可观，满座惊叹。宋徽宗大观四年（1110），元幹20岁，到江西南昌求教于东湖先生徐师川，参加江西诗派洪刍、洪炎、苏坚、潘子真、吕本中、汪藻、向子諲（张的舅父）等人诗社活动，从而受江西诗派影响。

徽宗政和元年（1111），元幹随父到汴京（今河南开封市）入太学，为太学上舍生。靖康元年（1126）金兵渡过黄河，围攻汴京。徽宗内禅，钦宗即位，任李纲为亲征行营使，元幹时年35岁，被召为行营属官，积极支持李纲抗金。击退金兵以后，钦宗竟以"专主战议、丧师费财"罪名，罢免李纲。元幹因态度鲜明站在李纲一边，主张抗金，同时获罪。他悲愤地离京南下。同年冬，元幹在淮上听到汴京沦陷，写下了《感事四首》，表现极度哀伤悲愤之情。

靖康二年（1127）五月，康王赵构即位南京（今河南商丘），改号建炎，起用李纲为宰相，元幹先后被任朝议大夫、将作少监、抚谕使。但李纲为相70多天就被罢免，元幹深感愤慨。建炎三年（1129）他避乱湖州，作《石州慢·己酉秋吴兴舟中作》一词"心折。长庚光怒，群盗纵横，逆胡猖獗。欲挽天河，一洗中原膏血。两宫何处，塞垣只隔长江，唾壶空击悲歌缺。万里想龙沙，泣孤臣吴越"。抒发其矢志恢复中原的豪迈气概，和壮志难酬的满腔悲愤。

绍兴元年（1131），元幹因不愿与奸佞同朝，飘然挂冠归里，寓居三山（今福州），仍以民族安危为念，怀着"小隐故山今去好，中原遗恨几时休"的心情，以诗词发泄胸中抑郁。绍兴八年（1138），南宋屈辱地与金议和，李纲反对，罢居福州，元幹愤然作《贺新郎·寄李伯纪丞相》："曳杖危楼去。斗垂天、沧波万顷，月流烟渚……倚高寒、愁生故国，气吞骄虏。要斩楼兰三尺剑，遗恨琵琶旧语……"慷慨悲凉，感人至深。

绍兴十二年（1142）胡铨反对和议，建议斩秦桧、孙近、王伦三人之首，受到秦桧爪牙诬陷，押送新州（今广东新兴县）编管。"一时士大夫畏罪钳舌，莫敢与立谈"，亲友"避嫌畏祸，唯恐去之不速"。元幹激于义愤，不顾个人安危，为胡铨送行，并填《贺新郎·送胡邦衡赴新州》一词："梦绕神州路。怅秋风，连营画角，故宫离黍。底事昆仑倾砥柱。九地黄流乱注。聚万落千村狐兔……"慷慨激昂，千古传诵。绍兴二十一年 (1151) 有人告发此事，因张挂冠已久，秦桧只好"以他事追赴大理寺狱"。绍兴廿五年 (1155) 秦桧死，才出狱。

此后，他漫游吴越一带。绍兴廿七年 (1157)，元幹拄杖登上吴兴垂虹桥，感慨万千，写下《水调歌头》"洗尽人间尘土，扫去胸中冰炭，痛饮读离骚"。著有《芦川归来集》传世。他把词作为政治斗争武器，多抒发悲愤之情，成为陆游、辛弃疾等爱国词人的先驱。张元幹有三子：靖、竦、竑，均有功名。竑子益臣，孙张贡，迁居西区辅弼岚口，为同安乡张氏始祖。

二、张元幹作品及古人集评

南宋蔡戡：芦川"喜作长短句，其忧国爱君之心，愤世嫉邪之气，间寓于歌咏。绍兴议和，今端明胡公铨上书请剑欲斩议者，得罪权臣，窜谪岭海，平生亲党，惟恐去之不速，公作长短句送之，微而显，哀而不伤，深得三百篇讽刺之义"。[1]

明杨慎：芦州"送胡澹庵及李纲词得罪，忠义流也"。[2]

明毛晋："芦川词人称其长于悲愤，及读《花庵》《草堂》所选，又极妩秀之至，更堪与片玉、白石并垂不朽。"[3]

清冯煦："芦川居士以《贺新郎》一词，送胡澹庵谪新州，致忤秦桧，坐是除名：与杨补之屡征不起，黄师宪之一官远徙，同一高节。"[4]

清沈雄："绍兴戊午，元幹以送胡铨及寄李纲词，坐罪贬谪，皆《金缕曲》也。元幹以此得名。"[5]

叶申芗："张元幹仲宗，善词翰，以送胡铨邦衡、赠李纲伯纪两词除名，其刚风劲节，人所共仰。"[6]

陈廷焯：《贺新郎》两词"足以使懦夫有立志"。[7]

纪昀：芦川两首《贺新郎》"慷慨悲凉，数百年后，尚想其抑塞磊落之气"。[8]

现代朱东润："张元幹的词长于抒发悲愤之感，为南宋爱国词人开辟了广阔的创作道路"。[9]

游国恩、王起荣等："南宋初期，有的词人积极投身于要求反抗民族压迫、恢复北方疆土的政治斗争，他们的词也突破了北宋末年平庸浮靡的作风，上承苏轼的思想艺术传统，下开辛弃疾爱国词派的先河。这里，首先利用词作武器直接参加当时抗战派的政治斗争的是著有《芦川词》的张元幹。"[10]

三、张元幹作品特色与闽文化关系研究

纵览张元幹作品，其清新明快者有之，清雅淡远者有之，气势磅礴者有之，悲天悯人者有之，富有哲味者亦有之，潇洒不羁者有之，不一而足。但其中篇幅较多的作品当属抗击金兵所谓"气吞骄虏"的壮志和对权臣所谓"欲息干戈"的义愤。

如："城守麾强弩，诸班果翕然。云梯攻正急，雨箭勇争先。中夜飞雷炮，平明破火船。""九庙安全日，三军死守心。倘为襄汉幸，良复见于今。"

又如《石州慢·己酉秋吴兴舟中作》：

雨急云飞，惊散暮鸦，微弄凉月。谁家疏柳低迷，几点流萤明灭。夜帆风驶，满湖烟水苍茫，菰蒲零乱秋声咽。梦断酒醒时，倚危樯清绝。

心折。长庚光怒，群盗纵横，逆胡猖獗。欲挽天河，一洗中原膏血。两宫何处，塞垣祇隔长江，唾壶空击悲歌缺。万里想龙沙，泣孤臣吴越。

又如《贺新郎·送胡邦衡待制赴新州》：

梦绕神州路。怅秋风、连营画角，故宫离黍。底事昆仑倾砥柱，九地黄流乱注。聚万落千村狐兔。天意从来高难问，况人情老易悲难诉！更南浦，送君去。

凉生岸柳催残暑。耿斜河，疏星淡月，断云微度。万里江山知何处？回首对床夜语。雁不到，书成谁与？目尽青天怀今古，肯儿曹恩怨相尔汝！举大白，听金缕。

张元幹从42岁至60岁(1132—1150)，在这长达18年期间，基本上都住在福州。张元幹的文学创作，包括诗、词、散文。散文中有记、启、表、赞、铭、跋等。以词为著名。作为一个爱国词人，必然热爱家乡的山山水水。何况所与游的都是李纲、折彦质、吕本中、高直柔、李弥逊等志同道合者。游览之中，也必然交流着相同的爱国思想情感。

曾有诗给折彦质云:"谁办兼忘世,公当急济时。"

曾其文曰:"锡山袁复一太初自富沙如温陵,道晋山东山,登向云峰,访临沧亭,尽揽海山之胜。郡人张元幹仲宗、安固丘铎文时、莆阳余祉中锡、晋陵孙轩子舆同来。泰初仲子嘉猷侍。绍兴己巳十月戊辰丹阳苏文津桴中题。"

另有短文曰:"日暮雨过,尽得云烟变态,如对营丘著色山,坐客有歌《怨王孙》者,请予赋其情抱,叶子谦为作三弄,吹云裂石,旁若无人,永福前此所未见也。老子于此,兴复不浅。"

元幹在福州于1141年春自建房屋定居,命名"鸥盟轩",取退闲结友之意。他有诗写鸥盟轩:"卜筑几椽临水屋,经营数亩傍山园。酒杯剩喜故人饮,书帙遮老眼昏。"

这时期是他文学创作辉煌的时期,两篇名作《贺新郎》就产生于此时福州。择要简介于下:

待恢复中原——"戴安社稷,恢复舆地之山河;一洗乾坤,大明普天之日月。"

不忘中原——"回首十年愁思吹台东""梦绕中原去"。

悲痛中原未复——"戎马乱中夏,星历一周天。干戈未定,悲咤河洛尚腥膻。万里两宫无路,政仰君王神武,愿数中兴年。"

四、结语

通读张元幹的作品就会发现,古人的称许并非溢美之词。张元幹的词作,开拓了词的境界,赋予词以新的生命,开启了南宋词人的创作道路,其词的题材和风格,对后来的辛弃疾词派产生了重要影响,不愧为宋代著名的爱国词人。《芦川归来集》十五卷、附录一卷,已残。清四库馆臣据《永乐大典》增辑为《芦川归来集》十卷。事见今人曹济平《张元幹年谱简编》、王兆鹏《张元幹年谱》。

至今,在福建永泰县嵩口镇月洲村,还有保存完好的"张元幹故居""张元幹纪念馆"。让我们可以在观赏嵩口古镇美丽山水的同时,能有幸一睹这位爱国词人的诗文风采。

【参考文献】

[1] 蔡戡《定斋集·芦川居士词序》。

[2] 杨慎《词品》。

[3]《芦川词跋》。

[4] 冯煦《蒿庵论词》。

[5] 沈雄《古今词话·词评》。

[6] 叶申芗《本事词》。

[7] 陈廷焯《白雨斋词话》。

[8]《四库全书提要》。

[9] 朱东润《中国历代文学作品选》（中编第二册）。

[10]《中国文学史（三）》。

浅论张元幹的文学成就与人文精神

江苏沧海诗社　谢良喜

摘　要： 张元幹（1091—1161），字仲宗，号芦川居士、真隐山人，晚年自称芦川老隐。芦川永福人（今福建永泰嵩口镇月洲村人）。张元幹生活于南北宋更替期间，终其一生，以收复故土为己任，其人能文能武，尤以词作名扬当时，后人评价其词"慷慨悲凉，数百年后，尚想其抑塞磊落之气"，其词上承苏轼，下启辛刘一派，是豪放派重要的过渡人物。张元幹博览群书，文学修养很高，著作有《芦川归来集》10 卷、《芦川词》2 卷，计 180 余首。内容十分丰富，有写景色，歌颂祖国的美丽江山；有抒发与朋友之间的交往和友情；有怒斥昏庸误国的奸臣；有写坚决抵抗金兵侵扰等情况，他的著作洋溢着爱国激情，深受人们称赞，对当时的诗词风气起到了深远的影响，他的人文精神一直为后人所崇仰并津津乐道。

关键词： 张元幹；文学成就；人文精神

一、张元幹不懈奋斗的一生

张元幹出生于北宋末年，幼年丧母，少年时随父在任，永泰的寒光阁、水月亭是他幼年生活和读书处。张元幹从小聪明好学，常与父亲及父亲的客人唱和，有时随口应和，便能博得满座惊叹，人称其"敏悟"，青年时代到江西南昌求学于东湖先生徐师川，常参加江西诗派洪刍、洪炎、苏坚、潘子真、吕本中、汪藻、向子諲等人的诗社活动，喜饮酒赋诗作乐，受到江西诗派影响较深。22 岁时跟

作者简介： 谢良喜，男，文字工作者，网名谢郎，中华诗词论坛沧海诗社首席版主，吴门诗社副社长、修社社员，作品多次获得全国诗联赛事大奖。

父亲到汴京入太学上舍生，学业和诗词创作均大有长进，在同辈中名声特出，宣和元年（1119），张元幹即释褐入仕，任开德府教授，授文林郎，后历任陈留县丞等。

当其时也，北方战事渐趋严峻，女真族常常大兵压境，大宋朝廷摇摇欲坠。宋靖康元年（1126）一月，李纲任亲征行营使负责京都防务。张元幹为行营属官。当时金兵渡过黄河围攻京都（今河南开封）。危急时刻李纲挺身而出，坚决抗金，力谏死守。张元幹抗金激情澎湃，立即上《却敌书》，投入李纲指挥的京都保卫战。期间张元幹与李纲数冒雨矢亲临城上指挥杀敌，打退金兵多次进攻。同年六月，李纲因坚持抗金，反对割地求和，被权奸排挤出朝，张元幹也被贬流落淮上。建炎元年（1127）五月，宋康王赵构在南京（今河南商丘南）即位，建立南宋王朝，是为高宗。宋高宗起用李纲为宰相，张元幹被召回，官朝议大夫、将作少监、充抚谕使。李纲为相后，积极改革弊政，充实国库，整军备战，主张北伐，反对迁都江南，坚决抵抗金兵侵扰，张元幹积极配合李纲。然而高宗信任的仍是卖国的主和派，执意与金议和以求偏安一隅，他们打击、排挤李纲，李纲仅任75天宰相就被罢免。张元幹目睹国势日削，南宋王朝仅存江南一隅，义愤填膺，赋《石州慢·己酉秋吴兴舟中作》词，抒发了他收复中原的豪迈气概和壮志难酬的悲愤心情，并表达对李纲抗金斗争的支持。后来因此遭朝廷奸臣之谤，幸汪藻援救得以免罪。绍兴元年（1131）春，江南战火渐息，高宗帝定居临安，无心收集失地，以求"苟安"，并任奸臣秦桧为参知政事，主战派被排挤，张元幹也辞官回闽，退隐林泉，啸傲山水。

绍兴八年（1138）冬，奸臣秦桧、孙近等筹划与金议和、向金营纳贡，李纲坚决反对，张元幹闻之怒不可遏，作《再次前韵即事》诗，痛斥秦桧、孙近等主和卖国之权奸为"群羊"，表达自己请缨无路之悲愤。李纲在福州上疏反对朝廷议和卖国，张元幹得知李纲上书事，又作《贺新郎·寄李伯纪丞相》，抒发了"气吞骄虏"的壮志和对权臣所谓"欲息干戈"的义愤，对李纲坚决主战、反对议和的行动表示敬仰和支持，希望李纲东山再起，收复失地，重整朝纲，劝诚统治者要吸取前朝遗恨。词写得慷慨悲凉，感人至深，成为千古名篇。

绍兴十二年（1142），枢密院编修官胡铨因过去曾上疏反对议和，并请斩奸臣秦桧、孙近等以谢天下，被奸臣诬陷，贬谪昭州（今广西平乐），又遭秦桧等诬陷，再贬新州（今广东新兴县）监广州盐仓。当时，胡铨在福唐（今福建福清）闻谪命，即由福唐出发，经福州时，张元幹不顾个人安危，挺身而出，作《贺新郎·送胡邦衡待制谪新州》为胡铨送行。词中张元幹抒发了对胡铨被奸臣陷害而抱不平之情感，和对祖国河山遭受金兵践踏的悲愤及对投降卖国者的愤怒，规劝和安慰胡铨要放眼看古往今来的国家大事，不能执着于一时的恩怨私情。张元幹此词写得慷慨悲壮，豪迈刚健，流传甚广，因此而激怒了秦桧，被抄家并逮捕入狱，削除名籍。但秦桧的淫威没有使张元幹屈服，出狱后，作《罢秩后漫兴》词抒愤，以旷达之笔写其无所畏惧之怀，并继续抗击金兵侵扰，反对议和卖国。直到七十高龄还写下了《陇头泉》，他坚信"整顿乾坤，廓清宇宙，男儿此志会须伸"。表达他杀敌救国的强烈愿望和爱国精神。

综观其平生事迹，张元幹为了配合李纲的抗金斗争，广交抗金志士，为抗金斗争出力。他交有江子我、汪藻、邓肃、辛炳、胡铨、翟汝文、王以宁等，都是主张抗击金兵侵扰的名人。张元幹与他们赤胆论交，畅谈国事，写词唱和，互相激励抗金豪情。他们在支持和配合以李纲为代表的主战派抗击金兵侵扰的斗争中发挥了很大作用。他的一生无论如何跌宕起伏，爱国情怀始终伴随，无论在朝在野，从军归隐，始终心牵国事，虽数次因抨击时政，鞭挞奸佞而获罪，然始终坚贞不屈，并为之奋斗一生。

二、张元幹的文学成就

张元幹一生创作不辍，留下诗词434首，其中以其词作境界阔大，文笔高华为世所公认。张元幹前期诗词大体风格以清丽妩秀为主，中年参与抗金活动之后，词风一变而为豪放悲壮，风节凛然。张元幹的诗词风格多样，有婉约，有豪放，有清新，有健朗。

如《长相思令》：

花下愁。月下愁。花落月明人在楼。断肠春复秋。

从他休。任他休。如今青鸾不自由。看看天尽头。

风格清新婉丽，情味隽永。

又如《石州慢·己酉秋吴兴舟中作》：

雨急云飞，惊散暮鸦，微弄凉月。谁家疏柳低迷，几点流萤明灭。夜帆风驶，满湖烟水苍茫，菰蒲零乱秋声咽。梦断酒醒时，倚危樯清绝。

心折。长庚光怒，群盗纵横，逆胡猖獗。欲挽天河，一洗中原膏血。两宫何处，塞垣祇隔长江，唾壶空击悲歌缺。万里想龙沙，泣孤臣吴越。

全词悲凉抑郁，慷慨激昂。

说到张元幹的豪放词，不得不说代表他词作最高水平的两首《贺新郎》，两阕词一赠李纲，一赠胡铨。

如《贺新郎·寄李伯纪丞相》：

曳杖危楼去。斗垂天、沧波万顷，月流烟渚。扫尽浮云风不定，未放扁舟夜渡。宿雁落、寒芦深处。怅望关河空吊影，正人间、鼻息鸣鼍鼓。谁伴我，醉中舞。

十年一梦扬州路。倚高寒、愁生故国，气吞骄虏。要斩楼兰三尺剑，遗恨琵琶旧语。谩暗涩铜华尘土。唤取谪仙平章看，过苕溪、尚许垂纶否。风浩荡，欲飞举。

此词上片写词人登高眺望江上夜景，并引发出孤单无侣、众醉独醒的感慨。下片运用典故以暗示手法表明对朝廷屈膝议和的强烈不满，并表达了自己对李纲的敬仰之情。全词慷慨悲壮，声逾金石。

另一首为《贺新郎·送胡邦衡待制赴新州》：

梦绕神州路。怅秋风、连营画角，故宫离黍。底事昆仑倾砥柱，九地黄流乱注。聚万落千村狐兔。天意从来高难问，况人情老易悲难诉！更南浦，送君去。

凉生岸柳催残暑。耿斜河、疏星淡月，断云微度。万里江山知何处？回首对床夜语。雁不到，书成谁与？目尽青天怀今古，肯儿曹恩怨相尔汝！举大白，听金缕。

此词层层深入，格调悲沉，令人读罢热血沸腾。

张元幹这二首《贺新郎》历来为誉为压卷之作，《四库全书总目》说"其词慷慨悲凉，数百年后，尚想其抑塞磊落之气"。

总体来说，张元幹各体成就斐然，而以豪放词水平最高，其词风随着时代的变化而改变，早年词作风格清新、婉丽；南渡以后渐趋豪放、悲壮，风节凛然。

而从词的发展史看，张元幹生活于两宋之间，是一位承前启后的词作家，他既继承了苏轼开创的豪放派的词风，又经过自己的创作实践，使词的内容更紧密地与抗击金兵侵扰和反对议和卖国等相结合，使词能反映时代、反映社会的重大主题，成为对国事发表见解和感触的艺术手段。

张元幹的词作，开拓了词的境界，赋予词以新的生命，开启了南宋词人的创作道路，其词的题材和风格，对后来的辛弃疾词派产生了重要影响，不愧为宋代著名的爱国词人。

三、张元幹的人文精神

张元幹是南宋著名的爱国词人，他高尚的人品节操，成为后来很多南宋文人的榜样。人称其"少有奇节，慷慨有经略四方之志"，少年时张元幹即慷慨议政，以天下为己任，怀康国救民之志，秉忠孝节义风，积极入仕。中年为官忠直，不愿趋炎附势于秦桧等掌权一派，所以一直没有受到重用。张元幹平生可谓是"一日立乎其位，则一日业乎其官"。虽然只是担任一些微不足道的小吏小官，但张元幹始终坚持"以仁育万物，以义正万民，天道行而万物顺，圣德修而万民化"。为官期间重民生，行德政，以官清廉受到当地百姓的爱戴。张元幹嫉恶如仇，最恨贪官污吏营私舞弊，在担任抚谕使时，他每至一地，必肃清吏治，革除弊端。因为表现突出，御赐金牌云书"虽无銮驾，如朕亲临"。宦海沉浮多年，张元幹始终保持耿直性格，对朝廷的腐败问题忠言直谏。其一生虽然跌荡起伏，但从未向生活中的苦难屈服，也并未因不公际遇而消沉。以旷达之笔书其不敢屈服、无所畏惧之怀。刚毅、正直和忠义，使得其一生都焕发着人性的光辉。张元幹一生都在探寻康国为民的道路，陈与义曾在《送张仲宗押戟归闽中》中清楚的写道，"还家不比陶令冷，持节正效相如勤"，他并不向往陶渊明式的田园生活，不管是为官期间，还是隐居避世阶段，他始终坚持一心为民，保国安邦，功德昭彰。张元幹为官清廉刚正，一生家无私积。除了俸禄外，他从不接受别人的宴请和贿赂，从不请客送礼。不论官职如何升迁，他家从来不修豪华宅府，他的子孙也是素食、布衣、徒步简行。他还在自家的后院里中种了一棵朴树，他说"人以积金以遗子孙、吾教子一树耳"，严格要求子孙孝俭持家。

综观张元幹一生，其自律、为民、爱国的形象，不但在历史上留下了厚重的一笔，同时也起到德化士风的作用。他不仅成就了自己的清名美誉，更重要的是他影响了周边、影响社会，被当地的百姓、当地的社会推崇，张元幹的这种至高的格局和气节，文人士大夫的精神奠定了闽江张氏一族的门风，很好的引领了当地的社会风气。览古抚今，张元幹必将越来越为世人所重，其人文精神必永垂不朽。

四、结语

现代中国越来越注重传统文化的核心思想，张元幹清廉节义的高尚情操，为国为民的始终如一的人文精神得到了包括毛泽东主席，周恩来总理的赞赏与推崇，他的诗文、精神不但为福建当地人的财富，也是中华民族史、文学史的重要财富。

【参考文献】

[1]《宋史·张元幹传》。

[2] 百度词条。

[3] 福建省纪委监察厅网站《关于探访闽文化的廉洁精神之张元幹》。

浅议张元幹词赋风格的形成与嬗变

福建省集邮协会　庄　勇

摘　要：一代词人张元幹历经南北宋之交时期。青少年受到良好的家庭环境影响和教育培养，诗词创作天赋得到极好的发挥。面对时局剧变，金军入侵，国家危亡，仕途逆境、漂泊流离等各种境遇，他思想情感产生重大变化，爱国思想愈加坚定。诗词创作艺术水平和思想境界不断升华。词赋题材、内容也由绮罗香泽转变为家国忧思。本文探讨了其词风从清丽婉约、旖旎柔情向雄浑豪放，深沉悲壮的嬗变及确立的原因。

关键词：张元幹；词风；形成；嬗变

一、青少年时期家族环境对张元幹诗词风格的影响

张元幹（1091—1161），字仲宗，号芦川居士，又号真隐山人，晚年自号芦川老人、芦川老隐。张元幹于宋元祐六年正月初一出生于永泰县嵩口镇月洲村。

张元幹远祖张睦，河南固始人，唐昭宗时随王审知入闽，因有功任太师，尚书右仆射，封梁国公。张元幹为第九世孙。张元幹曾祖张昌龄，官都御史。[1]

祖父张肩孟，字醇叟，进士出身，官朝散郎、歙州通判，赠少师，谥文靖。大伯张励，字深道，进士出身，官中奉大夫、集英殿修撰、知福州、知广州、终中大夫。二伯张勔，字臻道，进士出身，官知建州、朝散郎。三伯张勷，字卫道，文武两举，太学博士，早卒，年二十七。四伯张劝，字宏道，进士出身，官中书舍人、给事中、御史中丞、述古殿学士、知福州、大中大夫、工部尚书。父亲张动，

作者简介：庄勇，福建省集邮协会理事，福州市集邮协会常务理事，研究方向为福建邮政史、"文革"邮政史。

字安道，恩奏出身，官少卿、大中大夫、直龙图阁学士，知建州，卒赠光禄大夫。[2]

永泰第一本县志《（明·万历）永福县志》卷之三，进士诸科附载："皇祐五年（1053），有张肩孟，字醇叟，朝散郎，通判钦州。熙宁六年（1073），有张励，字深道，肩孟之子，中奉大夫。九年（1076），有张勋，肩孟之子，励之弟。有传。元符三年（1100），有张劝，字闳道，肩孟之子，励、动（勘误，应为勋）之弟，工部尚书。"也注明张肩孟父子四人均进士出身。[3]（张劝的字在不同史料及研究中的表述有所不同，有的为"闳道"，有的为"宏道"）。

据张发平先生考证，张元幹家族嫡系兄弟十三人，除元亮、元礼外，皆登科为官。[4]

张元幹的家族非常重视教育，在嵩口月洲村故居建有寒光阁，专为子孙后代求学之用。现该建筑连同毗邻的祖祠和水月亭均保存完好。[5]

张元幹幼年丧母。崇宁三年（1104），十四岁的张元幹就随父到河北官廨（临漳县）。十五岁在邺，聪颖早慧，活泼可爱的他已开始展露出诗词创作的天赋。其父同好"公馀把酒，以诗相属。时元幹年未及冠，往来屏间，亦与座客赓唱，初若不经意，而辞藻可观，莫不骇其敏悟"。[6]

张元幹少年时就胸怀大志，而"有意功名"，能运笔作诗。[7]他就是生长在这样一个官宦士大夫家庭中，在整个家族高度重视教育的良好背景的影响下，在传统儒家思想和文化的熏陶下，在舒适优越的学习和生活环境下而成长起来的，儒家爱国思想开始在他心中萌芽。这对他的一生都产生积极而深远的影响，也为他之后的品格塑造和诗词创作打下了良好的基础。

二、中青年求学仕途顺畅时期张元幹词风的形成

大观四年（1110），二十岁的张元幹到豫章（今南昌）拜著名诗人徐俯学诗。徐俯（1075—1141），字师川，号东湖居士，北宋文豪黄庭坚之外甥，进士出身，著有《东湖集》等。其间，他与江西诗派的洪刍、洪炎、苏坚、苏庠、潘淳、吕本中、汪藻、向子諲等结为诗社，经常赋诗唱和，成为至交好友。张元幹"亦获攘臂其间"。[8]《四库全书总目提要》则称其"诗文皆有渊源"。

政和元年（1111）至政和三年（1113），张元幹来到京都（今开封），入太学，

为上舍生，开始了更为严格的学习。其间，张元幹还往河南许州（今许昌）拜谒文学家苏辙。这时，他才华横溢，诗词创作崭露头角，备受称赞。李纲曾在《宣政间名贤题跋》的跋语中道："听其言鲠亮而可喜，诵其文清新而不群，""予昔与安道（元幹父）少卿游，闻仲宗有声庠序间籍甚，恨未之识。"[9]

《菩萨蛮·政和壬辰东都作》，可谓该时期的代表作。

"黄莺啼破纱窗晓，兰缸一点窥人小。春浅锦屏寒，麝煤金博山。

梦回无处觅，细雨梨花湿。正是踏青时，眼前偏少伊。"[10]

此时，张元幹年仅二十二岁，充满春意的踏青中，透现出他青春的气质和纵情的心态，词句正丽，情思温婉，追求的是一种"雅正"的审美意趣。

还有《春光好》一词，也很能体现张元幹对艳情词的细腻描绘和深情表达。

"吴绫窄，藕丝重，一钩红。翠被眠时常要人暖，著怀中。 六幅裙窣轻风，见人遮尽行踪。正是踏青天气好，忆弓弓。"[11]

词作通过对"吴绫窄""六幅裙"优美的服饰，衬托佳人的艳丽，用"藕丝""轻风"表达对美人的丝丝念情，精妙处在以物代人，借"弓弓"绣鞋，思忆美人，别有一番韵致。词作艳而不佻，雅而不俗。

这个时期的张元幹，春风得意，仕途顺畅，奔走各地，广泛结交词坛名流。他先后拜会游酢、杨时、苏庠、徐俯、欧阳懋等大家。与吕本中、陈与义等十四人同游东都慧林寺，避暑于资圣阁，分韵赋诗。交游洪刍、刘路、何栗、和榘、王本、王铚、苏迟、张械等好友。[12]

宣和二年（1120）春，张元幹到南康（今江西南康），拜陈瓘为师，陪同陈瓘游庐山，并逗留累月。陈瓘（1057—1124），字莹中，号了斋，福建沙县人，探花出身，为人正直，官礼部贡院检点官、越州、温州通判、左司谏等，卒谥忠肃，著有《了斋词》《文堂先生文集》等。

宣和六年（1124）春，张元幹过梁溪（今无锡）拜访李纲，"历论古今成败，数至夜分，语稍洽，爰定交焉。"两人志同道合，相见恨晚，遂成莫逆。

宣和七年（1125）中秋后，张元幹至陈留（今开封），任陈留县丞。

《满江红·自豫章阻风吴城山作》一词，颇能体现张元幹词作的艺术追求。

"春水迷天，桃花浪、几番风恶。云乍起、远山遮尽，晚风还作。绿卷芳洲生杜若，数帆带雨烟中落。傍向来、沙嘴共停桡，伤飘泊。寒犹在，衾偏薄。
肠欲断，愁难着。倚篷窗无寐，引杯孤酌。寒食清明都过却，最怜轻负年时约。
想小楼、终日望归舟，人如削。"[13] 词人抒写旅途中被风雨阻隔的情景和思归
的心情，构思独特，情景交融，遣词精妙，已具有很高的艺术水准。

此时的张元幹，春风意满，少年疏狂，和许多学有所成的官宦子弟一样，
满怀着对未来生活的热爱和似锦前程的憧憬，词作题材多为美景、佳人、春意等
艳情词，醉心于诗词的雅意，形成了清丽婉约，旖旎柔情的风格。但并未认识到
北宋末年的国家已潜伏着深刻的阶级矛盾和民族危机。还缺少对社会变革的感知，
对政治时局忧虑的词作。

三、南北宋之交时局剧变时期张元幹词风的嬗变

北宋宣和末年至南宋建炎初年时局剧变。由于徽宗的昏庸无能，以及严重
的军事、外交错误政策，北宋王朝由盛转衰，外敌入侵，国家危亡。宣和七年（1125）
冬，金军大举进攻京都，一心只想保命外逃的徽宗选择了仓促内禅，传位于太子
赵桓，改年靖康。缺乏治理国家经验和能力的钦宗即位。靖康元年（1126）冬，
金军再次大举入侵，十二月初二（1127年1月16日）金军攻破京都，徽宗、钦
宗被俘。靖康二年（1127）二月初二（3月20日），钦宗被废，在位仅400多天，
北宋灭亡。匆忙之中，康王赵构于是年五月初一即位，改号建炎，南宋伊始。[14]

面对民族危亡的残酷现实何去何从？或投降卖国？或附和权贵，以求苟安？
或逃避现实，退隐山林，过闲人雅士的生活？还是不屈奋起，走上抗金爱国的艰
难之路？张元幹选择了后者。时代剧变，靖康之耻，山河破碎，仕途逆境，战乱
漂泊，种种外因环境的变化强烈地促成着，影响着张元幹抗金爱国思想的形成。

宣和七年（1125）冬，金军分两路大举进犯中原。靖康元年（1126）正月，
东路金军渡过黄河，围攻京都。徽宗仓皇出逃，朝廷震惊。危急关头，钦宗命尚
书右丞兼知枢密院事李纲为京都留守，亲征行营使。张元幹闻讯后即从陈留赶到
京都，投身于李纲幕府，上《却敌书》。张元幹陪同李纲登上城楼，昼夜巡视，
冒着密集的箭矢，指挥军民保卫京都，奋勇抗金。张元幹后来回忆道："（李纲）
建亲征之使名，总行营之兵权，辟置掾曹，公不我鄙。引承人乏，值围攻危急，

羽檄飞驰，寐不解衣，而餐每辍哺，夙夜从事，公多我同。至于登陴拒敌，矢集蝐（猬）毛，左右指麾，不敢爱死。庶几助成公之奇勋，初无爵禄是念也。"[15]

由于军民奋勇保卫京都，金军退却，京都围解。同年四月，张元幹任详议司兵房检讨官。张元幹赋诗《丙午春京城围解口号》，庆祝京都保卫战的胜利，颂赞李纲率三军死守京都的爱国壮举，怒斥了投降派可耻行径，其词作开始随着时代的剧变，转而反映社会现实的重大事件。

这时，金军围攻之势依然，提出割地、赔款、人质苛刻条款。钦宗畏惧，派主和派议和。以李纲为代表的主战派坚持抗金，反对议和，被排挤出朝廷。十月，李纲再度遭贬。张元幹也蒙此罪名被罢。是年冬，京都沦陷，徽、钦二帝被俘虏，押解北上。张元幹肝胆欲裂，愤切之极，连续奋笔写下《感事四首丙午年冬淮上作》，抒发作者对时局剧变的严重关切，遭受亡国之痛的悲愤情感，表达力挽狂澜，为国雪耻的强烈愿望。

建炎元年（1127）四月，高宗即位。五月，起用李纲为相，张元幹也被召回。然不久，由于高宗信任主和派，为相仅七十七天的李纲再遭罢免。张元幹也开始避乱漂泊。建炎三年（1129）秋冬，高宗畏惧金军进攻，出逃越州、明州，又"定策航海避敌"。此时，颠沛流离的张元幹得知，追随赶赴浙江海边。高宗赐金牌，书"虽无銮驾，如朕亲行"，以示嘉许[16]。却又遭谗佞而得罪，幸得挚友翰林院学士汪藻力救始免。

建炎三年（1129）春，金军大举南下，直逼扬州，长江以北中原大地已全部被金军所占。此时的张元幹避乱于吴兴（今湖州），乘舟野渡，遥看焦土，抚事生哀，感慨万千，写下《石州慢·己酉作吴兴舟中》这首悲壮的词作。

"雨急云飞，惊散暮鸦，微弄凉月。谁家疏柳低迷，几点流萤明灭。夜帆风驶，满湖烟水苍茫，菰蒲零乱秋声咽。梦断酒醒时，倚危墙清绝。　心折。长庚光怒，群盗纵横，逆胡猖獗。欲挽天河，一洗中原膏血。两宫何处？塞垣只隔长江，唾壶空击悲歌缺。万里想龙沙，泣孤臣吴越。"[17]

此时的张元幹，已将擅长清丽婉约之词，化为对国家命运，现实社会剧变的之忧，抒"欲挽天河，一洗中原膏血"的壮志未酬之愤。对"群盗""逆胡"的严正批判，对"两宫""危墙"的深刻担忧表达得淋漓尽致。词风转而悲壮、雄浑、豪放。

在屡遭诽谤打击的逆境中，眼看皇帝懦弱，奸权当道，山河破碎，抗金复国无望，张元幹于绍兴元年（1131），以右朝奉郎辞官归里，是年 41 岁。

这段时期，张元幹完成了爱国思想的形成和人格塑造。创作了许多爱国词赋，通过笔触，表达坚持抗金，反对投降，反对议和，收复故土，忧国忧民的政治立场。多选择对局势剧变，国家危亡的担忧，对奸权当道，主和误国的批判，对抗金拒敌，收复中原的强烈期盼的创作内涵，反映词作跟随时代的剧变，深入反映社会现实的重大事件。词风也一改原来追求清丽婉约，旖旎柔情，而嬗变为雄浑而豪放。

四、罢免后漂泊的中晚年时期张元幹词风的确立

辞官后的张元幹进入中晚年，寓居福州，也长期游历漂泊。虽然退归，实未泯灭心中壮志。这个时期张元幹创作了许多对国家命运的关切和忧虑，深沉悲愤的词作。

如他自己所言"投闲二十余年，善类干烦迨遍"。他先后与张浚、邓肃、汪藻、杨时、叶份、叶梦得、薛弼、王傅、李弥逊、赵端礼、袁复、辛炳、向子諲、富直柔、翟汝文、李易、王浚明、王以宁、吕本中、折彦质、赵无量等诸多名士故旧交游，赋词唱和，相互支持，相互鼓励。[18] 所交多为刚正不阿，共同志向，忧国忧民，反对议和之士，也有的是有正义感，有作为的官员。挚友王浚明对他的品格评价道："永福张仲宗，国士也。忠厚足以劝薄俗，义风可以历浮浅。"[19]

尤其是张元幹与李纲、胡铨的长期深交。李纲既是主战抗金的杰出代表，张元幹的直接上级，也是一代词坛名家。《宋全词》就收录了他的词作五十三篇。他们在民族存亡的危急时刻，结下的同生死，共患难的战斗情谊，不论时局如何变化都矢志不渝。胡铨，南宋名臣，张元幹志同道合的多年挚友。力主抗金，刚正不阿，与把持朝权的主和派秦桧之流形同水火。屡遭迫害，不改其志。著有《澹庵集》《胡澹庵先生文集》等传世。张元幹与他志同道合，意气相投，又都擅长词文，自然相互间的影响至深。

绍兴八年（1138）冬，秦桧、孙近、王伦等主和派策划向金称臣纳贡。已被

罢免的李纲得知愤而上书，反对议和卖国。张元幹作《贺新郎·寄李伯纪丞相》，以示积极声援和坚决支持。

"曳杖危楼去。斗垂天、沧波万顷，月流烟渚。扫尽浮云风不定，未放扁舟夜渡。宿雁落、寒芦深处。怅望关河空吊影，正人间、鼻息鸣鼍鼓。谁伴我，醉中舞？　十年一梦扬州路。倚高寒、愁生故国，气吞骄虏。要斩楼兰三尺剑，遗恨琵琶旧语。谩暗涩、铜华尘土。唤取谪仙平章看，过苕溪、尚许垂纶否？风浩荡，欲飞举。"[20]

词人登高"怅望"，满目疮痍，破碎的山河，愁思满肠。抒发对国家命运深切忧虑，对屈膝议和的强烈愤慨，对李纲的抗金的敬仰之情，表达"气吞骄虏"的坚强决心。直抒胸臆，畅快淋漓，雄浑豪放，成为千古名篇。

同是绍兴八年（1138）冬，胡铨上书反对议和，请斩秦桧、孙近、王伦以谢天下。秦桧大怒，欲置之死地而后快，胡铨因此被谪昭州（今广西平乐）。

绍兴十年（1140）正月十五日，一代主战名将李纲病逝于福州。张元幹悲痛万分。"闻讣之日，若噩梦然，不知涕泗之横集"，连写《挽少师相国李公五首》和祭文两篇，表明他与李纲的密切关系和深厚的情谊，也反映了张元幹的生平思想和人格力量。

绍兴十二年（1142）七月，胡铨又遭陷害，再贬新州（今广东新兴县）管制。时诸多亲友恐遭连累，避之不及。而张元幹激于义愤，不顾个人安危，为胡铨伸张正义，作《贺新郎·送胡邦衡谪新州》词，并为之饯别。

"梦绕神州路。怅秋风、连营画角，故宫离黍。底事昆仑倾砥柱，九地黄流乱注？聚万落、千村狐兔。天意从来难高问，况人情、老易悲如许。更南浦，送君去。　凉生岸柳催残暑。耿斜河、疏星淡月，断云微度。万里江山知何处？回首对床夜语。雁不到、书成谁与。目尽青天怀今古，肯儿曹、恩怨相尔汝！举大白，听金缕。"[21]

整个词境深沉，词风悲壮。以此表达送别之情，更以此来纵怀古今，沉思人生，关心国家和社会，其思想境界的表达更加深沉，更加高远。只有正义凛然之志，深厚情感之义，旷世词才之人方能做出这铿锵有力的金石之声。

历史就是这般不公。绍兴二十一年（1151），九年之后，已辞官二十年，60

岁的张元幹因作《贺新郎》词送胡铨一事被告发，秦桧恨之，将张元幹逮捕至临安，并抄家，"以他事追赴大理寺狱。"[22]

是年，张元幹出狱后作《水调歌头·罢秩后漫兴》词抒愤，以旷达之笔，表达不甘屈服，无所畏惧之怀，词风更显豁达。

"放浪形骸外，憔悴山泽癯。倒冠落佩，此心不待白髭须。聊复脱身鹓鹭，未暇先寻水竹，娇首汉庭疏。长夏啖丹荔，两纪傲闲居。

忽风飘，连雨打，向西湖。藕花深处，尚能同载鲗生无。听子谈天舌本，浇我书空胸次，醉卧踏冰壶。毕竟凌烟像，何以辋川图。"[23]

绍兴二十七年（1157）春，已入暮年的张元幹作《水调歌头·丁丑春与钟离少翁、张元鉴登垂虹》。

"拄策松江上，举酒酹三高。此生飘荡，往来身世两徒劳。长羡五湖烟艇，好是秋风鲈鲙，泽笠久蓬蒿。想象英灵在，千古傲云涛。 俯沧浪，舌空旷，恍神交。解衣盘礴，政须一笑属吾曹。洗尽人间尘土，扫去胸中冰炭，痛饮读离骚。纵有垂天翼，何用钓连鳌！"[24]

词作立意高远，词境开阔，词风悲壮。忧国之情，跃然纸上。晚清著名词家陈廷焯评价："结（句）悲愤。"

词言志，贵在品。只有人品，方得词品。张元幹就是这样，以正义凛然，高尚人格的爱国情怀为内因，面对时局剧变，国家危亡，山河破碎，仕途逆境、漂泊流离等各种坎坷境遇的外因变化，通过亲身经历血与火的历练，情感产生重大的变化，爱国思想愈加坚定，诗词创作的艺术水平和思想境界不断升华。其词赋的题材、内容也由绮罗香泽转变为家国忧思，完成了词风从清丽婉约、旖旎柔情向雄浑豪放，深沉悲壮的嬗变和确立。成为一代爱国词赋的重要代表人物。为后世景仰，为万古传唱。

【参考文献】

[1] 萧忠生著：《张元幹生平大事记》，《张元幹研究文集》，张守祥主编，海潮摄影艺术出版社，2010年，第284页。

[2] 官桂铨著：《词人张元幹世系》，《张元幹研究文集》，张守祥主编，海潮摄影艺术出版社，2010 年，第 262-265 页。

[3] 永泰县地方志编纂委员会编：《（明·万历）永福县志》，海峡书局，2012 年，第 76 页。

[4] 张发平著：《张元幹家族渊源及世系考》，《张元幹研究文集》，张守祥主编，海潮摄影艺术出版社，2010 年，第 269 页。

[5] 萧忠生著：《张元幹生平大事记》，《张元幹研究文集》，张守祥主编，海潮摄影艺术出版社，2010 年，第 284 页。

[6]（宋）欧阳懋：《宣政间名贤题跋》，《芦川归来集》卷十附录，张元幹撰，上海古籍出版社，1978 年，第 204 页。

[7] 曹济平著：《张元幹词研究（增订本）》，南京师范大学出版社，2013 年，第 14 页。

[8] 王兆鹏著，《张元幹年谱》，南京出版社，1989 年，第 23 页。

[9]（宋）李纲：《宣政间名贤题跋》，《芦川归来集》卷十附录，张元幹撰，上海古籍出版社，1978 年，第 206、207 页。

[10][11] 邹艳、陈媛编著：《张元幹词全集（汇校汇注汇评）》，崇文书局，2017 年，第 153、154 页，第 96、97 页。

[12] 萧忠生：《张元幹生平大事记》，《张元幹研究文集》，张守祥主编，海潮摄影艺术出版社，2010 年，第 289-291 页。

[13]（宋）张元幹著，曹济平导读：《张元幹词集》，上海古籍出版社，2011 年，第 6 页。

[14] 陈振著：《宋史》，上海人民出版社，2003 年，第 422-425 页。

[15] 曹济平著：《张元幹词研究（增订本）》，南京师范大学出版社，2013 年，第 67、68 页。

[16] 萧忠生著：《张元幹生平大事记》，《张元幹研究文集》，张守祥主编，海潮摄影艺术出版社，2010 年，第 294 页。

[17] 贺新辉主编：《全宋词鉴赏辞典（豪华珍藏本）》，中国妇女出版社，2004 年第 2 版，第 899-901 页。

[18] 萧忠生：《张元幹生平大事记》，《张元幹研究文集》，张守祥主编，海潮摄影艺术出版社，2010 年，第 296-306 页。

[19]（宋）王浚明：《宣政间名贤题跋》，《芦川归来集》卷十，附录，张元幹撰，上海古籍出版社，1978 年，第 209 页。

[20][21]（宋）张元幹著，曹济平笺注：《芦川诗笺注》，上海古籍出版社，2010年，第1-4页，第4-9页。

[22] 萧忠生：《张元幹生平大事记》，《张元幹研究文集》，张守祥主编，海峡摄影艺术出版社，2010年，第305页。

[23]（宋）张元幹著，曹济平笺注：《芦川诗笺注》，上海古籍出版社，2010年，第54-57页。

[24] 李长路、贺乃贤、张巨才释：《全宋词选释》，北京出版社，1994年版，1995年7月第2次印刷，第288页。

研学旅行视阈下的福建先贤张元幹

河南牧业经济学院　　刘亚轩

摘　要：目前，研学旅行在全国开展得如火如荼。研学旅行与历史文化息息相关。张元幹是福建历史文化名人，从研学旅行的视角对张元幹进行研究，可以极大地提升张元幹的知名度，为张元幹的后续研究奠定坚实的基础。课程开发是研学旅行的核心。要围绕着张元幹进行系列课程的开发设计。张元幹研学旅行课程开发要遵循以下原则：课程目标的明确性，课程目标的综合性，教学方式的实践性，课程资源的整合性。

关键词：张元幹；研学旅行；课程

2016年11月底，教育部等11部门联合发布《关于推进中小学研学旅行的意见》。这标志着研学旅行正式开始。此后，研学旅行突飞猛进。国家级、省级研学旅行基地相继公布。教育部门、旅行社、景区等相关机构纷纷涉足研学旅行。诸多大学的教育学院或者旅游学院成立了研学旅行研究中心。各省相继组建了研学旅行协会。研学旅行的发展形势一片大好。

游中学和学中游是研学旅行的宗旨。研学旅行的根本目的就是通过学生的外出旅行，把课本知识与实践知识结合起来，通过学生的亲身实践，加深学生对自然和社会的认识与体悟，对学生进行爱国主义教育。"研学旅行活动承载着道德素养的养成、创新精神的培育、实践能力的培养等多个方面的教育。"[1]作为旅游大省，福建旅游资源丰富，特别是自然旅游资源。夏季是福建旅游的高峰，众

作者简介：刘亚轩，历史学博士，河南牧业经济学院旅游学院教授。

多旅行社把福建作为研学旅行的首选，推出了多条研学旅行线路。福建省各地踊跃组建研学旅行协会，出台研学旅行管理办法，举办了多期研学旅行导师培训班，召开了多次研学旅行论坛，这更加彰显了福建省研学旅行的魅力。

目前福建的研学旅行线路大多集中在鼓浪屿、武夷山、清源山、太姥山、平潭岛、湄洲岛、泰宁风景区等自然景点、福建省革命历史纪念馆、古田会议旧址、长汀红色旧址群、中央苏区（闽西）博物馆、中共福建省委机关革命遗址、闽西革命烈士陵园、泉州市革命烈士陵园、新四军驻福州办事处旧址等红色景点以及客家土楼、三坊七巷、开元寺、泉州府文庙、洛阳桥、清净寺、伊斯兰教圣墓、南少林寺、朱熹故居、王审知墓、云水谣古镇等人文景点，对于张元幹则几乎没有关注。永泰县本地的研学旅行路线则围绕着青云山、天门山、云顶、莒溪、立雪书院、千江月农场等进行，并没有聚焦于张元幹。张元幹被研学旅行忽略，既是一个遗憾，也是一个机遇。从研学旅行的视阈研究宣传张元幹，大有可为。

苏东坡和张元幹都是宋朝的历史文化名人，是豪放派诗词的代表人物。苏东坡因为其独立特行的处事方式和杰出的文学才能而大名鼎鼎。国内外关于苏东坡的研究成果汗牛充栋，专著有《苏轼的哲学观与文艺观》《苏轼的庄子学》《苏东坡的诗词与人生》《苏东坡的感情世界》《苏东坡传奇》《苏东坡在海南岛》《苏东坡在黄州》《豪放词宗苏东坡》《千古文豪苏东坡》《苏东坡和杭州》《苏东坡政治主张探究》等。论文更是多得不可胜数，在中国知网搜索，以"苏轼"为题目的论文有9856篇，以"苏东坡"为题目的论文有2241篇。与苏东坡相比，张元幹则显得比较落寞。开封被金兵围困时，张元幹参加了著名的东京保卫战。张元幹痛恨秦桧的卖国行为，多次写诗歌予以讽刺，从而导致"张元幹晚年遭受秦桧的残酷迫害，家中被抄，凡语及讽刺者，悉数被搜去，故他的诗词和文章散佚较多"。[2] 张元幹仅有《芦川归来集》《芦川词》留存于世，收录诗词180首。张元幹的资料比较少，国内外对张元幹的研究不多。在中国知网搜索，以"张元幹"为题目的论文只有62篇，比苏东坡少多了。相关研究集中在张元幹的诗词上，如钟伟兰的《浅论张元幹爱国主义诗词的艺术审美特质》、金欢的《张元幹词对苏轼词的接受研究》、罗笑的《张元幹南渡前后词作抒情主人公的转变》、姚璐雅的《张元幹词作悲壮风格探析》、张兆侠的《张元幹词中"月亮"意象视界浅探》、云亮的《论张元幹爱国词在文学史上的地位》等。张元幹"《宋史》无传，宋代文献资料所载其生平事迹不详，散见于宋人史籍、词选本和文章中的有关籍贯问题，说法颇不一致"。[3] 故此，也有人对张元幹的籍贯进行了考证，如谭燕的《张元幹籍贯新证》、张守存的《张元幹籍贯考》、曹济平的《关于张元幹的籍贯问题》等。

张元幹"继苏轼之后，启辛弃疾之先，使词具有更广阔的社会内容，并率先以词干预生活，反映社会重大问题和主要矛盾，同时在爱国主义深情的基础上创造出悲凉慷慨，雄放沉郁的风格"。[4] 我们要扩大张元幹的研究范围，从文学、政治、社会、历史等方面对张元幹进行系统深入的研究。只有这样，才能够还原真实的张元幹，达到文化自信。

张元幹出生于福建省永泰县嵩口镇月洲村，是永泰县地地道道的乡土历史文化名人。挖掘乡土文化，培养热爱家乡之情是研学旅行的重要内容。从研学旅行的视角对张元幹进行研究，可以极大地提升张元幹的知名度，为张元幹的后续研究奠定坚实的基础。

课程开发是研学旅行的核心。要围绕着张元幹进行系列课程的开发设计。张元幹研学旅行课程开发要遵循以下原则：课程目标的明确性，课程目标的综合性，教学方式的实践性，课程资源的整合性。

一、课程目标的明确性

张元幹研学旅行课程必须要有自己明确的目标，游而不学和学而不游两种情况不能出现在张元幹研学之中。游而不学，顾名思义，就是学生在游览时走马观花，蜻蜓点水。学生漫无目的地游览并不能给他们带来知识上的提升和眼界上的开阔。从表面上看，学生热热闹闹地在张元幹的历史长河中游览，张元幹人气很旺，但实际上，学生在游览过程中并没有获得什么知识。游览之后，如果向学生询问张元幹的相关事情，学生一脸茫然。游而不学与研学旅行的教育理念相去甚远，严重违背了研学旅行的宗旨。故此，张元幹研学旅行课程开发要力避游而不学情况的出现。学而不游，指的是学生在游览时的痛苦状况。学生来游览的目的是为了放松心情调节情绪。然而，学生在游览时被安排了过多的讲解。这和学生在校学习没有什么区别，唯一不同的就是把教室搬到了游览地。学而不游是变相的课堂教学，学生尽管会从中学习到一些知识，但是比较枯燥乏味，与研学旅行轻松愉快的氛围形成了鲜明的对比。之所以会出现游而不学和学而不游，根本原因就在于缺乏明确的游玩目标。所以，张元幹研学旅行课程的目标要明确。张元幹研学旅行课程既包括研学的目标也包括游玩的目标，二者是密不可分的。惟其如此，学生才能够在愉悦的氛围之中获得知识，开阔眼界，真正达到研学旅行的教育目的。明确的课程目标是研学旅行与校外活动的根本区别，也是研学旅行与旅游的不同之处。

二、课程目标的综合性

知识目标、能力目标和情感目标构成了课程目标的综合性。知识目标是通过课程学习学生需要掌握的基本知识要求。能力目标是学生在课程学习之后需要掌握的技能。情感目标则是学生通过学习需要达到的情感态度。很多课程设计往往把这三个目标分割开来。张元幹研学旅行课程设计要把这些目标有机统一起来。在设计研学旅行活动方案时，知识目标、能力目标、情感目标融合在一起，从而使得学生在不知不觉之中获得了知识，陶冶了情操，愉悦了身心，真正实现了研学结合，达到了学中游、游中学的目的，体现了寓教于乐的教育理念。例如，在设计张元幹研学旅行课程方案时，课程目标的综合性可以这样构思。知识目标：了解张元幹的生平，熟悉张元幹在东京保卫战中的作用，掌握张元幹的代表作。能力目标：能够区分豪放词和婉约词的差别，能够以团队的形式通过学习和实践，从张元幹事迹中体悟中华传统文化中的忧国忧民思想。情感目标：感受到张元幹在内忧外患之下的拳拳爱国之心，增进对张元幹的崇敬之情，认识到中国的今天来之不易。张元幹研学旅行课程开发把三大目标融为一体，必然能够激发学生的积极性。学生通过研学对张元幹有了更加透彻的了解，可以在更广阔的空间上宣传张元幹，在研学的学生当中更有可能涌现出研究张元幹的后辈人才。

三、教学方式的实践性

所谓实践性，通俗地讲，就是互动、体验和动手。实践性是研学旅行有别于传统课程的最大特点，在整个研学旅行过程中，实践性必不可少。张元幹研学旅行课程开发必须突出教学方式的实践性。张元幹研学旅行在教学方式上要摒弃传统课堂教学填鸭式的教学方法，通过多互动，来达到教学目的。如果实在需要进行讲解，在讲解的具体方法上切忌满堂灌，要多采用启发式、趣味性、故事性的讲解方法。这些方法可以把死的知识讲活，讲得更加透彻，让学生在兴趣盎然之中掌握知识。张元幹研学旅行的讲解，在时间上要有所控制，每次讲解的时间不要超过 10 分钟。毕竟，学生研学旅行是要通过实践来获取观感。讲解时间过长，即使方法生动有趣，学生也会产生疲倦感，觉得与在校内上课没什么区别。张元幹研学旅行课程要通过实践性的教学方式，激发学生的积极性，充分调动学生的视觉、嗅觉、听觉、触觉等各种感官的感觉，使得学生的全部身心都投入到研学旅行之中。学生全身心地参加张元幹研学旅行，会更加容易地获取知识。这样的知识不但难以忘记，而且获取的过程也会印象深刻。

张元幹研学旅行课程开发在体现实践性的同时，也要和课程目标相一致。如果置课程目标于不顾，单纯地进行一些体验和互动，即使这样的实践很精彩，就课程开发而言，也是失败的。毕竟，张元幹研学旅行课程开发的实践性是要为课程目标服务的。任何脱离课程目标的实践活动都是不合格的。张元幹研学旅行课程开发的实践性必须以课程目标为中心，不能够脱离课程目标而盲目实践。张元幹研学旅行课程目标通过实践活动而实现，实践活动以课程目标为核心。知识、能力、情感三大课程目标，如果能够在张元幹课程开发实践活动的一个环节全部实现，这当然是最好不过。如果无法全部实现，可以一个实践环节实现一个课程目标。无论如何，实践活动与课程目标保持一致是张元幹研学旅行课程开发必须遵循的原则。学生到张元幹纪念馆进行研学旅行，中午搞诗歌朗诵会。如果朗诵会没有主题，抑或是朗诵会有主题，但是主题活动与张元幹无关，这样的朗诵会即使举办得再出色，也是失败的，因为它脱离了张元幹研学旅行的主题及课程目标。反之，如果朗诵会以张元幹为主题，进行张元幹诗歌或者是以张元幹为代表的爱国诗人的诗歌朗诵，那么，这样的朗诵会不但契合了张元幹研学旅行的主题，而且与课程目标也一致，毫无疑问是合格的，而且会在更深的程度上促进学生对张元幹的了解。

四、课程资源的整合性

张元幹研学旅行课程的开发，不能脱离学生实际的课堂教学进度，而且还要兼顾学生的知识结构及接受能力。这是研学旅行课程开发的关键之处，也是研学旅行的质量保证。那么，张元幹研学旅行课程开发如何实现和学校课程的无缝对接呢？这就要整合教育资源。

（一）张元幹研学旅行课程开发要整合校内外的教育资源

研学旅行是学生接触社会的桥梁。通过研学旅行，学生得以跨越封闭的校园，走向万象丛生的校外环境，从死记硬背的课本知识走向瞬息万变的人类社会，从单调乏味的课堂教学进入五彩缤纷的大自然。可以说，研学旅行架起了学生理论与实践相结合，间接知识和直接知识相结合的桥梁。具体而言，在张元幹研学旅行课程开发时，如何做到校外教育资源与校内教育资源的结合呢？实际上，校内教育资源是张元幹研学旅行课程开发的前提和基础。离开校内教育资源，张元幹研学旅行课程开发就是无本之木无源之水。相对于校内教育资源而言，校外教育资源是校内教育资源的外延。由此可见，在张元幹研学旅行课程开发中，校外教育资源依赖校内教育资源而存在。校内教育资源是校外教育资源的依靠，从校内到校外，这是一条单方向的路线，并不能互换。张元幹研学旅行课程开发立足于校内，要在充分了解学生所学课程的基础上，根据不同年龄段的学生情况，把校外教育资源有机地衔接进来。张元幹研学旅行课程的开发，不是校内教育资源依附于校外教育资源，而是校外教育资源要融入到校内教育资源之中。校内教育资源是主，校外教育资源是客。张元幹研学旅行课程开发一定要以校内教育资源为基础。千万不能忽视学生的年龄阶段、知识水平、接受能力，仅仅立足于校外教育资源就进行课程开发。这样开发的张元幹研学旅行课程，既不科学，也不接地气，更不会有市场，其结果注定是失败的。例如，初一的学生到张元幹纪念馆进行研学旅行，研学导师无视学生的实际情况，而是一味地从纪念馆的角度出发，对初一学生大谈古代的官员制度、科举制度、书法知识，尽管设计了不少互动和体验环节，学生理解起来仍然困难重重。这样的研学旅行课程设计不但扼杀了学生的求知欲，而且还使得他们对张元幹不感兴趣，不利于张元幹研究的开展。如果考虑到初一学生的实际，立足于他们都在校内学习过历史课这一事实，把张元幹纪念馆的教育资源作为历史课的外延，对他们谈论张元幹幼年苦学、积极与金兵作战、努力与李纲携手对付投降派、坚决抵制秦桧、提携张孝祥等事情，以讲故事的形式进行，他们定会听得津津有味。这样，在不知不觉中对学生进行了思想道德教育，同时也宣传了张元幹，可谓是一举两得。

为了更好地进行张元幹研学旅行课程开发，相关人员要下功夫把校内教育资源吃透，对校内课程烂熟于心，还要熟悉当地的中小学教育政策，以便更好地把校外教育资源和校内教育资源衔接起来，实现校外教育资源与校内教育资源最大程度的整合，从而达到校内教育资源外延之目的。

（二）张元幹研学旅行课程开发要整合跨学科跨专业的教育资源

研学旅行是对校内教育的补充。补充包括知识方面的、实践方面的、素质方面的等等。就张元幹研学旅行课程开发而言，知识方面的补充是最关键的。校内教育资源专业局限性比较大，不但分门别类，而且相互联系度低。校内教育资源在课程设置上分为语文、数学、英语、物理、化学、政治、生物、历史、地理、音乐、体育、信息技术等。这些课程相互之间的关联度很低。这样，原本完整的知识结构被拆分得支离破碎，以碎片化的形式呈现在学生面前。长时间受制于碎片化教学，学生一时间也不知道如何把这些知识整合起来。张元幹研学旅行课程的开发要精益求精，在最大程度上打破学科和专业的桎梏，全面地多角度地整合资源，使得学生在张元幹研学旅行之中所获得的知识是综合的，所得到的体验是全方位的，所进行的素质锻炼是多维度的。

学生到张元幹纪念馆研学，如果从常规出发，设计成历史知识的学习就行了。张元幹是一个历史人物，学生从历史的角度对张元幹进行纵向研学无可厚非。研学中的互动和体验无疑会使得学生心花怒放。但是，这样的研学设计内容比较单一，不利于学生的全面发展。张元幹首先是一个政治家，其次还是文学家。张元幹辗转多地为官，致仕后又四处漫游，各地的地理状况、动植物有所不同。在信息化时代，可以用多媒体技术更好地展现张元幹。如果打破学科的限制，把张元幹的研学从历史领域延伸到政治、语文、地理、生物、信息技术，乃至数学、物理和化学领域，这样，张元幹研学旅行课程在内容方面就非常完备全面了。张元幹研学在主题归属上本来是历史类的，精心设计的张元幹研学旅行课程让张元幹立体化地呈现在学生面前，学生对张元幹的了解会更加深入和全面。在不知不觉中，学生的知识结构得以整合，综合素质得以提高。

张元幹研学旅行课程开发主要包括两个部分：张元幹纪念馆和张元幹故居。

张元幹纪念馆是张元幹研学旅行课程开发的基础。可以设计多个主题，对张元幹纪念馆进行研学，例如张元幹家世、张元幹与李纲、张元幹与胡铨、张元幹与李光、张元幹与赵鼎、张元幹与靖康之变、张元幹与豪放词等。在研学的过程中，进行各种活动和体验，穿插相关的各种延伸知识，例如皇帝知识、诗词知识、历史知识等。张元幹纪念馆的研学目的在于让学生全面了解张元幹。

张元幹故居是张元幹研学旅行课程开发的提升。张元幹在永泰县嵩口镇月洲村出生、成长，月洲村养育了张元幹。学生了解张元幹之后，就会对月洲村产生兴趣。这时，月洲村的研学就提上了日程。月洲村是国家林业和草原局认定的国家森林乡村，是全国乡村旅游重点村，是福建省乡村治理示范村，是福州十大魅力乡村。可以根据月洲村的具体情况，精心设计不同的研学主题，让学生在研学中了解月洲村。无疑，这对于扩大月洲村的知名度和吸引更多的游客都是有积极意义的。

【参考文献】

[1] 陆庆祥：《研学旅行理论与实践》，北京教育出版社，2018年，第7页。

[2] 曹济平：《张元幹词研究》，齐鲁书社，1993年，第167页。

[3] 曹济平：《张元幹词研究》，齐鲁书社，1993年，第1页。

[4] 云亮：《论张元幹爱国词在文学史上的地位》，《中山大学学报》，2015年第3期第114页。

愈挫爱国意志愈坚的诗人张元幹

福州市社会科学院　　张忠松

摘　要： 文章共分三部分，第一部分梳理了张元幹多次被免职复职的经过，但从未向生活中的苦难屈服，也并未因不公际遇消沉。仍然心念故国，心忧民众，爱国忧民情怀矢志不渝，一以贯之。第二部分，探讨了张元幹爱国思想的来源，主要是三个方面，家学渊源，榜样熏陶，朋友引导。第三部分分析了张元幹爱国思想对今天的启示。一，丰富的知识积累，是坚定坚持爱国主义思想的基础。二，坚持实践，是坚定坚持爱国主义思想的关键。三，熟练掌握一项技能，在自己岗位做出成绩，是坚定坚持爱国主义思想的根本。

关键词： 官海沉浮；爱国主义；思想来源；启示

今年是南北宋之交的爱国诗人张元幹930周年（1091—1161）诞辰。人们用各种方式纪念这位在中国历史上有重要影响的爱国主义诗词大家。本文就张元幹在参加抗金、支持抗金、反对议和却屡遭罢免、打击，愈打击爱国意志愈坚定，并以诗词为武器与主和派、投降派做不屈斗争的品格，进行梳理，从中展示张元幹人格光辉。

"诗文有风骨砥柱社稷，清袖存正义气吞山河。"这句诗概括了爱国词人张元幹的一生。在悠悠的历史长河中，张元幹并不耀眼，官不大，到离任时也只是一名朝议大夫。但是张元幹秉承"做官为民，为国尽忠"的为官理念，致力于将内在的德性转化为外在事功的爱国忧民之道。始终坚持"以仁育万物，以义正万民，

作者简介： 张忠松，福州市社会科学院历史文化研究所原所长、研究员。

天道行而万物顺，圣德修而万民化"的处世精神。张元幹一生都在探寻救国为民的道路。为官期间重民生，行德政，以官清廉受到当地百姓的爱戴。他的爱国精神，灿烂词章，光辉人格将永远受到民众尊崇，被历史铭记。

爱国主义是一种以民族国家为崇拜对象的信仰，是民族主义的出现而诞生的。当一个民族面临另一个民族的入侵，其自身的生存及其所关注的对象面临威胁，这种情景最能激发本民族人民的爱国情怀。人的爱国情怀的表现形式是与他生活的时代环境紧密相关，与他的所受的教育直接相联系。有的人爱国停留在口头上，有的落实在行动上。有的人有爱国之心，遇到挫折即意志消沉，思想动摇，有的人愈挫爱国意志愈坚定。张元幹就是屡遭罢免、屡受挫折爱国意志愈坚定的爱国诗人。

一、多次受打击，罢免，爱国信念不动摇

（一）第一次被罢免

靖康元年（1126）正月，金兵数路入侵，兵临汴京城下，在李纲竭力争取下，得到宋钦宗的同意，担任亲征行营使，主持抗金。张元幹担任李纲的僚属，全力支持抗金。并以一介文士，投入李纲指挥的历史上著名的汴京保卫战。张元幹与李纲一道，冒雨矢亲临城上指挥杀敌，与金兵日夜奋战，表现非常勇敢。后来张元幹回忆这次战斗："城守麾强弩，诸班果翕然。云梯攻正急，雨箭勇争先。中夜飞雷炮，平明破火船。"在《祭李丞相文》中又云："直围城危急，羽檄飞驰，寐不解衣，而餐每辍哺，夙夜从事，公我我同。至于登牌拒敌，矢集如猬毛，左右指麾，不敢爱死。庶几助成公之奇勋，初无爵禄是念也。"

战斗非常激烈，张元幹以赤诚的爱国之心亲临阵地与侵略者面对面英勇厮杀，誓死如归，毫不计较个人功利得失。

金军知守城有备，遂退兵，京都保卫战取得胜利。胜利时刻的张元幹作《丙午春京城围解口号》，欢呼这次保卫京城战斗的胜利。诗中有"九庙安全日，三军死守心。倘为襄汉幸，良复见于今"之句，称颂李纲及三军"死守"京城的爱国之心。表达了抗敌斗争的坚定信心。

历经战斗洗礼取得了胜利，使张元幹爱国激情倍增。张元幹，终于实现了"谈

笑从军"的愿望，怀着民族之恨和家国之仇，以巨大的热情和精力投入到轰轰烈烈的抗金斗争中，这次战斗经历奠定了张元幹终身矢志不移的爱国行为。

参加京都保卫战半年后，李纲遭投降派耿南仲等所忌，被排挤出朝，张元幹因紧跟李纲抗金，又为李纲被奸臣排挤出朝而鸣不平，也被罢免。金兵见宋主战派被排挤，京都防备已松懈，便再度攻打汴京，京都很快沦陷。徽、钦二帝被俘，北宋灭亡。张元幹闻京都失守，初春全城军民死守京城之功毁于误国权奸之手，愤切之极，便作《感事四首》诗：

"国步何多难，天骄据孟津。焦劳唯圣主，游说尽奸臣。再造今谁力，重围忌太频。风吹迁客泪，为洒属车尘。

血洒三城渡，心寒两路兵。洛师闻已破，陵邑得无惊？愤切吞妖孽，悲凉托圣明。本朝仁泽厚，会复见承平。

戎马环京洛，朝廷尚议和。伤心闻徇地，痛恨竟投戈。始望全三镇，谁谋弃两河。群凶未菹醢，吾合老江波。

肉食贪谋已，几成国与人。珠旒轻遗贼，玉册忍称臣。四海皆流涕，三军盍奋身。不堪宗社辱，一战靖边尘。"

表达"伤心闻徇地，痛恨竟投戈"悲愤之情，热切希望"一战靖边尘"投入抗敌复国斗争。诗中可以看出他的爱国之心以及无力回天的叹恨。在这里，张元幹极度地抒发了对主战派被压抑被迫害的不幸遭遇的不满，洋溢着他高昂而深沉的爱国精神，勇于批判当时妥协投降的政治现实，在词坛上吹响了反对侵略、坚决抗敌的号角，让人仿佛能够感觉到那种无声的控诉。

（二）第二次被罢免

建炎元年(1127)五月，宋高宗重新启用李纲为宰相，张元幹被召回为朝议大夫，将作少监。由于高宗信任主和派，李纲受排挤，任宰相仅70多天就被罢免。张元幹亦被免。

张元幹对此深感愤慨。建炎三年（1129）秋，张元幹目睹国势日削，南宋王朝仅存江南一隅，义愤填膺，遂赋《石州慢·己酉秋吴兴舟中作》词，词曰："……群盗纵横，逆胡猖獗。欲挽天河，一洗中原膏血。两宫何处？塞垣只隔长江，唾壶空击悲歌缺。万里想龙沙，泣孤臣吴越。"词中抒发张元幹收复中原的豪迈气慨和壮志难酬的悲愤心情，并表达对李纲抗金斗争的支持。此时，张元幹也遭到朝廷奸臣之谤，烦闷、不满并且对南宋朝廷不抵抗，偏安一隅有着无限的忧虑。他一心想收复失地的愿望破灭了。

（三）第三次被罢免

建炎三年（1129）腊月，张元幹追随高宗至浙江海边，赠正义大夫，充抚谕使，御赐金牌"虽无銮驾，如朕亲行"恩宠有加，说明张元幹的学识、能力、人品得到高宗帝的认可。正想发挥自己聪明才智"上复九庙仇，下宽四民苦"，大干一场之际，却遭投降派造谣中伤，诽谤，幸友人汪藻援救得以免罪。但他不消沉，举家避乱，重返吴兴，在与好友唱和中写了许多诗词，表达了自己反对议和，收复失地的志向。然而"胸中有成奏，无路不容吐"（和韵奉酬王原父集福山之什）"始终誓复仇，志愿久已确"（过白彪访沈次律有感十六韵）表达誓与入侵者作斗争的决心。然而，张元幹抗敌救国的决心，只能留存心底，化作一首首愤慨词章，激励人们与侵略者做斗争。

（四）不屑与奸臣同朝，自动辞职

高宗绍兴元年（1131）高宗征召张元幹为右朝奉郎。看到高宗帝定居临安，沉湎歌舞只求苟安，无心收复失地，并任秦桧为参知政事（相当宰相）张元幹"不屑与奸佞同朝，翩然挂去"。壮岁之年不得不"致仕"退休。郁闷、烦恼、愁苦可想而知，但是对于国家、对于百姓他从未放弃，仍然"忧四海之横溃，同两宫之播迁"，一有机会就先当道者进言，期望伸其谋略，酬其壮志。

辞去了右朝奉郎官职归里。在福州其间，但他仍时刻关心抗击金兵、收复中原的大事，其间写了大量诗词，表达自己抗击金兵的决心和忧国的情感。"小隐故山今去好，中原遗恨几时休"。（《次韵陈德用明府赠别之什》）"西窗一夜潇潇雨，梦绕中原去"。（《虞美人》）他仍然关心社稷，牵挂沦陷的中原失地和惨遭涂炭的黎民百姓。

（五）抄家入狱，不改报国之志

绍兴八年（1138），枢密院编修胡铨上疏反对议和，请斩秦桧、王伦、孙近三奸臣以谢天下。朝野震惊，秦桧一伙恼羞成怒，唆使亲信诬陷胡铨，将其贬谪新州。许多同僚畏惧秦桧权势，避之唯恐不速，张元幹却感佩于胡铨的勇气，不顾个人安危，不惧得罪权贵，亲自为胡铨送行，填了一阕《贺新郎·送胡邦衡待制赴新州》为胡铨壮行，表达自己反对议和的立场和对主和派割地求和的义愤。其为人刚正不屈，凛然正气表露无遗。

同月，李纲于福州上疏，反对朝廷议和卖国，张元幹又填《贺新郎·寄李伯纪丞相》，抒发自己"气吞骄虏"的壮志和对奸佞所谓"欲息干戈"的愤慨。这二首《贺新郎》表达了张元幹支持抗金、收复中原的鲜明态度，对胡铨、李纲坚决主战、反对议和的行动表示无限的钦佩，并给予坚决支持，期盼李纲继续高举抗金旗帜，为收复中原做出贡献，并劝诚统治者不要忘记"遗恨琵琶旧语"，要吸取前朝亡国教训，其爱国忧民之情在字里行间闪耀。

秦桧得知张元幹为胡铨作词送行，将他削职除名抄家入狱。61岁的张元幹在狱中历经磨难。但并没有磨灭他的爱国意志。绍兴二十五年（1155），秦桧死，张元幹得以出狱。出狱后寓游苏州、杭州，镇江各地，与友人唱和，表达"整顿乾坤，郭清宇宙，男儿此志会须伸"的爱国壮志。

纵观张元幹一生，宦海沉浮，任职，罢免，再任职，再罢免，直至被投入监狱。但从未向生活中的苦难屈服，也并未因不公际遇消沉。仍然心念故国，心忧民众，爱国忧民情怀矢志不渝，一以贯之。张元幹坚定的爱国意志令人敬佩，也为后人树立了终生爱国的榜样。

二、张元幹爱国思想的形成

爱国主义是一个历史范畴，在不同时代有不同的内涵，在社会发展的不同阶段、不同时期有不同的具体内容。列宁说爱国主义是千百年来发展起来的对自己的祖国的一种最深厚的感情。我们所讲的爱国主义，作为一种体现人民群众对自己祖国深厚感情的崇高精神，是同促进历史发展密切联系在一起的，是同维护国家独立和广大人民的根本利益密切相联系。张元幹爱国思想是他亲身经历的保卫京都战斗以及经历坎坷曲折和人生磨难之后，以自己的学识认知判断及亲友引导的结果。张元幹坚定的爱国主义思想形成主要来自三个方面。

（一）家学渊源

张元幹生于豪门大户之家。祖父张肩孟，皇祐五年（1053）进士，官至朝散郎，通判歙州，赠少师，谥文靖。生有五子，相继登进士第，都做了官，被时人誉为"丹桂五枝芳"。最小儿子张动，便是张元幹父亲。张动，字安道，官至龙图阁直学士，诗人。张元幹从出生至 15 岁，均在福建永泰嵩口月洲读书、生活。张元幹从风景奇丽的小山村，吸取了天地之灵气，造就他聪慧、敏悟、善友、尊亲的个性。家中丰富的存书，使其从小就有机会博览群书，天资聪慧加上悉心苦读，小小年纪就已熟知儒家忠君爱国思想。

（二）榜样的熏陶

张元幹舅父向子諲（1085—1152），字伯恭，号芗村居士，临江（今江西清江县）人，在金兵南侵的时候，曾在潭州亲自率领部队和金兵作战，并且坚决反对议和，是一位富有爱国思想的人。他对张元幹爱国思想形成有直接影响。张元幹是一位胸怀壮志的青年，在国家存亡的关头他并不甘心仅仅舞文弄墨，迫切要求投身火热的抗金斗争，为统一祖国做一番事业。他在《陇头泉》词里追忆年轻时代的生活说："少年时，壮怀谁与重论。视文章，真成小技，要知吾道称尊。奏公车治安秘计，乐油幕谈笑从军。"这就是他年轻时要求从军上前线抗击金兵心情的真实写照。表明家庭环境熏陶、亲人的爱国行为为他树立了榜样，为张元幹爱国思想形成奠定了扎实基础。

（三）朋友引导

朋友是一盏明灯，朋友是一面镜子。古往今来许多有成就、有高尚人格的贤士都交有诤友。《旧唐书·魏徵传》记载李世民感叹：夫以铜为镜，可以正衣冠；以史为镜，可以知兴替；以人为镜，可以明得失。朕常保此三镜，以防己过。今魏徵殂逝，遂亡一镜矣！"以人为镜，可以明得失"，除了可理解为忠臣直言敢谏，指出君王过失外，也可以理解为以友为镜知得失，因为知心换命的朋友会对你的人生产生重大影响。张元幹爱国思想的形成与朋友的引导分不开的。张元幹朋友众多，但对张元幹思想产生重大影响的主要有三个人：一是徐俯，字师川。大观四年（1110），张元幹二十岁在豫章（今江西南昌市）拜东湖徐师川为师。徐师川累官司门郎。金兵攻陷开封，张邦昌投降。金立伪齐，让张邦昌作傀儡皇帝，徐俯拒绝为官，回南宋，官至参知政事（副宰相）。徐俯不愿在伪政权为官的民族气节，是非鲜明的政治立场，对张元幹思想产生很深影响。二是陈了翁。宣和二年（1120）张元幹30岁，结识陈了翁并陪他游鼓山，达月余。陈了翁以诗词闻名，且有强烈的爱国忠君思想。这一次聚会对张元幹思想产生极大影响。陈了翁（1057—1124），名瓘，字莹中，南剑洲沙县（今福建省沙县）人，神宗元丰二年（1079）进士，哲宗朝，劝宰相章惇消朋党、取中道以救时弊，阻止蔡卞党人弃《资治通鉴》书板；徽宗朝，劾罢蔡卞、章惇，几次因正直敢言为权相排斥，被迁谪流徙。陈瓘不畏权贵、刚直不阿的性格给张元幹留下深刻印象。张元幹性格又与陈瓘有许多相似之处，张元幹在《跋了堂先生文集》中回忆自己"宣和庚子（1120）春，拜忠肃公于庐山之南，陪侍仗履，幽寻云烟水石间数月"从中学习为人处世道理，引发了张元幹对国事的关心。为他后来支持李纲抗金、支持胡铨上疏弹劾秦桧的行动打下坚实的思想基础。此后张元幹思想产生了很大变化。从一介书生逐步变成一个关心国家大事、具有激情的爱国诗人，他的诗词中也增加了许多关心国事的内容。三是李纲。张元幹爱国思想的升华是在认识李纲之后。宣和六年（1124），张元幹34岁访李纲于无锡梁溪，两人相见恨晚，畅谈国事，纵论古今，语稍洽，遂成莫逆。古语云："与君一席话，胜读十年书。"张元幹深受儒家忠君思想熏陶，一旦有明师指导，思想即产生质的飞跃。特别是亲身参加李纲领导的抗金战斗并取得胜利进一步坚定了爱国思想，体现一个爱国青年保家卫国、不怕牺牲的坚定意志。这一次参战对张元幹一生影响极大，让他看到了同仇敌忾抗击外敌的成效。在亲身参加抗金的战斗中，张元幹从一介书生成长为敢于发表个人见解，慷慨论政，为抗击金兵收复失地勇敢战斗的战士。

三、张元幹爱国主义精神对今天的启示

张元幹从一介书生成长为敢于与金兵直接战斗，与投降派坚决斗争的爱国主义战士，他的战斗精神，高尚品格，对今天有积极启示意义。

启示一，丰富的知识积累，是坚定的爱国主义思想的基础

张元幹好学、博学。在当时名噪一时。张元幹之子靖在收集整理出版《芦川归来集》作序时，对张元幹为人为学做了评价。首先对张元幹学业习惯的评价"芦川老隐之类文也，盖得江西师友之传，其气之所养，实与孟（子）、韩（非子）同一本也"。"公博览群书，尤好韩集、杜诗，手之不释，故文词雅健，气格豪迈，

有唐人风。"表现张元幹得江西诗派真传，与孟、韩同一本，学习刻苦，手不释卷形成那个时代文词雅健、气格豪迈的一代文风。深厚的学识积累，使张元幹思维敏捷，目光深邃，胸怀宽广，且勇敢坚定，不惧困难，不怕打击，看到皇帝的懦弱，无主见，重用主和派，排挤打击主战派，造成国土沦丧，民生涂炭，激发了驱除外敌，救民与水火的决心，成为他毕生信仰。所以无论在职，罢官，还是坐牢，爱国意志始终如一。这就是知识的力量，知识可以改变人的命运，坚定人的信仰。

当今是知识爆炸时代，更要我们刻苦学习，掌握最新的科学文化知识，使自己拥有丰富的知识积累，只有这样才能深刻认识到爱国主义是我们民族精神的核心，是实现中华民族永不枯竭的精神动力。中华民族一次次地面临着外敌欺辱，从来都没有放弃抗争，最终战胜各种艰难险阻，能自信地挺起我们的脊梁，就是因为我们有以爱国主义为核心的伟大民族精神的坚强支撑。中华民族在自己的发展历程中，曾经历过许多大风大浪，遇到过无数艰难险阻。千百年来，正是有张元幹这样无数的爱国志士，凭着对国家和民族的深厚感情，在爱国主义旗帜下熔铸而成的凝聚力和向心力，中国人民和中华民族才得以经受住了各种难以想象的困难和风险的考验，一直保持坚强的团结和旺盛的生机。

丰富的知识能看透纷繁复杂的世界，看穿千变万化的伪装，坚定自己的爱国主义信念，激发自己的胆识，与损害国家利益的人和事做坚决斗争。当前，国内外敌对势力时刻都在污蔑、攻击、打压我们，在高科技领域更是处处封锁、设限，扼制我们的发展，甚至用最新的武器装备威胁、挑衅、侵犯我疆土，花样繁多，气焰嚣张，应引起我们高度警惕。应向张元幹那样，坚持学习，提高思想政治修养，坚持爱国主义精神与他们做坚决斗争。不被不当利益所诱惑，不因一时的挫折而气馁，不因一时的不公正待遇动摇保家卫国的决心。个人进退得失是小事，保卫国家安全才是终身大事。

启示二，坚持实践，是坚定坚持爱国主义思想的关键

实践是认识的基础，对认识有决定作用。爱国主义不是一句空话，而是实实在在的行动。

张元幹亲身参加京都保卫战，给他留下终身不可磨灭的深刻印记，使他看到民众的力量，坚定了他终身要与投降派做斗争，保卫家园的意志。说明实践对确立坚定的爱国意志的重要性。今天我们生活的时代与张元幹时代不可同日而语。所以今天爱国不能满足于自发状态，应向着更加自觉自为的方向发展。

爱国是一种价值真理，具有精神魅力。爱国不是抽象和封闭的，而是具体的、历史的。爱国是分层次而非单一的，在社会发展的不同阶段、不同时代爱国有其不同的要求。张元幹生活时代，爱国就是收复被金国占领的国土。在当代中国，爱国必然要求维护祖国统一民族团结。台湾是中国不可分割的领土，维护国家的领土完整和统一是爱国的重要内容。坚决维护国家主权、安全和发展利益，旗帜鲜明地反对分裂国家的图谋、破坏民族团结的言行，做国家统一、民族团结、社会稳定、事业发展的坚定的维护者、推动者。

爱国主义是当代中国发展的动力源泉。爱国主义能激发中国人的活力、想象力和创造力。今天，谈到爱国，首先是要爱社会主义、爱中国共产党，只有坚持爱国与爱党、爱社会主义、爱人民相统一，爱国主义才是鲜活的、真实的、有生命力的。民族分裂势力、暴力恐怖势力对国家统一、民族团结、社会稳定具有严重的破坏作用。每一个爱国者要与他们做坚决斗争。每一个爱国者都要把实现中华民族伟大复兴作为自己的神圣使命，进行最坚定的终生实践。

要紧扣时代精神和民族精神才能弘扬好爱国主义精神，把爱国主义落实到建设中国特色社会主义、实现中华民族伟大复兴中国梦的时代任务中，赋予爱国主义新的时代品格。时代精神是民族精神的时代性表达，体现着社会在一定历史时期的思想观念、价值取向、精神风貌和社会风尚。今天，我们所处的时代是一个以改革创新为显著特征的时代，任何一个具有爱国情怀的人，都应大力弘扬时代精神。

今天我们生活的时代社会安定，百业兴旺，各行各业都可以施展我们的才华，积极投身到你从事的事业中去，不说大话、空话，诚实做人，扎实做事，从小事做起，全身心投入，不要怕挫折，怕失败。俗话说"失败是成功之母"，每一次失败都会使你的认识提高一步，在不断总结失败教训中前进。关键是多动手，勤动脑，不断实践。实践是认识发展的动力。实践过程不断会遇到新问题、产生新要求，推动着人们去进行新的探索和研究。通过实践，人们可以把自己头脑中的观念的存在变为现实的存在。新的思想得到巩固发展，新的理念就在实践中诞生。张元幹参加京都保卫战实践，与议和派多次，反复斗争实践更加坚定了爱国主义意志。今天我们要不断参加火热的社会实践，就会增强坚定保家卫国，建设祖国，振兴中华的决心、信念。

启示三，熟练掌握一项技能，在自己岗位做出成绩，是坚定坚持爱国主义思想的根本

爱国是发自心底的激情，又是心中坚定的信念，这种信念植根于我们中华民族的那种不甘耻辱、不屈不挠、自强不息、奋发图强的精神。

爱国就要培育强烈的爱国情感，这种情感来自对中国历史、特别是中国共产党的历史的了解。没有共产党就没有新中国。新中国是中国共产党领导下的、千千万万坚定的爱国者用智慧、青春、热血换来的。他们以科学的态度进行长期的探索，刻苦学习，掌握实际爱国本领，以强烈的民族自尊心和自信心，经过长期艰苦卓绝不懈努力奋斗，让中国站起来、富起来、强起来，实现振兴中华的夙愿。他们把为国家奉献自己全部才能为最高宗旨，在自己岗位上不求名、不为利，埋头苦干，深入钻研，掌握高新技术，开拓创新，力求把自己的工作做到最好，才有今天国家稳定、繁荣的局面。

爱国就要把自己的事业和祖国的命运紧密联系在一起，摆正自己与祖国和人民的关系，做到以服从祖国和人民的利益为最高准则、一旦祖国人民需要，毫不犹豫冲锋上前，甚至献出青春和热血也在所不惜。就像张元幹一样，不顾个人安危，不惧秦桧权势，用《贺新郎》词亲自为被秦桧贬谪新州胡铨送行，表达自己反对议和的立场和对主和派割地求和的义愤。支持李纲上疏，反对朝廷议和卖国，再填《贺新郎·寄李伯纪丞相》，抒发自己"气吞骄虏"的壮志和对奸佞"欲息干戈"的义愤。表达了张元幹支持抗金、收复中原的鲜明态度，这二首《贺新郎》已成为千古绝唱，如果张元幹没有坚定爱国意志，无畏的勇气，深厚的文学知识积累，是写不出传世名篇的。因此爱国不但要有真感情、还要有真本领。南怀瑾先生说人生最高境界是技在手，能在身，思在脑。一个真正的爱国者就应该是有技术、有能力、有思想的人。张元幹就是一位有爱国情怀、博学、把诗词化成匕首，投枪与主和派、投降派做斗争的爱国主义战士。

当前，提倡大众创业，万众创新，为振兴中华贡献力量。爱国就要拿出真实本领，把爱国意志与爱国行动结合起来，立足本职工作，放眼行业前沿，展望发展趋势，熟练掌握一项技能，在某一岗位、某一行业、某一领域做出成绩，或填补国内空白，或走在世界前列，或在平凡岗位兢兢业业努力工作做出突出业绩，成为有技术、有能力又有坚定爱国意志的爱国者。

总之，张元幹始终如一的爱国意志，高尚人格、渊博扎实的文学修养给我们以多方面的启示。我们要进一步继承、发扬他的爱国主义精神，把它融入我们的工作中，为振兴中华贡献自己的力量。

【参考文献】

[1] 曹济平：《张元幹词研究》，济南：齐鲁书社，1993 年版。

[2] 黄珮玉：《张元幹研究》，香港：三联书店出版社，1986 版。

[3] 唐圭璋：《宋词四考》，江苏古籍出版社 1985 年 9 月 2 版。

[4] 王兆鹏：《张元幹（芦川归来集）版本源流考》，南京师大学报，1988（2）.

[5] 肖忠生编：《张元幹生平大事记》。

[6] 曾意丹：《张元幹生平及其思想渊源考辨》，中州学刊，1987 年 6 期。

[7] 林东源：《刚柔并济，多元之美》，福州工程学院学报，2009 年 7 期。

[8] 陈节：《开拓爱国词的重要作家——张元幹》（学术评论）1983 年 1 期。

[9] 张仲英，郭艳华：《两宋巨变对张元幹思想和词风的影响》（赤峰学院学报）2011 年 2 期。

[10] 徐吉军：《论宋代文化高峰形成的原因》（浙江学刊）1988 年 2 期。

[11] 云亮：《论张元幹爱国词在文学史上的地位》（中山大学学报）1986 年 2 期。

[12] 张守祥主编：《张元幹研究文集》海潮摄影艺术出版社 2010 年 9 月版。

张元幹和屈原爱国主义精神及其现实启示

永泰县委宣传部　温智育

摘　要：本文着重从张元幹和屈原的人生经历与文学成就做对比赏析，从中挖掘出中华民族的优秀基因：他俩共有的忧愤深广的爱国情怀，尤其是他俩为了理想而顽强不屈地以诗词为武器对现实进行批判的精神，早已突破了儒家明哲保身、温柔敦厚等处世原则，为中国文化增添了一股深沉刚烈之气，培养了中国士人主动承担历史责任的勇气。这就是他们对中华民族精神的重大贡献。而今，我们重塑这一伟大的爱国主义精神，旨在激励一代又一代中华优秀儿女为实现民族复兴、人民幸福而不懈奋斗。

关键词：张元幹；屈原；爱国主义精神；启示

一、忠贞爱国，却遭排挤

张元幹（1091—1161），字仲宗，号芦川居士、真隐山人，晚年自称芦川老隐。芦川永福人（今福建永泰嵩口镇月洲村人）。历任太学上舍生、陈留县丞。金兵围汴，秦桧当国时，入李纲麾下，坚决抗金，力谏死守。曾赋《贺新郎》词赠李纲，后秦桧闻此事，以他事追赴大理寺除名削籍。张元幹尔后漫游江浙等地，客逝他乡，卒年七十。张元幹生活的年代可谓是战火不断、社会动荡，但主战派却受排挤打击，所以他一生大部分时间都郁郁不得志。他寄情于诗词，奋笔疾呼，抒发其矢志不渝收复中原、重振河山的不眠心愿。他以诗词为武器，与敌人做斗争，表现出强烈的社会责任感和爱国主义情怀。

作者简介：温智育，中共永泰县委宣传部部务会议成员，四级调研员。

屈原（约公元前 340—公元前 278 年），屈氏，字原，出生于楚国丹阳秭归（今湖北宜昌），战国时期楚国诗人、政治家。少年时受过良好的教育，博闻强识，志向远大。早年受楚怀王信任，任左徒、三闾大夫，兼管内政外交大事。提倡"美政"，主张对内举贤任能，修明法度，对外力主联齐抗秦。因遭贵族排挤诽谤，被先后流放至汉北和沅湘流域。楚国郢都被秦军攻破后，自沉于汨罗江，以身殉楚国。

二、文学成就巨大，影响后世深远

张元幹可算是北宋末年和南宋初年的一位承前启后的重要词人，他尤长于词，其作品中的二首《贺新郎》最为著名，被称为压卷之作，张元幹博览群书，文学修养很高，他能诗、能词、能文，其著作有《芦川归来集》10 卷、《芦川词》2 卷，计 180 余首。内容十分丰富，有写景色，歌颂祖国的美丽江山；有抒发与朋友之间的交往和友情；有怒斥昏庸误国的奸臣；有写坚决抵抗金兵侵扰等情况，他的著作洋溢着爱国激情，深受人们称赞。《四库全书总目》评论张元幹说"其词慷慨悲凉，数百年后，尚想其抑塞磊落之气"。他的词风随着时代的变化而改变，早年词作，风格清新、婉丽；南渡以后豪放、悲壮，风节凛然。

张元幹的词作，可算是北宋末年和南宋初年的一位承前启后的重要词人，他继承了苏轼开创的豪放派的词风，将词的内容更紧密地与现实斗争结合起来，对很多优秀词人都起了重要的影响。开拓了词的境界，赋予词以新的生命，开启了南宋词人的创作道路，其词的题材和风格，对后来的辛弃疾词派产生了重要影响，不愧为宋代著名的爱国词人。

屈原是中国历史上一位伟大的爱国诗人，中国浪漫主义文学的奠基人，"楚辞"的创立者和代表作家，开辟了"香草美人"的传统，被誉为"楚辞之祖"，楚国有名的辞赋家宋玉、唐勒、景差都受到屈原的影响。屈原作品的出现，标志着中国诗歌进入了一个由大雅歌唱到浪漫独创的新时代，其主要作品有《离骚》《九歌》《九章》《天问》等。以屈原作品为主体的《楚辞》是中国浪漫主义文学的源头之一，以最著名的篇章《离骚》为代表的《楚辞》与《诗经》中的《国风》并称为"风骚"，对后世诗歌产生了深远影响。成为中国文学史上的璀璨明珠，"逸响伟辞，卓绝一世"。"路漫漫其修远兮，吾将上下而求索"，屈原的"求索"精神，成为后世仁人志士所信奉和追求的一种高尚精神。1953年，在屈原逝世2230周年之际，世界和平理事会通过决议，确定屈原为当年纪念的世界四大文化名人之一。

三、张元幹：挺李纲、抗金兵、受陷害，屈原：改弊政、主抗秦、被流放

宋靖康元年（1126）一月，李纲任亲征行营使负责京都防务。张元幹为行营属官。金兵渡过黄河围攻京都（今河南开封）。危急时刻李纲挺身而出，坚决抗金，力谏死守。张元幹抗金激情澎湃，立即上《却敌书》，投入李纲指挥的京都保卫战。张元幹随李纲冒雨矢亲临城上指挥杀敌，打退金兵多次进攻。战斗异常惨烈，金兵遭重大损失后，知李纲守城有备，于同年二月退兵，京都得解围。为此，张元幹写《丙午春京城围解口号》诗，欢呼胜利。

建炎元年（1127）五月，宋康王赵构在南京（今河南商丘南）即位，建立南宋王朝，是为高宗。宋高宗起用李纲为宰相，张元幹被召回，官朝议大夫、将作少监、充抚谕使。李纲为相后，廉政为政，张元幹则积极配合李纲。高宗与主和派打击、排挤李纲，李纲仅任75天宰相就被罢免。建炎三年（1129）秋，张元幹目睹国势日削，南宋王朝仅存江南一隅，义愤填膺，赋《石州慢·己酉秋吴兴舟中作》词，表达对李纲抗金斗争的支持。张元幹也遭朝廷奸臣之谤，幸汪藻援救得以免罪。绍兴元年（1131）春，江南战火渐息，高宗帝定居临安，无心收集失地，以求"苟安"，并任奸臣秦桧为参知政事，主战派被排挤，仁人志士都不愿与其同流合污，只得退隐林泉，啸傲山水。张元幹也辞官回闽。绍兴八年（1138）冬，奸臣秦桧、孙近等筹划与金议和、向金营纳贡，李纲坚决反对，张元幹闻之怒不可遏，作《再次前韵即事》诗，痛斥秦桧、孙近等主和卖国之权奸为"群羊"，表达自己请缨无路之悲愤。李纲在福州上疏反对朝廷议和卖国，张元幹得知李纲上书事，又作《贺新郎·寄李伯纪丞相》。

张元幹反遭陷害。绍兴十二年（1142），枢密院编修官胡铨因过去曾上疏反对议和，并请斩奸臣秦桧、孙近等以谢天下，被奸臣诬陷，贬谪昭州（今广西平乐），又遭秦桧等诬陷，再贬新州（今广东新兴县）监广州盐仓。当时，胡铨在福唐（今福建福清）闻谪命，即由福唐出发，经福州时，张元幹不顾个人安危，挺身而出，作《贺新郎·送胡邦衡待制谪新州》为胡铨送行。此事激怒了秦桧，张元幹被抄家、

逮捕入狱，削除名籍。

屈原改革触动了旧贵族的利益。秦国因为有了商鞅变法，秦国日渐强大起来。强大起来的秦国就开始欺负周围的邻居，其中楚国就经常遭到秦国的欺负，并且丢失了大量的土地。此时楚国的君主楚怀王，他也想变法图强，让楚国重整雄风。而屈原就是在楚怀王积极进取的时候，来到了楚怀王的身边。屈原的改革理念让楚怀王心动不已，于是楚怀王不遗余力支持屈原改革。屈原的改革理念主要有六点，就是奖励耕战、举贤能、反壅蔽、禁朋党、明赏罚和移风易俗。屈原的各项政策，让楚国短时间出现了富强的局面。不过屈原的各项政策，毕竟侵犯了楚国旧贵族的利益，让他们无法再享受荣华富贵，他们自然要维护自己的利益。于是旧贵族纷纷向楚怀王进献谗言，久而久之楚怀王就开始怀疑屈原。在旧贵族的努力下，公元前 313 年，屈原被流放到了江北地区。

屈原主张联齐抗秦，楚怀王受蛊惑亲秦。后来楚国在与秦国的战争中多次遭受大败，楚怀王才想起屈原才是楚国需要的人才，于是他在公元前 299 年，又重新启用了屈原。

此前楚怀王受到张仪的蛊惑，失去了齐国这个强有力的外援。这次楚怀王启用屈原，就让屈原出使齐国，再次跟齐国结盟。

结果就在屈原出使齐国的时候，张仪又来到楚国忽悠楚怀王跟秦国结盟，为了增加成功率，张仪贿赂了令尹子椒、上官大夫靳尚和楚怀王的宠妃郑袖等人。有了这些人的帮助，楚怀王再一次听信了张仪的谎言，选择跟秦国结盟，进一步疏远主张跟齐国联盟的屈原。甚至在公元前 304 年，将屈原流放到汉北。由于楚怀王对形势的错误判断，最终他被秦国忽悠到武关，并且被秦昭襄王扣押，最终楚怀王的性命也丢在了秦国。

反对襄王与秦和好并再次流放。楚怀王死后，楚怀王的儿子即位，也就是楚顷襄王。在这个时期，屈原又回到了楚国的国都。起初，楚顷襄王因为楚怀王的死，一直对秦国处于断交的关系。但是在楚顷襄王得知秦国要派重兵攻打楚国的时候，又再次跟秦国讲和。屈原一直仇视秦国，自然不会同意跟秦国讲和，他就极力劝谏楚顷襄王跟秦国开打。楚顷襄王不想听屈原的反对意见，所以就干脆将屈原贬到了偏远的江南地区。公元前 278 年，楚国的国都郢都被秦国攻占，迫于无奈，楚王就只能迁都。而屈原得知楚国落到如此境地，顿时心如死灰，他毅然决然地跳入汨罗江，为自己的祖国陪葬。

四、毛泽东和周恩来对张元幹和屈原的高度评价

毛泽东主席对张元幹《贺新郎·送胡邦衡待制谪新州》十分喜欢。1975 年 4 月，董必武去世。那天，毛主席不说话，也不吃东西，只是把这首古诗词录制磁带，反反复复听了一整天。在出席中共一大的 21 名代表中，只有他与董必武一同走上了 1949 年 10 月 1 日的天安门城楼。这首词中的"底事昆仑倾砥柱，九地黄流乱注，聚万落千村孤兔。天意从来高难问，况人情老易悲难诉"，与毛泽东的心境产生了强烈的共鸣。从来坚信"人定胜天"的毛主席，此时也感受到了"天意从来高难问"的无奈，感受到了"人情老易悲难诉"的伤痛。[1]

周恩来总理也高度赞扬张元幹这首词。他曾说："这首词表达了作者对胡铨的深刻同情，而且强烈地谴责金兵的侵扰，并对投降派的憎恨。"他还说："我们共产党人要好好学习这一首词，学习张元幹锄奸靖国、抵抗侵略的精神，不怕牺牲，前赴后继，去争取胜利。"[2]

毛泽东主席曾写了一首《七绝·屈原》："屈子当年赋楚骚，手中握有杀人刀。艾萧太盛椒兰少，一跃冲向万里涛。"他赞赏屈原作品中的"刀子"精神，以"万里涛"言其跃得远，以"冲"言其勇猛，歌颂其为坚持真理而献身的惊世之举。寥寥 28 个字，深刻形象地刻画了屈原的爱国情怀、浪漫气质，更揭示了以文做匕首、以死醒世的战斗精神。

早在长沙第一师范学校读书时，毛泽东就痴迷《楚辞》，对屈原很是崇拜。那时他做了一本专门的听课和读书笔记，取名为《讲堂录》。这本笔记共 47 页、94 面，第一页就是毛泽东主席抄录的屈原的《离骚》和《九歌》。[3]

毛泽东主席在很多外交场合向海外推介这位先贤。1954 年，来访的印度总理尼赫鲁离京到外地访问，到中南海勤政殿向毛泽东等中国领导人辞行。毛泽东主席当场吟诵了屈原《九歌·少司命》里"悲莫悲兮生别离，乐莫乐兮新相知"的诗句，来表达对尼赫鲁的友好之情，并向他介绍了屈原的生平。日本首相田中角荣来华访问，毛泽东主席送的礼品也是一部《楚辞》。

周恩来总理曾评价郭沫若的历史剧《屈原》，认为"屈原这个题材好，因为屈原受迫害，感到谗陷之蔽明也，邪曲之害公也，才忧愤而作《离骚》。'皖南事变'后，我们也受迫害。写这个戏很有意义。"[4]

五、张元幹和屈原爱国主义精神的现实启示

今天我们纪念张元幹、屈原就是要从历史的财富中寻找源头，从社会的进步中汲取力量，从一代又一代的奋斗中获得启示。

张元幹和屈原的爱国和忧国忧民，不是停留在一般信念和文字上，他们的作品和他们的生平，构成了中华民族爱国主义的传统精神，是我们这个民族的根之所系、基石所在。爱国主义作为一个国家的国魂，是一个国家、一个民族力量的源泉。张元幹、屈原的爱国主义精神往往在民族危亡的紧急关头被士人追崇，而在和平建设年代同样需要以天下人为己任的一代代仁人志士为了国家和民族的利益而前赴后继，为社会和谐与公平公正，为社会的发展与振兴，共同努力。

今年是建党 100 周年，新中国成立 72 周年，又是宋朝爱国主义词人张元幹诞辰 930 周年。全县上下开展丰富多彩的爱党爱国庆祝活动，讴歌先辈们为党为国家为人民，不惜抛头颅、洒热血，为新中国成立、为中华民族强盛，所做出的丰功伟绩。同时还开展了张元幹诗词、书法、学术研讨、群众崇敬祭祀以及"张元幹爱国思想和诗词"进校园等系列纪念活动。在这些活动中，我们一要进一步提高爱国主义思想认识：爱国主义是中国人民对自己祖国最深厚、最神圣的情感，是全国各族人民自强不息、团结奋斗的一面旗帜，是推动我国社会不断发展进步的巨大精神力量；二要突出思想内涵：着力从历史和现实、理论和实践、成就和经验的结合上，讲清楚历史和人民为什么要纪念他们，又是如何记住他们的；三要注重实践特色：开展爱国主义教育活动，目的是通过回顾历史、总结经验、展示成就，引导人们更好地把握现实、面向未来，必须重在联系实际、重在务求实效。近年来，永泰县结合重大活动、重大事件深化爱国主义教育，收到良好效果。特别是建党百年和建国 72 周年系列英模展、成就展等等，充分运用现实、具体、生动的爱国主义教育素材，联系实际、加强引导，极大地激发了广大干部群众的爱国热情，极大地增强了民族的自信心、自豪感；四要吸引群众参与：爱国主义

教育是全民教育，人民群众是爱国主义教育活动的主体，必须坚持面向基层，吸引群众广泛参与。端午节家家户户吃粽子，有条件的地方开展了群众性的划龙舟比赛，这是群众对屈原最好的纪念；今年5月23日挂靠福建省文联的张元幹文化研究会在永泰县成立，吸收了各界会员80多名，在嵩口镇月洲村新建一座张元幹书院，在永泰县县城塔山公园建造张元幹纪念馆，出版《张元幹研究文集》《张元幹诗词集》，以及开展其他的系列纪念活动，这些都极大推动了群众参与的广泛性，张元幹已然不是张家的张元幹，也不是永泰县的张元幹。随着宣传的深入，张元幹必将与屈原一样，成为中国的张元幹，世界的张元幹。

当前，国际局势变幻莫测，"台独"分子活动猖獗，世界并不安宁，开展全民爱国主义思想教育，居安思危犹为必要。反对民族分裂和国家分裂，维护各民族的联合、团结和国家的统一；在外敌入侵面前，团结对外，英勇抵抗，维护祖国的主权和独立；同一切阻碍历史发展和社会进步的势力和制度进行斗争，推动祖国的繁荣和进步。在构建社会主义和谐社会，推进祖国和平统一大业的进程中，"张元幹精神""屈原精神"无疑是两面不朽的旗帜。只要我们高擎这两面精神旗帜，就可以向崇洋媚外者开火，向随波逐流者开火，向同流合污者开火，从而焕发爱国报国的热忱，焕发刚正不阿的正气。只要中国人民目标明确，意志坚定，步调一致，不懈奋斗，中华民族的伟大复兴就一定能实现，这是任何力量都阻挡不了的。

【参考文献】

[1] 节录《党史月刊》2002年第2期蓝桂英的"毛主席读书生活"。

[2] 原福建省委领导人陈金来烈士笔记。

[3]《毛泽东曾为端午节提笔赋诗 外交场合力挺屈原走向国际》2013年6月18日人民网－人民日报海外版。

[4] 选自《文艺理论与批评》2006年第3期。

在忧国与达己之间：
张元幹隐逸词的人文精神及其现代意义

北京师范大学　程涵悦

摘　要： 在张元幹的隐逸词创作中，他的隐逸之心的生发并非是对于政权中心的离弃，而是对于朝政动乱、国家衰弱的想象性回避，更可见其对于国家状况的强烈忧患之心导致的内心巨大的痛苦。从根本而言，这是因为他并未如历史上大多数的士大夫一般，将自我个体与政权相割裂，或者说，张元幹并未将政权以及其背后的社会运转机制视作自我成就的功利性存在，而是将国家国民本身与自我命运紧密关联，矢志不渝地在"忧国"中担当重振家国的重任。另一方面，张元幹对于隐逸传统的重要贡献在于他在隐逸中重建生命信念，借此重新参与到家国社会的构筑中，重拾自己的儒家担当，由此，张元幹隐逸词中"达己"的精神历程实现了儒家传统与道家传统的再次共生与融合。

与张孝祥并称"词坛双璧"的张元幹创作了大量的隐逸词，蕴含了其在宋朝复杂政治局势下对强权的反抗与对家国的忧患，更深藏了其和自然天地往来的内在性灵与独立自治的精神世界。张元幹的隐逸词是其在历史语境中丰厚思想与饱满人格的有力映现，以独特视角留存了一个角度多元且极具解读空间的士大夫个体的精神范本，更重要的是，张元幹隐逸词中蕴含的文化传统可上溯先秦，受历代知识分子隐逸思想的深刻影响，又因其身处特殊历史语境且具有鲜明人格特质，因而对于后世精神世界的再建构具有重要影响。因此，本文除了探讨其隐逸词中人文精神的内涵，还将阐述此中内涵的现代意义乃至永恒价值。

作者简介： 程涵悦，北京师范大学文学院硕士，从事文化产业研究、文化文学研究以及文学创作。

一、张元幹隐逸词对士大夫隐逸传统的沿袭

从张元幹的隐逸词中可见，他深受过往文学史的隐逸传统的影响。从先秦以来，因为社会结构的变动，一方面政治权力对于知识分子造成压迫，另一方面知识分子希望通过政治权力机制的运作获得自我价值实现的路径。在社会文化思潮的变迁过程中，儒家和道家等学派也都逐步生成了各自的"隐逸"理想。儒家主张以隐逸建构自我与政治权力各自独立的关系，在确证自我对于正义政权的价值的同时，充分保证了自我在无道政权重压下的人格尊严与价值取向。而道家则以主张以隐逸重审自我与他人、社会的关系，保全政权机制运转之下个体精神的独立与完整。以"儒家隐"与"道家隐"为代表的隐逸思想对于后世文人产生了重要影响。在汉王朝的大一统政权建立后，士大夫在面对强有力的政权之时，要在为政权服务以获得自我实现的可能与坚守自我的道德与政见之间反复衡量，而其对于自我道义的重视乃至在怀才不遇或违背本心之时彻底脱离政权掌控都是儒家隐的延续，而其对于自我精神世界的珍视以及对于政权之外的广袤天地的向往无疑又可见道家隐的精神源流。因而，隐逸思想折射了士大夫对自我道德的要求，反映了其政治理想，同时也为其提供了政权之外广阔的精神休憩之所，以及自我认知觉醒与校准的契机。

对于张元幹而言，在创作大量爱国诗词之外，还创作了数量可观的隐逸词，在这一看似矛盾的文学现象背后，恰更可显出其爱国之炽烈纯粹以及其自我精神世界之丰满。一方面，张元幹面对不再强大完整的政权，对于现实政治产生失望、逃避之心，恰可见其对国家的赤诚期望，以及自己为家国效力的强烈愿望。而另一方面，其在这一时代境遇的重创之下，重构自我的性灵、探索生命的境界，则可见其精神基石之丰厚以及思想追求之高远。

中国文学史的隐逸传统深刻地影响着国人的伦理追求与精神形态。而张元幹的隐逸词的价值在于其中所蕴含的家国情怀与报国之志，以及坚定不移的精神求索。对于现代社会而言，这种在任何境遇之下始终保持的个体与家国的联结，以及个体对于自我精神的自觉都仍有重要的人文价值。

二、忧国：隐逸外因由"对抗"到"担当"的深沉升华

在士大夫的隐逸传统形成的过程中，士大夫个体与封建王权的微妙关系成为其中的重要因素。在儒家传统的深远影响之下，知识分子需要通过世俗权力的阶梯实现自我价值，但是当他们的主张尤其是人格不为政权所尊重时，其就会生发出隐逸之心。可见隐逸传统中，士大夫渴望通过获得权力青睐以实现自我抱负的渴望，而其在无法达成愿望时则对于权力疏离，展现了隐逸传统中政权背后的社会运作体系与士大夫个体的分离乃至割裂。这一方面保证了知识分子的独立人格，但另一方面使得个体与政权及其背后的国家无法形成真正的命运共同体。

而在张元幹的隐逸词创作中，他的隐逸之心的生发并非是对于政权中心的离弃，而是对于朝政动乱、国家衰弱的想象性回避，这种停留于想象层面的回避可见其对于国家的忠诚，而更可见其对于国家状况的强烈忧患之心导致的内心巨大的痛苦。从根本而言，这是因为他并未如历史上大多数的士大夫一般，将自我个体与政权相割裂，或者说，张元幹并未将政权以及其背后的社会运转机制视作自我成就的功利性存在，而是将国家国民本身与自我命运紧密关联，矢志不渝地担当重振家国的重任。因此，张元幹写就的隐逸词仅体现出他对于国家暂时性衰微的忧虑以及因此忧虑而生的回避之念，但却更显出他对于家国的炽烈情感以及对于家国兴盛责任的坚定担当。所以，张元幹的隐逸词是在国家衰微之际对其含蓄、深沉的情感表露，更是隐逸传统的变调与升华。

张元幹隐逸词的人文精神由此得以展现，即构筑个体与家国的情感联系，个体在承受对家国的关切与忧患的过程中确证对家国的担当，同时不仅仅将社会运转体系作为个体自我实现的功用性存在，而是将个体与家国视作命运共同体，从而获得精神力量。这对于现代社会而言，依然具有重要意义，即建构个体的社会价值与情感归属，更在于引导个体更深层次地探寻自己之于社会坐标的主体性价值。

陇头泉

宋 · 张元幹

少年时，壮怀谁与重论。

视文章、真成小技，要知吾道称尊。

奏公车、治安秘计，乐油幕、谈笑从军。

百镒黄金，一双白璧，坐看同辈上青云。

事大谬，转头流落，徒走出修门。

三十载，黄粱未熟，沧海扬尘。

念向来、浩歌独往，故园松菊犹存。

送飞鸿、五弦寓目，望爽气、西山忘言。

整顿乾坤，廓清宇宙，男儿此志会须伸。

更有几、渭川垂钓，投老策奇勋。

天难问，何妨袖手，且作闲人。

这首词既写了张元幹少年与青年时追逐功名顺遂而睥睨天下的豪情，也写了自己对于当年狂妄且沉湎功利的自嘲与自省，既有远望过往执迷的云淡风轻，更有跳脱世俗执念、直视命运本质的清醒。这份清醒使得他能够真正意识到去除功利遮蔽后个体的价值何在，也使得他在下阕中重构个体与自然的关联，重构不被遮蔽的完整人格。但是他保留了功名之外对于家国天下的希望与担当，使得他能够以对自己生命价值的坚定确认重新投身家国事业之中。词的最后，作者自称"闲人"，却以姜太公自比，可见，作者并非真正逃避消沉，而是在逆境之下，身心休整，等待时机，为国效力。

永遇乐 其一 宿鸥盟轩

宋·张元幹

月仄金盆，江萦罗带，凉飙天际。

摩诘丹青，营丘平远，一望穷千里。

白鸥盟在，黄粱梦破，投老此心如水。

耿无眠、披衣顾影，乍闻绕阶络纬。

百年倦客，三生习气，今古到头谁是。

夜色苍茫，浮云灭没，举世方熟寐。

谁人著眼，放神八极，逸想寄尘寰外。

独凭栏、鸡鸣日上，海山雾起。

在这首词中，张元幹同样将追求名利比作黄粱一梦，他强调看破世俗名利之后内心达到的平静境界，甚而将自己放入时间长河进行考量，探问自己的生命价值，并感受到天地苍茫，少有知己的孤独感，但是作者并未就此消沉，而是在思绪驰骋的过程中，感应天地的变化，从而升腾起自身生命的觉知，感应自我对于现实的对抗，升腾其对未来的希望，积蓄一步作为的力量。

八声甘州 其一 陪筠翁小酌横山阁

宋 · 张元幹

倚凌空飞观，展营丘卧轴恍移时。

渐微云点缀，参横斗转，野阔天垂。

草树萦回岛屿，杳霭数峰低。

共此一尊月，顾影为谁。

俯仰乾坤今古，正嫩凉生处，浓露初霏。

据胡床残夜，唯我与公知。

念老去、风流未减，见向来、人物几兴衰。

身长健，何妨游戏，莫问栖迟。

在这首词中，可以鲜明看到作者内心心怀天地家国，纵然与朋友隐居，但是怀念的还是建功立业的大事。下阕中作者表明了矛盾的态度，一方面看到历史兴衰，英雄更替，生发出顺其自然之意，希望及时行乐，但是潜在的报国之念分明可见。

卜算子 其三

宋 · 张元幹

风露湿行云，沙水迷归艇。

卧看明河月满空，斗挂苍山顶。

万古只青天，多事悲人境。

起舞闻鸡酒未醒，潮落秋江冷。

作者在这首词中展现了现实的悲凉，以及自己对自然的依恋，但是作者依然如担当家国重任的豪杰一般，在家国衰微之际常怀报国之心。

三、达己：对于隐逸的个体性与社会性价值的再次建构

在张元幹的隐逸词中，除了鲜明的忧国色彩展现了对于隐逸传统中个体与家国关系的深沉升华，他还在隐逸词中承继并发扬了隐逸传统中最具价值的对于个

体精神世界的拓展乃至重建。张元幹在讴歌山水自然的同时，探寻到隐逸传统中所蕴含的审美价值与人性光辉，即在道家视角下通过对于功利世界之外的人与自然关系的审视，修复人与社会的关联，发现人之为人的本真而丰厚的价值，从而实现对于现实的超越。

而张元幹对于隐逸传统的重要贡献在于他不但进一步赋予了士大夫们共同享有的精神世界自己的生命体验与丰富内涵，更在于他在隐逸词的想象性回避中并未就此沉湎，而是重建生命信念，借此重新参与到家国社会的构筑中，重拾自己的儒家担当。因此，张元幹隐逸词中"达己"的精神历程不但具有审美意义与文化内涵，实现了对于人精神价值的确立，但更重要的是实现了重被赋予生命信念的个体对于现实世界的复归，在张元幹的隐逸词中，儒家传统与道家传统再次达成了共生与融合。

由此，张元幹的隐逸词展现出对于现代社会重要的启示价值，即在命运的逆境中拓展并再构个体精神世界，并且使重构的人格力量在与现实世界互动的过程中获得社会意义。

水调歌头 其五

宋 · 张元幹

雨断翻惊浪，山暝拥归云。

麦秋天气，聊泛征棹泊江村。

不羡腰间金印，却爱吾庐高枕，无事闭柴门。

搔首烟波上，老去任乾坤。

白纶巾，玉麈尾，一杯春。

性灵陶冶，我辈犹要个中人。

莫变姓名吴市，且向渔樵争席，与世共浮沈。

目送飞鸿去，何用画麒麟。

这首词表达了作者对于名利的彻底厌倦与鄙弃，也可见他完全沉醉于自然，无心世俗功名，由此获得内心的自由境界。这里值得一提的是，作者对于名利的放弃恰可见其对于自己纯粹精神世界的珍视，更可见其将名利与报国区隔开，从而解释了看似安享悠闲的张元幹在重构自己精神境地的过程中，其对于家国的深情也毫无杂念。

水调歌头 其九

宋 · 张元幹

放浪形骸外，憔悴山泽癯。

倒冠落佩，此心不待白髭须。

聊复脱身鹓鹭，未暇先寻水竹，矫首汉庭疏。

长夏啖丹荔，两纪傲闲居。

忽风飘，连雨打，向西湖。

藕花深处，尚能同载鞠生无。

听子谈天舌本，浇我书空胸次，醉卧踏冰壶。

毕竟凌烟像，何似辋川图。

这首词中，张元幹表现了山水自然与自身生命交汇的多重意趣，将自己从繁杂的官场抽离、复归本真，解释了张元幹所以有纯粹而诚挚的报国安民之心的原因在于其精神本身的丰满澄澈，其淡然积极的人生态度，其进退自如、超脱自守的精神境界都得以全然展现。

宝鼎现

宋 · 张元幹

山庄图画，锦囊吟咏，胸中丘壑。年少日、如虹豪气，吐凤词华浑忘却。便袖手、向岩前溪畔，种满烟梢雾箨。想别墅平泉，当时草木，风流如昨。瘦藤闲倚看锄药。双芒鞋、雨后常著。目送处、飞鸿灭没，谁问蓬蒿争燕雀。乍霁月、望松云南渡，短艇敧沙夜泊。正万里清冥，千林虚籁，从渠缯缴。

携幼尚有筇丁，谁会得、人生行乐。岸帻纶巾归去，深户相迷翠幕。恐未免、上凌烟阁。好在秋天鹗。念小山丛桂，今宵狂客，不胜杯勺。

在这首词中，张元幹展现出了天人合一的生命体验，达到了澄明通透的精神境界。他试图在自然中淡忘自己的过往人生经历，以自然空间的曼妙掩饰自己在时间向度上的失落，更以自然的景象的描述代替对自己主观感受的表达。他还重新勾勒了自我形象，即去除自我的矫饰，更消弭自然界中的纷争，将自我与宁静的自然全然融合。由此张元幹获得内心的平静乃至快乐。以上对于个体在自然中重构自我与自然的关系从而获得精神境界的提升的表述是张元幹文学造诣的显现，而其对于人的名利之心泯灭于自然之中的创造性表述也是其对隐逸传统思想资源的一大贡献。但是值得关注的是，下阕中对于行乐的强调以及狂饮的描摹，是对于世外山水之乐的确证，并且他决绝表达了对于功名的弃置，这恰体现他对于澄澈生命境界的追求，也映射了他清朗明净的从政诗学。

永遇乐 其二 为洛滨横山作

宋 · 张元幹

飞观横空，众山绕甸，江面相照。

曲槛披风，虚檐挂月，据尽登临要。

有时巾屦，访公良夜，坐我半天林杪。

揽浮丘、飘飘衣袂，相与似游蓬岛。

主人胜度，文章英妙，合住北扉西沼。

何事十年，风洒露沐，不厌江山好。

曲屏端有，吹箫人在，同倚暮云清晓。

乘除了、人间宠辱，付之一笑。

渔家傲 其一 题玄真子图

宋 · 张元幹

钓笠披云青嶂绕，绿蓑细雨春江渺。

白鸟飞来风满棹。

收纶了，渔童拍手樵青笑。

明月太虚同一照，浮家泛宅忘昏晓。

醉眼冷看城市闹。

烟波老，谁能惹得闲烦恼。

在这两首词中作者首先肯定了自然山水的曼妙，但更重要的是，作者借此否定了功名利禄带来的荣辱，达到清静境界，从而重审自己与社会的关系。

怨王孙 其二

宋 · 张元幹

序：绍兴乙丑春二月既望，李文中置酒溪阁。日暮雨过，尽得云烟变态，如对营丘著色山。坐客有歌怨王孙者，请予赋其情抱，叶子谦为作三弄，吹云裂石，旁若无人，永福前此所未见也。老子于此，兴复不浅。

> 霁雨天迥。
>
> 平林烟暝。
>
> 灯闪沙汀，水生钓艇。
>
> 楼外柳暗谁家。
>
> 乱昏鸦。
>
> 相思怪得今番甚。
>
> 寒食近。
>
> 小研鱼笺信。
>
> 屏山交掩，微醉独倚栏干。
>
> 恨春寒。

在这首词中，作者表露了对于山水与闲情的喜爱，但是也流露出自己内心的孤独与不宁，这一在隐逸之时遗世独立的姿态恰是作者的人格写照。

张元幹卒年考

福建省作家协会　张　洪

摘　要： 张元幹卒年现在有 1175、1170、117？、1161 年等之说，差距 15 年。其实教育部已经组织专家、学者考证确定，只是后人依据不实文本，另辟蹊径，才造成现在的纷乱。本着对先人的尊重，在没有确凿依据前应该回归主流说法。

关键词： 卒年；真相；定论

张元幹是福建省永泰县嵩口镇月洲村人，他远见卓识、忠肝义胆、诗情洋溢，一生以身、以文热血勇敢的战士精神、忧国忧民的天下情怀和慷慨悲歌的爱国主义文学表现，成为上承苏轼、下接辛弃疾的爱国主义豪放派词宗，备受历代名家尊崇。

一、张元幹卒年记载现状

张元幹出生距今 930 年，历史上不乏研究张元幹生平的，由于两宋朝堂更迭频繁、封官赠爵太多、大官如鲫，张元幹官阶不够显赫没有记载等原因，至今无法具体定论。

（一）张元幹卒年的四个主要说法

1. 《中国文学史》主编袁行霈（2005 年版）、游国恩（1963 年版），历史人物词典网张元幹介绍（《中国历史大辞典·宋史卷》），生卒：（1091—1175）。

作者简介：张洪，福建省作家协会会员，《张元幹传》作者。

《中国文学史》是人民文学出版社、高等教育出版社出版的图书，是教育部"高等教育面向 21 世纪教学内容和课程体系改革计划"的成果，既是高校教材，也是学术研究著作。

2005 版的主编袁行霈，江苏武进人，著名古典文学专家。北京大学中文系教授、人文学部主任、国学研究院院长、中国传统文化研究中心主任、《国学研究》年刊主编、全国高等院校古籍整理委员会委员、中央文史研究馆馆长。学术代表作《中国文学史》（主编）《魏晋南北朝文学史参考资料》《中国诗歌艺术研究》等。

1963 年版的主编游国恩，江西临川人。著名楚辞研究专家、文学史家、北京大学一级教授。主要作品有《楚辞概论》《先秦文学》《读骚论微初集》《屈原》《楚辞论文集》《陆游诗选》（游国恩、李易选注）《中国文学史大纲》《中国文学史》《中国文学史纲要》《离骚纂义》等。

2.《中国历代文学作品选》主编朱东润、《宋词选》主编胡云翼、古诗文网张元幹简介：（1091—1170）。

《中国历代文学作品选》系高等院校文科教材，供中文系讲读及参考之用。所选录历代重要作家作品，以思想性和艺术性相统一为标准，同时注意作品题材的广泛性和风格的多样性。

朱东润江苏泰兴人，当代著名传记文学家、文艺批评家、文学史家、教育家和书法家。历任中央大学、江南大学、齐鲁大学、沪江大学、复旦大学等校教授。著有《中国文学批评史大纲》《中国文学论集》《史记考索》《杜甫叙论》《梅尧臣传》《陆游传》《张居正大传》《梅尧臣集编年校注》等。

《宋词选》精选宋词中的经典之作，进行详尽的注释和精辟的评述，帮助读者更好地领略宋词的迷人风采，使读者得到更多的人生体验和美的陶冶。

胡云翼湖南桂东人，词学家。在上海中华书局、商务印书馆任编辑。解放后任上海南洋模范中学教员，上海师范学院教授。著有《宋词研究》《宋诗研究》《唐诗研究》《中国词史大纲》《新著中国文学史》《唐代的战争文学》，编有《词选》、《诗学小丛书》，又有小说《西泠桥畔》等。

3.《全宋词》主编唐圭璋"约寿七十余"。

《全宋词》是中国近百年来最重要的古迹整理成果之一。宋词和唐诗均为中国古典诗的艺术高峰，清代所编《全唐诗》和现代所编《全宋词》堪称中国文学的双璧。《全宋词》1940 年由商务印书馆在长沙出版线装书。中华人民共和国成立后，编者对此书进行重编，1965、1979 年由中华书局重印出版，是研究宋词的重要参考书。

唐圭璋江苏南京人，中国当代词学家、文史学家、教育家、词人。曾任中央大学、金陵大学、南京大学、东北师范大学教授，南京师范大学中文系古代文学专业博士研究生导师，兼国务院古籍整理出版规划小组顾问，中国韵文学会会长，中华诗词学会名誉会长，《词学》主编。唐圭璋编著有《全宋词》《全金元词》《词话丛编》《唐宋词鉴赏辞典》《宋词三百首笺注》《南唐二主词汇笺》《宋词四考》《元人小令格律》《词苑丛谈校注》《宋词纪事》《词学论丛》等。

4.《芦川词》选注曹济平（1091—117？年）。曹济平江苏省武进县人。南京师范大学中文系副教授。历任南京师范学院、南京师范大学中文系助教、讲师、副教授。长期从唐圭璋先生研治宋词。著有《陆游》《唐宋词选注》《芦川词》注解等。

5.《张元幹年谱》王兆鹏、《张元幹研究》黄佩玉、《张元幹生平及其思想渊源考辩》曾意丹、百度百科张元幹生卒：（1091—1161）。

王兆鹏湖北人，历任中南民族大学文学与新闻传播学院教授、武汉师范学院教授、湖北大学教授，师从曾昭岷教授学习唐宋文学、师从唐圭璋先生研治词学。著有《宋代文学研究年鉴》（主编）、《张元幹年谱》、《宋南渡词人群体研究》、《两宋词人年谱》、《唐宋词史论》、《全唐五代词》(合作) 等。

曾意丹福州人，历任福州市文物局局长、福州市文化局调研员。个人专集有《福州旧影》，与人合著有《洛阳名胜古迹》《中国历代都城宫苑》《福州世家》等。

（二）学者也无奈

张元幹的卒年从 1160 年到 1170 年再到 1175 年，相差 15 年，跨度之大是少见的。

《中国文学史》《中国历代文学作品选》《宋词选》《中国历史大辞典》是高校教材，也是学术研究著作，是国家机构组织权威人士集体编写的，自有它的权威性。他们定的卒年是 1170、1175，相差 5 年，是不是凭韩元吉写的《挽张元幹国录词》中"亲年八十余"而定？一家定八十（1170 年），一家定八十五（1175

年)，都在"八十余"之间。

《芦川词》选注曹济平干脆就说八十余（117？）。

认定张元幹卒年为1161年的香港黄佩玉，其依据也是韩元吉写的《挽张元幹国录词》中"亲年八十余"。其理由是："亲年八十余"最多余到八十九岁，亲指张元幹父亲张动，如果张动八十九岁，张元幹死于1161年七十岁，张动就得十七岁结婚，十八岁生张元幹。张元幹1160年作《上平江陈侍郎十绝》诗自云："辛亥休官，忽忽二十九载，行年七十矣。"自然还健在。如果张元幹再活几年，张动就太小生不出来了。再者，"八十余"没得余了。

认定张元幹卒年为1160—1161年的王兆鹏、曾意丹等是依据明万历年间所修编的永泰《月洲张氏宗谱》载张巽臣所撰《宋中奉大夫潼州府路转运判官提举学事借紫张公墓志》（以下简称《张公墓志》）："绍兴二十八年授信州户曹，举主关升从政郎。在任丁少监忧，解官。"从而推论张元幹卒于1160年最迟不过1161年春。可《张公墓志》中记载的张元幹官职是将作少监，又与其他记载将作监、大监的不符。王兆鹏在依据《张公墓志》写张元幹官职将作少监时，也不得不认为张元幹做过大监，怀疑有错。那么，简单、重要的官职都错了，卒年是不是也错了？

二、《张公墓志》

"公讳兹，字成之。生于宣和四年。二世祖膺，光州固始人，五代从王绪入闽，家于永福县和平乡五十里半月洲。曾祖肩孟，故任朝散郎，赠少师。祖动，故左中大夫、直龙图阁，赠光禄大夫。父元幹，故朝奉郎、将作少监，赠正议大夫。

巽臣考绍兴二十四年，以少监遗泽补将仕郎，二十二年准告授迪功郎、南剑州顺昌县尉。任满，二十八年授信州户曹，举主关升从政郎。在任，丁少监忧，解官。三年，服除，监行在惠民南局。乾道二年，考第举将滥格，改宣教郎，知婺州义乌县事。七年，任满，诸司判荐召赴都堂审察，除监登闻鼓院，磨勘转通直郎。八年，以新制通判信州，转奉议郎。当路以名闻，特旨转承议郎，召赴行在。淳熙二年，除司农寺丞，转朝奉郎。四年，从臣以监荐，除提举两浙东路常平茶盐，转朝散郎。八年，除夔州路提点刑狱，借五品服。九年，除潼关路转运判官，转朝奉大夫。

十年正月六日，以朝奉大夫、潼洲府路转运判官提举学士致仕。享年六十有一。

考先娶李氏，赠安人，文定公孙女也。隆兴二年，先考而逝，享年四十有九。淳熙五年，葬于福州城北灵源山。继任氏，封安人。男七人：长曰泰臣，蚤（早）逝；次巽臣受考遗泽；次涣臣，太学生；次清臣，继伯氏，后授将仕郎；皆李出也。次师臣、益臣、震臣，一女尚幼，皆任出也。

巽臣等十年二月自蜀道扶考之枢，归于福州。且自灵源山奉止丹妣安人李氏，卜淳熙十一年六月二十六日癸未合葬于闽县螺山之源，从先志也。

巽臣等泣血谨志。"

上面是巽臣所撰《张公墓志》全文。

永泰《月洲张氏族谱》最早修于宋淳熙年间，弥足珍贵。无奈时间长久，失而复得，几次重修，个别难免漏、错。按理，孙子说的话是可信的，但我怀疑这《张公墓志》是后人补写的，至少是抄误的，不足凭。

1. 孙子不可能将爷爷的官职记错，张元幹的最后官职一定是大监，不是将做少监。这有许多证据：（1）张元幹另一个孙子钦臣刻张元幹《幽岩尊祖事实》称"大监芦川老隐。"（2）张元幹侄孙张广编刻《芦川词序》称"叔祖官将作大监。"（3）张元幹好友、礼部尚书李弥逊写诗《和宗仲判监》。（4）《苕溪集》作者刘一止（胡仔）作诗《张仲宗判监别近三十年经由余不访于有诗次其韵》。（5）张元幹忘年交张孝祥作诗《张大监》，并序为"大监尊翁，以老成旧德，仪刑本朝"。（6）清宋诗钞《芦川归来集钞小传》编者吴之振等，"张元幹，字仲宗，永福人。大学上舍，历官至太监，所与遊皆伟人贤士……"（7）如果是少监从六品的话，卒后不可能赠三品正议大夫，跨越太大，不合体例，只有大监四品赠三品才合乎情理。

2. 巽臣的《墓志铭》还有个错乱，在第二段中将他父亲张竑授迪功郎的时间写成绍兴二十二年，将年间排在他父亲授将士郎的绍兴二十四年之后。将士郎是初品官，九品下。迪功郎是职官，从九品，当在二十四年之后。

3. 明代以后将作监是从三品，将作少监是四品，证明《月洲张氏宗谱》由于是明万历年间再修，《张公墓志》将明代的官阶代入宋代的官阶，后人至少整理过，不是原文。

4. 丁忧不仅仅为父亲丁忧，也可以为母亲"丁母丧"。是不是丁少监(夫人)忧？

5. 胡仔在《苕溪渔隐丛话》前集卷五记载："余宣和间居泗上，于王周士处见张仲宗诗一卷，因借录之。后三十年，于钱塘与仲宗同馆谷，初方识之。余因戏谓仲宗曰：'三十年前，已识公于诗卷中。'"

胡仔 (1110—1170)，南宋著名文学家，绩溪 (今属安徽) 人。著有《苕溪渔隐丛话》前集 60 卷。绍兴三十二年离开临安，复任福建转运用司干办公事。3 年任满，归隐苕溪，续成《苕溪渔隐丛话》后集 40 卷，合前集为一百卷。

胡仔在《苕溪渔隐丛话后集》(卷三十九) 张元幹的《渔家傲》"钓笠披云青障绕。橛头细雨春江渺。白鸟飞来风满棹。收纶了。渔童拍手樵青笑。 明月太虚同一照。浮家泛宅忘昏晓。醉眼冷看城市闹。烟波老。谁能惹得闲烦恼"。下记："余往岁在钱塘，与仲宗从游甚久，仲宗手写此词相示，云：'旧所作也。'其词第二句，原是'撅头细雨春江渺'，余谓仲宗曰：'撅头虽是船名，今以雨衬之，语晦而病'，因为改作'绿蓑雨细'，仲宗笑以为然。"从中可以看出绍兴三十二年 (1162 年)，张元幹和胡仔还"同馆谷"。1165 年，胡仔写《苕溪渔隐丛话后集》时那么详细记载与张元幹的往来，都没有记载张元幹仙逝。

三、挽词

都说盖棺定论，确定一个人的官职和卒年最好的是《悼辞》，而张元幹就有韩元吉为他写的两首《挽张元幹国录词》：

"一第固已晚，九迁人共期。

功名虽有命，寿考独无时。

门士韬珪璧，诸郎袭礼诗。

他年振儒学，犹慰九原悲。"

"左学驰声旧，中朝得录初。

宠材知底用，壮志亦成虚。

归旐三千远，亲年八十余。

苍天谁与问，行路亦欷嘘。"

挽词中韩元吉认为张元幹九迁共期、宠材底用，却是功名有命、寿考无时、壮志成虚。但庆幸"门士韬珪璧，诸郎袭礼诗"，张元幹三个儿子张竦、张靖、张竑，十二个孙子都在任上，都有功名。"归旆三千远"，他目睹张元幹子孙举幡扶柩千里归闽，明确"亲年八十余"。韩元吉为什么不直接点清八十几？因为他是诗词大家，又是以诗的形式写悼文，从他第二首诗用的韵脚 u 上看，清楚是用韵需要。

上面说过黄佩玉等人认为"亲年八十余"，是指张元幹的父亲张动这年八十余，如果能这么解，张动的出生年早已解决，就不会至今空白。这解牵强附会，短短的挽词不说当事人的年龄，却跑去说当事人父亲几岁；就像悼辞，不点出死者的年龄，反而说死者父亲几岁，未免荒唐。"亲"感觉是现在用语，其实现在用语许多古人已经用过。

韩元吉 (1118—1187)，南宋词人，开封雍邱人，一作许昌人，存词 80 余首。

张元幹是韩元吉的崇拜者，韩元吉曾于绍兴十四年（1144）专程从福建建安到福州拜会张元幹。他流连半月，曾作《醉落魄（荔枝）》：

"霓裳弄月。冰肌不受人间热。分明密露枝枝结。碧树珊瑚，容易与君折。

玉环旧事谁能说。迢迢驿路香风彻。故人莫恨东南别。不寄梅花，千里寄红雪。"

韩元吉那时虽然才二十六岁，但诗文已经小有名气，他看到张元幹题写的《醉道士图》时，一时技痒，也在《醉道士图》上题道：

"何须坐客总能文，呼酒相逢日暮云。

醉倒尽如狂道士，夜归谁问故将军。"

《醉道士图》是张元幹收藏钟爱，能让韩元吉在图上题诗，说明俩人感情不浅。

绍兴三十一年(1161) 8 月，韩元吉在临安任司农寺主簿，又与张元幹交往密切。如果张元幹逝于 1161 年前就只是"七十余"了。隆兴 二年（1164），韩元吉出任鄱阳郡守，乾道八年（1172），回临安任吏部侍郎，乾道九年（1173）初转吏部尚书，

二月被弹劾离开临安出知婺州。韩元吉能在张元幹过世时和灵柩归闽时各作《挽张仲宗国录词》，说明当时韩元吉人在临安。

张元幹晚年一定再仕，浙大硕士谭燕在毕业论文《张元幹考论》中（张元幹卒年也是 117？）就以张元幹再仕贬张元幹"不清高"。张元幹自己在《跋江天暮雨图》中说："刘质夫，建炎初与余别于云间，今乃相遇临安官舍。"宋代的

官舍，就是现代的单位住房，提供给官员居住的。胡仔也在《苕溪渔隐丛话》中说：
"后三十年，于钱塘与仲宗同馆谷，初方识之。""同馆谷"就是一起在单位同
吃同住。

张孝祥是张元幹的忘年交，俩人更是南宋词坛双璧。他绍兴二十四年（1154）
至绍兴二十九年（1159）的五年中，张孝祥官居临安，接连异迁，直至升任为中书
舍人，为皇帝执笔代言，平步青云。后被汪彻弹劾，使其丢官外任。两年后（1161），
张孝祥特意作《张大监》为这段交往作记：

"岁晏苦寒，共惟神扶伟于，台候万福。伏念某二年中都，数获款侍。仰蒙
笃宗盟之契，奖予非它人比，感激恩义，铭镂不忘。大监尊翁以老成旧德，仪刑本朝，
乃慕从赤松子游，褰裳去之。寓直秘府，均逸闲馆。高名全节，照耀宇内。"

张孝祥记述张元幹对他的奖掖非他人能比，这种恩遇，永世不忘。他认为这
时的张元幹完全放下了世间红尘，在秘书府沉湎馆史，高名全节。如果张元幹在
1161 年春前仙逝，张孝祥作的应该是悼辞，不会问候"台候万福"，说"寓直秘府，
均逸闲馆"。

"寓直秘府"就是当值、负责秘书府。

"秘府，禁中藏图书秘记之所。""宋同晋，为秘书监，统著作局，掌三阁图书。
为四品官。"秘书监是历代官府设置的专掌国家藏书与编校工作的机构，掌经籍
图书之事，领著作局。下辖日历所、会要所、国史实录院等，以宰相、执政官时
政记与起居郎、起居舍人起居注所记朝廷政事，按日月编次，修撰成书；下辖昭
文馆、集贤院、史馆贮藏图籍，收藏三馆书籍真本及宫廷古画墨迹等。韩元吉称
张元幹为"国录"就出在这里。

当时的信息传递很慢，唯有同在一地，方能见证丧事、写挽词，那么，张元
幹的卒年当在乾道八年（1172）到乾道九年（1173）二月间、韩元吉在临安之际，
享年 81—82 岁。

四、结束语

综上，张元幹的卒年，实际上已经有了大概的时间，教育部组织专家、学者，
穷历史资料，集集体智慧，编订的《中国文学史》《中国历代文学作品选》《宋词选》

《中国历史大辞典》，既是高校教材，也是学术研究著作，没有十五年的差距。只是后来曾意丹看到了《月洲张氏族谱》的《张公墓志》，认为是最好的依据。而王兆鹏也接受了曾意丹的看法，才有近来 1160、1161 年之说。殊不知《张公墓志》漏洞百出，不足为凭，硬生生让张元幹折寿十几年，情何以堪？现在网络上除了正规的历史人物词典网等数家有自己的声音外，其他的搜索网站多是卒于 1161 年、官职将作少监，非主流声音淹没了主流声音。如果现在不能明确具体时间，也得按教育部之说，这才是对先人的尊重。

张元幹作品浅析

福建师范大学　王长英

摘　要： 张元幹是宋代爱国主义者，他积极投身反抗民族压迫、恢复北方疆土的政治斗争，创作了大量诗词，尤其是他的豪放派词作，突破了北宋末年平庸浮靡的作风，在中国词坛上传诵千古，为后来的辛弃疾、陆游等人的爱国词派开了先河，并对后世的词坛产生了重要的影响。张元幹的诗、文等作品对了解他的人生轨迹，与名人交往等，都起到一定的作用。同时也能从中看到他的慈孝、忠君爱国等方面的内容。

关键词： 张元幹；诗词；浅析

在中国历史长河中，历朝历代都涌现出豪情英杰，他们像颗颗耀眼的星辰，熠熠生辉照亮后人，宋代的张元幹就是其中之一。生长于北宋末至南宋的张元幹，是个爱国主义的豪放派词人，他与张孝祥曾被号称为宋代南渡初期词坛双璧。因为忠君爱国，他曾积极投身于反抗民族压迫，恢复北方疆域的斗争。创作了多首豪放词如《贺新郎·寄李伯纪丞相》《贺新郎·送胡邦衡谪新州》等，这些词慷慨激昂，高亢悲壮，充满阳刚之气，这是一种灵魂的呼唤，虽已历经数百年，仍能激起后人们强烈的共鸣，唤起大家浓厚的爱国主义情怀。

一、张元幹人生经历

张元幹 (1091—1161)，字仲宗，号芦川居士、真隐山人，晚年自号芦川老隐，

作者简介： 王长英，福建师大图书馆研究馆员。

芦川老人，福建永福（今永泰）嵩口镇月洲村人。他出生官宦世家，祖、父均为进士出身，家庭的文化薰染，使其自幼即接受了传统的儒家教育，打下了很深的忠君爱国的思想。少即聪慧的张元幹，10岁就能与父亲对诗。父亲名动，字安道，赐进士出身，官至龙图阁直学士。张元幹因母早逝，14—15岁时就跟随当官的父亲，先到河北邺县（今河北临漳县）官府读书，后又跟随父亲到京城读书。他"早岁问道于了斋先生，学诗于东湖居士，凡所从游，皆名公胜流"。[1]当父亲的朋友公余之时来家中作诗酬唱时，他都能参与一起作诗唱和。庐陵欧阳懋称赞曰："余崇宁间，与安道少卿同仕于邺，公余把酒以诗相属，时仲宗年未及冠，往来屏间，亦与座客赓唱，初若不经意，而辞藻可观，莫不骇其颖悟。……其后数年……再会于京师，仲宗事业日进。又数年，复见之，则已卓然为成材矣。盖其天资夙成，素有以过人也。"[2]政和初年，20出头的张元幹入京都太学，曾任太学上舍生，宣和七年（1125），34岁时担任陈留县令，靖康元年（1126），35岁时担任李纲幕府僚属，不久，李纲被贬，他也遭贬。此后，他的人生际遇与李纲有很大的关连。绍兴元年（1131），41(虚岁)就以将作少监丞致仕。之后，他闲居20多年，寄情山水留下了大量诗词及其他作品。

张元幹是个热血男儿，他始终热爱国家、关心国事，因此，他的诗词创作也与国家的安危紧密相连，关系很大。他一生经历了宋哲宗赵煦、宋徽宗赵佶、宋钦宗赵桓、宋高宗赵构四个皇帝的执政时期，目睹了各朝皇帝的腐败、昏聩与无能，因此，他在诗词中流露了慈孝、忠君、爱国、牵挂百姓、不畏强权而又无可奈何的复杂情感。张元幹少年时，正是宋哲宗执政期间，赵煦有想作为，但执政能力有限，身体又不好，才25岁就登天了。因此，宋哲宗执政期间，对张元幹的诗词影响作用不是很大。接任宋哲宗皇位的宋徽宗，是中国历史上有名的风流天子，他喜好享乐人生、书画、音乐，声色犬马样样精通，可谓艺术造诣登峰造极，可就是缺乏政治家的雄才大略，亲政期间不理政事，整天在宫中玩乐，晚年又迷恋道教。宋徽宗尸位素餐，一直被投降派所左右，对内搜刮民财，使得农民倾家荡产，终于爆发了农民起义。宋朝军队镇压农民起义如狼似虎，威猛无比，很快就将农民起义镇压了下去。宋徽宗认为有这样的军队，足以威震四方了，实际上宋军将领们都非常畏惧金兵，几乎不敢与金兵打仗。

宣和七年（1125），金军下诏伐宋，他们兵分两路，大举南下进攻宋朝都城汴京（今河南开封）。金军两路大军入侵宋朝的消息传到开封后，宋徽宗表面上改过自新，号召全国上下合力抗金，实际上却在做着逃跑的准备。为了尽快逃脱，宋徽宗采纳李纲等大臣们的建议，内禅皇位给太子赵桓，随后赵桓继位为宋钦宗，改明年为靖康元年。宋徽宗则以"教主道君太上皇帝"之名，退居内宫。

靖康元年（1126）正月，金军两路会师后，逼近黄河。太上皇赵佶等人慌忙南逃，引起朝廷内部极大的恐慌，宋钦宗新朝廷也人心慌乱。"这里，首先利用词作武器，直接参加当时抗战派的政治斗争的是著有《芦川词》的张元幹。"[3] 大敌当前，张元幹义愤填膺，上《却敌书》。他虽为文弱书生，却忠君爱国，忧国忧民，因此，后来能够跟着李纲等爱国人士，坚持抗击金兵。

李纲（1083—1140），字伯纪，号梁溪，祖籍福建邵武，宋徽宗政和二年（1112）进士，历官太常少卿。靖康元年（1126），金兵入侵并包围了京师，宋钦宗当时命主战派的李纲为兵部侍郎，以尚书右丞为亲征行营使。这时，投降派建议宋钦宗弃京都逃跑避难。李纲严加驳斥，宋钦宗又加封李纲为尚书右丞，东京留守。宋钦宗才不再提逃走之事，并登上城楼，以振奋军心。临危受命的李纲立招好友张元幹入府为幕僚，张元幹来到李纲身边，协助并辅佐李纲组织军民全力备战，安置炮火，修葺兵器，准备了大量的弩石、檑木、砖石、火油等防备之具。还在都城四面，配备禁军 1.2 万人，日夜操练。白天金军兵临城下，晚上时金兵以火船数十艘顺汴河而下，进攻西水门。李纲亲自临阵，张元幹全力辅佐之，经过一昼夜的苦战，击退了金兵的进攻。第二天战斗更为激烈，金兵发起一次次的进攻，都遭到守城宋军的顽强的反击。战斗打得异常激烈，从早上一直持续到下午，宋军杀伤、杀死数千名金兵。后来，金兵强攻不下，只得退兵，李纲带领宋军终于取得保卫京城战斗的胜利。京师解围后，张元幹喜赋一首五言诗《丙午春京城解围口号》。

攻城不利的金朝派人来议和，李纲向皇帝提出由他去与金人谈判，可是昏庸、无能的宋钦宗担心李纲态度强硬谈不拢，特意让投降派李锐前往金朝议和，并带上黄金万两、美酒等厚礼送给金朝。宋钦宗还授意李锐可向金朝增加岁币 300—500 万两，犒军费 300—500 万两。但是金朝狮子大开口，提出大量无理要求。他们不仅要岁币 500 万两，银 5000 万两，牛马等各万匹，缎百万匹，绢帛百万匹。并要割让太原、中山（今河北定县）、河间三镇（实包括所属县州）。还要尊金帝为伯父；宋亲王、宰相作人质，送金军北渡黄河，方可议和。李锐回朝向宋钦宗报告了金朝提出的条件，宋钦宗与投降派的宰相们，马上表示了同意。李纲表示反对，并建议拖延时日，等各路宋军来援后再议，可是李纲的意见遭到投降派大臣们的反对。李纲气愤地去巡城，查看守城情况，等他巡城回朝，宋钦宗完全同意金朝条件的誓书已经发出，康王赵构和宰相也前往金营当人质了。此时，各地亲王的宋军 20 余万陆续来援京都，而金兵不过 6 万人，金军望见宋军日众，只好北撤。随后，李钢提出切断金军粮道，夹困金军，索回誓书，逼迫金军撤退。但是宋钦宗不用李纲之计，反而罢免了李纲，张元幹也被罢免。导致宋朝错失战机，只能完全答应金朝的条件。靖康二年（1127），金人再次南侵，汴京终被金兵所破，金军入城，搜刮宋朝国库与民间所有金银财宝，还囚禁了宋钦宗。金朝下昭废宋徽宗、宋钦宗为庶人，次日将他们及全部皇室宗亲拘捕押往金朝，北宋王朝随之灭亡，这就是靖康之变。腐败无能的最高统治者宋钦宗，重用投降派，一直想割地求和，结果导致节节败退而被俘，最后死在金朝。使得金兵频繁入侵中原大好河山，宋钦宗把长江以北大半国土拱手出让给了金人。随后赵构即皇帝位，是为宋高宗，因此，靖康二年又为建炎元年（1127），宋高宗任命李纲为丞相。因投降派的反对，李纲上任仅 75 天，他的丞相就遭罢免，并被贬到杭州，后又遭多次贬谪。愚蠢、懦弱的宋高宗赵构同父兄一样惧怕同金朝打仗，他听信投降派言论，偏安江南一隅，只顾自己享乐，向金朝称臣，甘当儿皇帝。根本无视中原大地山河破碎，社会动荡不安，生灵涂炭，人民过着动乱的生活。这些都令张元幹对时局充满忧患，只能把满腔的怒火及郁闷之气、悲愤之情，都化为激昂的爱国诗词。他的词为南宋爱国词人开辟了广阔的创作道路，鼓舞了人民反抗外族侵略的斗志。

二、 张元幹的豪放词

张元幹从小就有志于学，曾自曰：“少年时，壮怀谁与重论？视文章真成小技，要知吾道称尊。奏公车治安秘计，乐油幕谈笑从军。[4]”之后他的诗作更进了一步，30 岁时，陈瓘评价其曰：“张侯仲宗近作，殊有老成之风，无复少年书生气。[5]"张元幹成年后在文学方面的才华日益展现，创作了大量的诗、词、文、序、跋，书信等，为后人留下了许多不朽的篇章。尤其是他写的词，突破了北宋末年平庸浮靡的词风，继承了苏东坡的思想与艺术传统，为后来者如辛弃疾、陆游等人的爱国词派开了先河，并对后世的爱国词人产生了重要的影响。他的词壮志激昂，慷慨悲凉，融入了时代与社会的重大事件，洋溢着爱国主义的豪情，与他同时代的主战派将领李纲、岳飞，以及士大夫胡铨等人，这些人都不是以词知名，但由于他们主张抗金的态度最坚决，在张元幹豪放词的影响下，也都在词中表现了强烈的爱国主义和奋发有为的精神，创作了许多传诵千古的佳作，如李纲的《念奴娇·宪宗平淮西》、岳飞的《满江红》、胡铨的《好事近》等词。

张元幹与李纲的关系非常好，宣和六年（1124），他从闽返回汴京，途中就到无锡的梁溪拜访过李纲，两位志同道合的朋友，评古论今，交谈甚欢，结下深厚的友谊。靖康元年（1126），李纲为尚书右丞，除亲征行营使，侍卫亲军马军都指挥使，张元幹便成为李纲的幕僚。在京都保卫战中，他亲历战火，出谋献策，与李纲有了更深的友情。绍兴八年（1138），在秦桧等投降派的策划下，宋高宗要向金朝拜表称臣，李纲上书反对无效，被罢职回到福建长乐。当时在福州的张元幹写了《贺新郎·寄李伯纪丞相》这首词寄给他，赞同李纲的抗金主张，对他的壮举表示支持与声援。此词为张元幹的代表作之一。词如下：

贺新郎·寄李伯纪丞相

曳杖危楼去。斗垂天、沧波万顷，月流烟渚。扫尽浮云风不定，未放扁舟夜渡。宿雁落、寒芦深处。怅望关河空吊影、正人间鼻息鸣鼍鼓。谁伴我，醉中舞。

十年一梦扬州路。倚高寒、愁生故国，气吞骄虏。要斩楼兰三尺剑，遗恨琵琶旧语。谩暗涩、铜华尘土。唤取谪仙平章看，过苕溪、尚许垂纶否？风浩荡，欲飞举。

这首词上片描写了这样的情景：张元幹携着手杖登上高楼远望，见到北斗星低垂，挂在天幕之上，江水翻起万顷波浪。月光如水，流泻在烟雾笼罩的洲渚上。寒风阵阵吹散浮云还未停，夜色中无法乘小船夜渡。宿雁落在芦苇深处。想到山河破碎的时局，张元幹心情无比愤懑，怅望关河，自己形影相吊，此时众人皆睡，酣声像敲打鼍鼓的声响。这里表现了"众人皆醉我独醒"，有谁能陪伴我在酒醉中跳舞呢？

词的下片写道：十年前金兵南侵时，将扬州焚掠一空，昔日的繁华如今犹如一梦。依着高楼，寒气逼人，想到故国中原大地满目疮痍，就愁思满腔。自己壮心犹在，激昂的豪情足以将金兵吞灭。多么希望能像汉代的傅介子那样，挥起三尺宝剑斩楼兰。历史上的昭君被迫和亲，也只能遗恨琵琶旧语。主降派小人得势，议和之事已定局，只能让宝剑蒙上尘，生出铜花（即铜锈），失去作用。在此以谪仙李白比李纲，询问道如今山河沦落，和议已成大局，是否就此归去，退隐山林，不过问时事。国事垂危，苕溪这地方还适合垂钓吗？不，还是要有气冲云天的凌云壮志，凭借浩荡东风，要飞的更高。他在此希望李纲这样的有志之士能再度出山，乘风高飞，大展宏图。

这首词写得慷慨悲凉，风格沉郁，境界阔大，抒发了坚持抗金相同志向的人太少的怅惘孤寂之情。同时用两个典故借以表示坚定的抗金志向，进一步抒发了爱国壮志受到压抑的悲愤，以及对南宋小朝廷屈辱求和，对抗战派弃置不用的遗恨。

张元幹的另一首豪放词《贺新郎·送胡邦衡谪新州》，是《芦川词》的压卷之作，这首词是写给枢密院编修胡铨的。胡铨（1102—1181），字邦衡，号澹庵，吉州庐陵（今江西吉安）人。南宋爱国名将，是坚定的主战派，绍兴八年（1138），他曾上书反对和议，力主抗金，请求将投降派秦桧等三人斩首示众。因此受到秦桧的迫害，枢密院编修被除名，然后远谪新州。胡铨被贬路过福州时，张元幹不顾个人安危，给老朋友胡铨作词相送，并为其钱行。张元幹后来还因为这首词，被秦桧迫害入狱。朋友远行送别是伤心事，然而在这首词中，却没有儿女情长的话题，而是从国家命运、民族苦难和人生大节落笔，写得慷慨激昂。倾诉了对中原河山沦陷的悲痛心情，叱问昏君的反复无常、抒发对了投降派居心叵测的满腔悲愤心情，对好友坎坷遭遇的关切之情。词的最后升华到新的更高境界，古往今来，有多少爱国者报国无门，却从不灰心，既然怀着生死不渝的报国之心，又岂能像小儿女一样计较个人的恩怨得失？请举满杯，听我唱一首金缕曲吧。"全词以共吐心音起，以互致慰勉结，情景交融，一气旋折，情辞慷慨，掷地有声。"[6]全词如下：

贺新郎·送胡邦衡谪新州

梦绕神州路。怅秋风，连营画角，故宫离黍。底事昆仑倾砥柱，九地黄流乱注！

聚万落千村狐兔。天意从来高难问，况人情、老易悲难诉。更南浦，送君去！

凉生岸柳销残暑。耿斜河、疏星淡月，断云微度。万里江山知何处？回首对床夜语。雁不到、书成谁与？目尽青天怀今古，肯儿曹恩怨相尔汝？举大白，听《金缕》。

张元幹的《贺新郎·寄李伯纪丞相》《贺新郎·送胡邦衡谪新州》等多首豪放词颇受后人推崇，曾被收录《宋词精品》《豪放词》《豪放词三百首》诸多书中，还收录中国历代文学作品选，成为大学教科书中必选词目。《四库全书总目提要·集部·词曲类》中称赞张元幹的《贺新郎·寄李伯纪丞相》《贺新郎·送胡邦衡谪新州》这两首词是"慷慨悲凉，数百年后，尚想其抑塞磊落之气"。[7]

三、 张元幹的诗、文作品

张元幹手不释卷，博览群书，其诗、词雅健，气格豪迈，有唐人风。他的诗、词及其他文学形式结集出版的书有很多，其中较知名的有以下几种等：

1.清代的《四库全书》，收录了《芦川归来集》十卷，《芦川词》一卷。

2.上海古籍出版社出版的《芦川词》上、下两卷，内收有张元幹所作词185首，有曹济平校注、导读，或笺注三种。

3.上海古籍出版社出版的《芦川归来集》十卷。此书卷一至卷四为诗；卷一有：四言诗，五言古诗，七言古诗。卷二有：五言律诗，五言排律。卷三为：七言律诗。卷四为：五言绝句，七言绝句，六言绝句。四卷总计百余首诗。卷五至卷七为词；卷八收有表、启、书；卷九有序、记、题跋；卷十收有赞，含自赞，铭、墓志铭、祭文。后有附录。

以下简述张元幹《芦川归来集》中的部分诗、文作品。张元幹的诗未被选入《中国历代文学作品选》等书中，并非他的诗写得不好，而是因为他的词太著名了，从而掩盖了其诗的光芒。《四库全书·芦川归来集提要》曰："其学尊元祐而诋熙宁，诗文亦皆有渊源。"他10岁即能诗，15岁能作诗与人唱和，在豫章时，与徐俯、吕本中等人结社唱和。从他的诗中可看出他驾驭文字的高超能力，以及他对诗歌格律及其熟练的程度。他能用诗歌表现国家大事，能以诗歌表达与好友的感情和友谊，也能写景抒情，赞美大好河山，还能迎来送往，表达离别愁绪，还有祝贺诗、挽诗，等等。

在抗击金兵及宋王朝南渡后这一段时期，张元幹有些诗也写得豪放、悲壮，充满阳刚之气，表现了他的忠君爱国、关心国事，愤恨投降派奸臣们的祸国殃民，致使山河破碎，国家危亡等悲痛的情感，不忘恢复国家山河完整之意。如《感事四首 丙午冬淮上作》，"国事河多难，天骄据孟津。焦劳唯圣主，游说尽奸臣。再造今谁力，重围忌太频。""血洒三城渡，心寒两路兵。洛师闻已破，陵邑得无惊？愤切吞妖孽，悲凉托圣明。本朝仁泽厚，会复见承平。""戎马环京洛，朝廷尚议和。伤心闻徇地，痛切竞投戈。始望全三镇，谁谋弃两河！甲兵无息日，吾合老江波。""肉食贪谋己，几成国与人。珠旒轻遗敌，玉册忍称臣。四海皆流涕，三军何奋身？不堪宗社辱，一战靖烟尘。"[8] 在诗中表达了他对皇帝听信投降派的议和主张，致使金军入侵，山河破碎，感到义愤填膺，以及壮志难酬的悲愤心情。

张元幹的长诗《建炎感事》，全诗共有 300 字，诗中描写了国家被金兵入侵后的惨状，也痛恨统治者的议和割地，怀念种将军的威武与智谋。（当时被俘的宋钦宗曾非常后悔地说，不听种将军的话，才落的如此悲惨的下场。）这首诗中还歌颂了宋朝开国皇帝的功绩，用当年宋朝的盛况与当今南宋朝廷进行对比，更衬托了当朝统治者的腐败与无能。这里摘录《建炎感事》中的一小段，"乾坤忽震荡，土宇遂分裂。杀气西边来，遗毒成僭窃。议和其祸胎，割地亦覆辙。倘从种将军，用武寨再劫。不放匹马回，安得两宫说。巍巍开国初，真宰创鸿业。一统包八荒，受降临观阙。"[9]

张元幹也写了战乱后流浪的无奈与呐喊，如《乱后》"乱后今谁在，年来事可伤。云深怀故里，春老尚他乡。宁复论秦过，终当作楚狂。维舟短篱下，聊学捕鱼郎"。[10] 张元幹与李纲的感情很深，写李纲的诗最多首，有称赞李纲，如五言律诗《李丞相纲生朝三首》。这里录一首，诗曰"炎景生贤佐，三朝火王时。德威虽敌畏，忠荩只天知。安国惊何久，收功会有期。他年调鼎地，黄发属公师"。还有七言律诗《游东山二咏次李丞相韵》《再和李丞相游山》，表现了两人的关系与友谊。还有悼念李纲去世的《挽少师相国李公三首》，对李纲生平进行总结、评价并表示怀念之情。"望表公师位，身兼将相权。三朝更出入，一德奉周旋。盖为苍生起，曾扶大厦颠。何知老宾客，拥彗扫新阡。……壮志深忧国，丹心笃爱君。谤书兴众枉，谏疏在奇勋。……堂堂真汉相，天忍阕佳城"。

辞官后的 20 多年间，张元幹常外出游山玩水，写下不少寄情山水景物的诗，还写有一些送别离愁，写人记事、写景抒情，花花草草等诗，本文就不作展示。

张元幹的文中有几篇自赞，他对自己的生平做了一些总结，使他的形象跃然纸上。而其中《甲戌自赞》中曰："芦川老居士，今春六十四，……"知其生年为 1091 年，这是一个很重要的信息，因为多种史书均无张元幹传，因此，其生年曾被人写错过。如梁廷灿《历代名人生卒年表》，就把张元幹生卒年定为（1067—1143）。张元幹的《宣政间名贤题跋》一文，可看出张元幹与诸名人的交往，名人对他的评价等内容，这对人们考证、了解张元幹生平很有帮助，具有较高的史料价值。《宣政间名贤题跋》中的名贤有洪刍、陈瓘、游酢、刘路、欧阳懋、吕本中、苏庠、杨时、李纲、刘安世、王铚、苏迟……叶梦得等 25 位名士的题跋，这当中的陈瓘、游酢、杨时、李纲等人，都是当朝著名学者与名臣，能够得到他们的写的题跋，可谓弥足珍贵。从题跋里也可了解到，这些名贤对张元幹的很高评价。如李纲对其评价"听其言鲠亮，而可喜，诵其文，清新而不群"。

综上所述，张元幹在诗、词、文诸方面，都为后人留下了珍贵的财富。尤其是他的爱国精神，他那积极向上的豪放词，将永远在中国词坛绽放光彩，教育、鼓舞并影响着一代又一代的国人。

【参考文献】

[1]（宋）张元幹：《芦川归来集》原序，上海古籍出版社，1978 年 9 月版，第 220 页，

[2]（宋）张元幹：《芦川归来集》卷十 附录，上海古籍出版社，1978 年 9 月版，第 204 页。

[3] 游国恩等著：《中国文学史·三》，人民文学出版社，1964（1），第 75 页。

[4]（宋）张元幹：《芦川归来集》卷七附录，上海古籍出版社，1978 年 9 月版，第 124—130 页。

[5]（宋）张元幹：《芦川归来集》卷十附录，上海古籍出版社，1978 年 9 月版，第 203 页。

[6] 吴熊和主编：《宋词精品 附历代词精品》，时代文艺出版社，2001 年 11 版，第 274 页。

[7] 朱东润主编：《中国历代文学作品选》中编第二册，上海古籍出版社，1980 年 6 月版，

第 61 页。

[8]（宋）张元幹：《芦川归来集》卷二，上海古籍出版社，1978 年 9 月版，第 25 页。

[9]（宋）张元幹：《芦川归来集》卷一，上海古籍出版社，1978 年 9 月版，第 9 页。

[10]（宋）张元幹：《芦川归来集》卷二，上海古籍出版社，1978 年 9 月版，第 22 页。

张元幹的出身、交游与人格养成

荆楚理工学院　黄俊杰

　　摘　要： 芦川自幼受家风熏染，志向高远、刚直重义、辞藻可观。弱冠前后，因舅父向子諲引荐，得以问诗徐俯，结交江西诗社诸才子。可他在诗歌理论主张与创作上，却由东坡"自然成文"之论，悟自然、有味之旨，诗、文、词崛起宣、政间。而立之年，他问道庐山之南，陪侍陈瓘，指点前贤、商榷古今，得哜啄同机之理。这种对个人努力与时势造就之间关系的理解，构成他此后游从结名臣、择胜流，出处谨慎而旷达的价值取向，也因之成为芦川人格养成之钤键。

　　一个人的性格、气质、道德品质及才能所共同呈现出来的特征构成他的人格，人格的形成则与他的成长过程密切相关。而在成长过程中，家庭环境的熏陶、受教育程度、师友同事的影响应是几个非常重要的因素。综合来看，张元幹立身谨慎，为人刚直耿介，重视忠孝节义，有比较突出的诗、文、词方面的文学才能，在当时便获得了极高的声誉。其人格的养成，与出身、交游均有密切关系，试论述如下，以就教于方家。

一、祖辈与父辈

　　张元幹出身于官宦家庭。其父张动，曾任太常寺少卿、荆湖北路提举常平公事、建州知州等职。伯父张励、张劢、张勤、张劝，除劢早逝，诸位伯父均曾在朝为官，又皆有乡郡建州之任，尤其励、劝、动，因在任善治之故，时称"三张"[1]。但这

　　作者简介： 黄俊杰，湖北仙桃人，文学博士，毕业于武汉大学，现为荆楚理工学院教授，主要从事中国古代文学史的教学与研究。

个仕宦家族的兴起，溯源不远，仅始于元幹祖父张肩孟。芦川《祭祖母彭城郡夫人刘氏墓文》称"昔我先祖，未取科第……儒生穷愁"，又云其祖在夫人刘氏亡后"应举觅官""仕宦于朝"，则家道始兴于祖父张肩孟可知[2]。郑穆《张肩孟墓志》云："公天性恺悌，行己常惧有不至，平居逆揣世务利害，以语诸子，后无不如其言。然而向晦，终不肯建白。闻于时，曰：'吾不任言责，非敢出位也。'公家清贫，岁时食先人之薄产，伏腊或不继，而处之淡如。历官二十馀年，有宅一区而已。宅之西有楼，未名，诸子读书其上，植岩桂于楼前，夜梦神人告之曰：'君看异日拿龙手，尽是寒光阁上人。'遂榜以'寒光阁'额。已而俱擢进士第，缙绅荣之。时有'丹桂五枝芳'之语。"张肩孟诸子"俱擢进士"，可知其人定循循善诱，教子有方。既能"平居逆揣世务利害，以语诸子，后无不如其言"，自然是博学广闻，洞察世事之人。又其名"肩孟"，字醇叟，便有自觉承继孟子以成醇儒之意。孟子说："我知言，我善养吾浩然之气。"（《孟子·公孙丑上》）朱熹的解释是："知言者，尽心知性，于凡天下之言，无不有以究极其理，而识其是非得失之所以然也。浩然，盛大流行之貌。气，即所谓体之充者。本自浩然，失养故馁，惟孟子为善养之以复其初也。盖惟知言，则有以明夫道义，而于天下之事无所疑；养气，则有以配夫道义，而于天下之事无所惧，此其所以当大任而不动心也。"[3]简而言之，知言，即通晓各家学说，也就是博学；养浩然之气，则是正己。这些应该是张肩孟所努力向往的。由此，知其人当重儒守礼，博学通达，虽不能确知与当时理学名家是否有往来，但从诸子俱显以及元幹之交游来看，其祖父之品德与交游对后人影响甚大[4]。《幽岩尊祖录》能得诸多名流题跋，当有其祖"文章议论，蔚然称于远方"（《张肩孟墓志》语）的原因，非独仅因芦川"尊其祖"与"干父之蛊"之故[5]。

二、诗如云态度，人似柳风流

蔡戡《芦川居士词序》云："少监张公，早岁问道于了斋先生，学诗于东湖居士。凡所游从，皆名公胜流。"[6]此非虚言，但从时间上来看，学诗于东湖在前，问道于了斋在后。学诗于东湖居士徐俯，不惟使他在诗歌创作上受到江西诗派之影响，更因此结识了一批当时的诗坛俊彦；问道了堂，则使芦川得以走进元祐学术，并由此接近廊庙重臣。

芦川少时便聪敏早悟，表现出突出的文学才华。其父执欧阳懋曾言："余崇宁间，与安道少卿同仕于邺（今河北临漳）。公余把酒，以诗相属，时仲宗年未及冠，往来屏间，亦与座客赓唱，初若不经意，而辞藻可观。莫不骇其敏悟。"[7] 周必大《跋张仲宗送胡邦衡词》亦云："长乐张元幹，字仲宗，在政和、宣和间已有能乐府声。今传于世，号《芦川集》。"[8] 故知政和、宣和年间（1111—1125），二三十岁的芦川便已有诗词在友朋间传阅，获得了较高的声誉[9]。徐俯《赠张仲宗》赞许其人其诗曰："诗如云态度，人似柳风流。"[10] 张械（张耒之子）说他的"诗文蔚然可爱"，朱松（朱熹之父）说他"文字妙当世"[11]，均可说明芦川诗文在当日之影响。

说起芦川的诗歌渊源，从他自己的记述来看，似系从江西诗派徐俯处学得句法。绍兴二十四年（1154），芦川受王湝之请，为其父王鈇（字承可）文集作序，其中谈道："文章名世，自有渊源，殆与天地元气同流，可以斡旋造化，关键顾在人所钟禀及师授为何如。……予晚生，虽不及见东坡、山谷，而少时在江西，实从东湖徐公师川授以句法。东湖，山谷甥也。"[12] 后四年，芦川又在《苏养直诗帖跋尾六篇》中再次提及学诗徐俯之事，并追记时间在大观庚寅前后："往在豫章，问句法于东湖先生徐师川。是时洪刍驹父、弟炎玉父、苏坚伯固、子庠养直、潘淳子真、吕本中居仁、汪藻彦章、向子諲伯恭，为同社诗酒之乐。予既冠矣，亦获攘臂其间。大观庚寅辛卯岁也。"[13] 大观庚寅，即大观四年（1110），是时芦川年方及冠。文中提及之徐俯、洪刍、洪炎、吕本中，皆为吕本中"江西诗社宗派图"中所列人物，苏坚、苏庠、潘淳、汪藻、向子諲等，亦一时俊彦。

芦川能盘桓江西诗社诸人之间，颇疑缘于其舅父向子諲荐引之故[14]。向子諲（1085—1152），字伯恭，号芗林居士，开封人。《宋史》卷三七七有传。为真宗朝名相向敏中玄孙，神宗朝向皇后再从侄。为人刚直忠鲠，徇公忘私，气节凛然。芦川《芗林居士赞》曰："雍熙相国之胄，宪肃母后之家，视富贵如浮云，弃轩冕犹敝屣。良由天资拔俗、雅志好贤，临事必欲出奇，为善常恐不及。所谓胸中丘壑，皮里阳秋，盖自英妙时固已沈着痛快矣！虽曰守节仗义，而远迹危机；虽曰正色立朝，而独往勇决。殆将明哲以保身，优游以卒岁者欤？若夫袖手旁观，傲睨一世，福禄未艾，俟命方来，则予谨在下风也。"（本集卷十）不仅流露出对其人气节的叹赏，对其出处也有审慎的评判。向伯恭长芦川六岁，大观四年前后，任镇南军（治洪州，今江西南昌县治）节度推官[15]，故能与江西诗社诸人唱和，并得以引荐芦川。观芦川一生出处行事，与伯恭若合一契，可知其影响。

芦川弱冠之年虽与江西诗人往来甚密，但从其诗歌主张与创作来看，风格又不受江西诗风所牢笼，吕本中"江西宗派图"中也未列其名。无论从他关于诗歌理论的论述，还是他本人的诗歌创作，都可以看出他推崇的是"自然""有味"的诗风，也较少卖弄学问、喜掉书袋的作派。如他在《跋苏诏君（名从周，庭藻之父）赠王道士诗后》中写道："文章盖自造化窟中来，元气融结胸次，古今谓之活法。所以血脉贯穿、首尾俱应，如常山蛇势，又如风行水上，自然成文。又如优人作戏，出场要须留笑，退思有味。非独为文，凡涉世建立，同一关键。"（本集卷九）又如《苏养直诗帖跋尾六篇》写道："其间情话，无非输肺肝。虽甚匆遽时，行书小草，浓淡敧正，初若信手，而笔意俱到。句中有味，览之使人忘倦。"（戊卷）"养直二十三帖作一轴，笔意圆熟，词采精明，如珠走盘，略无定势，而璀璨夺目，光采射人。"（己卷，其中所云"如珠走盘，略无定势"亦是自然之意）再如《跋江天暮雨图》："诗有自然之句，而句有见成之字，政恐思索未到，或容易放过，便不佳尔。"（本集卷九）等等。即便受江西诗派之影响，尊崇杜甫，他似乎更看重的仍然是杜诗中的"自然"的部分。如《亦乐居士文集序》中说："前辈尝云：'诗句当法子美，其他述作无出退之。''韩、杜门庭，风行水上，自然成文，俱名活法。金声玉振，如正吾夫子集大成。'盖确论也。"（本集卷九）[16]此类"自然成文"的论调，无疑源于东坡[17]。

芦川的创作与他的诗歌观点一致，呈现出自然流畅、意兴高远的特点。关于他的诗歌，曾季狸《艇斋诗话》所记一段话可谓只眼独具："古今游庐山诗，予得两首绝佳。其一《潘子真诗话》所载王光远云：'明朝山北山南路，各自逢人话胜游。'盖庐山之美不可尽，惟此两句形容得极佳。又张元幹诗云：'古木寒藤挽我住，身非靖节谁能留。多惭不及鸾溪水，长向山前山后流。'此诗兴致极高远。"[18]这首诗没有宋诗的生涩枯淡，反而意象凑泊、自然流畅，在人与自然的相互观照中，呈现出兴致高远的风貌，自然不是讲意趣、重学问的宋诗作风，而更接近神来气来情来的唐诗风格。蔡戡《芦川居士词序》云："公博览群书，尤好韩集、杜诗，手之不释，故文词雄健，气格豪迈，有唐人风。"确乎知言。芦川之词，有悲愤慷慨处，有清丽妩秀处，承东坡而启稼轩，实为南北宋豪放词风的重要桥梁。《四库全书总目》卷一九八《芦川词提要》中说："其词慷慨悲凉，数百年后，尚想其抑塞磊落之气。然其他作，则多清丽婉转，与秦观、周邦彦可以肩随。"在南宋曾宏父编刻《凤墅帖》残卷中有杨万里题写芦川《贺新郎》（梦绕神州路）手稿真迹的跋语："万里顷官五羊，与少监张公之子提舶公（元幹次子竦）同寮，相得《芦川集》，首见此词，坐客有善歌者慨然歌之，一声直上，云破石裂，闻者泣下。此与燕丹送荆卿于易水之歌何异？"[19]芦川肩随秦、周之作姑且不论，其悲愤慷慨之作，如二首《贺新郎》，在南渡之际，无疑是渺然高蹈、独步一时的，不再赘论。

芦川其人，身材虽然短小，但容貌颇美，为人风流倜傥。胡仔《苕溪渔隐丛话后集》卷三十六引《诗说隽永》曰："李伯纪为行营使，时王仲时（名及之）、张仲宗俱为属。王颀长，张短小，一馆职同在幕下，戏云：'启行营，大鸡昂然来，小鸡竦而侍。'"语虽讥谑，但却可知芦川确乎身材短小。而葛胜仲《次韵张仲宗元幹绝粮五首》其四中则写道："冠玉何因常瓮牖，身名未泰少安之。雀罗忽枉黄金弹，惊怖还应震失匙。"（《丹阳集》卷二十二）冠玉，本指装饰帽子的美玉，古代一般是指美男子。如《史记·陈丞相世家》："绛侯灌婴等咸谗陈平曰：'平虽美丈夫，如冠玉耳，其中未必有也。'"清孙枝蔚《无题次彭骏孙王贻上韵》之三："年少姿容如冠玉，新人手爪可弹棋。"清徐士俊《＜奈何天＞总评》："韩解元抱怜香之素志，具冠玉之清标。"[20]李弥逊《张仲宗研铭》说他："清而不臞，其质也。温而不腴，其文也。历万险而不磨，阅世之久也。出众巧于无尽，写物之工也。"[21]亦可略知其人外貌、性情与才华。徐俯所说"诗如云态度，人似柳风流"，不仅道出了芦川诗歌如云自在的风格，实际上也暗含对他貌美风流的赞赏。若不是腹有读书，即便有个好皮囊，也不会以"风流"许之吧。

三、有志从前辈长者游

芦川《跋了堂先生文集》云："少时有志从前辈长者游，担簦竭蹶，不舍昼夜。

宣和庚子春，拜忠肃公于庐山之南，陪侍杖履，幽寻云烟水石间者累月，与闻前言往行，商榷古今治乱成败，夜分乃就寐。"[22] 宣和庚子，即宣和二年（1120），时芦川正值而立之年。忠肃公，名陈瓘（1057—1122），字莹中，号了堂，亦称了翁，福建沙县人。平生力排权臣蔡京、蔡卞等人奸邪之心，在当时有极高声誉，谥号忠肃。《宋史》卷三四五有传，传中有言："瓘平生论京、卞，皆披摘其处心，发露其情愿，最所忌恨，故得祸最酷，不使一日少安。"[23] 汪应辰《陈忠肃公文集序》评价道："若乃辨白是非，如指诸掌；探索隐伏，如见其肺肝，反复倾尽，不遗余力，奸臣愤疾，磨牙摇毒，必欲不俱存而后已。摧沮撼顿，流离倾沛，无所不至。而气愈壮，言愈切，则天下一人而已，忠肃陈公是也。"[24] 庐山之晤四十年后，芦川在《上平江陈侍郎十绝》诗中又写道："酒酣怒发上冲冠，四十年前庐阜南。杖履周旋痛开警，愿为小子颇尝参。"诗序说："先生儒门老尊宿也。立朝行己，三十年间，坚忍对峙，略不退转，直与古人争衡。自有清议，不复赞叹。顷在宣和庚子年，获拜先生于南康，留山中者久之，蒙跋太父手泽。"[25] 陈侍郎，陈瓘之子，名正同，曾于绍兴二十七年（1157）九月任刑部侍郎，二十八年十二月，以敷文阁待制、枢密都承旨身份知平江府（今苏州），故序中称"苏州使君待制公"[26]。

芦川拜谒了堂先生于庐山之南，所受教诲，影响终生。他在《上平江陈侍郎十绝序》中说："某佩服训诲，自知无用。辛亥休官，忽忽二十九载，行年七十矣。日暮途远，恐惧失坠，辄追记平昔所得先生话言，裁为十绝句。"今检十绝通篇，由"了堂先生古遗直""贬剥私史专尊尧""始终大节""灼见祸机""彻底孤忠""南荒百谪愈不屈""功名唪啄与时同（此诗后自注：先生尝云'丈夫建立功名，要当坐进此道'。）"等词句，结合《跋了堂先生文集》"与闻前言往行，商榷古今治乱成败"等语观之，则当日芦川与了堂会晤之言，大抵涉及论私史（《宋史》本传载，瓘尝著《尊尧集》，谓绍圣史官专据王安石《日录》改修《神宗史》，变乱是非，不可传信；深明诬妄，以正君臣之义）、论权奸（当与论蔡京蔡卞曾布等相关）、论古今治乱、谈了堂先生自身经历，以及功名与时代之关系（唪啄同时，即功名之建立，既有自身之努力，亦由时势所造就，又称"唪啄同机"）等。芦川《贺陈都丞除刑部侍郎启》云："粤若了堂，真儒长雄，谏垣耆旧。平生刚烈，论奸邪于交结之初；先见著明，力排击于变更之际。"（本集卷八）亦可证排击奸邪为当日谈论之重点。另芦川《祭少师相国李公文》又言"往在宣和庚子，拜了堂先生庐山之南，心知天下将乱，阴访命世之贤"，了堂先生曾盛赞李纲曰"异时真宰相也"。故知当日二人不仅论权奸，亦论及当世可堪大任之人才 [27]。

关于拜谒陈瓘之事，芦川侄孙张广《芦川词序》亦有记载："见了翁，谈世事于庐山之上。了翁曰：'犹有李伯纪在，子择而交之。'公敬受教，从之游。" [28] 李伯纪，即李纲。陈瓘对李纲的推许，除以上资料记载外，李纲本人在《跋了翁墨迹》中也曾谈到了翁以前朝狄仁杰、本朝李沆、王旦等相期许的事实："余政和乙未自尚书郎谒告迎亲雪溪，时了翁自天台归通川，与余相遇于姑苏，一再见，有忘年之契。后四年，当宣和之初，余以左史论事谪沙阳，了翁方居南康。其族人陈渊几叟往见之，余因寓，书通殷勤，且以序送渊，并致意焉。既而了翁答书，辞意恳恳，至举狄梁公及本朝李文靖、王文正二公事业以相勉，予窃怪公相期太过，非所敢当也。" [29] 因了翁之推荐，芦川此后与伯纪交游甚密，详见后文。

陈瓘是护卫元祐学术的关键人物之一，在保全司马光《资治通鉴》一书中起到重要作用。《宋史》本传记载，"至都，用为太学博士。会卞与惇合志，正论遂绌。卞党薛昂、林自官学省，议毁《资治通鉴》，瓘因策士题引神宗所制序文以问，昂、自意沮。" [30]

了堂文集，今已不存。作为宋代名儒，其道德、思想，却可由他人著述窥见一斑。如略晚些的朱熹在《孟子集注》卷七《离娄章句上》注"舜尽事亲之道而瞽瞍底豫，瞽瞍底豫而天下化，瞽瞍底豫而天下之为父子者定，此之谓大孝"句云："李氏曰：'舜之所以能使瞽瞍底豫者，尽事亲之道，其为子职，不见父母之非而已。昔罗仲素语此云："只为天下无不是底父母。"'了翁闻而善之曰：'惟如此而后天下之为父子者定。彼臣弑其君、子弑其父者，常始于见其有不是处耳。'"如果将了堂此处的论述与其题跋芦川《幽岩尊祖录》的文字联系起来看，自可见其由孝达忠的思想根柢。

嗣后，芦川访游游酢（宣和二年，1120）、杨时（宣和六年，1124）、刘安世（宣和六年，1124）等道学名家，又得从游李纲、结识李光等廊庙名臣，以及赠词胡铨（绍兴二十一年，1151，元幹因此削籍除名），归隐田园，溯其主观上的思想根源，当从陈瓘"啐啄同机"之论而出。故了堂乃是芦川人格养成与择交名流价值观形成的关键人物。

四、平生故人半廊庙

因芦川与游酢、杨时、刘安世、李光等硕儒名臣的交游，仅见于尊祖录之题跋，故不再赘述。此拟就芦川与南渡名臣李纲之交游加以展开，以此可见芦川对了翁"啐啄同机"论的领悟与践行。

芦川《奉送李叔易博士被召赴行在所》诗云："整顿乾坤赖公等，我病只合山林居。残年正尔甚易与，不过二顷邻一区。平生故人半廊庙，老僧何患无门徒。"（本集卷一）李叔易，即李经，名臣李纲之弟。诗中所云"平生故人半廊庙"，并非虚言。

因陈瓘称许李纲以"异时真宰相"，所以在与了翁相晤四年后，芦川访李纲于无锡梁溪之滨。这是在宣和六年（1124）的春季，阳光明媚，古溪宛曲，烟树微茫，芳甸溢香[31]。时李纲因丁父忧居于梁溪，芦川过访。美景如画，惠风和畅，二人纵论古今，年少八岁的张元幹令这位名臣惊异不已。未几，芦川又贻书梁溪，请题大父手泽。对这位笃亲重孝、文章清新、名实相称的青年才俊，李纲寄予厚望，他在题跋中笔含深情地写道："予昔与安道少卿游，闻仲宗有声庠序间籍甚，恨未之识。今年春，仲宗还自闽中，访予梁溪之滨。听其言，鲠亮而可喜；诵其文，清新而不群，予洒然异之。然未敢以是知仲宗者。士之难知久矣，富于文而实未必称，敏于言而行未必副，曷敢轻许人哉？别未几，仲宗复贻书，勤勤以其大父手泽诸公所跋示予，且求一言。夫学士大夫则知尊祖矣，君子笃于亲，则民兴于仁，推是心以往，所以称其文而副其实者，率如此，古人不难到也，在仲宗勉之而已。"[32]十六年后，芦川在《祭少师相国李公文》中回忆此次会面时写道："后数年，始克见公梁溪之滨，历论古今成败，数至夜分。语稍洽，爰定交焉。盖瞻望最先，而登门良旧也。"

宣和七年（1125）十二月，金人入侵。徽宗内禅，钦宗即位，李纲除兵部侍郎。靖康元年（1126）正月初四，除尚书右丞；次日，又拜亲征行营使。正月初八，汴京城遭金兵围攻，李伯纪亲冒雨矢，率众登陴拒敌，芦川相伴左右。二月初十，金兵退。不久，李纲知枢密院事。四月，芦川受太宰徐处仁荐举为兵房提举官[33]。九月，李纲因榆次之败而遭贬，罢归梁溪[34]。芦川亦以挚友故坐累，遂飘泊漫游，流落江淮。十一月，朝廷下李纲复官资政殿大学士领开封府事之命，伯纪于次年二月知闻，正因乱滞留长沙，遂自此地返援京师。从此二人两地悬隔，四年半以后方复聚于福州。

绍兴元年（1131）三月，李纲自岭海还居福州，与已归乡的芦川重聚。此后，李纲虽"巨屏频循抚"，先后担任过河北河东路宣抚使、荆湖南路宣抚使兼知潭州、江南西路安抚制置大使兼知洪州，但时间均不长。从绍兴元年直至李纲去世的九年时间里，芦川每岁必登伯纪之堂，相与饮酒论文，又常相伴登高望远，放浪山水间，赋诗怀古[35]。绍兴十年，伯纪病逝。芦川在祭文中沉痛写道："畴昔公之在廊庙，犹仆之在幕府，虽大小殊途，贵贱异势，其为出处龃龉，略相似焉。公今云亡，殆将安仰？几筵肆设，忧惚平生。读公遗稿，永无负于国家。视仆孤踪，果何报于知遇？"表达出二人虽势位有高低，但命途同多舛的感慨与深沉的知己之情。

纵观芦川文集，与伯纪生前唱酬的文字颇多。如《李丞相生朝》《李丞相纲生朝三首》《游东山二咏次李丞相韵》《再和李丞相游山》《用折枢韵呈李丞相二首》《贺新郎》（曳杖危楼去）等。伯纪逝后，又有《挽少师相国李公五首》、祭文两篇，足见相知之深。这种相知，既有抗金主战的共同理想，也有才华上的惺惺相惜，且在芦川这方面，更有因陈瓘"啐啄同机"论影响而产生的渴望与名臣击楫中流、共垂不朽的愿望。

为寻找时机一展抱负，芦川与廊庙重臣多有接触。如绍兴九年与十三年，先后拜谒过张浚与叶梦得[36]，表现出属望重臣的强烈愿望。但在那个风雨飘摇的年代，在主和派占据上风的南渡时期，除了在李纲主政时芦川有过短暂的辉煌外，并未获得更多施展才华的机会。

除接近廊庙重臣外，芦川所交游之人，还有"诗俊"陈与义，"文俊"富直柔，以及折彦质、沈与求、李弥逊、王铚、葛胜仲、王以宁、胡仔、韩元吉、江端友、邓肃、张孝祥诸人。这些人，无论职位高低、年纪长幼，大都为主战之人，与四大名臣李纲、李光、赵鼎、胡铨相善，表现出"群体的认同"[37]。

对一个人来说，考察其出身可知其本性之所由来，观其交游可知其人格之所养成。芦川虽非世家子弟，但自其祖父张肩孟始，尊儒重道、循循善诱，父辈又皆刚正善治、嗜学通文，受此家风之熏染，芦川自幼便已志向高远、刚直重义、辞藻可观。弱冠前后，芦川问诗东湖先生徐俯，结交江西诗社诸才子，习少陵句律，知山谷点化之法，参之以东坡"自然成文"之论，悟自然、有味之旨，诗、文、词崛起宣、政间，声闻庠序。而立之年，问道庐山之南，陪侍了堂先生陈瓘，幽寻云烟水石间，指点前贤、商榷古今，得啐啄同机之理，构成芦川此后游从结名臣、择胜流，出处谨慎而旷达的价值取向，也因之成为芦川人格养成之钤键。他早年虽也曾有过"少年百万呼卢，拥越女吴姬共掷"（《柳梢青》，本集卷六）的轻狂时光，毕竟终身"尘于仕籍"[38]，屡经离乱。可是，随李纲以守汴京，赠胡铨词寄慷慨，避权奸而归园田，足以光耀千古。考其行事缘由，当从啐啄之论所出。故曰：学尊元祐，诗出江西；忠孝节义，啐啄同机。

【参考文献】

[1] 郑穆：《宋特进仪同三司少师文靖公墓志》（以下简称《张肩孟墓志》），见王兆鹏师《张元幹年谱》所引（《两宋词人丛考》，凤凰出版社，2007年版，第296页）。以下所引此文，不另出注。按，《芦川豫章观音观书》云："先祖凡五男子，其仕宦者四，独六伯父终于布衣，老妻、二子，虽养食于诸父，然颇为债家所窘。"（《芦川归来集》，上海古籍出版社，1978年版，第201页。）此处所言"六伯父"似应为27岁早逝的张勋（其祖母刘氏有二女，林氏有一女）。《永泰张氏宗谱》所云"勋，字卫道。熙宁丙子，公应文武两举，官太学博士。……二子恂、善，继亦官显"云云，应为虚美之辞，不足信，当从芦川"布衣"之说。张动为太常寺少卿，一据欧阳懋跋文所云"与安道少卿同仕于邺"之语，再据《张肩孟墓志》所记"太庙斋郎"之文，因此职属太常寺，故知其当为太常寺少卿。另，许景衡《横塘集》卷七有《方孟卿张动等落职制》，《宋史》卷二百四《艺文志》有"张动《直达纲运法》并《看详》一百三十一册"，可略知元幹之父张动任职提举常平公事期间之行事，存此备考。

[2]《祭祖母彭城郡夫人刘氏墓文》，见《芦川归来集》，上海古籍出版社，1978年版，第199-200页。

[3] 朱熹：《四书章句集注》，中华书局，1983年版，第231页。

[4] 元幹对其祖父崇敬之情，由对待祖父好友郑侠的态度可见一斑："有乡先生郑侠介夫者，年垂八十，及与先祖游，元幹儿时所愿见，赍书及门，适已抱病，延入卧内，欢若平生。"（《芦川豫章观音观书》语，《芦川归来集》，第202页。）

[5] 陈瓘题跋语，见《芦川归来集》附录《宣政间名贤题跋》，上海古籍出版社，1978 年版，第 203 页。

[6] 蔡序见：《芦川归来集》卷十附录，上海古籍出版社，1978 年版，第 220 页。下同，不另出注。

[7] 欧阳懋题跋，见《芦川归来集》附录《宣政间名贤题跋》，上海古籍出版社，1978 年版，第 204 页。

[8] 周必大：《益公题跋》卷二，《丛书集成初编》本。

[9] 胡仔：《苕溪渔隐丛话》前集卷五十四载："余宣和间居泗上，于王周士处见张仲宗诗一卷，因借录之。后三十年，于钱塘与仲宗同馆谷，初方识之，余因戏谓仲宗曰：'三十年前，已识公于诗卷中。'"

[10] 徐俯诗句，见胡仔《苕溪渔隐丛话》后集卷三十六，亦载于曾季狸《艇斋诗话》。

[11] 张械、朱松评语，见《芦川归来集》附录《宣政间名贤题跋》，第 208、211 页。

[12] 芦川：《亦乐居士集序》，见本集卷九。

[13] 芦川：《苏养直诗帖跋尾六篇》，见本集卷九。此文作年，文中未见，仅有"羁寓西湖之上"之语。王兆鹏《张元幹年谱》据张孝祥跋苏庠诗帖年份及芦川行迹考证为绍兴二十八年。

[14] 胡仔：《苕溪渔隐丛话》前集卷五十四："向伯恭，仲宗之舅也。"

[15] 王兆鹏：《两宋词人年谱·向子諲年谱》，文津出版社，1994 年版，第 480 页。

[16] 此部分内容，可参阅黄珮玉《张元幹研究》，三联书店香港分店，1986 年版，第 72-73 页。

[17] 苏轼：《答谢民师书》曰："大略如行云流水，初无定质，但常行于所当行，常止于所不可不止，文理自然，姿态横生。"

[18]《历代诗话续编》，中华书局 1983，第 289 页。

[19] 南京图书馆藏有《凤墅残帖释文》十卷，为清刻本，卷四录芦川《贺新郎》（梦绕神州路）真迹，有周必大、杨万里、曾宏父题跋。此据曹济平先生《张元幹词研究》（增订本）之《增订后记》，南京师范大学出版社，2013 年版，第 224 页。

[20]《汉语大词典》（缩印本），汉语大词典出版社，1997 年版，第 926 页。

[21] 李弥逊：《筠溪集》卷二十二，景印文渊阁四库全书本。

[22]《跋了堂先生文集》，《芦川归来集》，上海古籍出版社，1978 年版，第 159 页。

[23]《宋史》，中华书局，1977 年版，第 10964 页。

[24] 汪应辰：《文定集》卷九，景印文渊阁四库全书本。

[25] 张元幹：《上平江陈侍郎十绝并序》，《芦川归来集》，上海古籍出版社，1978年版，第62页。

[26] 按，芦川于绍兴二十九年、三十年间与陈瓘之子陈正同交往甚密，不仅校订《了堂先生文集》，为文集作跋，而且将了堂训诲之语"裁为十绝句"作《上平江陈侍郎十绝》。可参王兆鹏师《张元幹年谱》。

[27] 张元幹：《祭少师相国李公文》，原载李纲《梁溪先生全集》附录（道光十四年刊本），参王兆鹏师《张元幹年谱》"绍兴十年"所引。下引本文皆出此，不另出注。

[28]《芦川归来集》卷首，《文渊阁四库全书》本。此据王兆鹏师《张元幹年谱》。

[29] 李纲：《梁溪先生文集》卷一百六十二，又参同书卷末附李伦所撰李纲《行状》。

[30]《宋史》，第10962页。

[31] 元王仁辅《无锡志》云："古溪极狭，南北朝时梁大同（535—545）重浚，故号梁溪，南北长三十里。"明永乐十三年，无锡县教谕李湛《梁溪晓月》诗中有"五里桥东旭日分，微茫烟树连芳甸"之句。

[32] 李纲题跋语，见《芦川归来集》附录《宣政间名贤题跋》，上海古籍出版社，1978年版，第206页。

[33] 芦川《祭少师相国李公文》云："既不及陪属同列，有择地希进之诮，即投劾以自白。议者犹不舍也。是岁秋九月，卒与公同日贬，凡七人焉。"按，兵房时属中书省，伯纪在枢密院，故本年六月李纲受挤出京督战太原时，芦川并未相陪。

[34] 按，本年十月，伯纪先后有贬谪建昌军（今江西南城）、宁江军（今重庆奉节）之命。故十至十二月间，辗转奔波于江西、湖南间。可参李纲《靖康纪行序》，见王谱。

[35] 芦川《祭少师相国李公文》云："……丁未至庚戌，公入秉钧衡，归自岭海，而仆阻于江湖，有如参辰。辛亥至己未九载之内，公多居闽，岁时必升公之堂，获奉筋豆间。乃登高望远，放浪山巅水涯，相与赋诗怀古，未尝不自适而后返，若将终焉，无复经世之意。"

[36]《芦川归来集》中有《紫岩九章》《张丞相生朝二十韵》《叶少蕴生朝》等诗可证。

[37] 王兆鹏：《宋南渡词人群体研究》上篇《群体的认同》，凤凰出版社，2009年版。

[38] 语出芦川《家公生朝设醮青词》，据王兆鹏师《张元幹年谱》所引，《两宋词人丛考》，第299页。

张元幹的闽南之行及其历史影响

肇庆学院、龙岩学院　刘　涛

摘　要： 围绕宋代名人张元幹《送高集中赴漳浦宰》《赋漳南李几仲安斋诗》二诗进行考证，从中发现，南宋绍兴年间漳州漳浦县令高公权即张元幹诗文所题"高集中"，张元幹与之有交，并由此到访漳浦名士李大方安斋。张元幹挚友胡铨、李弥逊先后宦游漳州，有利于张元幹事迹在漳州广为传播，岳飞之孙岳珂据此载入《桯史》。张元幹事迹在李大方挚友邹浩故里晋陵传播，为寓居当地的蔡襄后裔蔡戡所关注，应张元幹之子张靖邀请，作《芦川居士词序》。

关键词： 张元幹；高公权；李大方；蔡戡；岳珂；闽南

张元幹是福州永福县（今福建省福州市永泰县）人，宋代历史名人，极具家国情怀。目前，学术界关于张元幹交游已取得一些研究成果，对后学多有启发，但仍有深入探讨的空间。张元幹与"高集中"交游情况以及到访"漳南李几仲安斋"之行由来未有研究。王兆鹏《张元幹年谱》一书考述张元幹交游情况，却未考证张元幹与"高集中"其人其事，也未考辨张元幹到访"漳南李几仲安斋"由来[1]。谭燕《张元幹考论》一文在第一章《张元幹生平新证》第二节《张元幹交游补考》增补与张元幹交游六人，但其中仍未对张元幹与"高集中"交游进行考证[2]。周泥杉《张元幹退居福建时期交游词研究》一文述及张元幹与胡铨、李弥逊交游，也未考证张元幹与"高集中"交游以及到访"漳南李几仲安斋"。[3] 基于张元幹

作者简介： 刘涛，男，福建漳平人，肇庆学院肇庆经济社会与历史文化研究院历史文化研究员、龙岩学院闽台客家研究院研究员，主要研究方向为历史人类学、闽学。

具有重要的历史地位，其闽南之行具有重大意义，对后世产生了深远的影响。为此，本文将广泛搜集正史、地方志、文集、族谱等史料，通过考证张元幹挚友"高集中"生平事迹，分析张元幹"宿"于"漳南李几仲安斋"之行的原因，揭示张元幹在闽南产生的深远影响。以期达到为张元幹研究提供新的路径。

一、张元幹与漳浦名宦高公极交游

（一）张元幹挚友"高集中"即"高公极"

张元幹诗作《送高集中赴漳浦宰》[4]，"漳浦宰"指漳浦县令。"高集中"其人，史志族谱均未记载，只能从正德《大明漳州府志》记载的宋代漳浦高姓两名县令进行考证。查阅《永乐大典》辑佚的南宋《清漳志》未有"高公极"相关记载[5]，正德《大明漳州府志》、万历元年《漳州府志》虽然是明代所修府志，却参考南宋漳州地方志，万历元年《漳州府志》记载"修志引用书目"列有"《嘉定志》《淳祐志》"[6]，从明清时期漳州地方志均未记载漳浦县令高公极即与张元幹交游的"高集中"来看，正德《大明漳州府志》所载宋代漳浦县令名单具有代表性，可据此考证"高公极""高集中"其人。

正德《大明漳州府志》所载宋代漳浦高姓县令分别是"高公极，以右承议郎来知"[7]"高稷，以通直郎来知"[8]。

虽然该志并未记载"高公极""高稷"的到任时间，但是可从"高公极""高稷"的前任到任时间推断"高公极""高稷"的到任时间。"高公极"之前与之最近的有记载到任时间的是"陈贯通，绍兴间任"，之后是"李锡""黄安国""施珪"[9]，最后是"高公极"，从中可知"高公极"也在"绍兴间任"。"高稷"之前先后是"叶才老，以朝奉郎来知，庆元初到"[10]，之后是"黄自求""沈造""陈舜申""李钦"[11]，最后是"高稷"，从中可知"高稷"在庆元初年（1195年）之后到任。

根据张元幹在绍兴年间去世，与之交游的只能是"高公极"，张元幹《送高集中赴漳浦宰》所题"高集中"即"高公极"，字集中。

（二）高公极是南宋名宦

高公极其人事见《宋会要辑稿》记载：

（绍兴四年）八月二十四日，户部言："右宣教郎高公极，前任福建路提刑司检法官，任内拘催起发过经制钱三十五万二千四百余贯，即无隐漏，乞行推赏。"
诏高公极与减一年磨勘。[12]

高公极由福建路提刑司检法官升任右宣教郎，在任期间恪尽职守，宦绩突出，户部曾为之奏请宋高宗为之嘉奖高公极。

此"高公极"是否就是漳浦知县"高公极"？

究其原因有二：其一，从"高公极"的任职时间来看。先后担任福建路提刑司检法官、"右宣教郎"的"高公极"在绍兴四年（1134）任职，而先后担任"右承议郎"、漳浦县令的"高公极"也在"绍兴间任"，两人均在绍兴年间任职，以陈贯通在绍兴元年（1131）到任，"李锡"在绍兴二年（1132）到任，"黄安国"在绍兴三年（1133）到任，"施珪"在绍兴四年（1134）到任来看，"高公极"约在绍兴四年（1134）到任漳浦县令，符合由漳浦县令升任福建路提刑司检法官，继而升任右宣教郎的任职时间。

其二，从"高公极"的任职地点来看。"高公极"曾任福建路提刑司检法官在福州办公。淳熙《三山志》记载："检法官：一员。熙宁六年置，元丰三年罢，元祐五年复置。"[13] 即福建提刑司检法官在北宋熙宁六年（1073）设置，元丰三年（1080）罢，元祐五年（1090）复置，直至淳熙九年（1182）修纂《三山志》时仍然设置，可见淳熙《三山志》虽然未列提刑司检法官名单，但是《宋会要辑稿》所载高公极曾任"福建路提刑司检法官"是可信的。

其三，从高公极漳浦县令任内以"催科"见长，其福建路提刑司检法官任内仍以"催科"见长。张元幹《送高集中赴漳浦宰》述及高公极在漳浦任内催科宦绩："君今业已临民社，办取催科时下下"[14]，《宋会要辑稿》记载：高公极在福州任上"经制钱三十五万二千四百余贯，即无隐漏"[15]。

由此可见，先后担任福建路提刑检法官、右宣教郎的"高公极"与先后担任"右承议郎"、漳浦县令的"高公极"是同一人。高公极历任右承议郎、漳浦县令、福建路提刑司检法官、右宣教郎等官职。

张元幹《送高集中赴漳浦宰》记载：高公极原本生活清贫。张元幹于此述及高公极在宦游漳浦之前生活贫困："高郎高郎君莫嗔，举世未有如君贫。"[16] 继而，高公极担任福建路提刑司检法官却能够继续保持公正廉洁，可见其为名副其实的清官廉吏、一代名宦。张元幹诗云："一行作吏去漳水，敛版趋廊参刺史。"[17]
此"漳水"指漳江，"刺史"指漳州知州。

二、张元幹曾到访漳浦李大方安斋

（一）张元幹挚友"漳南李几仲"即漳浦李大方

张元幹曾因探望漳浦县令高公极，下榻漳浦名士李大方安斋，有诗文《赋漳南李几仲安斋诗》[18] 流传。

张元幹《赋漳南李几仲安斋诗》"漳南李几仲"[19] 其人，郑永晓《黄庭坚年谱新编》一书曾围绕黄庭坚《答李几仲书》作出考证，认为"山谷在宜州，交游中可考者尚有李几仲"，认为邹浩《道乡集》有《跋漳浦李大忠徽叔所藏书画尾》所载"漳浦李大忠徽叔与兄大方几仲皆从山谷游"的"大方几仲"是同一人，黄庭坚"是在到达宜州一年后才结识"李几仲，黄庭坚《答李几仲书》撰于"崇宁三、四年间"[20]，即北宋崇宁三年到四年（1104—1105），然而在黄庭坚年谱中列在"徽宗崇宁四年"[21]。

然而，邹浩《道乡集》又有《书省恕二斋诗铭后》述及"临漳李大方几仲"[22]，为何郑永晓《黄庭坚年谱新编》一书未曾引用？"临漳李大方几仲"是否与黄庭坚交游的"李几仲"以及邹浩所云"漳浦""李大方"是同一人？郑永晓《黄庭坚年谱新编》一书也未针对张元幹诗作《赋漳南李几仲安斋诗》进行考证，论述"漳南李几仲安斋"是否与黄庭坚交游的"李几仲"以及邹浩所云"漳浦""李大方"是同一人？

由于黄庭坚《山谷集》所载《答李几仲书》未载"李几仲"籍贯[23]，有必要对其翔实考证。

"漳南"是否就是"漳浦"？与黄庭坚相交的李大方是否就是张元幹所云"漳南李几仲"？

"李几仲"其人未载正史、地方志、族谱，仅见载宋人文集。首先，"漳南"指漳浦县，"漳南"为漳浦县古时别称，由于位于漳州南部而得名。邹浩《跋漳浦李大忠微叔所藏画尾》述及："漳浦李大忠微叔与兄大方几仲皆从山谷游，得书不知几何，必谨藏之。微叔归自中都，道由晋陵，出此集示予。且曰此乃山谷为叶尉时所书也。然与予平昔所见绝不相类，岂其少年作字，若此二晚年异此乎？必有能辨之者。"[24] 此"山谷"指黄庭坚，号山谷。漳浦李大忠，字微叔，并非郑永晓《黄庭坚年谱新编》一书所云"徽叔"；李大忠之兄李大方，字几仲。李大方、李大忠兄弟均与黄庭坚交游，由此得到黄庭坚丰富的赠书。

李大方籍贯"漳南"又被称作"临漳"，即漳州的古称。邹浩《书省恕二斋诗铭后》述及李几仲省斋、恕斋："临漳李大方几仲既以省恕名斋，又为铭为诗以见意，可谓君子之用心矣。"[25] 李大方其时有省斋、恕斋两个斋名，有诗铭流传。

邹浩《书省恕二斋诗铭后》仅载李大方有省斋、恕斋两个斋名，并未记载李大方有"安斋"斋名，此"安斋"之名从何而来？

（二）张元幹曾到访漳浦名士李大方所居安斋

虽然目前除了张元幹《赋漳南李几仲安斋诗》以外，尚未发现宋人文集述及李大方另有"安斋"，但是不能排除李大方确有斋名"安斋"。李大方"安斋"之名应与南宋建立有关，南宋偏安一隅，经历北宋、南宋之交的李大方期盼社会安定，由此取斋名为"安斋"。此"安斋"是否是"省恕二斋"改名而来，抑或另辟书斋，具体待考，但是"安斋"之名确曾存在。

邹浩与黄庭坚有交，与黄庭坚交游的李大方由此与邹浩相识顺理成章，可见张元幹所云"漳南李几仲"与黄庭坚《答李几仲书》的"李几仲"以及邹浩《跋漳浦李大忠微叔所藏画尾》所云"漳浦""大方几仲"、《书省恕二斋诗铭后》所载"临漳李大方几仲"是同一人。

张元幹曾到访李大方安斋。张元幹《赋漳南李几仲安斋诗》有诗句"宿君斋屋亦偶尔"[26]，"宿"字指住宿，"君"字指李大方，可知张元幹曾宿于李大方安斋。

张元幹与李大方是否有交？这就要从李大方的生存时间说起。黄庭坚《答李几仲书》述及："李几仲""春秋未三十"。[27] 根据黄庭坚在崇宁四年（1105）称李大方其时未满三十，以李大方时年二十九岁，由此逆推其生年为熙宁十年（1077）。虽然张元幹未载其诗作《赋漳南李几仲安斋诗》具体创作时间，但是从李大方安斋位于漳浦，张元幹与漳浦县令高公极有交来看，张元幹应在绍兴四年（1134）前往漳浦与高公极相会。张元幹漳浦之行不仅与高公极这位"旧友"相会，又与李大方这位"新朋"相交，并由此下榻李大方安斋。其时，李大方约五十八岁。

李大方其人，黄庭坚《答李几仲书》述及：

庭坚顿首几仲司户足下：昨从东来，道出清湘、八桂之间，每见壁间题字，以其枝叶，占其本根，以为是必磊落人也。问姓名于士大夫，与足下一游归者皆曰："是少年而老成有余者也。"如是已逾年，恨未识足下面耳。今者乃蒙赐教，称述古今，而归重不肖。又以平生得意之文章，倾困倒廪，见畀而不吝。[28]

李大方既然题字于"清湘、八桂之间"，可知其曾宦游"清湘""八桂"，其官职为"司户"，即司户参军。黄庭坚所云"龙水风土比湖南更热，老人多病眩"[29]，此"龙水"为宜州古地名，黄庭坚所云"湖南"即所称"清湘"，于此提及与李大方共同的记忆。

三、张元幹漳浦之行有利于蔡戡撰写《芦川居士词序》

（一）张元幹漳浦之行有利于张元幹诗文传播晋陵

张元幹到访漳浦名士李大方安斋，曾为李大方题诗的邹浩是晋陵人，促使寓居晋陵的蔡戡关注张元幹诗文，并应邀为张元幹词作撰写序文。

咸淳《毗陵志》记载：邹浩为"晋陵人"，并为之立传[30]。该志始为蔡戡立传：

蔡戡，字定夫，忠惠公襄四世孙，居晋陵。调溧阳尉，督捕应格置弗言，登乾道丙戌甲科，得节五年，所部十四郡，岁以敛银为病。戡积盐羡代输，迄今便之。升漕易湖南宪时，李昂霄有异谋，传道汹汹，戡乘其未定，单车驰喻，其党相顾骇愕，叩首服。宁宗朝为京尹。岁涝糴艰，亟请发粟，民赖以济。韩侂胄当国，乃请老。有《定斋集》行于世。[31]

此"忠惠公襄"指蔡襄，谥号忠惠。"毗陵""晋陵"即今江苏省常州市武进区。蔡戡是北宋名臣蔡襄的四世孙，宦绩突出，风高亮节，在韩侂胄当权时毅然挂冠归里。咸淳《毗邻志》又载："乾道二年萧国梁榜"为首是"蔡戡"。[32] 蔡戡已入籍晋陵。

蔡戡《定斋集》述及蔡戡祖父蔡绅由仙游寓居晋陵（武进）始末：

戡，字定夫，其先兴化军仙游人。端明殿学士襄之四世孙也。祖绅，绍兴中官左中大夫，始寓常州武进县。

此"戡"指蔡戡，"襄"指蔡襄，"绅"指蔡绅，"京尹"指京兆尹。蔡戡的祖先是福建兴化军仙游县（今福建省莆田市仙游县）人，是北宋端明殿学士蔡襄的四世孙。其祖父蔡绅，在南宋绍兴年间官居左中大夫，开始寓居常州武进县，就在当地居住下来，蔡戡由此成为武进县人。

蔡戡历任溧阳县尉、湖南宪、京兆尹、京西运判、广东运判、湖北总领、广西经略、淮西总领、宝谟阁直学士：

> 勘幼承门荫补溧阳尉后中乾道丙戌进士甲科，官至宝谟阁直学士，《宋史》不为立传，故其行事不概见。……然案集中诸表启，则又尝任京西运判、广东运判、湖北总领、广西经略、淮西总领等官，其乞致仕劄子及效白乐天自咏诗中亦颇见其概。而迪知均未之及。盖其集久佚不传，故迪知莫能详也。[33]

蔡家虽然寓居江南到蔡戡已有三代，却与闽籍名流张元幹之后交往密切，为张元幹词撰写《芦川居士词序》，从该序所云：“公讳元幹，字仲宗，自号芦川居士。”[34]根据有字、号而尊称其号的传统来看，蔡戡以张元幹自号芦川居士相称，可见蔡戡对张元幹推崇备至。

（二）蔡戡对张元幹深入了解的原因

蔡戡对张元幹生平事迹有深入了解：

> 少监张公早岁问道于了斋先生，学诗于东湖居士，凡所游从皆名公胜流。年未强仕，挂神武冠，徜徉泉石，浮湛诗酒。又喜作长短句。其爱国爱君之心愤世嫉邪之气，间寓于歌诗。绍兴议和，今端明胡公铨志在复仇，上书请饬，欲斩议者，得罪权臣。窜谪岭海，平生亲党避嫌畏祸，唯恐去之不速，公作长短句送之。微而显，哀而不伤，深得三百篇。讽刺之义若后世靡丽之词，狎邪之语，适足劝淫，不可以训。公博览群书，尤好韩集、杜诗，手之不释。故文词雅健，气格豪迈，有唐人风。公之子靖，哀公长短句篇，属予为序。某晚出，恨不及见前辈，然诵公诗文久矣。窃喜载名于右，因请以送别之词，冠诸篇首。[35]

此“少监张公”指张元幹，“端明胡公铨”指胡铨。蔡戡虽未与张元幹谋面，却早已通过拜读张元幹诗文，与之神交。蔡戡于序中述及张元幹师承关系、早年经历、不畏牵连为胡铨赋诗送别、兴趣爱好、诗文特点，对其忠君爱国之心称道不已。蔡戡应张元幹之子张靖邀请，为其词作序。

蔡戡敬重张元幹的原因有三：其二，蔡戡与张元幹均是诗文名家，促使蔡戡通过张元幹诗文加深对张元幹的了解。再加上蔡戡于张元幹风高亮节，志同道合，促使蔡戡与张元幹神交。其三，蔡戡出身八闽名门望族，与闽地渊源颇深，拉近其与闽籍人氏之间的距离。其四，蔡戡先祖蔡襄曾两知福州，淳祐《三山志》记载蔡襄自庆历五年到七年（1045—1047）首知福州："庆历五年：蔡襄，四月以右正言直史馆知。（七年）十一月，襄除本路运使。"[36]蔡襄自嘉祐元年到三年（1056—1058）再知福州："嘉祐元年：蔡襄，八月以颍权罢，是月以枢密直学士、礼部郎中，自泉州移知，立生祠于弥勒院。……（嘉祐）三年五月，襄移知泉州。"[37]其《荔枝谱》述及福州荔枝，先后撰写《圣惠方后序》《福州五戒文》移风易俗，蔡戡还是张元幹、张靖父子故里福州名宦的后人。

四、张元幹漳浦之行有利于张元幹事迹见载岳珂《桯史》

（一）岳飞之孙岳珂的外祖母杨宜人来自漳州

张元幹的诗文与事迹得到抗金名将岳飞之孙岳珂的关注。岳珂曾述及"胡忠简铨既以乞斩秦桧新州之祸"[38]，称张元幹为之饯行而得罪秦桧："又有朝士陈刚中、三山寓公张仲宗亦以作启与词为饯，而得罪桧之。"[39]此"三山寓公张仲宗"指张元幹，字仲宗，其是福州人，福州古时雅称"三山"。张元幹为胡铨送行作词《贺新郎送胡邦衡待制谪新州》[40]，"胡邦衡"指胡铨，字邦衡。张元幹并非不知为胡铨饯行将得罪秦桧，实则"明知山有虎，偏向虎山行"，体现了张元幹的风高亮节以及大无畏的精神。

岳珂记载此事究其原因有二：其一，源于岳飞与张元幹的经历有关，岳飞遭到秦桧陷害，张元幹也曾遭到秦桧迫害。其二，与岳珂的漳州渊源有关。岳珂的外祖母是漳州人，岳珂在《桯史》曾述及其与闽地渊源：

汝南，余外祖母杨宜人之兄，外家能诵之。嘉定庚午，余官故府，与胜之为僚，皆亲闻其言。[41]

此"汝南"即"清漳杨汝南"[42]，岳珂外祖母杨宜人之兄，即岳珂之母的母舅，直到岳珂一代仍能述及其事迹。杨汝南是漳州龙溪县人，漳浦县人高登的门生，"清漳"是漳州古称，弘治《八闽通志》记载："杨汝南，字彦侯。龙溪人。"[43]杨汝南与高登亦师亦友。正德《大明漳州府志》记载"尝与高东溪相友善"[44]，"高东溪"即高登，号东溪。万历癸丑《漳州府志》高登传又云："杨汝南、陈景肃皆师之。"[45] 高登曾触怒秦桧，"坐首事送容州编管卒"，"及朱熹为守，奏乞褒录，特赠承务郎"[46]，"朱熹为守"指朱熹担任漳州知州期间，奏请褒奖高登，高登由此获赠承务郎。"胡澹庵铨尝为《忠辨》"[47]，"胡澹庵铨"指胡铨，号澹庵，曾为高登作《忠辨》。

（二）张元幹漳浦之行有利于其事迹在漳州传播

杨汝南早年深受福州名士李弥逊赏识，后来成为福州名宦。弘治《八闽通志》记载："守李弥逊奇其才，勉试词学。"[48] 李弥逊曾宦游漳州，为一代名宦。正德《大明漳州府志》记载："李弥逊，以徽猷阁直学士、左朝请大夫来知，绍兴九年到，有传。"[49] 李弥逊与张元幹交往密切。张元幹《访亲于连江因过筠溪叩门循行叹其荒翳不治有怀普现居士口占此章》[50]，此"筠溪""普现居士"均是李弥逊的别号。淳熙《三山志》述及杨汝南宦游古田事迹："乾道初，令杨汝南复创斋其东，曰不欺。"[51] 杨汝南自题"不欺"匾额作为其居所堂号，并据此阐发，别号快然居士。正德《大明漳州府志》记载：杨汝南"间尝扁其所居堂曰：'不欺'，又自号快然居士。盖人帷不欺，仰不愧俯不怍，心自快然。"[52]，可见杨汝南宦游福州的经历对其产生了深远的影响。杨汝南"如傅侍郎、颜尚书皆尝授业"。[53] 此"傅侍郎"指傅伯成，曾任工部侍郎，是朱熹的门生，泉州晋江县人，曾任漳州知州[54]。"颜尚书"指颜师鲁，官至尚书，漳州龙溪县人。傅伯成、颜师鲁曾师从杨汝南。杨汝南门生丘审象将杨汝南著作整理成文集，南宋名相留正为之作序。"门人丘审象尝衰次其文成集，留丞相正为之序云。"[55] 此"留丞相正"指留正，是南宋初年名相，泉州永春县人，定居晋江县，曾与朱熹有交。

张元幹的挚友胡铨曾任漳州知州。胡铨曾在南宋初年担任漳州知州，正德《大明漳州府志》对此曾作考证：

胡铨，《宋志》谓：绍兴年间任。《宋史》本传又谓乾道初任。铨，宋名臣也。其知漳州不久，即改知泉州以去。前志不书治漳事迹，无从考证，而为之传。[56]

此"《宋志》""前志"均指南宋所修漳州地方志，根据万历元年《漳州府志》所载"修志引用书目"列有"《嘉定志》《淳祐志》"[57]，分别指南宋嘉定《清漳志》、淳祐《清漳志》。

张元幹曾为漳浦名宦高公极赋诗，与漳浦名士李大方交往密切，由此深受漳浦地方社会关注。张元幹在绍兴四年（1134）到访漳浦，其时高登宦游广南西路两年。雍正《广西通志》记载："富川簿"有高登"绍兴二年任"[58]，此高登即"福建人""祀名宦，有传"[59]，其在绍兴二年（1132）担任富川县主簿。对于曾经宦游广南西路、忘年交黄庭坚卒于广南西路的漳浦名士李大方来说是知情的。张元幹与高登遭到秦桧迫害，李大方与高登均曾宦游广南西路，杨汝南的早年伯乐李弥逊与张元幹交往密切，促使高登、杨汝南师生关注张元幹漳浦之行及其诗文，并由此影响了杨汝南的外甥孙岳珂。

五、结语

综上所述，可归纳为以下三点结论：

第一，张元幹与漳州名宦高公极、漳州名士李大方交游，高公极很可能与李大方有交。张元幹关注李大方源于李大方与黄庭坚、邹浩等北宋名人有交，促使张元幹思念北宋，激发其家国情怀。张元幹作为著名的爱国主义诗词大家，与胡铨、李弥逊以及高登、杨汝南等人极具家国秦桧，有利于张元幹诗文在漳州以及相关地区的江南晋陵的传播，在当地产生了一定影响。

第二，张元幹的漳浦之行具有重要的历史意义，产生了深远的影响。李大方曾获黄庭坚点拨之事见载朱熹高足真德秀《西山读书记》[60]、朱熹《朱子语类》[61]等朱子学著述，明清时期随着漳州推崇朱子"过化"，有利于漳州地方社会在关注李大方的同时，对张元幹诗文《赋漳南李几仲安斋诗》在漳州的传播多有裨益。张元幹与漳州名宦胡铨、李弥逊以及漳浦名宦高公极等人交游，有利于张元幹《送高集中赴漳浦宰》为代表的诗文传播，此行不仅有利于激发漳浦及其隶属的漳州地方社会家国情怀，而且填补了漳州、漳浦新旧地方志记载的不足。

第三，新时期张元幹研究，应在文献分析的基础上，进行文本分析，重建史实。应置身于更广阔的时空，还原文本的书写过程，分析其成因与目的及其产生的历史影响。接来下，在历史研究的基础上，推动文化研究进程。促进学术研究成果转化，达到学以致用的目的。建设"张元幹伴我游"八闽主题文旅品牌，将千年古县漳浦、中国历史文化名城漳州与福州永泰串珠成线，再现张元幹漳浦之行的历史情境，复建李大方安斋，展陈李大方生平事迹与张元幹交游纪念馆，突出黄庭坚、朱熹及其后学渊源，将张元幹诗文内容融入文化创意活动，发挥张元幹历史名人交游圈优势，运用诗文提及的动植物资源，组织互动体验环节，制作特色伴手礼[62]。

【参考文献】

[1] 王兆鹏：《张元幹年谱》，南京：南京出版社，1989 年。

[2] 谭燕：《张元幹考论》，浙江大学硕士学位论文，2006 年，第 11—18 页。

[3] 周泥杉《张元幹退居福建时期交游词研究》，重庆师范大学硕士学位论文，2011 年，第 23—30 页。

[4]（宋）张元幹撰:《芦川归来集》卷1《四言诗》，《钦定四库全书》(集部四·别集类三·宋)，清乾隆四十六年（1781）抄本，第 11 页 b。

[5] 马蓉、陈抗、钟文、乐贵明、张忱石点校：《永乐大典方志辑佚·福建省·漳州市·清漳志》第 2 册，北京：中华书局，2004 年，第 1154—1159 页。

[6]（明）罗青霄修纂，陈叔侗点校，福建省地方志编纂委员会整理：万历元年《漳州府志》卷首《修志引用书目》，厦门：厦门大学出版社，2010 年，上册，第 31 页。

[7]（明）陈洪谟修，中国人民政治协商会议福建省漳州市委员会整理：正德《大明漳州府志》卷 3《历官志上·宋》，厦门：厦门大学出版社，2012 年，上册，第 143 页。

[8]（明）洪谟修，中国人民政治协商会议福建省漳州市委员会整理：正德《大明漳州府志》卷 3《历官志上·宋》，第 146 页。

[9]（明）陈洪谟修，中国人民政治协商会议福建省漳州市委员会整理：正德《大明漳州府志》卷 3《历官志上·宋》，第 143 页。

[10]（明）陈洪谟修，中国人民政治协商会议福建省漳州市委员会整理：正德《大明漳州府志》卷 3《历官志上·宋》，第 145 页。

[11]（明）陈洪谟修，中国人民政治协商会议福建省漳州市委员会整理：正德《大明漳州府志》卷 3《历官志上·宋》，第 145—146 页。

[12]（清）徐松辑、国立北平图书馆《宋会要》编印委员会编辑：《宋会要辑稿》第 138 册《食货三五》，北京：国立北平图书馆《宋会要》编印委员会编印，民国二十五年（1936）

铅印本，第21页b。

[13]（宋）梁克家撰辑：淳熙《三山志》卷25《秩官类六·提刑司官》，第8004页。

[14]（宋）张元幹撰：《芦川归来集》卷1《四言诗》，第11页b。

[15]（清）徐松辑：《宋会要辑稿》第138册《食货三五》，第21页b。

[16]（宋）张元幹撰：《芦川归来集》卷1《四言诗》，第11页b。

[17]（宋）张元幹撰：《芦川归来集》卷1《四言诗》，第11页b。

[18]（宋）张元幹撰：《芦川归来集》卷1《四言诗》，《钦定四库全书》（集部四·别集类三·宋），清乾隆四十六年（1781）抄本，第14页a—14页b。

[19]（宋）张元幹撰：《芦川归来集》卷1《四言诗》，第14a。

[20]郑永晓：《黄庭坚年谱新编》，《中国社会科学院青年学者文库》，北京：社会科学文献出版社，1997年，第423页。

[21]郑永晓：《黄庭坚年谱新编》，第414页。

[22]（宋）邹浩撰：《道乡集》卷32《杂著》，《钦定四库全书》（集部三·别集类二·宋），清乾隆四十三年（1778）抄本，第1页a。

[23]（宋）黄庭坚撰：《山谷集》卷19《书三十五首》，《钦定四库全书荟要》卷一万五千一百四十（集部）清乾隆四十一年（1781）抄本，第11页a—11页b。

[24]（宋）邹浩撰：《道乡集》卷32《杂著》，第9页a—9页b。

[25]（宋）邹浩撰：《道乡集》卷32《杂著》，第1页a。

[26]（宋）张元幹撰：《芦川归来集》卷1《四言诗》，第14页b。

[27]（宋）黄庭坚撰：《山谷集》卷19《书三十五首》，第11页b。

[28]（宋）黄庭坚撰：《山谷集》卷19《书三十五首》，第11页a—11页b。

[29]（宋）黄庭坚撰：《山谷集》卷19《书三十五首》，第12页a。

[30]（宋）史能之纂修：咸淳《毗陵志》卷17《人物二·国朝·晋陵·邹浩》，中华书局编辑部编：《宋元方志丛刊》第3册，北京：中华书局，1989年，第3110页。

[31]（宋）史能之纂修：咸淳《毗陵志》卷17《人物二·国朝·晋陵·蔡戡》，第3113页。

[32]（宋）史能之纂修：咸淳《毗陵志》卷11《文事·贡举·科目·国朝》，第3052页。

[33]（明）蔡戡撰：《定斋集》卷首《提要》，《钦定四库全书》（集部四·别集类三·宋），清乾隆四十六年（1781）抄本，第1页a—2页a。

[34]（明）蔡戡撰：《定斋集》卷13《序》，第5页a。

[35]（明）蔡戡撰：《定斋集》卷13《序》，第4页a—5页a。

[36]（宋）梁克家撰辑：淳熙《三山志》卷22《秩官类三》，第7976页。

[37]（宋）梁克家撰辑：淳熙《三山志》卷22《秩官类三》，第7977页。

[38]（宋）岳珂撰：《桯史》卷12《王芦溪送胡忠简》，《钦定四库全书》（子部十二·小说家类一·杂事之属），清乾隆四十三（1778）抄本，第1页a。

[39]（宋）岳珂撰：《桯史》卷12《王芦溪送胡忠简》，第2页a。

[40]（宋）张元幹撰：《芦川归来集》卷5《词》，第1页a—1页b。

[41]（宋）岳珂撰：《桯史》卷2《黠鬼酝梦》，第9页a—9页b。

[42]（宋）岳珂撰：《桯史》卷2《黠鬼酝梦》，第8页a。

[43]（明）黄仲昭纂修：弘治《八闽通志》卷68《人物·漳州府·良吏·宋·杨汝南》，北京图书馆古籍出版编辑组：《北京图书馆古籍珍本丛刊》（史部·地理类）第33册，北京：书目文献出版社，上册，1988年，第961页。

[44]（明）陈洪谟修，中国人民政治协商会议福建省漳州市委员会整理：正德《大明漳州府志》卷25《人物传·宋人物·杨汝南》，下册，第1519页。

[45]（明）闵梦得修，中国人民政治协商会议福建省漳州市委员会整理：万历癸丑《漳州府志》卷19《人物志四·宋列传·高登》，厦门：厦门大学出版社，2012年，下册，第1406页。

[46]（明）黄仲昭纂修：弘治《八闽通志》卷68《人物漳州府宋风节高登》，第965页。

[47]（明）陈洪谟修，中国人民政治协商会议福建省漳州市委员会整理：正德《大明漳州府志》卷25《人物传·宋人物·高登》，下册，第1497页。

[48]（明）黄仲昭纂修：弘治《八闽通志》卷68《人物·漳州府·良吏·宋·杨汝南》，第961页。

[49]（明）陈洪谟修，中国人民政治协商会议福建省漳州市委员会整理：正德《大明漳州府志》卷3《历官志上·宋》，上册，第104页。

[50]（宋）张元幹撰：《芦川归来集》卷3《七言律诗》，第3页b—4页a。

[51]（宋）梁克家撰辑：淳熙《三山志》卷9《公廨类三·诸县官厅》，《宋元方志丛刊》第8册，第7869页。

[52]（明）陈洪谟修，中国人民政治协商会议福建省漳州市委员会整理：正德《大明漳州府志》卷25《人物传·宋人物·杨汝南》，下册，第1519—1520页。

[53]（明）陈洪谟修，中国人民政治协商会议福建省漳州市委员会整理：正德《大明漳州

府志》卷25《人物传·宋人物·杨汝南》，下册，第1520页。

[54] 刘涛：《朱熹高足陈淳与傅伯成、傅壅父子交往考》，《闽学研究》2018年第4期。

[55]（明）陈洪谟修，中国人民政治协商会议福建省漳州市委员会整理：正德《大明漳州府志》卷25《人物传·宋人物·杨汝南》，下册，第1520页。

[56]（明）陈洪谟修，中国人民政治协商会议福建省漳州市委员会整理：正德《大明漳州府志》卷3《历官志上·宋》，上册，第103—104页。

[57]（明）罗青霄修纂，陈叔侗点校，福建省地方志编纂委员会整理：万历元年《漳州府志》卷首《修志引用书目》，上册，第31页。

[58]（清）金·等监修：雍正《广西通志》卷51《秩官》，《钦定四库全书》（史部十一地理类三都会郡县之属），第47页b。

[59]（清）顾国诰等修，（清）何日新、刘树贤等纂：清光绪十六年刊本《广西省富川县志》卷4《职官·文职》，《中国方志丛书》（第19号），台北：成文出版社，1967年，第36页。

[60]（宋）真德秀撰：《西山读书记》卷25《读书之法》，《钦定四库全书》（子部一·儒家类），清乾隆四十二年（1777）抄本，第23页b。

[61]（宋）黎靖德编：《朱子语类》卷10《学四读书法上》，《钦定四库全书》（子部一·儒家类），清乾隆四十四年（1779）抄本，第13页b—14页a。

[62] 刘涛：《全球史视阈下福州古厝文旅融合发展之道——世界大航海时代名人张燮的福州之行及其启示》，福州闽都文化研究会编：《闽都文化与世界遗产》，福州：海峡文艺出版社，2021年，第139—160页；刘涛：《深化文旅融合提升乡村振兴水平之道——以闽南千年古县长泰为例》（《河北旅游职业学院学报》2021年第3期）。

张元幹历史文化旅游资源开发利用研究

武汉理工大学　阿米提江·麦麦提

摘　要： 近年来，随着旅游业的蓬勃发展，张元幹历史文化资源作为地方特色文化的载体，作为当地居民保护珍贵的纪念性景观历史文化遗产，具有较高的文化价值，是更重要的文化旅游资源，逐渐被游客认可和接受，政府和文物保护部门还开展了一系列相关历史文化遗产、优秀历史建筑和张元幹历史文化资源的保护、开发和利用，文化产业开发和管理、文物保护、旅游等部门对张元幹历史文化资源进行了一系列的保护和旅游开发。本文以张元幹历史文化资源为研究对象，在总结国内外历史文化资源保护与遗产旅游学术背景的基础上，通过对网上数据的统计分析，总结出游客对张元幹历史文化旅游资源开发利用的感知、游览张元幹历史文化资源的动机及主要影响因素。在此基础上，对张元幹历史文化旅游资源与利用进行了探讨，提出了开发利用的发展思路和对策，实现了保护与旅游开发的良性互动，对提升张元幹历史文化整体旅游形象和核心竞争力，促进旅游业的进一步发展。

关键词： 张元幹；旅游；开发

张元幹出身书香门第，为张睦九世孙。张睦生三子庑、膺、赓。在今福州庑居等候官职，膺、赓迁月洲乡。元幹是张膺第八世后裔。祖父张肩孟，字醇叟，宋皇祐五年进士，官至朝奉郎，歙州通判。父张安道（族谱为几道），进士出身，官至龙图阁直学士，能诗。曾在郏县为官。张元幹（1091—约1161），字仲宗，

作者简介： 阿米提江·麦麦提，男，维吾尔族，新疆阿图什市人，武汉理工大学马克思主义学院博士研究生。

号芦川居士、真隐山人，晚年自称芦川老隐。芦川永福人（今福建永泰嵩口镇月洲村人）。历任太学上舍生、陈留县丞。金兵围汴，秦桧当国时，入李纲麾下，坚决抗金，力谏死守。曾赋《贺新郎》词赠李纲，后秦桧闻此事，以他事追赴大理寺除名削籍。元幹尔后漫游江浙等地，客死他乡，卒年约七十，归葬闽之螺山。张元幹与张孝祥一起号称南宋初期"词坛双璧"。张元幹可以说是北宋晚期和南宋初期的一位重要诗人。他特别擅长做线人。他的两部著作《贺新郎》是最著名的，被称为"压卷"。张元幹博览群书，文学修养丰富，著有《芦川归来集》10卷、《芦川词》2卷，共180余部。内容十分丰富，有山水、歌颂祖国山川之美；表达朋友之间的交往和友谊；有愤怒愚昧的错官；有坚决抵抗金兵入侵等，他的作品充满了爱国热情，受到人们的称赞。张元幹是北宋晚期和南宋初期的重要诗人。他继承了苏轼豪放派的风格，把词的内容与实际斗争更加紧密地结合起来，对许多优秀的抒情诗人产生了重要影响。他开辟了词的领域，赋予词以新的生命，开辟了南宋词人的创作道路，对后来的辛弃疾词派产生了重大影响。福州永泰县张元幹纪念馆位于永泰城关塔山公园内，占地面积1500多平方米，结构为两层，总投资230多万元。博物馆动建至今历时一年半，博物馆里展出了张元幹的生平事迹，收集了南宋以来学者张元幹对爱国文学英雄张元幹的评论，其中有毛泽东、周恩来等无产阶级国际主义的评语，并配发了300多张照片和图片，充分展示了这位著名爱国诗人的风采[1]。

一、张元幹历史文化旅游资源的内涵

张元幹在自己的领域取得非凡的成就，代表着在其所处时代的先进或最高水平，是其所在时代爱国诗人的精英人才，是国家的精神骄傲，可以增强中华民族自豪感和自信心，并在爱国主义教育、指导和激励子孙后代方面发挥重要作用。张元幹历史文化资源是曾经居住的地方，不仅反映了一个张元幹的生平事迹，也反映了他的宽宏大量和良好品味，能反映当时的政治环境、经济发展、社会特征、科学技术、文化自由等许多信息。从某种意义上说，张元幹历史文化资源作为张元幹居住的地方，是时代的窗口和当时社会状况的集中地，基本上承载着一个地方或国家的历史语境，反映着张元幹的生活经历和他们所生活的时代的变迁。它是一种特殊的文化载体，具有深刻的人文意蕴，是民族文化的精华，是民族精神的结晶，具有极高的社会研究价值，不仅是一种珍贵的财富，而且是一种不可再生的宝贵人力资源。它往往是一个地方或一个国家展示自己形象的窗口，也是一张响亮的名片，是一面旗帜，成为后人缅怀、怀念、追忆、寄情的最佳场所。张元幹历史文化资源旅游是指被历史张元幹历史文化资源的独特元素，如地理环境、遗迹景观、文化故事等所吸引，从而刺激游客前往历史张元幹历史文化资源、旅游地、墓地等地的动机，产生相应的旅游行为，并产生一些休闲、观光、体验和学习的旅游活动。

吸引张元幹历史文化资源游客的主要因素有三个：一是"张元幹效应"对游客的吸引力。张元幹有一定的声誉和参与度，因为在某一特定的历史时期有特殊的贡献，参与历史事件和作品可以流传下来。许多游客来到张元幹曾经居住过的地方，在那里他们可以向过去致敬，追忆他们曾经生活过的时代；其次，张元幹历史文化资源往往保留着"老房子"的地位，特色建筑形式往往是当地传统特色民居的代表，极具文化和欣赏价值；第三是张元幹历史文化资源的社区景观和当地风俗对旅游者产生一定的吸引力，张元幹的声誉往往对当地的声誉和形象产生较大的影响。特色风俗是吸引游客体验地方风景名胜区文化的重要媒介。

（一）张元幹历史文化资源旅游传播

"传播者"即"谁"，从历史文化资源本身的角度研究历史文化资源的对外传播与推广。这里的传播者不仅是张元幹历史文化资源的物质文化遗产，也是当地政府、旅游部门、文化部门和文物部门的传播者。一方面，相关部门应重点关注当地历史文化资源的建设和保护，维护历史文化资源本身的"真实性"，使历史文化资源成为真正的传播符号；另一方面，扩大历史文化资源的知名度和影响力，积极对外传播和宣传，加强"传播者"这一"信息来源"形象的权威性、公信力。游客到达历史文化资源后，可以通过直观的"历史文化资源"来了解历史文化资源所传达的信息，在到达历史文化资源前获得更多关于张元幹历史文化资源的详细信息，从而对历史文化资源有更可靠的了解。

（二）张元幹历史文化资源传播的"信息"

包括张元幹的生平、文学成就、后世评价、历史文化资源与纪念馆的关系、历史文化资源本身的结构、当地的风俗文化、周围的自然景观、附近的风景区等。在游客来到旅游目的地之前，所有关于历史文化资源的信息都是很好的信息，可以帮助游客消除不确定性，也可以吸引游客到旅游广告中来。

（三）张元幹历史文化资源的沟通渠道

即让外界了解历史文化资源的一切方式。可以是有张元幹历史文化资源历史的小册子、电视宣传片、有关张元幹的纪录片、纪念张元幹出生纪年活动，这些都是为不知张元幹历史文化资源的游客准备的，当他们到达历史文化资源时，印有张元幹面孔或话语的书籍和纪念品、以张元幹名字命名的道路名称和特色美食可以成为传播张元幹历史文化资源的有利媒介。

（四）传播张元幹历史文化资源的"受众"

作为旅游资源，张元幹历史文化资源的唯一受众是参观历史文化资源的游客。然而，游客可以根据不同的需求点分为几类。有张元幹的崇拜者，有作品的读者，来历史文化资源是为了满足他们向张元幹致敬的心理需要，有对作品中提到的张元幹历史文化资源感兴趣的读者，还有参观因张元幹身份而保存下来的老房子和建筑的读者。这些老房子和老建筑不仅反映了当地的特色和建筑文化，而且也是传统民居的宝贵遗产。

二、张元幹历史文化资源的旅游价值

（一）城市形象价值

当游客第一次来到一个城市或旅游目的地，张元幹历史文化资源是一个城市最好的名片，立刻把游客拉近城市。因为张元幹通常都有很高的知名度和声望，了解张元幹通常能减少城市的陌生感。张元幹历史文化资源使张元幹与城市有着不解之缘。如果它是张元幹的故乡，这个城市的文化氛围将不知不觉地成为张元幹成功的前提和条件。如果这是一个张元幹在他们的人生旅程中短暂居住的城市，这将增加城市其他特征的名声。同时，张元幹历史文化资源也是提升城市品味和形象的良好媒介。要打好城市文化牌，就必须深入挖掘城市的文化内涵。在政府的保护和有效利用下，张元幹历史文化资源充分发挥其功能，使城市形象和历史文化价值不断升华。

（二）考古价值

张元幹历史文化资源具有一定的历史事件和时代背景。历史文化资源已成为见证历史事件的最佳实物证据，也是证实张元幹信息和时代文化信息的有力证据。此外，该建筑物的历史文化资源、文物张元幹、档案、手稿等都具有重要的考古价值。

（三）民风价值

民俗通常包括地方生活习惯、劳动工具、手工艺品、民族服饰、婚俗、节日等。这些通常与当地特色有更多关系。张元幹历史文化资源为媒体、魅力吸引了全国各地的游客。如果非历史文化资源面积较大，参观时间通常很短。游客会不知不觉地想了解张元幹的生活或成长在生活环境中，了解家乡的一些民俗风情。参观的时间越长，知道的就越多。

（四）历史价值

张元幹历史文化资源的目的是保护历史，弘扬文化。这些物质文化遗产，一旦消失，就没有复原的可能，即使重建，也是假的。近年来，随着城市化建设和旧城改造，越来越多的老房子被拆除，许多张元幹历史文化资源也因保护措施不足而被夷为平地。现代城市中的历史文化资源遗址变成了一个独特的景观。习惯了看高楼大厦，车水马龙，当你走进一条安静的小巷，一座历史悠久的老房子会带来一种不同的感觉。同时，张元幹历史文化资源借助张元幹在全国乃至世界的影响力和知名度，增强了城市的文化氛围和内在影响力。在张元幹历史文化资源的帮助下，游客可以看到现代的老房子，无论是传统的四合院还是中西结合的现代建筑，这些建筑因其特殊的张元幹身份而得以保存也是保护现代物质文化遗产的有力措施。

（五）心理价值

如果历史文化资源的张元幹分为游客认领，以作品，个人魅力，在历史事件或时代中的地位著称。一般来说，是按照张元幹的非物质文化遗产，向历史文化资源中的张元幹致敬。四仁已经走了，但历史文化资源承载着一段与张元幹有关的时间和空间。在读者或张元幹崇拜者的心目中，他成了张元幹的替代品，带着某种向他们致敬的感觉。许多人通过他的作品或轶事了解张元幹，喜欢甚至崇拜他，并逐渐对他的生活感兴趣甚至向往。张元幹历史文化资源是最密切接触的物质文化遗产，访客来到纪念馆，不仅是为了"缅怀过去，思念过去"，更是为了在一个角落里，让人们对历史空间进行精神记忆，回到张元斡曾经居住过的地方，是释放爱情和怀旧情绪的最佳途径之一。特别是，一些古代张元斡早已去过历史文化资源，仍然完好无损，充分展现了当时的历史文化资源，游客仿佛踏入了一个时间隧道，与张元斡对话，这种体验，是历史文化资源不可替代的功能。

（六）旅游价值

张元斡历史文化资源文化与旅游区之间有密切关系，历史文化资源产生的旅游区丰富旅游目的地资源。历史文化资源旅游的发展只能在原有旅游资源的基础上丰富和扩大旅游者的选择范围，形成规模效应，吸引更多的旅游者。当地政府在原住宅旅游的基础上，开发与原住宅有关的旅游产品，或整合原有的旅游资源，增加对景区饮食、生活、休闲、娱乐设施的投资，对原住宅旅游资源进行整体规划补充。张元斡历史文化资源与当地其他旅游景点融合，在原有纪念馆的基础上，将旅游景点与其他景点结合起来。根据旅游者的心理，尽可能多地参观旅游景点是最有效率的旅游方式。前往历史文化资源的游客不仅要参观张元斡的历史文化资源，离开时，还要沿途参观当地的其他景点。一些名不见经传的小旅游景点，由于以前的家庭旅游和导游游客的增加速度甚至闻名遐迩，与以前的家庭旅游相辅相成，也是拓展旅游资源的最佳途径之一。

三、张元斡旅游资源开发利用中存在的不足

福州市永泰县旅游资源历史悠久，文化旅游资源丰富，多年来吸引了众多游客前来旅游。但是，根据网络和文献调查，发展历史，政治形势和经济压力，发现张元斡旅游资源开发利用存在不足。

为了了解张元斡历史旅游资源的现状，笔者于 2021 年 10 月至今对张元斡为主题在中国知网搜索结果 98 条，其中学术期刊 60 条，硕论 6 篇，学术辑刊 2 条、特色期刊 28 条、会议 1 条、图书 1 条、《芦川归来集》10 卷、《芦川词》2 卷，计 180 余首、报纸一条、其他类 3 条，未设计开发微信、抖音公众号，游客的知晓率较低。其次，通过在线调查发现，高中毕业生的知晓率最高。三分之一的游客来到张元斡历史纪念馆观光。另外，一些游客再次来历史文化资源，就餐，这

表明张元幹的旅游资源仍然只限于原始自然资源和文化资源的旅游。可以看出，张元幹的历史文化资源都是发展旅游业的重要资源。但是，由于缺乏深入、系统、动态的旅游项目，缺乏配套资源的规划，功能区的建设还不够完善，旅游经验极低。单一的旅游产品无法感受到文化背后的浓厚的爱国热情。现在是在线和离线文化旅游发展的热期。人们对文化内涵的追求决定了未来旅游业的发展方向。当人们逐渐被安置在具有深厚文化底蕴的历史文化保护区时，他们将真正地冷静下来，并以敬畏和热情去探索它的美丽。

（一）历史局限性

根据网络和文献调查，游客在福州市永泰县旅游资源消费水平不高，停留时间相对较短。不难发现，当前存在的主要问题是区域基础设施薄弱，配套设施不完善，无法使游客在该地区旅行，停留很长时间或留下深刻的记忆。

（二）定位不准

根据调查结果，游客认为旅游定位不明确，缺乏深入的组织，系统，动态的旅游项目，对功能区域也没有明确的整体考虑。在当今工业经济快速发展和城市面貌日新月异的时代，这些地方已逐渐成为人们在保持其原有居住功能的同时体验现代文化的宝地。这种情况为张元幹旅游资源的开发利用创造了良机。因此，要建立用于定位的合理且有效的功能区域设置。旅游发展定位在功能区建设中具有总体指导作用，而功能区的设置和完善则是旅游定位的实践。缺乏明确的旅游定位和相应的功能区设置自然会导致张元幹旅游资源缺乏创新性和活力，并且浪费自然和文化资源。

更深层的问题是政策规划不够具体。由于过去政府体制和机制的问题，缺乏统一的管理规划，复杂的管理关系，各管理机构之间的沟通不畅，难以形成全面发展的规模效应，导致总体发展不明确，定位和功能不清楚，缺乏全盘考虑。

（三）公共服务设施相对落后

在分析张元幹资源的历史发展和经济问题的基础上，结合调查结果发现，公共服务设施的建设没有及时跟进和解决其他实际问题。当地居民的日常旅行和游客的旅行是该地区旅行的主要组成部分。由于游客的需求，该地区的出行方式多样化，有限的道路空间加剧了不同交通方式之间的干扰问题，加剧了区域旅游与当地居民生活之间的冲突。

（四）旅游产品单一

深度旅游是指一种旅行方式，仅选择一个地点进行观光，而不是在相对特定的时间访问多个景点。它与以前的观光旅游和印象旅游不同。关于深度旅游，即从骑马游览到对文化和内涵的深刻理解。从不同的地方获得过去不同文化的一些经验。因此，深度旅游的概念与当前的文化旅游热点息息相关，对于作为历史文化保护区的张元幹资源来说，深入挖掘其文化内涵，改善其文化底蕴，也是重要的经济增长点，发光旅游资源效率。

（五）政策管理和协调上的困难

在调查过程中，不同的行业提出了一系列政策措施，以鼓励和支持历史文化名城中心地区的保护与发展。但受当前系统性障碍的影响政治因素很多，在实施过程中，每座山峰都唱着自己的歌，这使这些政策显得更加原则化，行政条款也纳入了该体系的制度框架。缺乏权威和体制框架的基础，使政府很难发布有效，可行的操作手册。

（六）由于经济基础，建设困难

文化是一种精神上的东西。在满足基本的物质需求之前，人们通常没有空闲时间来考虑历史和文化的上层建筑。当执行部门面临资金运作，土地转让，文物收购，消防安全等问题时，很难将这些问题转化为公益项目，也很难获得资金用于上级部门。需要加强专业执行部门对项目申请和执行的组织和指导。

四、张元幹旅游开发利用模式及对策

首先确定开发工作的定位，探索适合张元幹文化保护区的开发模式。提出了保护与发展协调、有机更新与发展、集团化与系统化，从加强政府主导作用、明确旅游发展的功能定位、加强基础设施建设、重视生态环境建设、制定相关旅游规划，以张元幹历史文化资源为吸引点，发展与张元幹及旅游景点有关的旅游副产品，其传播策略最好以张元幹为重点，发展与张元幹有关的旅游副产品，以丰富张元幹历史文化资源的层次及内容；同时，张元幹纪念馆周边产品的发展亦为张元幹历史文化资源带来新的经济增长动力。叠加张元幹住宅副产品可以增强张元幹住宅旅游的品牌效应，使以张元幹住宅为名片的本土旅游更具说服力。同时，在游客带走与张元幹历史文化资源有关的旅游副产品时，张元幹历史文化资源是一种有效的二次传播途径。

（一）保护与发展协调

保护与发展是对立统一的，保护与发展有着共同的目标和价值取向。保证必须遵循保护原则，这需要更大的投资，但在投资者的心目中，这并不是普遍接受的这样做只会带来回报，对其维护的不利将使旅游业出名、发展成为饮鸩止渴。因此，为了使福州市永泰县张元幹历史旅游可持续发展，保护是福州市永泰县张元幹发展历史旅游的最佳途径。

采取适当的尺度，根据改造的内容，妥善处理好现在与未来的关系，不断提高设计质量，使规划改造达到一定的完整性，最终获得无数的完整性总和，改善整体环境，最终达到有机更新的目标。在历史发展开发利用过程中，积累了大量的文化遗产和成功经验，现在已经融入了很多现代文化。因此，福州市永泰县张元幹文化保护区旅游资源的开发利用也可以遵循有机更新开发的原则，把区域所蕴含的独特历史文化融入基本环境建设，保留历史文化特色，激活和利用特色。

（二）集团化与系统网格化

针对福州市永泰县张元幹文保区景区建议走集团化、制度化道路。一是将景区单位合并，实行政府层面的统一管理，实行差异化管理，最大限度地发挥规模优势，在旅游市场上具有较强的竞争力；二是共同开发旅游资源。旅游资源是自然环境与历史文化的结合，二者紧密结合的结果是优美的环境；第三，要引起全社会的共同参与。福州市永泰县的张元幹旅游业与生活在这里的人们更为相关。因此，在开发利用中，正是居民的参与，使许多居民参与到对自己生活十分重要的政策、规划和区域更新发展规划的制定和解决中，认识到参与决策的重要性。

现代旅游业是一个扩展到线上线下"互联网＋"新时代的网络。在福州市永泰县张元幹旅游开发中，应充分发挥张元幹"互联网＋"新时代的网络资源的优势。创造、宣传独特的旅游亮点，游客也会想方设法解决道路受阻、长途跋涉、食宿不方便等问题。关键问题是旅游景区线上线下是否形成亮点，是否有网络，各地区旅游景区是否大面积形成互补效应。

（三）明确旅游功能定位，保护与激活利用相结合

福州市永泰县张元幹文化保护区担负着多种功能，其自身的传统文化资源使古老的福州市永泰县现代城市中散发出更加灿烂的文化魅力。因此，要客观深入地分析当前旅游市场的总体情况以及自身的优劣势，并在此基础上，找准自身定位，制定相应的措施和发展规划，更好地发挥景区优势，特别注重挖掘特色旅游项目，打造优秀旅游线路，提高旅游质量，激发区域旺盛的文化活力。福州市永泰县张元幹文物保护区旅游资源丰富，但有很大一部分文物古迹没有利用。

游客在景区的旅游空间中行走时，会对这些设施是否完善、方便有直观的感受，这在很大程度上影响着旅游者的满意度。比如，很难想象，一个景区不能让游客在饿的时候轻易找到餐馆，如果游客在累的时候能很快找到长凳，也能让游客有很好的体验。旅游体验的质量往往体现在细节上。在饮食、旅游等方面对游客需求的体贴考虑，体现了景区工作人员的责任感，也体现了政府对景区旅游建设的重视。在具体措施上，首先要保证足够的财政投入，不遗余力地改善福州市永泰县张元幹目前基础设施建设薄弱的状况。

（四）加强本地通讯及传送

加强张元幹历史文化资源的交通是重要的，而旅游线路的铺设则是增加游客数量的有效途径。只有解决了张元幹历史文化资源的可进入性问题，才能真正促进张元幹历史文化资源的旅游发展。旅游线路是张元幹历史文化资源的旅游传播形式之一，也是张元幹历史文化资源向受众推销的主要内容之一。旅行社可以设立特别的"城市张元幹历史文化资源游"，吸引对张元幹历史文化资源有特殊兴趣的游客。在张元幹历史文化资源集中的地区，开展"张元幹历史文化资源建筑文化""张元幹历史文化资源考古学文化""张元幹历史文化资源民俗文化"等循环旅游活动。张元幹历史文化资源是第一个，以该地区为单位，驱动该地区张元幹历史文化资源旅游。此外，还可以结合张元幹历史文化资源附近的旅游景点，延长旅游线路。三位一体的组合是一个很好的旅游圈路线，购物和娱乐一网打尽。晚上到西湖去欣赏夜景。对于一些旅游资源丰富的城市来说，建立这样一个圈子作为捆绑销售，而且对于推广张元幹历史文化资源是一个很好的沟通策略。

（五）扩大观众群，提高传播效率

张元幹历史文化资源的主要受众是通过历史事件或张元幹作品认识和喜欢的普通百姓，但如果仅限于这一群体的受众范围，那么张元幹历史文化资源的使用就会过于狭窄。张元幹历史文化资源毕竟属于文化旅游的范畴，其可进入性是没有限制的。张元幹历史文化资源作为一种文化象征，也是建筑、民俗、历史的象征。喜欢建筑文化和民居文化的人可以成为观众，喜欢民俗文化的人也可以成为观众。有些人千里迢迢来到张元幹历史文化资源，仅仅是出于个人崇拜和情感，有些人来到历史文化资源甚至可能不知道张元幹是谁，张元幹历史文化资源具有接受者定位不清的特点。因此，传播张元幹从一些开始，不仅限于张元幹本身或历史文化资源本身。任何信息的接收者都有可能成为张元幹历史文化资源的消费群体。在张元幹历史文化资源旅游传播中，要充分挖掘受众的兴趣点和需求点，对不同需求的旅游者进行合理定位和有针对性的传播。如观众对张元幹感兴趣，应注意介绍他们的作品和生活；对张元幹历史文化资源的建筑特别感兴趣，可专注于张元幹历史文化资源的建筑文化、风水和地理；一些人简单地把张元幹纪念馆作为爱国主义教育基地，这决定了只有青少年和学生才是他们的消费群体。

1.媒体传播

张元幹纪念馆是一种旅游产品，一种推广和营销，其主体是张元幹，载体是张元幹和张元幹相关信息。通过媒体向受众宣传时一定要有一定的传播形象，尤其是独特的品牌形象。在面对媒体进行产品宣传的同时，注意树立张元幹历史文化资源的媒体形象。这里所说的媒体是指传统印刷媒体和电视电台媒体。如旅游城市的旅游宣传片、报纸杂志上的平面广告。由于张元幹历史文化资源往往具有浓厚的历史文化气息，因此广告时间应注重媒体本身的形象和气质，包括受众。新媒体传播以多种形式拥有属性，集文本、声音、动画于一体，提供大量信息，以其良好的互动和沟通方式随时随地吸引受众，如抖音、微信、微博、博客、在线视频等。积极建设张元幹历史文化资源官方网站，以及程网、哪里网、乐途网等主要旅游网站，共同传播张元幹历史文化资源的旅游信息。提升张元幹历史文化资源的互联网知名度。以抖音为例，因为张元幹历史文化资源的象征成分是"张元幹"，所以在微博上可以利用张元幹来传播关于张元幹生活的语录、诗词、历史故事，通过传播和发布张元幹历史文化资源旅游相关信息，如旅游路线、折扣信息、地方特色和活动等，积累一定的人气。一句有时代气息或前瞻性的名言，得到网友的肯定和追求，可以被数千人转载。转发意味着更快更广泛的分享信息。抖音以其快速、简短和易读的特点成为最受关注和参与度最高的媒体之一。由于抖音的直接性，它的大多数粉丝都是对张元幹有着狂热崇拜或喜爱的目标受众。其中包括潜在的访客，前往张元幹的历史文化资源。通过新媒体的传播，张元幹历史文化资源不仅可以传达张元幹历史文化资源的标志和形象，而且在与当地其他景点的旅游部门的互动过程中产生更大的影响。最重要的是，张元幹的历史文化资源可以直接与目标观众互动，并且可以与观众和粉丝在线交流关于张元幹历史文化资源的路线和历史。也可以转发与张元幹有关的消息，包括参观历史文化资源的游客所写的游记、参观的感受等。此外，新媒体是传播过程中接收受众反馈和旅游者评价最直接、最快捷的工具之一。旅游者的反馈可以改善张元幹旅游线路的管理，提高服务质量和旅游者的满意度。通过一系列在线活动，如进行问卷调查、分享历史文化资源照片、给予观众积分参加活动等，在线过程可以吸引关注，有效沟通张元幹历史文化资源。

2. 影视作品的传播

以张元幹历史文化资源或张元幹为主角制作电视剧、电影，以张元幹的生活事件为题材，充分展示张元幹的生活，揭示张元幹的人格魅力，挖掘张元幹的深层文化，推广张元幹历史文化资源。是张元幹历史文化资源旅游传播的有效沟通手段。特别是每个张元幹的生日或周年纪念，在本地或媒体播放有关张元幹的纪录片，并举办一些纪念活动，借此机会提高张元幹历史文化资源的知名度。此外，还可以结合一些电视节目对张元幹进行研究，为观众提供更高层次的知识和财富积累的人群，即张元幹历史文化资源的潜在观众。如果在节目播出期间，利用宣传的机会，扩大张元幹历史文化资源的知名度，或者邀请演讲人为张元幹历史文化资源题词、参观、背书等，都会收到良好的效果。

3. 事件沟通传播

历史文化资源的张元幹将在当地举行旅游节、展览会、节日灯会等活动。张元幹也可以利用生日、周年纪念日组织一系列活动。推出张元幹研究作品、张元幹生活研究、获奖短文、张元幹历史文化资源摄影比赛等活动，激发人们认识、熟悉张元幹的兴趣，增加张元幹历史文化资源旅游观众。在张元幹历史文化资源举行各种学术会议，制作同一口号、张元幹历史文化资源形象、标志等。在举办会议和展览等活动时，开启特别展览窗口。制作与张元幹历史文化资源有关的纪念品，并印制张元幹照片、历史文化资源等统一标识。工作人员穿着制服，发布张元幹历史文化资源的旅游信息。

（六）通过旅游体验进行传播

张元幹历史文化的遗址，无论从形象还是心理上看，都是时代凝固的象征。那个时代的人和事，随着时间的流逝渐渐远去，只有这一位张元幹与历史文化资源有过亲密接触，仍然保留着那个时代的面貌。可以说，张元幹历史文化保留了那个时代的面貌并没有改变，它已经成为那个时代的象征。在张元幹历史文化资源漫游，那种仿佛穿越时空的曝光，是一种独特的体验，只有张元幹历史文化资源才能给游客一种独特的体验。笔者认为，要抓住这一特点，必须注意旅游者的特殊体验。体验就是游客的参与，旅游本身就是一种参与性活动。只有参与才能决定沟通活动的建立和进行。因此，增加游客的体验，使历史文化资源的张元幹参与传播活动，是一个很好的沟通方式。

事实证明，张元幹历史文化的精神家园，只有保留记忆、怀旧和根脉，才会更加美丽。无论历史如何变迁，岁月如何流逝，社会如何发展，我们都必须保留根基，珍惜自己的生命，保护张元幹历史文化和其他物质文化遗产。哪里有悠久的历史，哪里就有深厚的根基。保护和传承中华民族的文化遗产，就是保护祖国的独立性，保护中华民族的精神血液，在迈向中国梦更美好的未来时，促进中华民族灵魂的凝聚力。

【参考文献】

[1] 互联网资源库：百度百科 .https://baike.baidu.com/item/%E5%BC%A0%E5%85%83%E5%B9%B2/2138817?fr=aladdin

张元幹三世亲族摩崖石刻考释

湖南科技学院　　向薛峰

摘　要：张元幹是中国文学史上的著名词人，开创了南宋爱国词派的先河，值得深入探讨和发扬其人文精神。文章在与学术热点相结合的基础上，从张元幹生平及其亲族、张元幹三世亲族摩崖石刻考释、金石学视域下相关摩崖石刻的价值等方面出发，通过论述现存的五方摩崖石刻内容，以期让这些摩崖石刻及其所蕴藏的人文精神散发出应有的历史魅力，也为当代福州地区如何继承和弘扬中华优秀传统文化提供借鉴，做出贡献。

关键词：张元幹；摩崖石刻；三世亲族；文献价值

一、张元幹生平及其亲族略论

张元幹（1091—约1170），字仲宗，号芦川居士、真隐山人，芦川永福（今福建省永泰县）人。北宋政和初，为太学上舍生。宣和七年（1125），任陈留县丞。靖康元年（1126），金兵围汴京，元幹入李纲行营使幕府。李纲罢，亦遭贬逐。绍兴元年（1131），以将作监致仕，居福州。绍兴八年（1138），秦桧当国，张元幹力主和议，胡铨上书请斩秦桧等以谢天下，时李纲亦反对和议，被罢居长乐，张元幹赋《贺新郎》一词赠李纲，对李纲的抗金主张表示积极支持。胡铨被除名送新州编管，元幹亦持所赋《贺新郎》词为其送行。后秦桧闻此事，以他事追赴大理寺除名削籍。元幹此后即漫游江浙等地，客死他乡，归葬闽之螺山，卒年约八十。现存词达四百余首，他是宋代豪迈派词人代表，风格豪壮，悲痛苍凉，自

作者简介：向薛峰，男，湖南石门人，湖南科技学院国学研究院学生，石门县作家协会会员。

成一家，著有《芦川归来集》等，与张孝祥一起号称南宋初期"词坛双璧"。他是一位具有多方面才能的作家，诗、词、文俱佳，尤以词为高，《四库全书总目》称其"诗文亦有渊源"，又说"元幹诗格颇遒"，又"其题跋诸篇，则具有苏、黄遗意"。其师徐俯在《艇斋诗话》中称他"诗如云态度，人似柳风流"。毛主席极为喜欢张元幹之词，尤其心仪其晚年词作中表现的激扬奋发之精深和雄浑悲壮之风格，曾三次圈点其名作《贺新郎·送胡邦衡待制赴新州》一词，足可见张元幹作品在不同时空的永恒魅力。[1]

虽然张元幹是南宋初期著名的词人，但因为《宋史》没有为其单独立传，所以如果要深入推进张元幹相关研究，还需要其他资料相佐证和补充。在这样的情况下，通过分析与其相关联的重要人物和解读其具体作品则是两条行之有效的方法。实际上，张元幹所处的张氏族群诗书传家，礼乐弦歌不绝，本就是不可绕开的研究对象之一。从张元幹祖父开始，往下历经四代而著作迭出，并传世留痕，这种"文学儒官世家"式的特殊现象值得特别注意。

张元幹的伯祖父名张沃，天圣二年（1024）甲子科进士，为永泰地区历史上的第一位进士。后官至饶州都曹，自此之后，张氏族人考取秀才、举人、进士者，数不胜数，取得了辉煌的科举成就，一共出了一位状元，即张景忠，为太学两优释谒状元；两人官至尚书，四十八人考取进士。[2]

张元幹的祖父名张肩孟，字醇叟，即张沃之弟，皇祐五年（1053）进士，授程乡县尉，终朝散郎，通判歙州，累赠特进、少师，70岁时告老还乡。[3] 其早年曾与郑侠交往，郑侠是以《流民图》反对王安石变法而知名于时的政治家，张元幹由此也曾在《芦川归来集》中称郑侠为自己"儿时所愿见"之人，宣和元年（1119），张元幹还特地到福清拜谒郑侠，徐俯跋《幽宅尊祖事实》中描述张元幹"适闽越数千里，及见大父时客"。可惜此时郑侠已年过八旬，旋即去世。张元幹之所以如此心仪郑侠，从儿时情结一直追续到中年时期，正是张肩孟与郑侠交谊颇深的缘故。

张肩孟育有五子，其五子相继登科。长子名张劢，于宋熙宁六年（1073）登进士第。曾以集贤殿修撰任职三山，旋移知广州，后加集贤殿修撰知洪州、建州，终中大夫。且张劢亦能属诗，厉鹗《宋诗纪事》卷二九载有张砺诗一首。李易跋《幽宕尊祖事实》中有引张劢诗断句"莫言伯道无儿嗣,看取千秋祀事存";次子张勔,于宋熙宁九年(1076)登进士第;三子张勖,于宋熙宁年间文武双举,后官至太学博士;四子张劝,宋元符三年(1100)登进士第,官至工部尚书;五子张动,宋建炎二年(1128)登进士第。张肩孟所育五子皆登科,同朝为官,俱为显宦,清正廉洁,有"灵椿一株秀,丹桂五枝芳"之美誉。[4]

张肩孟之幼子张动即张元幹之父。张动,字安道。崇宁年间任职于郳,与欧阳懋为同僚,后入京与李纲友善,官至龙图阁直学士。张动入京时携张元幹同入京城,使元幹入太学,元幹遂"有志庠序间籍甚"。[5]后方才成就煌煌之巨名。

二、张元幹三世亲族摩崖石刻考释

今所见福州地区尚存有与张元幹三世亲族相关的摩崖石刻共五方,颇具研究和考证价值。一方面其涉及人物众多,起自张元幹伯祖父张沃、祖父张肩孟,又兼有张元幹伯父张砺、张劝等二人,更有张元幹本人所留之摩崖石刻;而另一方面,其体裁较广,有题记、题名和题诗等数种,展现出极大的文学、史学、书法学价值。以下笔者则一一论述,以辨章学术,考镜源流。

(一)张沃诗刻

张沃即张元幹之伯祖父,其题诗现存于福州市永泰县嵩口镇月洲村溪滩的石壁上,为楷书五言诗刻。今附录其诗及图片于下:

> 蛰龙潭里蛰,潭上风波急。
>
> 一旦飞上天,鱼虾不相及。
>
> 宋张沃公七岁之咏,清念七世孙谦重刊。

此摩崖诗刻高60厘米,宽70厘米,纵六行,字径6厘米。[6]正文四行,跋两行。

此刻之由来较为奇异,据传张元幹之伯祖父张沃年七岁而不能言语,一日过蛰龙潭,忽然吟出"蛰龙潭里蛰,潭上风波急。一旦飞上天,鱼虾不相及"之句。此说法在笔者看来较为牵强,此诗当为张沃年轻时所作,吟诗风格旨趣尚不成熟,而专于立志。张沃与"他日若遂凌云志"一般,立下"龙游九天,不及鱼虾"之志向。于是后人或出于记咏先人,于是将此诗重刻于溪边之石上,且字体工整可爱,幼稚有趣,与童诗意境一致。《乾隆永福县志》卷一《山川》:"半月洲,在蛰龙潭之旁，形如半月，宋张肩孟居此。"又为张氏族群与蛰龙潭有关之明证。

而跋文中"清念七世孙谦重刊"，则可据有关资料推定，当为张沃之第二十七氏孙张谦。张谦，号牧堂，例授文林郎，生于清朝康熙年间。于张氏族谱中被称为"文隅公"，曾校订过清乾隆十三年戊辰（1748）版《永泰县志》。其为人乐善好施，秉性忠直，曾捐修过县治明伦堂、文庙等，乡人誉为"宁为刑罚所加，勿为张公所短"，可见其品行之端正，亦可旁窥张氏家族之良好家风。

（二）张肩孟诗刻

张肩孟即张元幹之祖父，其题诗亦现存于福州市永泰县嵩口镇月洲村溪滩的石壁上，为楷书七绝诗刻。今附录其诗及图片于下：

> 月明风细堪垂钓，泼泼波声有锦鳞。
>
> 朝野太平多乐事，江湖潇散一闲人。

此摩崖诗刻高80厘米，宽60厘米，文左读，纵四行，字径7厘米。[7]无跋文署名。

通过分析此诗刻，或为张肩孟晚年告老还乡之后所作，其字体少"英森直气"，且为文言"明月、细风、垂钓、锦鳞、太平朝野、江湖散人"等意象，表现出一副阅尽繁华之态。早年之张肩孟为诗，意象雄壮、气势磅礴、英姿勃发，其在进士及第前有诗曰："君看异日擎龙手，尽是寒光阁上人。"在此句中的"寒光阁"，即月洲张氏所见之供子弟读书学习的阁楼，张氏族人极为重视教育事业，胸怀雄心壮志，除却建有兼藏书与教学为一体的寒光阁外，还挖筑有类似于北方窑洞式的"读书室"，俗称"雪洞"，相互毗邻，一人一室，营造出一种促学的浓厚氛围，同时又彼此隔离，有利于静心修学。[8]在这样的条件和情况下，也不难想象正值青春的张肩孟可以吟诵出"尽是寒光阁上人"的佳句来了，但在认识到办学条件的同时，笔者要说明的还是张肩孟诗作前后迥然不同的风格，这很难由同一个人在同一时期写就，此首石刻诗当为张肩孟晚年致仕后的作品。

（三）张劢题名

张劢即张元幹之大伯，其题名现存于福州市于山金粟台，今附录其文于下：

提举常平等事、长沙何谊直浩然，走马承受公事、大梁张珪君瑞，知州事、郡人张劢深道，同登金粟台。政和壬辰冬至后一日。

此刻署"政和壬辰"之时，即北宋政和二年（1112），距今909年，通体由楷书写就，现为福州市文物保护单位。

通过查阅有关资料，即可知张劢所存之摩崖石刻，于福州此处外另有两方，可相互映照。其一是张劢于建中靖国元年（1101）所题，现见于《北京图书馆藏中国历代石刻拓本汇编·北宋42册》第71页；其二是张劢于政和七年（1117）题于连云港孔望山龙洞。[9] 而政和二年此刻，则刚好介于两者之间，或可得新证。建中靖国元年（1101）之时，张劢任淮南路转运副使，政和七年（1117）之时，则以朝请大夫充右文殿修撰守济南，另有石刻《灵岩寺题记》《祷雨题记》等。可见在政和二年，张劢尚在南方任职，知福州，宦中游历福州于山盛景，因留此记。

而考据同游者，有提举常平何谊直，其职直接掌常平、义仓、市易、水利等法；有走马承受公事张珪君，其职即诸路帅司属官，每季得奏事京师。而张劢时任福州知州，三人同游，故题名盛景。

（四）张劝题名

张劝即张元幹之四伯，其题名现存于福州市鼓山灵源洞，今附录其文于下：

> 鄱阳程遵彦，三衢吴亮、毛敷、叶沃，温陵许毂，郡人朱敏元、吴干、张劝。元符庚辰十月五日游鼓山灵源洞。

此刻署"元符庚辰"之时，即北宋元符三年（1100），距今921年，通体亦由楷书刻就。

鼓山灵源洞，现存摩崖石刻达七百余段，堪称福建摩崖石刻之首，其传统上起北宋，延续至今，前后达近千年。而张劝等人此方题名或是鼓山灵源洞摩崖石刻景观群内年代最为久远的摩崖石刻之一。

通过查阅相关资料，张劝于哲宗元符三年(1100)中进士第，此题名恰刻于同年，或系游览放心之作。政和元年（1111），即第二年，张劝即任越州税务。可以想见，此题名或是张劝进士及第之后，欲仿唐人"春风得意马蹄疾，一朝看尽长安花"之典，故携友共游福州盛景。另外，此题名中陪张劝同游者皆非无名之辈，如首起程遵彦，曾被苏轼赏识，亲自作《乞擢用程遵彦状》上书，言其"内行全好，人所能难"[10]，由此亦可见当时张劝交友之得体。

（五）张元幹题记

张元幹此题记现存于福州市鼓山石门，今附录其文于下：

锡山袁复一太初，自富沙如温陵，道晋安东山，登白云峰。访临沧亭，尽揽海山之胜。郡人张元幹仲宗、安国丘锋文昭、莆阳余祉中锡、晋陵孙子舆同来，泰初仲子嘉猷侍。绍兴己巳十月戊辰。

丹阳苏文瓘粹中题。

此刻署"绍兴己巳"之时，即南宋绍兴十九年（1149），距今 872 年，通体由隶书刻就。

此题记中之袁复一，字太初，无锡人，时官福建提举平公事。记中"自富沙如温陵，道晋安东山，登白云峰。访临沧亭，尽揽海山之胜"则说明了游历路线和经过，是从建瓯到泉州，经福州东山，登鼓山白云峰和临沧亭，其间与张元幹等六人同游。

而查阅相关资料，张元幹自宋高宗绍兴元年（1131）时即退居福建，从高宗建炎三年（1129）至绍兴十九年（1149）年间，一直与诸多友人保持着密切联系和往来，并经常交游出行，期间写下交游词四十余首。在游览福州诸景时，除却诗文之外，还留下了像此题记一样的实物证明，此题记因此也是鼓山最为重要的摩崖石刻之一。

三、金石学视域下相关摩崖石刻的价值

"就其山而凿之曰摩崖"。摩崖石刻是石刻中一个独特的类型，摩崖石刻作品均为唯一的、不可替代的、不可移动的文物遗存。[11] 这种具有多种元素、多种角度、非常丰富、非常悠久、具有主题、历代连续的遗存，是中国历史悠久、高明、饱满的典型代表。就其文本内容而言，在文学方面，可以称之为"石刻上的文学史"，或者是"摩崖文学"；在书法方面，因为载体与环境的不同，又可称为"摩崖书法"。其除却文学和书法的内容外，同时又与史学、文博考古学、哲学、图书馆文献学、文字学、民俗学相关。[12] 摩崖石刻不仅有着丰富的历史内涵和史料价值，许多摩崖石刻为政治或文化名人所题，书法精美，具有珍贵的艺术价值；同时，这些不同年代、不同民族文字的摩崖石刻，或富有天然之意趣，或体量巨大、气势磅礴，或为名家手笔，为秀美的自然风景增加了深厚的人文内涵。

在福州地区现存约有 1480 多方摩崖石刻，是福州作为历史文化名城的重要组

成部分。是我国书法艺术宝库，具有重要的历史、艺术、科学价值。如 2001 年，鼓山摩崖石刻群成功获批为国家重点文物保护单位，这极大地丰富了福州的历史文化底蕴。光明网曾专门刊文评价称：这些摩崖石刻不仅是我国历代名公巨卿、文人墨客刻石的集中地，也是历代著名书法艺术珍品的荟萃之地，有着巨大的历史和艺术价值。其传奇的名人韵事、卓越的书法艺术、丰富的文化内涵，堪称东方文化的宝库、书法艺术的渊薮、世界最天然的石刻珍品库。

而在数量众多的福州地区现存摩崖石刻中，连续三代有主题、不间断的摩崖石刻只有月洲张氏，其中以张元幹题记最为著名，值得特别重视。通过笔者的梳理，张元幹三世亲族现存的五方摩崖石刻，在文学、史学、书法学等方面都有着重要价值和不可替代的意义。不仅可以作为实物印证永泰县乃至福州地区兴盛的科举文化，与地方志等文献互为参考；而且同时是尚未开发的自然资源宝库。

当下，应该持续深入推进对相关摩崖石刻的保护，以实物映照文化，以张元幹等五方摩崖为"文学儒官世家""良好家风""人文精神"的标志，来崇本发源，教化远近。[13] 相信此类做法有利于我们站在当代学术的角度，更为全面深入地回顾与借鉴历史经验，希望能在新时期中国复兴的时代浪潮中，这些摩崖石刻及其背后诸如张元幹身上所蕴藏的人文精神能够再次散发出永恒的历史魅力。

【参考文献】

[1] 张继定，徐俐华：《八闽文化世家》，长春：吉林人民出版社，2017 年出版，第 99 页。

[2] 八闽古城古镇古村丛书编委会：《福建国家级历史文化名镇》，福州：海峡文艺出版社，2017 年出版，第 17 页。

[3] 杨倩描：《宋代人物辞典·下册》，保定：河北大学出版社，2015 年出版，第 1093 页。

[4] 张继定、徐俐华：《八闽文化世家》，长春：吉林人民出版社，2017 年出版，第 96 页。

[5] 张继定、徐俐华：《八闽文化世家》，长春：吉林人民出版社，2017 年出版，第 96 页。

[6] 黄荣春：《福州十邑摩崖石刻》，福州：福建美术出版社，2008 年出版，第 241 页。

[7] 黄荣春：《福州十邑摩崖石刻》，福州：福建美术出版社，2008 年出版，第 241 页。

[8] 八闽古城古镇古村丛书编委会：《福建国家级历史文化名镇》，福州：海峡文艺出版社，

2017 年版，第 18 页。

[9] 谭燕：《张元幹籍贯新证》，《厦门教育学院学报》，2005 年第 1 期。

[10]《全宋文》第 87 册，卷一八七七，第 75 页。

[11] 张京华：《灿烂金石 清夺湘流》，《光明日报》，2021 年 7 月 5 日。

[12] 张京华：《灿烂金石 清夺湘流》，《光明日报》，2021 年 7 月 5 日。

[13] 向薛峰：《明清两代对濂溪故里的开发与保护》，《湖南科技学院学报》，2021 年第 2 期。

张元幹文化对当代教师的启示研究

海口市琼山华侨中学　郭丽娟

摘　要：在北宋过度到南宋的历史大转折的背景下，在艰难的人生跋涉之中，张元幹先生实事求是、开拓前进，光明磊落、正气凛然，形成了独特的张元幹文化。当代的教师可以从张元幹文化中得到很多有益的启示。主要有：与时俱进；立德树人的高尚情怀；善于创造性开展教学工作；要有广泛丰富的学识；严格遵循教育规律和遵守教学纪律；有高尚的人格魅力；要有职业的热情；重视教育科研；优化思维方法；提升精神境界。

关键词：张元幹文化；教师；启示

张元幹字仲宗，号芦川居士、真隐山人，福建省永泰县人。南宋著名词人，与张孝祥一起号称南宋初期"词坛双璧"。张元幹在辅助李纲抗金的重要历史活动中发挥了较大的作用，做出了一定的贡献。特别是他在宋词创作方面，开创了爱国词的新领域，开拓了词的境界，影响了辛弃疾、陆游等后来的爱国词人。在长期的历史中，形成了独特的张元幹文化，受到了人民群众的交口称赞。进入新时代以来，习近平总书记多次提到要弘扬中华优秀传统文化，张元幹文化很显然属于优秀之列，在今天仍然有着独特的魅力，有着经久不衰的价值。因此作为新时代教师，要成长起来，就应该向张元幹学习，以张元幹文化为指引，提高自己的教育教学能力水平。

作者简介：郭丽娟，海口市琼山华侨中学高中教师，研究方向：师德师风、中学生德育。

一、张元幹文化启示新时代教师要与时俱进

张元幹文化蕴涵着实事求是的内涵，就是根据实际情况来从事工作。在战争年代，战机稍纵即逝，如果死守兵法的条条框框，或者僵硬教条的执行上级的指示，肯定是会贻误战机。很显然张元幹先生作为抗金名相李纲的属官，虽然官职不大，但是作用不容忽视。他给出的军事建议，无往不胜，无往不利，最根本的原因就是遵循了实事求是的要求，根据实际情况来给出战争的谋划。教师也要实事求是，特别是随着时代的发展，当代的教育发生了很大的变化。尤其是新时代以来，世情、国情、党情有了非常深刻而复杂的变化，一直以来教育深受时代变化的影响，随着时代的变化而变化，毫无疑问地当代教育也对教师提出了很高的要求。在当代要做好教育工作，想要成为一名优秀的教师，要求非常之高，更甚于过去的时代。因此要学习张元幹文化，与时俱进改进自己的学习、改进教育的方式方法。

二、张元幹文化启示当代教师要有立德树人的情怀

张元幹文化蕴含着高尚情感，对人民的感情，对抗金事业的感情，对宋朝政权的感情。当代教师也必须要有对教育事业的感情，对教书育人的感情，热爱学生，立德树人的情感。正是教师的这种高尚感情，能够打动学生的心灵，引导学生自觉成长成才。老师在课堂上表现出来的高尚而真挚的感情，让学生心灵受到极大的震撼，从而受到灵魂的洗礼，思想的震颤，自觉向榜样看齐学习。一个优秀的教师要有家国情怀、传道情怀、仁爱情怀，即对国家民族命运的深切关注之心，对党和人民教育事业的崇高情感，对学生关心关爱的仁爱之情。

三、张元幹文化启示当代教师善于创造性开展教学工作

张元幹先生非常善于创造性开展工作。当时战斗的环境极其恶劣，如果不能创造性给出军事建议，拘泥于本本教条，就不可能打退金兵的进攻，也不可能赢得京都保卫战的顺利。当代教师也应该不拘泥于教材上的理论，善于创造性开展教学工作。因为教育不是仅仅教会学生现成的结论，教会结论还不能算成功，更重要的是教会学生学会用科学的思维。当今世界日新月异，国际国内各种现象光

怪陆离、各种社会思潮层出不穷。教师不可能把每一个现象，每一个问题背后的逻辑告诉学生，只能是教给学生科学的思维方法，让学生自己掌握辩证唯物主义和历史唯物主义这一重要的思想武器之后，自己运用这一重要的思想武器来分析、判断、辨别，从而得出正确结论。俗话说，授人鱼、不如授之以渔。授人鱼似乎简单得多，有的教师或许会满足于给学生现成的结论，但是教师不能满足于此，授之以渔是高难度的工作，不是轻轻松松就能做到，因此教学必须提高工作的创造性、创新性。

四、张元幹文化启示当代教师要有广泛丰富的学识

一个诗歌艺术的大师，不能够仅仅懂得诗歌，也要上知天文，下知地理，中知人心等许多与人性、文艺相关的知识。张元幹先生就是这样一位博古通今，知识丰富的词学大师。当代教师也要广泛学习，提升自己的学识。教师如果仅仅拘泥于本专业的知识体系之中，就无法解答学生提出来的一些跨学科问题，就会严重削弱所教课程的教学效果。特别是现代社会，学科分工愈来愈精细，学科发展愈来愈深广，涉及问题越来越多。教师如果仅仅安于自己的一亩三分地上的种植，就无法更广泛借鉴学科百花园的成果，因此要广泛涉猎其他学科的知识。更多的掌握和占有材料，用丰富的素材来教育学生，引导学生。用各学科丰富的材料来说话，比干巴巴的说教更有说服力。教师要掌握更多材料，就要广泛学习，丰富自己的知识体系和文化素养。

五、张元幹文化启示当代教师遵循教育规律和遵守教学纪律

战争有战争的规律，军队有军队的纪律。张元幹先生辅佐李纲打仗，取得京都保卫战的胜利，很重要的原因就在于遵循了军事的客观规律，就在于铁一般的纪律。当代教师也要遵循规律，遵守纪律。教师教书育人不仅要遵循教育科学的一般规律，还要遵循各学科特殊的规律。遵循规律，按照规律开展教育教学工作，才能达到预期的效果；违背教育规律的教育教学必定是徒劳无功、事半功倍的。教师要积极探索规律，学习规律，运用规律。教师还应该严格遵守纪律，遵守学校的规章制度，遵守党纪国法，课上不能讲的，课下也不能讲；现实生活中不能

乱说的，在网络虚拟世界也不能乱说，做到言行一致，表里如一，严格遵守政治规矩。教师遵守政治规矩，不是要噤若寒蝉，不要担忧抓辫子、扣帽子、打棍子，不能回避矛盾，回避问题，回避教学的重难点，只要政治方向是正确的，该讲矛盾的矛盾要讲、该碰的问题要碰、该钻的"矛盾窝"要钻。坚持做到严格遵循教育规律和遵守教学纪律的有机统一。

六、张元幹文化启示当代教师要有高尚的人格魅力

人格魅力也是艺术生命的重要内容。张元幹先生就是一位有着高尚人格魅力的词学大师，他一生坦荡无私、豁达大度，识大体、顾大局，为人宽厚，从不责难或报复他人。正是因为如此，获得了人民群众的一致爱戴。当代教师也要树立良好人格。"有人格，才有吸引力。亲其师，才能信其道。"[1] 教师让学生信服的不仅是高超深厚的学术修养，更是高尚的人格的感召。教师要有堂堂正正，光明正大的人格，用高尚人格率身垂范，用高尚人格潜移默化，用高尚人格熏陶教育，使学生受到高尚人格魅力的感召。教师要自觉提高修身修为的境界和水平，用"吾日三省吾身"的精神来加强自身修养，力争做一个知行合一、言行合一、表里如一的楷模，成为学习的榜样，人格的模范，学生喜爱的人。

七、张元幹文化启示当代教师要有职业的热情

不论是在反金战争中，还是在南宋政权建设中；不论是作为李纲的属官，还是作为杰出的词人，张元幹先生都投入了巨大热情。没有热情，就不会那么快那么好的完成从朝廷命官到闲云野鹤的词人的巨大转变。不论安排张元幹做什么，他都一如既往，热情工作。这启发我们，当代教师也要有职业的热情。

对教育的热情。成为优秀教师，更重要的是要对教育事业有一种热情，"热爱教师工作，熟练掌握教学基本功"[2] 对教育事业要有一定的兴趣在里面。爱因斯坦曾经说过兴趣是最好的老师，兴趣才能够成为最好的老师。因为如果一个中学女老师对学生没有热情，对教学没有热情，对教育没有一种情怀，那么她就不可能全身心的投入，她就不可能发挥出她的创造力，不可能安心从事教育事业，不可能满怀激情的投入，也就不可能成为一个优秀的教师。

对学生的热情。优秀教师她们对教育都有一种痴迷，一种执着，有一些教师很优秀，甚至可以去上海赚钱可以去做公务员，当官，但是她们都选择了从事教育事业。因为她们觉得教育事业才是她们的兴趣所在，和学生在一起讲台上，那才是她们最感兴趣，所想要的东西。所以兴趣也是必不可少，非常重要的一个成为优秀女教师的一个关键所在。

对学习的热情。一个教师要成长，必须要热爱学习。特级教师许丹红为了更快进步，"买来了电脑，开通了网络"[3]并且觉得学习和写作是她专业成长的秘诀。一位伟人曾经说过，学习是前进的基础。只有学习才能够提高自己，提高自身的各项专业能力，专业水平，提高自己对教育教学的把握。所以年轻的教师要从一个菜鸟变成一个优秀的教师就必须要加强学习，不仅要学习本专业的知识，也要学习教育理论教学方案等方面的知识，还要学习青少年心理学、教育学等等各方面的知识。俗话说得好，要给学生一杯水，自己先要有一桶水，那么如何才能有一桶水？得靠学习。从学习中把自己的知识能力提高，才能够打下一个良好的基础。

八、张元幹文化启示当代教师要重视教育科研

作为当代的教师，要学习张元幹先生做学问的决心和勇气。张元幹先生在诗词创作上苦心孤诣，其词作之高超，至今仍然值得学习。不能把自己局限在课堂上、课本上，只顾埋头拉车，不抬头看路，不仅要做知识的传播者，一定意义上，也要做一个新知识的发现者。因此做好科研工作显得十分重要。

以科研提升教学水平。教师有必要搞科研吗？其实很有必要，科研能够提升教师授课的深度和水平。提高教学实效性的方式方法可以有许多，如教学手段的信息化、教学方法的时代化，但从根本上说，教师对教学内容能够有一个高屋建瓴的把握，然后用浅显易懂的语言进行讲授是最重要的。一是高屋建瓴地把握，二是浅显易懂地讲授。深入地把握知识是基础，教师只有首先自己对自己有比较深刻的理解，才可能用浅显明白的语言进行讲授。

以科研增强教学动力。信息密集的课堂容易引起学生的学习兴趣。科研工作上的进展也是教师教学的动力。如果没有对新知识的追求，没有研究上的深化，

仅仅是一年又一年重复教学，一遍一遍炒现饭，教师的职业倦怠感必定越来越强，这样的教学会让教师失去教学热情。有的人"好为人师"是为什么呢？就是因为她感觉自己掌握了新知识或者有了新的思想，迫不及待就想与人分享。只有教师的研究较为深入，自以为有所得，才会信心十足，讲得精彩，从而激情澎湃地投入教学。

以科研增强职业自尊自信。科研能让教师更加有活力，更加懂得教育教学方面的理论，更加能够探索教育科学的奥秘，科研是教师走专业化道路的必经之路，也是教师的幸福的专业之路。成长为一名专家型的教师，那么职业荣誉感和社会认可度都会大大增强。

九、张元幹文化启示当代教师优化思维方法

俗话说，只有思想不滑坡，办法总比困难多。张元幹先生就非常善于创新创造，其开辟宋词的领域和境界就是极大的证明。这启发我们当代教师，必须优化思维方法。

树立创新的思维。除了学习之外，还要勇于创新实践，教育它随着经济随着时代的变化而变化，不是一成不变的。如果时代的条件，学生的情况发生了变化，而教育的方法还是一成不变，就不可能取得良好的教育教学的效果，就会成为一个墨守成规，教育质量很差的教师。因此教师要成长为一个优秀的教师，就必须要勇于创新，面对新的情况，新的时代，学生对心理的发展的不同的规律来进行教育教学的创新，创新要有的放矢，但更需要有创新的勇气。因为常常创新会遇到一些困难，可能要获得创新的成功，也比较难，但不创新，一个教师就不可能成长，所以创新也是成长的一个必不可少的条件。

形成反思的习惯。教师还应该沉下心来坚持实践，要长期的扎根在教育上面，在教育上面要有全身心的付出。虽然很苦，但是这种长期的付出最后会有一个满意的结果。教师还要学会善于进行思考和总结。每一堂课都要想一想这堂课上得好不好？学生能不能接受及时地进行自我的反思和总结，根据自己的情况进行改进，这样才能够成功。

掌握聚焦的方法。教师成长是一个漫长的自我修炼过程，既不能操之过急，

欲速则不达，也不能站着不动，俗话说"不怕慢，只怕站"。可以采取聚焦的方法，某一个时间阶段，聚焦解决某一个成长中的问题。这就像打拳一样，把力量聚焦于一点，然后爆发出来，可以取得最好的效果。可能有的人觉得慢了，需要掌握的东西那么多，这样似乎对提高教学效果意义不大。怎么看待这个问题？其实这还是一种急于求成的思维，一个片面的理解。这样的方法一个问题一个问题去解决，最终就会积小胜为大胜。

十、张元幹文化启示当代教师提升精神境界

精神境界的高低决定着人生的高度。张元幹先生之所以取得辉煌的成就，一个很重要原因就在于精神境界高。张元幹先生不为高官厚禄、名闻利养所动，不愿意和卖国求荣的奸臣、佞臣同朝为官。这样的思想境界和情操不是蝇营狗苟者所能理解的，所谓夏虫不可语冰也。这给我们的启示是，作为一名当代教师，思想境界必须要高。

自觉加强道德修养。要在思想上行动上与高的道德境界保持一致。其中关键的是如何落实在日常工作和生活中。面对清贫的生活能不能坚守人民教师的道德底线？面对艰难繁重的教学任务能不能任劳任怨？面对默默奉献做无名英雄的自我牺牲能不能无怨无悔？这都是重大考验。没有崇高的理想信念，没有淡泊名利的崇高精神境界，没有无私奉献的崇高事业情怀，就通不过这样的大考验。

自觉向榜样看齐。榜样的力量是无穷的。从大范围来说，最大的榜样当然是那些全国优秀教师。要自觉向全国优秀教师看齐，学习她们的教育教学思想，学习她们生活、工作、学习方方面面的模范。从工作角度来说，要以身边的优秀教师为榜样，自觉学习她们的思维方式、教育方式、教学风格等等，这样才能更快成长。

自觉超越自我。发展自己的能力本领是每个教师的第一要务。自身潜能是每个教师的第一资源。要着眼长远发展，抓重点、补短板、强弱项，充分挖掘潜力，发挥特长，做无愧当代的教师，在立德树人中展现人生价值，在教书育人中展现人生风采，在教书奉献中铸就人生辉煌。

【参考文献】

[1] 习近平:《思政课是落实立德树人根本任务的关键课程》,《求是》,2020年第17期。

[2] 陈兆兴:《浅谈优秀教师成长规律及其培养路径》,《中国教师》,2013年11月下半月版,第64-65页。

[3] 许丹红:《乡村教师到特级教师的成长之路》,《教师教育论坛》,2020年第4期,第91-92页。

张元幹文化融入青少年思想政治教育研究

中共万宁市委党校　刘　洋

摘　要：张元幹文化是爱国主义文化的重要组成部分，蕴含着丰富的爱国思想，是爱国主义教育不竭的力量源泉，是凝聚中国人民伟大聚力的精神动力，是推动青少年思想政治教育的资源支持。摸清文化家底，盘活文化资源，弘扬传播张元幹文化，抓好张元幹爱国主义文化教育，传承张元幹文化基因，接续张元幹文化血脉，是新时代对青少年思想政治教育提出的新任务和新要求。对于青少年的思想政治教育工作，应当予以重视，要始终立足于立德树人的根本任务，狠抓落实，盘活张元幹文化资源，挖掘张元幹文化内涵，推动张元幹文化入脑入心，将张元幹文化的底蕴和精髓传给青少年。站在"两个一百年"的历史交汇处，张元幹文化依然迸发出强大的精神力量，帮助青少年了解张元幹文化的内涵及意义，推动张元幹文化成为人人知、人人学的精神信仰，使张元幹文化代代相传。

关键词：张元幹文化；青少年；思想政治教育

中国是一个诗词的国度，中华民族是一个爱好诗歌的民族。在漫长的历史长河中，出现了许多杰出的诗人、词人，留下来许多美丽的诗篇。张元幹就是其中一个非常重要的词人。张元幹的人生最大的底色是爱国主义，张元幹诗词最大的特点也是爱国主义。因此千百年来，人们不仅敬仰他诗词方面的精妙绝伦，更钦佩他坚持爱国主义，刚正不阿，所具有高尚情操和美好品德。并形成了独特的张元幹文化。在爱国主义文化的大观园里面，张元幹文化是非常独特而有魅力的。

作者简介：刘洋，海南省万宁市人，教育硕士，中共万宁市委党校教研室主任，中国教育学会会员、中国明史学会刘基分会会员。

如果我们能够提倡张元幹文化，必将对青少年教育成长产生积极的影响。张元幹文化是中国传统文化的代表，代表了中国文化里面爱国主义的积极因素。在今天弘扬张元幹文化，将之融入到青少年思想政治教育中，具有非常重大的现实意义。

一、张元幹文化的历史溯源

（一）张元幹文化形成原因

"任何精神形态的出现，都有一定的实践基础和历史条件，它必然扎根于本民族的传统精神与文化，并吸收和借鉴时代精神的精华，在长期的实践过程中孕育形成。"[1] 张元幹文化形成的内源因素离不开那个时期的历史，离不开张元幹个人的努力。张元幹出身在一个书香门第的家庭，但是很早就失去了母亲，十四五岁跟随父亲到工作的地方。受到良好家风的影响和熏陶，他从小热爱学习、勤奋求知，聪明伶俐，使得他博学多才，文武双全，年纪轻轻就开始崭露头角。后来遭遇家国巨变。北宋变成了南宋，北方为金兵所占据。作为著名抗金宰相李纲的行营属官，张元幹多次和金兵面对面交锋，并获得胜利。然而南宋朝廷建立后，主张与金人和解苟安。使得抗金事业壮志难酬。从此词人只能在诗词歌赋中倾吐胸中的郁结。并以此留下许多动人的爱国诗词，由此也在历史上形成了独特的张元幹文化。

（二）张元幹文化的主要内涵

张元幹文化通俗来讲，是一种爱国的文化，是一种讲究爱国伦理道德的文化，是一种热爱祖国的文化，是一种勇于创新的文化。正如有人指出的："张元幹是爱国的，而随着经历的增加，其爱国情怀又在此过程中历经折磨。"[2] 在一个国家破碎的年代，作为爱国者是痛苦的，爱的越深，也是会感觉到痛苦。张元幹就是这样一个苦痛的爱国者，现实的无奈，使得他只能长歌当哭，利用诗词发泄胸中对于国家破碎的愤懑。张元幹文化就是不断进行诗词创新的文化。"张元幹把取自苏轼'大江东去'般的词中的豪气，与他那战火纷飞的流离乱世所特有的时代气息和充满他心中的'上复九庙仇，下宽四民苦'的民族精神结合起来，发展成为慷慨悲凉、雄放沉郁的个人风格，使宋词在风格上开创了新的境界。"[3] 他化悲痛为诗词创作的力量，不断开辟宋词的意境风格。他顺应时代和社会发展对文学新的要求，开创了一代文学之先河。他这种勇于创新的精神，也启迪了后来的词人们，特别是后来的一些爱国词人如陆游、辛弃疾等都受到其影响。

二、张元幹文化对青少年思想政治教育工作的意义

（一）为青少年思想政治教育工作提供优质资源

新时代的青少年是改革开放以后在"蜜罐"中成长的一代，没有经历过革命战争时期的艰辛、社会主义建设时期的波折，对于中华优秀传统文化的了解仅仅停留在书本上，不能深入透彻地理解社会主义经济发展的根本原因。为了使社会主义历史、改革开放历史教育不仅仅流于形式，可以充分挖掘张元幹文化的内涵，依靠张元幹文化激发青少年的传统文化基因，用优秀传统文化感染、激励和教育青少年，培养为社会主义事业的建设者和接班人，为中国特色社会主义事业的发展注入全新动力。张元幹文化中的精神品格应当成为每个青少年应当具备的品格，这些精神品格不仅能促进青少年健康成长、成就个人事业、实现个人理想，也是实现中华民族伟大复兴的强有力的保障。

（二）保证青少年思想政治教育的价值取向

五千年中华文化的历程揭示了中华民族发展历程和艰辛岁月，同时，也反映出了中华优秀传统文化的价值取向，即把人民群众的根本利益放在首位。中华优秀传统文化之所以能始终如一地生存发展，就是因为始终坚定不移地把人民群众的根本利益放在首要价值位置，这是中华文化面对如此艰难的困境也从不断绝的价值追求。中华优秀传统文化所展现出来的崇高利益观和高尚价值观，支撑着中华民族不断凝神聚力，赢得胜利，是社会主义文化坚实的精神文化基础。张元幹文化所生发出的精神气质和精神风貌，激励着新时代中国青年，张元幹文化所展现出的高尚利益观和价值观，引领着社会风尚，为青少年的道德思想的建立提供了参考，也为其树立正确的价值取向起到了榜样示范作用，从而让青少年在人生观、价值观、世界观养成的黄金时期逐步认识到，人生的真正意义不在于个人的享受，而是将自己的个人发展融入到国家和民族的发展建设中来，这样才能真正实现人生价值。

（三）增强了青少年思想政治教育工作的感染力和说服力

张元幹文化作为遗留下来的优秀传统文化，是中国精神在特定时期的特定表现，也是对青少年进行思想政治教育的优质资源。张元幹一生为国爱国的感人故事，都是进行青少年思想政治教育工作的生动素材。张元幹文化传遍中华大地，用实际行动书写了历史传奇，奏响了胜利凯歌。张元幹面对种种艰险，怀着对祖国的热爱、对理想信念的追求，是一个非常好的榜样。对青少年进行思想政治教育工作切忌空对空、自说自话，应当把张元幹生动的榜样融入思想政治教育过程中，增强有效性和时效性。

（四）在思想政治教育中培养青少年志气、骨气、底气。

习近平总书记曾指出"新时代的中国青年要以实现中华民族伟大复兴为己任，增强做中国人的志气、骨气、底气，不负时代，不负韶华，不负党和人民的殷切期望"[4]。张元幹文化将中国人民的志气、骨气、底气表现得淋漓尽致，是当代青少年需要学习和培养的崇高精神。

张元幹文化培育青少年首先要有志气，怀揣着远大的理想抱负。"树无根不长，人无志不立。"志气是远方的"灯塔"，指引着我们前进。一个人不能没有做人的志气，尤其要有做中国人的志气。中国近代以来有过一段屈辱的历史，山河破碎，割地赔款，任人宰割。但是以毛主席为代表的共产党人带领人民翻身解放，赶走了日本侵略者，废除了不平等条约，从此中国人民站了起来，这正是中国人民在强大志气引导下的所作所为，所以，青少年要有志气，保持远大的理想目标，坚定不移地跟党走，把自己培养成对国家、对民族、对社会有用的人才，扛起中华民族伟大复兴的重任，挑起建设中国特色社会主义的担子。

张元幹文化培育青少年还要有做人的骨气，做一个堂堂正正的中国人，英勇不屈的中国人，扬眉吐气的中国人。不久前，被加拿大无理拘押1028天的孟晚舟女士，历经千难万险最终回到了祖国的怀抱。三年来，她饱受折磨摧残，但是她没有屈服，而是用铮铮铁骨维护了个人和祖国的荣誉和尊严，在全世界大写了中国人三个字。所以张元幹文化培育青年要有骨气，坚决维护国格人格。

张元幹文化培育青少年还要有做中国人的底气。要对党和人民充满信心，对社会主义事业充满信心。有了这个信心，就会生发出无限的力量来，这个力量就是我们建设国家的不竭动力，就是我们实现民族复兴的奋斗源泉。"未来属于青年，希望寄予青年"[5]。我们要有作为中国该有的底气，不负习近平总书记的殷切期盼，不负人民的厚望，不负新时代之呼唤，把青春的奋斗诗篇融入党之中，做一个有志气、骨气、底气的人。

三、张元幹文化提高青少年思想政治教育有效性的路径

（一）将张元幹文化纳入课堂教学夯实理论根基

课堂教学是思想政治理论课教师对青少年进行思想政治教育的主要阵地，是发挥教师引导作用的主战场，是青少年观念意识高效养成的重要环节，同时也是弘扬和传播张元幹文化的主要途径。大中小学要实现大中小学一体式、阶段式发展，并采取高校引导策略，着眼于青少年价值养成的途径，充分挖掘和利用张元幹文化所展现出来的教育资源和背景，实现创新式发展和创造性转换，巧妙地将其融入到思想政治理论课的课堂教学中，使得青少年能够以更高的兴趣全面系统地了解、掌握张元幹文化的深刻内涵。习近平总书记多次强调，办好思想政治理论课意义重大，"思政课是落实立德树人根本任务的关键课程"[6]，因此思想政治理论课是重要课程，应当将思政课堂和课堂思政融合发展，共同挖掘教学资源。张元幹文化没有入教材，但是要求思政课教师帮助学生入课堂入头脑。

（二）参与实践活动促进张元幹文化理论转化为实践

张元幹文化不仅仅要融入学校思想政治理论课的课堂上，也要与青少年的社会实践活动接轨，将思政小课堂与社会大课堂协同发展，张元幹文化的思想精髓必须通过大量的社会实践活动的开展，才能最终由理论知识转化为实际行动力，从而真正融入青少年的骨髓，达到教育引导的目的。因此，思政课教师除了完成正常的理论课教学工作之外，也要合理安排学生的社会实践活动，将张元幹文化资源逐步通过实践工作挖掘出来。例如，组织学生到纪念馆接受张元幹文化教育活动，通过参观馆藏的张元幹芦川集等相关档案资料，从而联想出张元幹在面对奸臣当道时的艰辛；另外，可以组织带领学生到永泰县进行张元幹文化参观之旅，通过瞻仰张元幹纪念馆，参观张元幹故居、聆听专家讲张元幹故事等一系列相关社会实践活动，体悟张元幹生活，从而将抽象的张元幹文化具体化，做到让历史

说话，更好地理解张元幹文化的精髓，通过参加类似的传统文化社会实践，能真正让青少年做到知行合一，实现张元幹文化在青少年心中发芽、开花、结果的美好目标。

（三）依托网络技术平台拓展张元幹文化教育资源空间

2021年8月，中国互联网络信息中心（CNNIC）发布的第48次中国互联网发展统计报告称："截至2021年6月，我国网民规模达10.11亿，较2020年12月增长2175万，互联网普及率达71.6%，较2020年12月提升1.2个百分点。""我国6岁至19岁网民规模达1.58亿，占网民整体的15.7%"。这就证明，学生群体是互联网的原住民，是使用互联网的主要群体。[7]新时代的青少年是同互联网一起成长起来的一代，因此，他们表现出一些与以往青少年不同的特征，我们既要抓住青少年在成长过程中的普遍化特点，又要充分利用青少年互联网原住民的身份，充分利用网络调动青年大学生的积极性，让学生在他们熟悉并乐于接受的环境中接受张元幹文化教育。学校可以创建以张元幹文化为主要内容的网站，或者为同学推荐相关的文化网站。在课余时间向同学展示以张元幹为题材的文学作品，张元幹的爱国诗词作品。

（四）加强建设校园文化体现优质张元幹文化

弘扬张元幹文化，可以将张元幹文化逐步融入到校园文化的发展建设中，通过独具特色的校园文化环境以文育人、以文化人，对青少年起到潜移默化的熏陶作用，从而推进思想政治教育工作。第一，将张元幹文化融入到校园文化的物质形态中。各个学校可以通过在校园树立张元幹雕像、设立弘扬张元幹文化的宣传栏、在图书馆增加大量相关书籍等宣传方式，向青少年传递张元幹文化的思想精髓。第二，思政课教师应当积极响应思政一体化建设，针对小学生、初中生、高中生以及大学生的不同特点及知识掌握程度，来开展相关活动。把握张元幹文化的思想内涵，将张元幹文化与学生社团文化建设相结合，开展张元幹爱国文化社团建设。通过创立的张元幹爱国文化社团，让学生以唱歌、演讲、朗诵、表演和舞蹈等文体形式深入领会张元幹文化的思想精髓和价值内涵，在活动中为张元幹文化的宣传和发展作出贡献。最后，将张元幹文化融入到校园学术氛围营造中。学校可以采取各种方式来加深学生对张元幹文化的了解，定期邀请对张元幹文化具有深入研究的相关专家到校，为青少年做张元幹文化的相关学术报告、开展有关张元幹文化的小型学术研讨会等，力所能及地培育浓厚的张元幹文化学术氛围，让张元幹文化对青少年产生较大的影响，从而最终达到弘扬张元幹文化的目的。

【参考文献】

[1] 王炳林、房正:《关于深化中国共产党革命精神研究的几个问题》,《中国高校社会科学》2016 年第 3 期。

[2] 苏航:《浅析张元幹诗词的爱国情怀》,《艺术科技》, 2016 年 9 月。

[3] 云亮:《论张元幹爱国词在文学史上的地位》,《中山大学学报》(哲学社会科学版). 1985(03).

[4] 习近平:《在庆祝中国共产党成立一百周年大会上的讲话》,《光明日报》, 2021 年 7 月 2 日 2 版。

[5] 习近平:《在庆祝中国共产党成立一百周年大会上的讲话》,《光明日报》, 2021 年 7 月 2 日 2 版。

[6] 习近平:《思政课是落实立德树人根本任务的关键课程》,《求是》2020 年第 17 期。

[7] 第 48 次中国互联网络发展状况统计报告, 中国互联网络信息中心, 2021.

张元幹与名相李纲的旷世友情

福建师范大学　林文彬

摘　要： 李纲是宋室南渡后的首位宰相，是主战抗金的领袖性人物。张元幹是两宋之交的一位承前启后的重要词人，是号称南宋初期"词坛双璧"之一。二人因共同的理想和志向而相识，因相同的炽热爱国情感而相随。十六年间，二人亦师亦友，并肩战斗，虽屡遭陷害，但御敌保国之初心不变。他们共同的抗金卫国之壮举、相敬相惜的心灵契合，谱写出了至今为后人所传颂的传奇友情。

关键词： 张元幹；李纲；友情

李纲（1083 年—1140 年 2 月 5 日），两宋之交抗金名臣、民族英雄，字伯纪，号梁溪先生，祖籍福建路邵武，祖父一代迁居梁溪（今江苏无锡）。宋徽宗政和二年（1112）进士，历官至太常少卿；钦宗时，授兵部侍郎、尚书右丞；高宗即位初，一度起用为相。绍兴十年（1140），正值上元节，李纲亲自祭奠其过世的弟弟李经，恸哭不已，因而突然患病，当日即殁于福州仓前山楞严精舍寓所。高宗闻讣诏赠其为少师。同年十二月，李纲葬于福州怀安县（县治位于今闽侯县荆溪镇桐口村）大嘉山南麓（位于今荆溪镇光明村）。绍兴十三年（1143），高宗赠李纲为太保；绍兴二十八年（1158），赠太师。淳熙十六年（1189），孝宗特进李纲为陇西郡开国公，谥号"忠定"。李纲一生宦海沉浮，多次临危受命，整顿军政，组织抗金，其爱国之心、忠诚之义，使其在士民当中享有极高的威望。李纲能诗文，亦能词，

作者简介： 林文彬，男，福建师范大学离退休工作办公室副主任、副研究员。

著有《梁溪先生文集》《靖康传信录》《梁溪词》。

张元幹生于哲宗元祐六年（1091），小李纲8岁，字仲宗，号芦川居士、真隐山人，晚年自称芦川老隐，芦川永福人（今永泰嵩口镇月洲村人）。绍兴三十一年（1161），张元幹去世，年七十，归葬闽之螺山。

两宋之交，民族矛盾尖锐冲突，朝廷奸逆苟安卖国，主战一方屡遭迫害，造成国家社稷岌岌可危，社会生产破坏严重，人民受难流离失所。身处动荡黑暗、国破家亡的社会之中，忠勇之士纷纷寻求报国、救国之路。共同的理想抱负、拳拳的爱国之心，使得同为闽人的张元幹和李纲从互不相识到建立起了十多年的金兰友情。纵观两人交往的人生，他们曾经同处庙堂之上，也曾同日被贬退隐，曾经并肩一起战斗，也曾远隔重山万里。虽然在爱国抗金的道路上历经坎坷，饱受陷害打击，但他们始终相知相依、相敬相惜。他二人的友谊比之蔺相如廉颇的刎颈之交更显纯洁，比之管仲、鲍叔牙的管鲍之交更为厚重，比之俞伯牙、钟子期的知音之交更具内涵，至今为世人所传颂。

一、相遇意气相投

张元幹对李纲仰慕已久，对李纲的节操与学问极为敬佩，但一直未曾谋面。年轻的张元幹拜见李纲是在陈瓘推荐之下的。

徽宗宣和二年（1120），长于交游的张元幹到豫章（今江西南昌），拜当世名儒陈瓘（陈瓘，字莹中，号了堂，也号了翁，福建沙县人）为师，并陪同陈瓘"于庐山之上"。但二人游山并非"独为幽寻云石"，实因"目睹蔡京兄弟弄权，朝权日非，王朝将坠，心知天下将乱"。故二人一边游山，一边"谈世事"，商榷"古今治乱成败"和"平生王霸术"。张元幹的"以天下为己任"的爱国情怀深深打动了陈瓘，陈瓘遂向他推荐说"犹有李伯纪在"，言李纲是"异时真宰相"，希望张元幹能"从游之"，与李纲结交。[1]

宣和六年（1124），是靖康之变的前三年。这年春，34岁（为虚岁，下同）的张元幹从闽北建安（今建瓯）启程返回开封。途中，他专程前往梁溪（今无锡）拜访42岁的李纲。李纲因父逝从宣和三年闰五月起就在家守孝，故张元幹"始克见公梁溪之滨"。[2]

李纲记下他初见张元幹的印象： [3]

予曩与安道少卿游，闻仲宗有声痒序间籍甚，恨未之识。今年春，仲宗还自闽中，访予梁溪之滨，听其言鲠亮而可喜，诵其文清新而不群，余洒然异之。

从该段记述可知，早年二人未曾谋面，但李纲对张元幹并不陌生，早有听闻张元幹在太学读书时的盛名，对身为晚辈的张元幹颇有肃然起敬之意，对其诗文、才情特别是刚正的品德赞赏有加。

张元幹在此后的《祭李丞相文》中回忆与李纲结识的经过。两人见面时，"历论古今成败"。因志趣相投，合契相交，所关心的又都是国家的盛衰和天下的大事，使得两人相见恨晚，一见如故，话语投机，以致"数至夜分"。 [4]

梁溪之滨的二公初次见面，给双方都留下了深刻印象，相互之间都对对方产生了敬佩之心，都将对方视为志同道合的知己和值得信赖的朋友。此后，两人开启了他们十多年坚不可摧的友谊之路，共同书写了他们在国家民族生死存亡的危难时期抗敌救国的可歌可泣的辉煌人生。

如果说，陈瓘是张元幹的引路人和授业之师，那么李纲对张元幹而言就是亦师亦友，是政治知己，更是心灵知音。

二、抗金生死与共

徽宗喜欢古色古香的古玩和花草园林，擅长字画，享有"千古画帝"的美誉，但他却不是一个合格的皇帝，当时的宰相章惇对他继位就曾阻止说"端王轻佻，不可君天下"，可惜不被采纳。他继位前，北宋一度是一个繁荣昌盛的王朝，有着繁荣的文化、富裕的人民和稳定的社会。但他继位后，生活奢侈，不喜朝政，重用蔡京、童贯等人。而蔡京、童贯等人是出了名的奸臣，他们专权弄权，把持朝政，排除异己，媚上欺下，施政腐败，造成民不聊生，民怨沸腾，农民起义风起云涌，国力日益衰落。建立于1115年的金国当时雄踞北方，在灭辽之后即有意南下灭宋。宣和七年（1125）十月，金发动灭宋之战，分兵两路从山西、河北南下；十二月，直逼宋朝京都开封。宋王朝处在内外交困、风雨飘摇之中。惊恐万分的徽宗下诏内禅，逃亡亳州。皇太子钦宗继位，改元靖康。

靖康元年（1126）正月，金兵渡过黄河，抵达开封城下。以宰相白时中为首的朝中辅佐大臣纷纷诱劝钦宗南逃，面对这一退让、投降的败国行径，太常少卿李纲上殿劝阻，力主"整饬军马，团结民心，相与坚守，以待勤王之师"。正月初四，钦宗"以兵部侍郎李纲为尚书右丞、东京留守"；初五，又命李纲为"亲征行营使"，并许李纲"一切许以便宜从事"，令其负责保卫开封，统兵抗金。张元幹力主抗战，曾上过"却敌书"，与李纲志气相投，于是被李纲罗致入幕，为行营属官。《苕溪渔隐丛话·诗说隽永》中对此事做了记载：[5]

李伯纪（纲）为行营使，时王仲时、张仲宗俱为属。王顾长、张短小，白事相随。一馆职同在幕府，戏曰："启行营，大鸡昂然来，小鸡竦而待。"

戏言引用唐韩愈的名句，幽默风趣，但从中足见李张二人的亲密关系。

正月初七，金人约见宋议和使郑望之，要求"金五百万两，银五千万两，牛马万匹，衣缎百万匹"，割"太原、中山、河间三镇地"等。李纲力争："犒师金币，其数太多，虽竭天下之财且不足，况都城乎！太原、河间、中山，国家屏蔽，号为三镇，……割之何以立国！"但"上为群臣所惑，黯然无所主"。李纲无可奈何，但"留三镇诏书不遣，少迟延，以俟勤王兵集，俟为后图也"。[6]

正月初八、初九，金兵围攻开封，是为历史上有名的开封保卫战。刚入李纲帅府的张元幹旋即投入到李纲指挥的这场战斗中，与李纲一道冒着箭雨亲临城上指挥杀敌，与敌军日夜奋战。李纲对此战有详细记载：[7]

是夕（初八夜），金人攻水西门，以火船数十只顺汴流相继而下，余临城捍御，募敢死士二千人，列布拐子弩，城下火船至，即以长钩摘就岸，投石碎之。又于中流安排杈木，及运蔡京家假石山，叠门道间。就水中斩获百余人。自初夜防守达旦，始保无虞。（初九），传报贼攻酸枣、封丘门一带甚急，上命余往，督将士捍御。……抵门，贼方渡壕，以云梯攻城，余命班直乘城射之，皆应弦而倒。……余与官属数人登城督战，激励将士，人皆贾勇，近者以手炮檑木击之，远者以神臂弓强弩射之，又远者以床子努座炮及之。……是日，贼攻陈桥、封丘、卫州等门，而酸枣门尤急，虏箭集于城上如猬毛，士卒亦有伤中者。

从记载中可见此战的紧张与激烈程度，亦见在保家卫国的危急时刻李纲指挥才能之杰出、将士全力杀贼之奋勇。正是这种上下团结一致的抗敌决心和毫不退缩的必胜信念，保卫战取得辉煌的战果，"金贼有乘筏渡壕而溺者，有登梯而坠者，有中矢石而踣者甚众。……烧云梯数十座，斩获酋首十余级，皆耳有金环。……自卯至申未间，杀贼数千。"不久各路勤王之师相继赶到，金兵北撤，京城围解，保卫战取得了胜利。[8]

作为属官，张元幹追随在李纲身边，与李纲一起担负起抗敌守土的重大责任。他极力辅佐李纲指挥战斗，坚决执行李纲的帅令，亲上城墙，率领将士固守京城、奋力抗敌。对自己亲历此战，张元幹后在《祭李丞相文》中作了回忆：[9]

直围城危急，羽檄飞驰，寐不解衣，而餐每辍哺，夙夜从事，公多我同。至于登陴拒敌，矢集如猬毛，左右指麾，不敢爱死。庶几助成公之奇勋，初无爵禄是念也。

又有《挽少师相国李公》诗回忆此战：[10]

城守麾强弩，诸班果翕然。

云梯攻正急，雨箭勇争先。

中夜飞雷炮，平明破火船。

如公真徇国，绘像冠凌烟。

这些诗文表现出了保卫战攻防双方交战之惨烈与残酷，称赞李纲及三军死守京城的爱国之心，也从中可见张元幹在李纲帅令下冲锋陷阵、出生入死、杀敌卫国之豪情与决心。这一年是张元幹一生中最重要的一年，他的理想由"坐看平辈上青云"而上升为爱国抗战，成为他后半生始终不懈的追求。兆鹏先生对此发出"惜乎迄今人们只知辛稼轩冲锋陷阵之伟业，而不知芦川亦曾与金兵浴血奋战"之慨叹。[11]

但太宰兼门下侍郎李邦彦、少宰兼中书侍郎张邦昌等"忌嫉贤能"，罢李纲"尚书右丞、亲征行营使"，并"欲罪李纲以谢敌"。太学生陈东"率诸生数百人伏宣德门下"，上书痛斥李邦彦、张邦昌之流，"乞复用纲"。军民也"不期而集数万人""喧呼动地"。迫于民意，钦宗"即复纲右丞，充京城四壁守御史"，"知枢密院事"。[12]

二月初九，钦宗拟议和，乃"遣虚中赍李纲所留割三镇诏书以往"，将士积愤。复职后的李纲却"下令能杀敌者厚赏"，"众无不奋跃，金人稍有惧心，既得诏书，……引兵北去，京师解围"。可见，如果不是李纲率领三军和张元幹一众仁

人志士奋勇杀敌，开封早已不保。故张元幹喜赋《丙午春京城围解口号》，称赞李纲的壮举：[13]

> 戎马来何速，春壕绿自深。
>
> 要知龙虎踞，不受甲兵侵。
>
> 九庙安全日，三军死守心。
>
> 倘为襄汉幸，良复见于今。
>
> 九庙安全日，三军死守心。
>
> 倘为襄汉幸，良复见于今。

诗歌直言开封是龙蟠虎踞之地，绝不许外敌侵入，今天能得以安全，凭借的是三军将士死守的决心。此诗是张元幹的一首爱国诗歌，也是他唯一的一首表现自己的理想与抱负能得以付诸行动、并取得战斗胜利的诗歌。整首诗洋溢着御敌卫国之豪情、胜利之喜悦，故格调高昂，豪迈刚劲。[14]

三、主战同日遭贬

因保卫开封有功，李纲被封开封伯，但他清醒地意识到金兵只是一时退兵，后必将再次入侵，于是向朝廷提出了"备边御敌八策"，但"不见听用"。而朝中却不合时宜地出现了一派歌舞升平景象，"上下恬然，置边事不问"，李纲独以为忧，为当权派所忌。[15]

靖康元年（1126）六月，李纲被排挤出朝，出任"河北河东路宣抚使""援太原""以代师道"。仍留在京城的张元幹与多位朝中正直的大臣都谏言"（李纲）不可去朝廷"，"援太原""乃为大臣所陷"，但"帝以其为大臣游说，斥之"。九月，李纲知扬州。不久，"罢知扬州提举洞霄宫"。十月，被朝廷以"专主战议，丧师费财"的罪名贬为"保静军节度副使"，安置建昌军（今江西南城县）。十二月，再谪宁江军（今重庆奉节）。但李纲因"兵火阻隔"并未至宁江而滞留长沙。[16]

李纲之贬，坐累者甚众，亲知坐累者也不少。张元幹为李纲所亲知，亦于九月被贬，后于冬流落至淮上。对此贬，张元幹曾作如下描述：[17]

既不及陪属同列，有择地希进之诮，即投劾以自白，议者犹不舍者，是岁秋九月，卒与公同日贬，凡七人焉。

就在李纲被一贬再贬的同时，金兵日逼。靖康元年 (1126) 九月，金人"破太原府"。十月，金兵渡过黄河，进抵开封。闰十一月，钦宗感和议失策，驿召李纲"领开封府事"，想倚靠其再解京城之围。但李纲尚未返回，京城就沦陷，徽、钦二帝被俘，北宋遂亡。在外漂流的张元幹听闻此消息，感京城军民死守之功全部毁于误国权奸之手，"愤切扼腕"，作《感事四首》以抒愤。[18]

其一：

> 国步何多难，天骄据孟津。
> 焦劳唯圣主，游说尽奸臣。
> 再造今谁力，重围忌太频。
> 风吹迁客泪，为洒属车尘。

其二：

> 血洒三城渡，心寒粘罕兵。
> 洛师闻已破，陵邑得无惊。
> 愤切吞妖孽，悲凉托圣明。
> 本朝仁泽厚，会复见承平。

其三：

> 贼马环京洛，朝廷尚议和。
> 伤心闻徇地，痛恨竟投戈。
> 始望全三镇，谁谋弃两河。
> 群凶未葅醢，吾合老江波。

其四：

> 肉食贪谋己，几成国衅人。
> 珠旒轻遗贼，玉册忍称臣。
> 四海皆流涕，三军盍奋身。
> 不堪宗社辱，一战靖边尘。

诗歌以高度凝练、概括的笔法叙述了"靖康之难"的悲剧性史实，可谓是一首"史诗"。诗歌直斥"奸臣""贪谋己"而误国，痛恨"朝廷""竟投戈"而"议和""称臣"，同时也表达了张元幹的极度哀痛与悲愤之情，主张要坚决抗战以制敌人侵略，热切希望能投入抗敌复国。兆鹏先生对此诗给予了高度评价，谓之"参诸史实，芦川此诗，堪称实录"。[19]

靖康二年（1127）春，张元幹到梁溪，与李纲的胞弟李维、李经、李纶一起游览距梁溪不远的惠山寺，赋诗《陪李仲甫昆仲宿惠山寺》，以寄意于万里之外的李纲。但实因当时"讯问不通""不知李纲留滞长沙、未赴宁江之事"，故诗曰"寄书白帝城，问道屈原宅。三春闻竹枝，万里共悽恻"：[20]

> 苍山嶻嵲中，殿古起野色。
>
> 仰空象纬高，抚事戎马隔。
>
> 三子俱人豪，语默有典则。
>
> 安知今夕游，值此老宾客。
>
> 危言惊鬼神，怀旧痛京国。
>
> 寄书白帝城，问道屈原宅。
>
> 三春闻竹枝，万里共悽恻。
>
> 风来松柏悲，月落世界黑。
>
> 相看炯不寐，袖手了无策。
>
> 去去更酌泉，吾生易南北。

四、南渡同心依旧

靖康二年（1127）五月，康王赵构在南京（今河南商丘）即位，是为宋高宗，改元建炎，是为建炎元年（1127），拜最具声望的李纲为尚书右仆射兼中书侍郎（即为右相，为宋南渡首位宰相）。张元幹被召回，官"朝议大夫将作少监，充抚谕使"，"历官将作大监"，积极配合李纲行动。将作监是掌管营造宫室舟车的中央机构，少监是该机构的副长官，官秩从六品。抚谕使不是常设的官职，是替朝廷抚慰敌后人心的临时差使，无实权。[21]

李纲主政期间，积极改革弊政、力修内治、整顿边防、加强战备、声讨僭逆，力图恢复。有文记载李纲刷新政治的一系列措施：[22]

以英哲全德勉人主，以内修外攘为己任。抗中数书，中时膏肓，和守之议决而国是明，僭逆之罪正而士气作，幸都之谋定而人心安。他（指李纲）如修军政，变士风，定经制，改弊法，置检鼓院以通下情，置功赏司以伸国法。减上供之弊，以宽州县；修茶盐之法，以通商贾。划东南官田而募民给佃，仿保甲弓箭手而官为教阅，招兵买马，分布要害，遣张所招抚河北，王燮经制河东，宗泽留守京城，四顾关、陕，南茸樊、邓，且将益据形变，以为必守中原之计。

从此文可见李纲抗金救国策略之周全、满腔之热血、反对投降之坚定、振兴国力之努力。但李纲以"一人之身，三定大策"之力何其弱小，以致"三受重谤"。八月，李纲被罢相，为观文殿大学士，提举杭州洞霄宫，任相仅75天时间，"凡纲所规画军民之政，一切废罢"。十月，罢观文殿大学士，仍留提举杭州冲霄宫，抵镇江。建炎二年（1128），先迁鄂州（今湖北武昌）。十月，被强令移往澧州（今湖南澧县）。十一月，又被贬为单州团练使，居万安军（今海南岛）。建炎三年（1129）十一月，抵琼州。建炎四年（1130），后遇赦从海南归来与家人在江西鄱阳短暂相聚后，回福建隐居泰宁丹霞岩。[23]

此时，张元幹避乱吴越。仲冬，在梁溪与李纲诸弟从游，大家一起"同观"张元幹带来的李纲跋文，李维等兄弟还在跋文上题名。可见张元幹不仅与李纲关系密切，也与李纲诸兄弟时有互动，相互之间经常有诗歌唱和。[24]

张元幹目睹李纲被打击、排挤，目睹国势日削，而深感愤慨、义愤填膺，遂于建炎三年（1129）秋赋《石州慢·己酉秋吴兴舟中作》：[25]

雨急云飞，惊散暮鸦，微弄凉月。谁家疏柳低迷，几点流萤明灭。夜帆风驶，满湖烟水苍茫，菇蒲零乱秋声咽。梦断酒醒时，倚危樯清绝。

心折。长庚光怒，群盗纵横，逆胡猖獗。欲挽天河，一洗中原膏血。两宫何处，塞垣祇隔长江，唾壶空击悲歌缺。万里想龙沙，泣孤臣吴越。

词上片写景，刻画出阴暗、凄凉的意境，从中可见张元幹壮志难酬之无比沉重的悲愁。下片抒情，痛斥金人猖狂的气焰和汉奸投降派的卖国求荣，积郁已久的满腔悲愤喷薄而出。"欲挽天河，一洗中原膏血"是全词的主旋律，抒发了张元幹收复中原、洗雪国耻、拯民于水火之中的强烈愿望。

绍兴元年（1131）二月，高宗任秦桧为参知政事。八月，秦桧升任右仆射、同中书门下平章事，兼知枢密院事，首次拜相。对此，很多仁人志士都不愿与秦桧同流合污，纷纷退隐林泉。张元幹亦不满苟安政策，不受重用，又因支持李纲抗金而屡遭流言诬陷，对当今朝廷"失望已甚"，深感壮志难伸，官场黑暗。在这种壮志难酬、避谗畏祸的悲愤情绪下，他表示"整顿乾坤赖公等，我病只合山林居"，平生又"忠义自矢，不屑与奸佞同朝"，乃于春"以将作监丞致仕"，"飘然挂冠"，归山隐居。[26]

五、在闽诗歌唱和

绍兴元年（1131）夏天，李纲"蒙恩归自海上"，"挈其孥寓居长乐（今福州）之天宁寺"，此后至少有18年时间都住在福州。张元幹则是于年底因"贫困无告"回到福州。在福州期间往来的都是像李纲一样的志同道合的爱国抗战派人物。[27]

绍兴三年（1133）二月，李纲又被重新起用为观文殿大学士、荆湖广南路宣抚使，兼知潭州（今湖南长沙）。但主和派纷纷攻击李纲是"藩镇跋扈之渐……使军民独知有纲，不知有陛下"。十二月，李纲罢职，提举西京崇福宫。李纲于是自长沙回福州，"退居三山，寓居东报国寺"。每到年节，张元幹必赴李纲寓居处，向李纲敬酒，期望李纲东山再起。[28]

绍兴四年（1134）三月，张元幹赋五言《李丞相生朝三首》贺李纲生朝：[29]

其一：

> 炎景生贤佐，三朝火王时。
>
> 德威虽敌畏，忠荩只天知。
>
> 去国惊何久（又云：安国惊何久），收功会有期。
>
> 十年门下士，方献此篇诗。
>
> （又云：他年调鼎地，黄发属公师）

其二：

> 戡乱登廊庙，群公数靖康。
>
> 一身轻去就，百口恃安强。
>
> 天意非难见，人情漫自凉。
>
> 殷勤酌周斗，矍铄更鹰扬。

其三：

> 希世推英伟，行藏孰是非。

横流曾砥柱，袖手且深衣。

槐影摇黄閤，星躔焕紫微。

山林愚已老，衮绣看公归。

张元幹与李纲定交于宣和六年（1124），至绍兴四年正好是十年。不久，张元幹复有七律《李丞相刚生朝三首》贺李纲寿：[30]

其一：

梁溪万折必流东，间气英姿叶梦熊。

出入三朝推大老，险夷一节合苍穹。

守关虎豹徒窥闯，得雨蛟龙定长雄。

衮绣未归聊袖手，不妨闲作黑头公。

其二：

将坛丙午赞亲征，相印元年佐圣明。

贼子乱臣俱破胆，皇天后土实同盟。

扶持更系民休戚，进退元知势重轻。

舍我其谁公健在，乞身赢得见升平。

其三：

济世功名肯力为，风云遇合贵逢时。

欲知辟谷师黄石，便是扁舟号子皮。

后进忌能逾日月，敌人用间果蓍龟。

福城东际笙歌地，且祝千龄醉荔支。

绍兴五年（1135）十月，李纲任"江南西路安抚制置大使"，兼知洪州（今江西南昌）。到洪州后，李纲赈济灾民，招军筑城，缮治器甲，充实仓库，催发钱粮，安定百姓，治绩斐然。但主和派攻击李纲"妄自尊大，恣为苛扰……违法虐民"。绍兴七年（1137）闰十月，"罢知洪州，提举临安府洞霄宫"。绍兴八年（1138）正月，李纲还居福州。六月，李纲寿辰，张元幹以五言《李丞相生朝》贺，诗云：[31]

柱史生周室，仙源谱系崇。

储星昭昴宿，降岳表神嵩。

间气凭家世，宗臣挺祖风。

梦求终作楫，猎卜果非熊。

感遇云龙会，恩深雨露丰。

折冲渊圣日，辉赫靖康功。

社稷欹倾际，乾坤震荡中。

力扶神器正，坚守帝都雄。

割地争三镇，回天定两宫。

壮图期救难，大节耻和戎。

去国孤舟远，忧时百雉空。

建炎欣翊戴，鸿庆袭光融。

相印机衡重，兵权号令通。

安危繋礼貌，进退肯雷同。

巨屏频循抚，真祠示眷蒙。

欢声逢谷旦，善颂达苍穹。

弼亮需元老，平章合上公。

五行推有本，六甲混无穷。

再造邦基固，中兴大运隆。

保民跻寿域，千载简宸衷。

张元幹的这些祝寿诗歌都是联系当时的社会背景来叙述李纲抗金卫国的事迹、不畏权奸的气概、曲折坎坷的政治命运，对李纲的历史功绩与忠义品格进行了高度颂扬，也足见诗人抗金复国愿望之热切。[32]

八月，张元幹陪同时任福建路安抚制置大使兼知福州的故人折彦质游山，有《用折枢密韵呈李丞相二首》唱和：[33]

其一：

参陪仍许瘦筇支，长者登临敢后期。

钟断白云飞雨过，月生青嶂夜凉时。

心知胜地都忘睡，喜听连床共和诗。

莲社风流增荔子，馀生长健更何为。

其二：

> 莫问蒲萄出月支，不缘瓜枣访安期。
>
> 轻红满地人慵扫，空翠霑衣雨足时。
>
> 松荫晴泉听落涧，蝉嘶晚吹助裁诗。
>
> 公乎此去归廊庙，无用山中怨鹤为。

对此，李纲也有《次韵折仲古安抚端明食荔子感怀书事之作》唱和：[34]

> 卧病闽山强自支，尝珍似与故人期。
>
> 却嗟老眼伤心日，又见轻红着子时。
>
> 万事从来皆默定，一樽聊复赋新诗。
>
> 使君不作楞梨看，他日逢人举似为。

秋，张元幹陪同李纲游鼓山。李纲有诗《游山拙句奉呈珪老并简诸公》记游：[35]

> 嘉客同游海上宫，高僧问道得从容。
>
> 乍惊暑退灵源洞，最爱庭开大顶峰。
>
> 杰阁初成切星斗，飞云时到绕杉松。
>
> 我来未尽登临兴，更待秋高灏气浓。

张元幹用李纲此韵作《再和李丞相游山》：[36]

> 海山幻出化人宫，楼观新崇万指容。
>
> 云雾入檐银色界，藤萝昏雨妙高峰。
>
> 放怀久已参黄檗，雅志无疑伴赤松。
>
> 欲去更闻狮子吼，忘归桥下兴犹浓。

两人游完鼓山，余兴未尽，又相携游东山。李纲有《还自鼓山过鳝溪大乘榴花洞瞻礼文殊圣像漫成三首》：[37]

其一：

> 一派寒流作小溪，松篁深处有丛祠。
>
> 千年鳝骨专车在，百丈灵湫瀑布垂。
>
> 粳稻丰穰欣岁乐，笳箫清咽报神私。
>
> 更将小雨为滂润，正是农夫播麦时。

其二：

> 乞得明时多病身，归来林下养天真。
>
> 芒鞋竹杖未全老，药灶酒壶随分身。
>
> 山寺递传钟磬晚，田家收拾稻粮新。
>
> 试穷溪上榴花洞，恐有桃源避世人。

其三：

> 布地金沙片片匀，深沉院宇閟祇园。
>
> 清凉路半前三语，摩诘城中不二门。
>
> 千种光明瞻瑞相，六根清净为还源。
>
> 狻猊坐上法王子，稽首皈依众所尊。

张元幹即用李纲原韵作《游东山二咏次李丞相韵》，诗云：[38]

> 公如谢傅暂闲身，我亦归来效季真。
>
> 山屐数陪销暇日，诗篇常许和《阳春》。
>
> 虚怀寄傲三休外，洗眼旁观万态新。
>
> 谷口榴花解迎客，骑鲸端为谪仙人。

二人都是曾经奋身救国的志士，但在权奸当道之下，大义不张，保国无门，只好徜徉在山水之间，寄悲愤于这些游览诗歌中。张元幹在《祭李丞相文》中对此有如下描述：[39]

乃登高望远、放浪山巅水涯，相与赋诗怀古，未尝不自适而返，若将终焉，无复经世之意。迨夫酒酣耳热，抚事慷慨，必发虞卿、鲁仲连之论，志在忧国。

绍兴八年（1138）十二月，金以张通古、萧哲为江南诏谕使至临安。张、萧竟把南宋视作藩属，要高宗亲自到驿站拜诏。而秦桧、孙近等竟然还筹划与金议和（为首次议和），拟向金割地、纳贡、称臣。李纲、张元幹闻之怒不可遏，坚决反对。张元幹作《再次前韵即事》诗：[40]

> 睨柱倘能回赵璧，思鲈安用过吴侬？
>
> 群羊竟语遽如许，欲息兵戈意甚浓。

诗歌用"群羊"讽刺秦桧等主和卖国之权奸，用蔺相如完璧归赵和张季鹰思鲈鱼美味而弃官的典故，来揭露通过议和收回中原是痴人说梦的一大骗局。

不久，李纲在福州上疏反对议和、卖国：[41]

金人变诈不测，贪婪无厌，纵使听其诏令，奉藩称臣，其志犹未已也。……况土宇之广犹半天下，臣民之心戴宋不忘，与有识者谋之，尚足以有为，岂可忘祖宗之大业。生灵之属望，弗虑弗图，遽自屈服，冀延旦暮之命哉！……陛下纵自轻，奈宗社何？！奈天下臣民何？！奈后世史册何？！

李纲为主战派的领袖人物，他的上书如果能得到高宗采纳，则恢复中原、中兴国家有望。为表示对李纲上书的支持，张元幹慨然作《贺新郎·寄李伯纪丞相》：[42]

曳杖危楼去。斗垂天、沧波万顷，月流烟渚。扫尽浮云风不定，未放扁舟夜渡。宿雁落、寒芦深处。怅望关河空吊影，正人间、鼻息鸣鼍鼓。谁伴我，醉中舞。

十年一梦扬州路。倚高寒、愁生故国，气吞骄虏。要斩楼兰三尺剑，遗恨琵琶旧语。谩暗涩铜华尘土。唤取谪仙平章看，过苕溪、尚许垂纶否。风浩荡，欲飞举。

词的上片写词人登高眺望江上夜景，抒发词人与李纲志同道合、但如今天各一方的孤独自伤的感慨。下片运用汉使傅介子斩楼兰的典故，表达对朝廷屈膝议和的强烈不满和对自己空有壮怀、却无路请缨的遗恨，更表达了对坚持主战、反对和议的李纲的敬仰之情，期望李纲东山再起、重图抗金救国、重整朝纲，劝诫当权者切莫重蹈覆辙。这首词写得慷慨、悲凉、激愤，其忠义之气溢于字里行间，表现了词人刚正不阿、坚持正义的爱国主义精神，在当时和后世都产生了巨大的影响，是豪放派的典范之作，直至今天，仍受到很高的评价。[43]

绍兴九年（1139）正月，南宋与金国订立屈辱的"绍兴和议"。和约签订后，高宗举行庆祝活动，并加官晋爵，也任命李纲为荆湖南路安抚大使，兼知潭州。李纲看到恢复中原无望，心灰意冷，不肯受命，以疾力辞。高宗允所请，仍提举临安府洞霄宫，居福州。此时张元幹亦居福州。[44]

六、闻丧追思哀悼

绍兴十年（1140）正月上元节，李纲祭奠其过世的弟弟李经时悲恸过度得病，当日在福州仓前山楞严精舍寓所病逝。张元幹"闻讣之日，若噩梦然，不知涕泣之横集也"，临丧李公寓所，并作《挽少师相国李公五首》诗悼念：[45]

其一：

> 望表公师位，身兼将相权。
>
> 三朝更出入，一德奉周旋。
>
> 盍为苍生起，曾扶大厦颠。
>
> 何知老宾客，拥彗扫新阡。

其二：

> 往在东都日，伤心丙午年。
>
> 不从三镇割，安得两宫迁。
>
> 抗议行营上，排奸御榻前。
>
> 英风成昨梦，遗恨落穷边。

其三：

> （见上）

其四：

> 壮志深忧国，丹心笃爱君。
>
> 谤书兴众枉，谏疏在奇勋。
>
> 风咽梁溪水，山悲湛岘云。
>
> 空余双舞鹤，鼓吹不堪闻。

其五：

> 泪尽西州路，碑留岘首名。
>
> 买山缘荔子，为圃养黄精。
>
> 所至登临地，犹疑步履声。
>
> 堂堂真汉相，天忍阙佳城。

诗歌极写此次战役的壮烈用以缅怀李纲这位抗金名将，高度评价李纲在开封保卫战中的巨大功绩，认为李纲可"绘像冠凌烟"，称赞李纲"壮志深忧国，丹心笃爱君"，是一个"堂堂真汉相"，表达了对李纲的崇敬之情和抗敌复国的情怀。此诗沉痛、激昂，给悼念诗增添了慷慨之气。[46]

四月十五日，张元幹撰《祭李丞相文》。文章回忆了与李纲相交过程的愉悦、追随李纲抗金保国的壮举以及因主战敢言、不事权贵而被贬的经过。祭文情真意切，充满了对李纲的思念和爱戴。

十二月十三日，张元幹再撰《再祭李丞相文》。祭文对李纲抗金卫国战略之高超表示由衷的敬佩，对其舍身为国之豪情表达崇高的敬意。

不久，张元幹又作《追荐李丞相设斋疏》。[47]绍兴十六年（1146），张元幹到李纲晚年居住的地方福州仓山天宁寺松风堂，又写了《天宁寺怀见》。

如此多次作诗文悼祭李纲，足见张元幹与李纲共生死、同患难的坚实友谊，对李纲逝世的哀痛之情。就社稷而言，李纲身系国家安危，李纲之死是抗金大业的重大损失；就个人而言，张元幹失去了一位感情至深的挚友和最为尊敬的师长。同时，还可以看到张元幹在南宋主战派中的重要位置与作用。[48]

因作《贺新郎·送胡邦衡待制谪新州》为胡铨送行，而得罪了秦桧，张元幹于绍兴二十一年（1151）春，被迫赴临安（今杭州），入大理寺狱中，被削籍除名并抄家，凡涉讽刺现实的诗词均被搜去，故张元幹的诗词散失不少，留下有批判现实精神的作品也不多，实为可惜。

夏，张元幹出狱，但连致仕应发的养老费也没有，成了一个普通的老百姓。他作了一首《水调歌头·罢秩后漫兴》词抒愤，以旷达之笔写其无所畏惧之怀，表达了他虽遭权奸的无端迫害但仍将继续抗击金兵、反对议和卖国的决心，心情依然旷达。

张元幹最后10年基本都在外漫游。但他壮志未衰，绍兴三十年（1160）作《陇头泉》词：[49]

少年时，壮怀谁与重论。视文章、真成小技，要知吾道称尊。奏公车、治安秘计，乐油幕、谈笑从军。百镒黄金，一双白璧，坐看同辈上青云。事大谬，转头流落，徒走出修门。三十载，黄粱未熟，沧海扬尘。

念向来、浩歌独往，故园松菊犹存。送飞鸿、五弦寓目，望爽气、西山忘言。整顿乾坤，廓清宇宙，男儿此志会须伸。更有几、渭川垂钓，投老策奇勋。天难问，何妨袖手，且作闲人。

词人记述往事，少年时胸怀大志，想有一番作为，在仕途上积极进取，特别是在风雨飘摇的年代，他不愿只做文人，希望能一展抱负。但现实却给他沉重一击，"整顿乾坤，廓清宇宙"的壮志在遭受权奸馋谤、屡次被贬、削职入狱等坎坷后彻底破灭，因而羡慕陶渊明的"松菊犹存"的隐逸之趣。但实际上，古稀之年的张元幹始终没有忘记杀敌救国的理想抱负，"男儿此志会须伸"，其雄心壮志仍然不灭，不愧为李纲的至诚定交。[50]

张元幹与李纲爱国思想相同，抗金主张一致，人生际遇相仿，曲折坎坷类似。从宣和六年（1124）张元幹拜在李纲门下起，至绍兴十年（1140）李纲去世，二人相识相交相往整整十六年。李纲之于张元幹有提携之功，给张元幹提供了一个实现人生抱负、展示才华的舞台。张元幹之于李纲有相助之力，积极配合李纲守京城、抗金兵、复中原、安社稷。二人的友情始建于师生之情，但却远远超越了一般的师生关系，他们更是一对志虑忠纯、相敬相惜的金兰之友。他们同朝为官，但更为难得的是十多年中他们始终志同道合，始终相互支持，他们的旷世友情为后世所世代传颂。

【参考文献】

[1] 王兆鹏：《张元幹年谱》，南京：南京出版社，1989 年，第 39 页。

[2] 王兆鹏：《张元幹年谱》，南京：南京出版社，1989 年，第 50 页。

[3] 黄佩玉：《张元幹研究》，上海：三联书店，1986 年，第 87 页。

[4] 王兆鹏：《张元幹年谱》，南京：南京出版社，1989 年，第 140、141 页。

[5] 王兆鹏：《张元幹年谱》，南京：南京出版社，1989 年，第 57、58、65 页；黄佩玉：《张元幹研究》，上海：三联书店，1986 年，第 88 页。

[6] 王兆鹏：《张元幹年谱》，南京：南京出版社，1989 年，第 65、66 页。

[7] 王兆鹏：《张元幹年谱》，南京：南京出版社，1989 年，第 59 页。

[8] 王兆鹏：《张元幹年谱》，南京：南京出版社，1989 年，第 59 页。

[9] 王兆鹏：《张元幹年谱》，南京：南京出版社，1989 年，第 140、141 页。

[10] 张守祥编：《张元幹诗词》，福州：福建美术出版社，2011 年，第 92 页。

[11] 王兆鹏：《张元幹年谱》，南京：南京出版社，1989 年，第 60 页。

[12] 王兆鹏：《张元幹年谱》，南京：南京出版社，1989 年，第 66、67 页。

[13] 王兆鹏：《张元幹年谱》，南京：南京出版社，1989 年，第 60 页；曹济平：《张元幹词研究》，济南：齐鲁书社，1993 年，第 23 页。

[14] 钟伟兰：《张元幹诗歌研究》，2006 年，第 23 页。

[15] 王兆鹏：《张元幹年谱》，南京：南京出版社，1989 年，第 62 页。

[16] 王兆鹏：《张元幹年谱》，南京：南京出版社，1989 年，第 62、63、68、70 页。

[17] 王兆鹏：《张元幹年谱》，南京：南京出版社，1989 年，第 63 页。

[18] 王兆鹏：《张元幹年谱》，南京：南京出版社，1989 年，第 63、68 页；萧忠生：《李纲的忠实好友张元幹》，张守祥：《张元幹研究文集》，福州：海潮摄影艺术出版社，2010 年，第 79 页。

[19] 王兆鹏：《张元幹年谱》，南京：南京出版社，1989 年，第 64 页；钟伟兰：《张元幹诗歌研究》，2006 年，第 24 页。

[20] 王兆鹏：《张元幹年谱》，南京：南京出版社，1989 年，第 69、70 页。

[21] 王兆鹏：《张元幹年谱》，南京：南京出版社，1989 年，第 73、79、80 页；萧忠生：《李纲的忠实好友张元幹》，张守祥：《张元幹研究文集》，福州：海潮摄影艺术出版社，2010 年，第 80 页；曹济平：《张元幹词研究》，济南：齐鲁书社，1993 年，第 22 页。

[22] 郑淑榕：《李纲福建踪迹考》，2013 年，第 13 页。

[23] 王兆鹏：《张元幹年谱》，南京：南京出版社，1989 年，第 73、74 页；黄佩玉：《张元幹研究》，上海：三联书店，1986 年，第 87 页。

[24] 王兆鹏：《张元幹年谱》，南京：南京出版社，1989 年，第 74 页；郑淑榕：《李纲福建踪迹考》，2013 年，第 14 页。

[25] 王兆鹏：《张元幹年谱》，南京：南京出版社，1989 年，第 76 页。

[26] 萧忠生：《李纲的忠实好友张元幹》，张守祥：《张元幹研究文集》，福州：海潮摄影艺术出版社，2010 年，第 80 页。

[27] 王兆鹏：《张元幹年谱》，南京：南京出版社，1989 年，第 104、105、106、107 页；萧忠生：《李纲的忠实好友张元幹》，张守祥：《张元幹研究文集》，福州：海潮摄影艺术出版社，2010 年，第 80 页。

[28] 王兆鹏：《张元幹年谱》，南京：南京出版社，1989 年，第 107 页。

[29] 王兆鹏：《张元幹年谱》，南京：南京出版社，1989 年，第 114、116 页。

[30] 王兆鹏：《张元幹年谱》，南京：南京出版社，1989 年，第 115 页；张守祥编：《张元幹诗词》，福州：福建美术出版社，2011 年，第 91、92 页。

[31] 张守祥编：《张元幹诗词》，福州：福建美术出版社，2011 年，第 109、110 页。

[32] 王兆鹏：《张元幹年谱》，南京：南京出版社，1989 年，第 121、128 页；张守祥编：《张元幹诗词》，福州：福建美术出版社，2011 年，第 95 页。

[33] 钟伟兰：《张元幹诗歌研究》，2006 年，第 29 页。

[34] 王兆鹏：《张元幹年谱》，南京：南京出版社，1989 年，第 128 页；张守祥编：《张元幹诗词》，福州：福建美术出版社，2011 年，第 104 页。

[35] 王兆鹏：《张元幹年谱》，南京：南京出版社，1989 年，第 128、129 页。

[36] 王兆鹏：《张元幹年谱》，南京：南京出版社，1989 年，第 129 页。

[37] 王兆鹏：《张元幹年谱》，南京：南京出版社，1989 年，第 129 页；张守祥编：《张元幹诗词》，福州：福建美术出版社，2011 年，第 104、105 页。

[38] 王兆鹏：《张元幹年谱》，南京：南京出版社，1989 年，第 129、130 页。

[39] 王兆鹏：《张元幹年谱》，南京：南京出版社，1989 年，第 130 页；张守祥编：《张元幹诗词》，福州：福建美术出版社，2011 年，第 103、104 页。

[40] 王兆鹏：《张元幹年谱》，南京：南京出版社，1989 年，第 142 页。

[41] 王兆鹏：《张元幹年谱》，南京：南京出版社，1989 年，第 132 页。

[42] 王兆鹏：《张元幹年谱》，南京：南京出版社，1989 年，第 132 页。

[43] 王兆鹏：《张元幹年谱》，南京：南京出版社，1989 年，第 132 页；黄佩玉：《张元幹研究》，上海：三联书店，1986 年，第 90 页。

[44] 邹艳、陈媛编：《张元幹词全集》，武汉：长江出版传媒、崇文书局，2017 年，第 1 页。

[45] 郑淑榕：《李纲福建踪迹考》，2013 年，第 14 页。

[46] 黄佩玉：《张元幹研究》，上海：三联书店，1986 年，第 91 页；张守祥编：《张元幹诗词》，福州：福建美术出版社，2011 年，第 92 页。

[47] 钟伟兰：《张元幹诗歌研究》，2006 年，第 29、30 页。王兆鹏：《张元幹年谱》，南京：南京出版社，1989 年，第 146 页。

[48] 萧忠生：《李纲的忠实好友张元幹》，张守祥：《张元幹研究文集》，福州：海潮摄影艺术出版社，2010 年，第 99 页。

[49] 王兆鹏：《张元幹年谱》，南京：南京出版社，1989 年，第 197 页。

[50] 王珷玥：《张元幹词研究》，2012 年，第 15 页。

张元幹时代背景初探

福州市博物馆　游天星

　　常言道时势造英雄,即是说在社会环境恶劣的时候,总有一些英雄人物脱颖而出,成为环境的适应者或优胜者。从进化论观点来看,这就是物种选择,正所谓优胜劣汰。从历史唯物主义的观点看,一个英雄的出现,也是由他当时所处的社会客观环境造成的。因此当我们要了解一位英雄或历史人物时,离开了这个人的时代背景,就难免出现一些不够全面的判断甚至谬误。由此笔者以为,如果我们要想展开对张元幹的全面而深入的研究,探讨一下他所处的时代背景,可能很有必要。是故,本文以有限的资料与仓促的时间,谨此粗略地探讨一下张元幹所处的时代背景,以期抛砖引玉,引起更多学者的关注,并希望方家不吝赐教。

　　张元幹生于北宋末期的早期,卒于南宋早期的末期,因此他所处的时代跨越了南、北两宋,历史背景动荡而复杂。宋朝自太祖赵匡胤陈桥兵变建立政权定都开封,经靖康之乱后迁都杭州建立南宋,至怀宗赵昺共历 18 位帝王,统治 319 年。它是一个军事孱弱的朝代,但同时却是中国历史上商品经济、文化教育、科学创新高度繁荣的时代。

一、疆域与人口

　　北宋疆域东北以今海河、河北霸州、山西雁门关为界;西北以陕西横山、甘

作者简介:*游天星,福州市博物馆原研究员。*

肃东部、青海湟水为界；西南以岷山、大渡河为界。根据不同方法和对已知不同年代资料的统计，其面积大概介于283万平方公里和305万平方公里之间。

南宋丧失了秦岭、淮河以北的土地，其疆域大约只有北宋疆域的三分之二。其南部与西南边界与北宋相仿，但北界因金兵入侵而大大南移。金兵一度攻入今湖南、江西和浙江三省的中部。后宋、金议和，划定并基本稳定在东至淮水、西至大散关（今陕西宝鸡市西南）的边界线，其面积近200万平方公里。

据研究，北宋太平兴国五年（980）全国有642万户、约3210万人；至大观四年（1110）全国有2088万户、4673万人。但经学者考证宋代户口只统计承担赋役的成年男丁，故认为实际人口应达1亿1275万，并提出北宋人口峰值出现在宣和六年（1124），其时全国有2340万户、1亿2600万人。

绍兴五年（1135）南宋境内约有1086万户、5650万人；绍兴三十二年（1162）增至1240万户、6450万人；至嘉定十六年（1223）达到户口峰值，官方统计有1267万户，若加上隐户该年实际应有1550万户、8060万人。

二、政治制度

宋朝政治体制的主要特点是高度加强的中央集权，并达到前所未有的程度，从而基本上消除了造成封建割据和威胁皇权的种种因素。在职官制度上，体现为中央集权、百官权力分散、重文轻武。宋代设中书、枢密、三司分掌政、军、财三大事务，宰相之权为枢密使、三司使所分取。宰相、枢密使、三司使三者的事权不相上下，不相统摄。所谓中央集权，是指把地方的权力集中到中央；而专制主义则是把权力进一步集中到皇帝手里，君主主宰一切。这两点在宋代表现得十分典型。

宋代的政治制度处于从隋、唐三省制到元代一省制的过渡时期。北宋前期的中书门下实际上已取代中书、门下、尚书三省。元丰改制后恢复为三省六部制，并为金、元、明、清所沿袭。南宋时，合并中书、门下二省为一省，宰相、执政、枢密院长官合署办公。

宋代政治典型特点是强干弱枝，守内虚外。强干弱枝指的是为加强中央集权管理，把军政、财务、税收、人事任免等各项权利统统收归到皇帝手中，从而剥夺了地方军阀节度使的军权及临阵指挥权，防范了武将作乱的可能。此外，还派文官到地方为官，形成了文官为正、武将为副的官员新体制。这样就使得各项军事行动都必须听从皇帝的安排与调遣，导致地方官员的权限十分弱小，故称之为强干弱枝。守内虚外指的是宋太宗赵光义在北伐辽国失败后，把主要精力转到内部的治理上，而把对辽国的态度转为守势，这样的措施使得宋朝此后对辽国、西夏、金国的战事总处在劣势之中。

三、科举

宋代的科举分常科、制科和武举。其中常科中的进士科最受重视，因为进士一等多数可官至宰相，所以宋人以进士科为宰相科。除进士科外，其他科目总称诸科。宋代进士分为三等：一等称进士及等；二等称进士出身；三等赐同进士出身。较之唐代，宋代进士录取范围扩大，名额也大为增加，每次录取多达二三百人，甚至五六百人。对于屡考不第的考生，还允许他们在遇到皇帝策试时，报名参加附试，称为特奏名进士。也可奏请皇帝开恩，赏赐出身资格，并委派官吏，这就是所谓的恩科。宋代确立了每三年一次的州试、省试和殿试三级科举考试制度。殿试是科举制度的最高一级考试，由皇帝主考。殿试以后，不须再经吏部考试，即可直接授官。宋太祖还下令，考试及第后，不准对考官称师门，或自称门生。这样，所有及第的人都成了天子门生。殿试后分三甲放榜。南宋以后，还要举行皇帝宣布登科进士名次的典礼，并赐宴于琼苑，故称琼林宴。宋代科举基本上沿袭唐制，进士科考帖经、墨义和诗赋。进士以声韵为务，明经主要靠强记博诵。王安石任参知政事后，对科举考试的内容着手进行改革，取消诗赋、帖经、墨义，专以经义、论、策取士。但他的改革，在遭到苏轼等人的反对后，随着政治斗争的变化，有时考诗赋，有时考经义，有时兼而有之。进士考试分为四场：一场考大经，二场考兼经，三场考论，最后一场考策。殿试仅考策，但限千字以上。科举的发达，特别是宋代对考生不拘一格的选人用才政策，为封建朝廷培养了大批有用人才；但因录用标准的过于宽松，以及官称和实职的分离，宋朝官场也因此冗官泛滥，人浮于事，实为一大弊端。

四、军事

宋朝建立统一的政权后，为强化中央集权，军事制度发生了巨大变化。北宋时期皇帝直接掌握军队的建置、调动和指挥大权。其下军权由三个机构分任：（1）枢密院，为最高军事领导机关，掌军权及军令；（2）三衙，即殿前都指挥司、侍卫马军司和侍卫步军司，为中央最高指挥机关，分别统领禁军和厢军；（3）率臣（各种统兵官的总称，如安抚使、经略使、都监等），为禁军出征或镇戍时临时委任的将帅，事毕即撤销。

北宋军队由禁军、厢军、乡兵和蕃兵组成，以禁兵为主体构成一种中央军和地方军、正规军和非正规军相结合的武装力量体制。

禁军编制分为厢、军、营（指挥）、都四级。厢辖 10 军，军辖 5 营，营辖 5 都。每都 100 人。各级统兵官有：厢都指挥使、军都指挥使、军都虞候、指挥使、副指挥使、都头、副都头等。指挥（营）是禁军基本的建制单位，常以此计算兵力。

厢军属地方军。虽为常备军，实是各州府和某些中央机构的杂役兵，总隶于侍卫马军司、侍卫步军司。主要任务是筑城、制作兵器、修路建桥、运粮垦荒以及官员的侍卫、迎送等。一般无训练和作战任务。有步军和马军两个兵种。编制分军、指挥、都三级，统兵官与禁军相同。

乡兵也称民兵。是按户籍丁壮比例抽选或募集当地人组成的地方民众武装。平时不脱离生产，农闲集结训练。担负修城、运粮、捕盗或协同禁军守边等任务。各地乡兵名目繁多，编制亦不统一，或按指挥、都，或按甲、队，或按都保、大保、保的序列编列。

蕃兵是北宋西北部边防军。由陕西、河东与西夏接壤地区的羌人熟户部族军组成。诸部族首领被封军职。率部族军戍守边境。其编制因族而异，至宋神宗时才统一采用指挥、都的编制。

由于宋朝"重文轻武"，该朝皇帝多有文采而少有武略。他们害怕军人拥兵作乱，不愿重用武将，即使用了也多有怀疑。特别是，在文化教育观念宣传上刻意压抑武思想，提倡文思想，这就使人感到读书学习可以得到更多的利益。所以宋人不好战，在战火烧到眼前时表现出来的是慌乱和懦弱。由于实行文官制，以文臣御武事，文人不懂军事，导致了军事战斗力的低下，极不利于军事的发展。因此宋代的国防力量是中国历史上最差的，没有之一。不然也不会出现两个皇帝都被金人俘虏去的尴尬局面。也因此，宋朝还成为我国唯一一个两次亡于外族的王朝。一次是北宋末年靖康之耻亡于金国女真人之手，另一次是南宋末年崖山海战失败后亡于元朝蒙古人之手。

五、经济

宋朝是我国历史上经济、文化、教育最繁荣的时代。因此著名史学家陈寅恪曾说："华夏民族之文化，历数千载之演进，造极于赵宋之世。"另一历史学家漆侠先生也说："在两宋统治的三百年中，我国经济、文化的发展，居于世界的最前列，是当时最为先进、最为文明的国家。"有人推算，宋咸平（1000）中国GDP 总量为 265.5 亿美元，占世界经济总量的 22.7%，人均 GDP 为 450 美元，超过当时西欧的 400 美元。

据考，宋代不但农业比较发达，而且手工业、冶金、商业乃至市场、金融，均远胜于秦汉。

农业方面，大兴水利，改进灌溉技术，重视垦田开荒，改良生产工具，革新施肥和育种技术，使得农作物产量大幅提高，单位亩产量一般可达 2 石，最差也有 1 石。此外，蚕桑、甘蔗、果树、蔬菜、杉楮等经济作物的生产也十分专业化。

手工业方面，丝、麻、毛纺织业都十分发达。其中纺织手工业逐渐脱离农业而变得更加专业化，开始过渡到独立的手工业。此外，造纸、雕版印刷业也开始形成规模，并发展成作坊。这对宋代文化的发展与传播起了巨大推动作用。

北宋制瓷业十分发达，不论在产量还是制作技术上，比前代都有很大提高。当时，烧造瓷器的窑户，遍布全国各地，所造瓷器各具特色，出现了官窑（河南开封）、钧窑（河南禹州）、汝窑（河南汝州）、定窑（河北曲阳）和哥窑（浙江龙泉）等北宋五大名窑。宋真宗景德年间，在江西新平设官窑，所造进贡瓷器的器底均书"景德年制"，后来驰名中外的景德镇瓷器即由此产生。南宋制瓷业规模亦十分宏大，有的窑址堆积面达 20 亩，高 20 米。临安凤凰山下的修内司官窑，所烧瓷器极为精致，为当时所珍。景德镇亦成为当时著名制瓷中心，产品远销各地。

北宋矿冶业亦十分发达，在手工业中占有重要地位。其时，金、银、铜、铁、铅、煤的开采冶炼规模都相当大。其中煤的开采量位居世界第一；铁的产量大致相当于 18 世纪欧洲各国产量的总和。

商业方面，各地城市周边和农村交通要道附近均出现大量集市，并逐渐发展形成大大小小的城镇，极大地促进了城市的繁荣。北宋早期，四川地区出现了"交子"，据考这是世界上最早的纸币。其时成都 16 户富商为了印造发行并经营铜钱与交子的兑换业务而开设交子铺，开创了民间金融的先声。南宋时则通行"会子""关子"等纸币。

宋朝海外贸易空前繁荣，其范围甚广，东到朝鲜、日本，西到阿拉伯半岛、波斯湾，都航行着来往中国的商船。宋代进出口货物达 410 种以上，可分为宝物、瓷器、布匹、香货、皮货、杂货、药材等等。其中进口的香料，其名色不下百种。宋代对外贸易港口有 20 余处之多，还设有广州、泉州、明州、杭州、密州 5 个市舶司，用于管理各地的海外贸易。

此外，宋朝的造船业也发达到位居世界首位。我们福建泉州于 1974 年出土的宋代古船，就是这方面的明证。

宋代经济的大发展使得大量劳动力从农业、手工业生产中解放出来，加上重文轻武的国策和完善的科举制度，使一些社会底层有能力读书的人开始通过参加科举考试进入社会上层。同时越来越多的平民开始接受读书教育，国民文化素质因之迅速提高，为文学的发展奠定了人才基础。由于商品经济意识在宋代社会中蔓延，从而渗透到文化的各个领域，许多文学艺术都被当时的社会经济所感染，进而导致宋词在内容、形式、传播途径方面都发生了巨大的变化，同时对宋代人的价值观、生活观也产生了深远的影响。

六、文学

宋朝文学主要包括宋代的词、诗、散文、话本小说、戏曲剧本等等，其中词的创作成就最高，诗、散文次之，话本小说又次之。宋朝的文学作品在北宋初期禀承了晚唐风格，用词浮艳。其后因朝廷偏重儒学，文学家开始注重儒家说教功能，但成就并不高。直到欧阳修发起的第二次古文运动，文人才以平实的语言来创作，内容多反映生活时弊，雅俗共赏，文学创作因之进入了高峰期。宋代文学在我国文学发展史上处在一个承前启后的阶段，即处在中国文学从"雅"到"俗"的转变时期，因而有着十分重要的地位。

宋初文学，仿效白居易体的有王禹偁，但他也提倡杜甫的诗。效晚唐体的有九僧、林逋、魏野等人。这时期的宋诗，还是模仿唐诗，没有形成自己的独特风貌。欧阳修虽学韩愈以文为诗，又受李白诗的影响，但从他那儿已开始显出宋诗的特色。北宋初期的散文，仍袭五代的浮靡文风。北宋前期的词，代表作家有晏殊、欧阳修、柳永等。晏、欧的词多写闲情逸致，词风则承袭五代，但基调有所变化。就北宋前期的文学说，在欧阳修领导下的诗文革新运动已取得成功，宋代的诗歌和散文已开始呈现出不同于唐代诗歌和散文的风貌。北宋前期的词，以柳永的创作长调最为突出，显示宋词比唐五代词有了新的发展。继承欧阳修古文创作理论的是曾巩，他的散文平正通达，委曲详明。王安石的散文内容深刻，具有不同于欧阳修的风格。他的诗歌创作工于刻画，善于议论，并常借用古语来表达情思。王安石在诗文词的创作上，都有杰出成就。北宋后期继欧阳修领导古文革新的运动，并取得完全胜利的是苏轼。他在诗歌的创作上有了进一步发展，在词的创作上，打破诗词的界限，以诗为词，开辟了词的境界的也是苏轼。因此他是北宋最杰出的大作家。南宋前期经历了北宋覆亡的"靖康之难"，激起了南宋诗人抵抗侵略、保卫祖国的爱国主义精神，辛弃疾是这一时期最杰出的爱国词人，张元幹亦然。南宋后期由于宋金媾和后历经一段相对安定的时期，爱国主义的歌声逐渐衰退，格律派词人遂兴起。这一派，以姜夔为最著名。南宋末年，文学中的爱国主义精神再度发扬，诗文表达了反侵略的忠愤，具有崇高的民族气节，也有遁迹山林宁死不屈的孤高。如文天祥的《指南录》和《指南后录》中的诗文即然。

宋代散文是中国散文史上一个重要的发展阶段。两宋出现了人数众多的散文作家。在所谓"唐宋古文八大家"中，宋人就占了六位（欧阳修、苏洵、苏轼、苏辙、王安石、曾巩），他们写作了不少文学散文，也有许多议论文的名作。宋词是中国词史上的顶峰，影响了此后的整个词坛。宋词实际上是宋代成就最高的抒情诗，它取得了与"唐诗""元曲"并列的荣誉，甚至有过之而无不及。此外宋诗与宋代小说、戏曲也成就卓著，后者为元明清小说、戏曲的大发展创造了良好的条件。

七、理学

宋代理学是宋代哲学的主流，又被称为道学，它融合佛、儒、道三教于一体，是儒家哲学的特殊形式。其实理学作为宋学当中一学术流派的出现，是二程逝世之后，其及门弟子和私淑弟子们弘扬师说而逐步形成的，时间相当于南宋前期，即 12 世纪中叶，此前理学派还处于孕育过程中，远未形成气候。

北宋时期，儒学发展形成了王安石荆公学派、司马光温公学派以及苏轼的蜀学等派。后来出现了"理学三先生"石介、胡瑗、孙复。但理学的实际开创者是被称为"北宋五子"的邵雍、周敦颐、张载、程颢、程颐。程颢、程颐是兄弟，被称为"二程"，他们的理学被称为洛学。二程的洛学通过游酢与杨时南传，到达我们福建后，再传给南宋的朱熹等人，演变为闽学。其中朱熹被公认为理学的集大成者，以至后人将其与二程并列，称理学为"程朱理学"。程朱理学在南宋后期开始为统治阶级所接受和推崇，经元到明、清，正式成为国家的统治思想。因此后来对宋明理学的概念若无特指的话，在通常的意义上便是指程朱一派的理学。

自从南宋后期被奉为官方哲学后，理学一直成为宋以后中国封建社会的统治思想，对总体社会思潮及具体意识形态的演进嬗变都有重要的影响，乃至具支配作用。这种影响，在文学艺术领域表现得尤为复杂多样，铸定了各种文学艺术体类的本质特性与形态风貌。

八、澶渊之盟与绍兴和议

澶渊之盟是北宋和辽朝为争夺燕云十六州，经过 25 年战争后于 1005 年 1 月缔结的盟约。宋真宗景德元年 (1004) 秋，辽朝萧太后与辽圣宗，亲率大军南下深入宋境。宋真宗和一些大臣想迁都南逃，但宰相寇准力劝宋真宗前往澶州督战。宋军坚守辽军背后的城镇，又在澶州 (河南濮阳) 城下以八牛弩射杀辽将萧挞凛 (一作览)，辽军士气受挫。加上辽军战线拉得过长，补给非常困难，又孤军挺进宋朝腹地，于是萧太后派人赴澶州转达了自己罢兵息战的愿望。此正合宋真宗和朝中许多主和派大臣之意，于是宋真宗拒绝主战派寇准等人乘胜追击的苦谏，在一片大好形势之下，与辽朝订立和约：辽、宋约为兄弟之国；宋每年送给辽岁币银10万两、绢20万匹；宋、辽以白沟河为边界。因澶州在宋朝亦称澶渊郡，故史称"澶渊之盟"。此后宋、辽两国礼尚往来，通使殷勤，百年间不再有大规模的战事。

绍兴和议是南宋与金在1141年订立的和约。这一投降条约签订于抗金战场上捷报频传，金兵节节败退的时候。宋高宗绍兴十年（1140），金兵大举南侵，可是各路军队连遭失败。在顺昌（今安徽阜阳）之战中，宋军以少胜多，击败了金军。接着岳飞又取得郾城大捷，打败了金军的主力，先后收复了郑州、洛阳等城。但宋高宗与秦桧为确保能对金议和，解除了韩世忠、张俊、岳飞三大将领的兵权，甚至制造岳飞冤案，又以"莫须有"的罪名杀害了岳飞等人。绍兴和议的主要内容：（1）宋向金称臣，金册封宋高宗赵构为皇帝。每逢金主生日及元旦，宋均须遣使称贺。（2）重划两国疆界，东以淮河中流为界，西以大散关（陕西宝鸡西南）为界，以南属宋，以北属金。宋割唐（今河南唐河）、邓（今河南邓州）二州及商（今陕西商县）、秦（今甘肃天水）二州之大半予金。（3）宋每年向金纳贡银25万两、绢25万匹，自绍兴十二年开始，每年春季搬送至泗州交纳。

绍兴和议确定了宋、金之间政治上的不平等关系，结束了长达10余年的战争状态，形成南北对峙的局面。此后宋、金之间维持了近二十年的和平，期间双方虽然偶有冲突，但规模不大。

澶渊之盟与绍兴和议是宋朝，也是汉民族的奇耻大辱。原因正如上文所说，宋人"在战火烧到眼前时表现出来的是慌乱和懦弱"，但这只是宋朝的一个方面。另一方面，有大量的宋人如"壮志饥餐胡虏肉"的岳飞，"留取丹心照汗青"的文天祥，背负幼帝纵身入海的陆秀夫，以及10万集体跳海殉国的南宋军民，他们个个都具有顶天立地的英雄气概与视死如归的大无畏精神，这些才是真正的宋人！以至人们今天常常扼腕慨叹：崖山之后无中国。

张元幹与李纲交游述略

李洁芳

摘　要：张元幹一生交游广泛，但与李纲交谊最深。两人因多重缘分相识，南渡前后并肩抗战，仕同进退，绍兴后同归福州闲居，相交十六年，无论仕与隐，他们对彼此的仕途、生活和诗词创作都产生了很大影响，李纲去世之后，张元幹失去了精神领袖和生活依傍，只能往来于山林与俗世中，固穷守节，慷慨悲歌。

关键词：宋代；张元幹；李纲；交游

张元幹《芦川归来集》共涉及 192 位人物，现有资料可考者 89 人。其中，有诗、词、文往来、相交时间较长、影响较大者 15 人，分别是：陈瓘、李纲、李弥逊、向子諲、徐俯、吕本中、邓肃、富直柔、钱申伯、叶梦得、张浚、折彦质、江端友、胡铨、赵端礼。有意思的是，此 15 人多出自张元幹父辈所识士子文人、豫章问学时同窗和李纲好友同僚，或多或少皆与李纲有关联。可见，李纲对张元幹的人生影响极大。

从宣和六年（1124）春相识，到绍兴十年（1140）正月李纲去世，张元幹与李纲在动荡的政局变化中，同气相求、同命相连，相知相惜，相交十六年。对于张元幹来说，李纲不仅是志趣相投的政治知己，诗文唱和的好友，还是生活上赏识、爱护自己的至交。那么，究竟是哪些因素促成了两人的深厚交情呢？

作者简介：李洁芳，中南民族大学文学与新闻传播学院博士生。

一、 张元幹与李纲的相识及其机缘

宣和六年（1124）春天，张元幹从福建返京时，特至无锡梁溪拜访李纲。这一年张元幹 34 岁，正处青年无职事闲居并初成家之时；李纲 42 岁，已经历两次贬谪且初解父忧之时。相差 9 岁的两人，虽经历不同，却在第一次见面就"历论古今成败，数至夜分。语稍洽，爱定交焉"。是什么原因使得张元幹和李纲相识之初即如此投缘呢？直接原因是两人志趣、性情、人品相合，间接因素则隐含着亲缘、仕缘、文缘等复杂关系。

首先，未见其人先闻其名。"瞻望最先，而登门良旧也"。相识的缘分并非起于偶然，张元幹未见李纲前，早于前辈陈瓘处听闻李纲美名。宣和二年（1120），张元幹借由业师徐俯推荐，自豫章赴南康拜谒陈瓘，因"心知天下将乱，阴访命世之贤"，陈瓘当即向他推荐李纲，言"异时之宰相也。吾老不及见矣，子盍从之游"。可见，陈瓘当时对李纲才干人品的赞赏和对二人相识的期望，是促成张元幹与李纲相识的直接原因。

当然，至交的友谊不单是一方的仰慕，还需双向奔赴。李纲未见张元幹之前，亦早问其名，他在为芦川祖父手泽题跋中写道，"予昔与安道少卿游，闻仲宗有声庠序间籍甚，恨未之识"。安道，即张元幹父亲张动；"有声庠序间"事，乃指张元幹"尝哀其亡友唐悫生诗帖，轴而藏之。标饰灿然，如以达人贵公得气"的义气之举。当年李纲敬佩张元幹义气名声，不得相识的遗憾，在相识之初已埋下了伏笔。此番相见，李纲"听其言鲠亮而可喜，颂其文清新而不群"，张元幹刚直诚实的性格和清新文风，令他肃然起敬。两人历古论今，初相识即深夜长谈，一见如故。

诚如李纲所言"士之难知久矣，富于文而实未必称，敏于言而行未必副，曷敢轻许人哉"，了解一个人很难，闻名不如一见，而所见未必可信，看其言行是否一致，才能了解其人品和才能。同年四月，张元幹多次写信请求李纲为祖父存留的文章题跋，李纲言"夫学士大夫则知尊祖矣，君子笃于亲，则民兴于仁，推是心以往，所以称其文而副其言者，率如是，古人不难到也，在仲宗勉之而已"，十分赞赏张元幹尊祖之仁孝和言行一致的君子品格。李纲的题跋叙议条析，围绕对张元幹的认识展开，言语恳切，真诚持重，尽显君子之风。

在两人的关系里，张元幹的谅直、仁孝、义气和家国情怀均被李纲看见、赏识，李纲的宰臣才情、君子品格和赞赏让张元幹为之倾心，如遇知音。两人的友情在彼此认同中得以确定、加固，志同道合，终成莫逆之交。

其次，相识之前已"相交"，多重关系交叉的缘分背景。在人际交往中，人们往往会选择与自己基因相似的对象成为好友，这种基因包括了体能、健康等身体特征和智商、情商、性格等精神特征，而这些特征与个人的职业理想、生活理想和道德理想又紧密相关，故相似的性格、经历和理想追求更容易相互吸引。张元幹与李纲正是这样的情况，两人相识之前，圈子早有交集，如张元幹的两位师辈与李纲为知交，张元幹的父辈与李纲为僚友。

推荐人陈瓘与李纲为知交好友。张元幹与李纲相识，缘于陈瓘，据蔡戡《芦川居士词序》："少监张公，早岁问道于了斋先生，学诗于东湖居士。凡所游从，皆名公胜流。" 东湖居士即张元幹业师徐俯，为人名节自任，诗名显著，一时为诗坛领袖。张元幹曾于大观四年（1110）问句法于徐俯，一生与之相交时间较长，诗词文受之影响很大。了翁陈瓘则是徐俯的老师，徐俯才高自大，对陈瓘的才学和人品却非常敬佩，想来日常言语间也颇多表露，张元幹在其门下学诗应有所耳闻。宣和二年庚子（1120），芦川拜访陈瓘，两人年岁相差三十四岁，却能初见便"商榷古今治乱成败，夜分乃就寐"， 实在是气味相投。陈瓘还把自己最欣赏的李纲推荐给张元幹，可见其对张元幹的认可和欣赏。张元幹更是对这位师祖的立身行事钦佩异常，称这为儒门老尊宿"立朝行己，三十年间，坚忍对峙，略不退转"， 直至七十岁仍深深怀念其刚正之气，有诗云："前贤一节皆名世，此道终身公独行。" 可谓立身行事，终身以之为楷模。而陈瓘与李纲是忘年至交，相知甚深，李纲《跋了翁墨迹》云："余政和乙未自尚书郎谒告迎亲雪溪，时了翁自天台归通川，与余遇于姑苏，一再见有忘年之契。"由此看来，徐俯、陈瓘与李纲皆是以天下为己任的同道之人，张元幹作为两位老师赏识的才俊，与李纲一见如故自在情理之中。

父辈与李纲是仕途僚友，有交游往来。"仲宗诸父，皆显用于一时"，张元幹的祖辈、父辈重视教育，且都颖敏好学，"相继登科，蹑禁从，为南方仕族之冠"， 其父张动、大伯父张励、四伯父张劝在朝为官均与李纲有往来。张动，字安道，官至龙图阁学士，能诗。据李纲为张元幹祖父手泽题跋中所说，"予昔与安道少卿游，闻仲宗有声庠序间籍甚，恨未之识"，知李纲与张动有来往交流，故很早于其父亲口中听闻张元幹之义举。张劢，字深道，工书法，能诗文，仿佛苏体。少时为韩琦赏赞，为人端方为蔡京所忌。与李纲同僚好友李光有姻亲关系，且有照拂之恩。张劢的人品，李纲当是了解认可的。张元幹四伯父张劝，字宏道，官至工部尚书，能诗，交游较广，与李纲、汪藻、葛胜仲等均有诗唱和。宣和三年（1121），张劝出知池州，李纲因言水患被贬监南剑州沙县税务，有诗《赠池守张宏道》："喜公笔有江山气，顾我心如世味灰。"相隔遥远尚有书信相互问候唱和，可知张劝与李纲交情颇深。由此看来，张元幹父辈与李纲颇有交游往来，李纲对张家人物之孝义才德、和乐性格当有所了解，此番交情对张、李二人的相识、相知亦产生了影响。

张元幹自身的家国理想、孝义之德和优秀才情，加之师辈、父辈与李纲的渊源关系，相识即一见如故自在情理之中。

二、张元幹与李纲的交往

人们结成友谊的原因很多，有的出于自然相处，有的出于自身利益，也有的出于共同志趣，张元幹与李纲的友情很显然属于志趣相投。两人在相交、相知的十六年里，同气相求、共进共退，从战场杀敌、并肩作战到群邪排挤、屡遭贬谪，从战乱分离、偶得书音到归闽闲居，从闽中相伴、宾主和乐到生死别离，无论政治选择，还是仕途进退，张元幹与李纲始终命运相连。而李纲更是影响着张元幹的仕途、日常生活和文学创作。

第一，力主抗金，并肩作战。靖康元年（1126）正月初，李纲为尚书右丞、亲征行营使，辟张元幹为帅幕属官。张元幹言："公不我鄙，引承人乏"，协助李纲指挥京城保卫战。"寐不解衣，而餐每辍哺，夙夜从事，公多我同"。张元幹身材不高，但忠厚有礼，赤诚爱国，胸有丘壑，支持李纲力主抗战，冒死杀敌，相伴左右，足见他们彼此的信任和赏识。

第二，祸福相关，仕同进退。相知与提携。靖康元年二月初十，金人退师，京城解围，张元幹喜赋《丙午春京城围解口号》："戎马来何速，春壕绿自深。

要知龙虎踞，不受甲兵侵。九庙安全日，三军死守心。倘为襄汉幸，良复见于今"，张元幹在"诗中称颂李纲及三军'死守'京城的爱国之心，讥讽时相弃城逃跑之策"，对李纲的钦佩溢于言表，李纲亦有意提携战友。靖康元年四月，钦宗下旨设详议司讨论祖宗旧法，因太宰徐处仁推荐张元幹任兵房检讨官（李纲是提举官之一）；靖康之难后，宋高宗即位，改元建炎（1127），诏任李纲为宰相。李纲回朝即起用主战人士，张元幹被召用，官至将作监，并充抚谕使。这一次任命或随李纲七十多天宰职结束而落职，却是张元幹短暂仕途生涯顶点。于此三事又可看出，张元幹对长官兼好友的李纲极为佩服，李纲对其才干亦多认可，并任用提携。

支持与坐累。靖康元年六月，李纲遭投降派耿南仲等排挤，出帅两河。当时李纲主备边御敌，被耿南仲等人推为宣抚使，拜辞而不许。张元幹力挺好友对抗此任命，认为"榆次之败，特一将耳。未当遽遣枢臣，此卢杞荐颜鲁公使李希烈也，必亏国体"。"向使尽如壮图，督追袭之师半渡而击，收尾相应，可使太原解围，奈何反挤公，则有河东之役。"陈公辅亦言："李刚书生，不知兵旅，遣援太原，乃大臣所陷，后必败。"事情果如所料，李纲败归，从此被迫远离朝廷。张元幹一生政迹极少记录，诸友亦少有涉及，但此次因李纲"讲褵初政"，勇敢言事，颇富谋略。不仅在李纲危机之时果断伸出援手，还在明知会被牵累时"明目张胆"地站于其身边，正是"仲宗之用心于行事者，每有过人"之举。如果说李纲对张元幹的才干和仕途有知遇之恩，那么，张元幹对李纲优缺点的了解和政治立场的行动支持，则直接证明了两人彼此相知，正源于人品和理想的根本相似性。然而，当张元幹站出来为李纲抗命，陈以祸福厉害，"退而告公，公虽壮我，而为我危"。李纲认同张元幹的壮怀谋略，但更担心会因此遭连累，为其处境忧虑，"披荆棘而立朝廷兮，欲尽护于诸将"，君子之交仁厚如此。作为知己好友，张元幹欣慰之中，更加坚定了追随之意。

随着李纲被扣上"专主战议，丧师费财"之罪名，靖康元年九月被罢官、落职提举洞宵宫，坐累者十七人。张元幹被贬，李纲离京，两人因此分离。在兵荒马乱的求生逃亡中，张元幹流落淮上，愤慨写下《感事四首丙午冬淮上做作》，连续三问"再造今谁力，重围忌太频""贼马环京洛，朝廷尚议和。伤心闻徇地，痛恨竞投戈。始望全三镇，谁谋弃两河……""肉食贪谋已，几成国兴人"，回顾了整个"靖康之难"的史实：李纲在两次东京保卫战中的艰难胜利后，宋钦宗不听李纲主战抗金劝谏，一味向金割地求和，搜刮百姓，甚至听信投降派奸邪谗言，排挤功臣李纲出朝，导致金兵到处烧杀抢掠，百姓妻离子散，流离失所。十一月金兵攻陷宋都城东京，十二月宋徽宗、宋钦宗向金投降，金统治者俘两帝、掠巨额财物北去，北宋王朝由此灭亡。第二年（建炎元年）高宗又急召护国有功的李纲为宰相，却又因投降派谗言快速罢黜之，张元幹再次随即被贬。

归隐与忧国。国破家亡、生灵涂炭之时，爱国志士"初无爵禄是念"，誓死报国，却屡次三番被朝廷贬谪。经历了国家朝政的历史剧变和人生大起大落，张元幹与李纲对自己的未来做出了选择。建炎三年（1129）十二月，流落逃难的张元幹追随高宗行在至海边，却又遭谗得罪，幸汪藻力救得脱，经此再劫，面对举世浑浊，"避谗过避贼"的政治处境，他在"世或卖友以速信"中选择"独甘心而守媆"，隐退田园。绍兴元年（1131）初，41岁的张元幹以右朝奉郎致仕，悲愤中选择了独善其身，归隐福州；49岁的李纲在屡遭贬谪的忧愤中，继续治国平天下的为官之路，但李纲一边担忧国事，一边忧惧所历而萌生退隐之意，其词云"幸可山林高卧，袖手何防闲处"，豁达当中更多愤懑和无奈。

两人仕途选择不同，但均远离朝廷而"志在忧国"。绍兴八年（1138）十二月，李纲在福州听闻金派使者来议和，义愤填膺，即上疏反对，张元幹闻之，并感于时事之"群羊竞语遽如许，欲息兵戈气甚浓"，遂慨然作《贺新郎·寄李伯纪丞相》，抒发其奋起抗战壮志及对求和权臣的义愤，坚定站在李纲身边，激励李纲反和议斗争。即便仕途已无更多关联，但依然力主抗战，同气相求，忧心国事。

第三，生活往来，温情关心。与李纲相识后，张元幹同李氏三兄弟李维（字仲甫）、李易（字经叔）、李伦（字季叔）亦相熟，且多关心和帮助。战乱漂泊期间，李纲奔波救国，消息时断时续，张元幹与李氏兄弟却保持着联系和帮助，这或为李纲所托，更多当是张元幹与李纲兄弟深厚情谊所系，如建炎元年（1127）至梁溪，与李纲诸弟同游惠山寺；建炎二年避乱吴越，再与李纲诸弟同游，并以李纲跋出示，李维兄弟观之并题名于后；建炎三年五月，有诗《奉送李叔易博士被召赴行在》赠李经；建炎四年，穷困乱离中，张元幹有诗《次韵送李季言四首》，其三曰："几年脱迹冠冕窟，一味偷生兵火中。不见君家好兄弟，何人怜我最奇穷？"言语中无尽心酸，李氏兄弟尚于战祸中带来些许温存，其四曰："我辈避谗过避贼，此行能饱即须归。山川久有真消息，世上从渠闲是非。"道尽畏谗心理、怀归之思和感激之情。

张元幹致仕后选择归隐福州，或为投奔李纲。建炎四年（1130），海外归来的李纲与躲避战乱而南逃的家人相聚江西，又为避乱于绍兴元年三月抵达福州安国寺，六月自安国寺迁南台天宁寺。绍兴二年（1132）二月，李纲除观文殿大学士、荆湖广南路宣抚使，兼知潭州。五月出发，十月到达，十二月罢湖南安抚使，提举西京崇福宫，绍兴三年（1133）四月回到福州。行迹可见，李纲赴湖南任前已将家人安置在福州。而张元幹绍兴元年初春致仕，年底便携家人自湖州千金村回到福州，其选择居福州而不是老家永福，有经济、交通、文化等考量，但投奔老友李纲当是目的。

居闽期间，张元幹与李纲日常生活交往频繁。绍兴元年（1131）至绍兴九年（1139），张元幹与李纲在福州相知、相伴八年、相互庆生、一同出游、一起研究、每年年底聚会，诗词唱和，颇多往来。贺寿庆生是张元幹与李纲交往的重要主题，张元幹生日在正月初一，李纲生日是六月初十，居闽期间，张元幹每年六月都会为李纲庆生，如《李丞相生朝三首》赞其平生功业，劝慰他面对现实，享受当下，并祝福曰"舍我其谁公健在，乞身赢得见升平。福城东际笙歌地，且祝千龄醉荔枝"，作为好友身边人，张元幹最希望李纲身体健康、生活快乐、长寿福瑞。他们一同出游，"登高望远，放浪山巅水涯，相与赋诗怀古，未尝不自适而返"，如绍兴八年（1138）秋，张元幹与李纲、钱申伯等友人一同出游，"山屐数陪销暇日，诗篇常许和阳春"，游鼓山未尽兴，又游东山，闲适自得。他们还一起研究药草，享受田园生活，张元幹有诗云："买山缘荔子，为圃养黄精""放归久已参黄檗，雅致无疑伴赤松"。同时，两位豪杰友人，闲居未忘国忧。据张元幹《祭李丞相文》所言："辛亥至己未九载之内，公多居闽，岁时必升公之堂获奉觞豆之间。"每年年末张元幹都会到李纲家中拜访，与之共餐畅饮，宾主相欢，"酒酣耳热，抚事慷慨，必发虞卿鲁仲连之论，志在忧国"，虽是闲居往来，然每逢知己必言胸中块垒，两人心忧天下，肝胆相照，想当时情景，定是英雄共愤、宾主同悲。由以上四者可知，居闽期间，张元幹和李纲以最亲密、质朴的陪伴方式，度过了彼此人生中最为闲适的八年生活。

第四，共历国难，忧悲同心。正如张元幹《庚申自赞》所写"一旦谓吾仕耶？毁冠裂冕，与世阔疏；一旦谓吾隐耶？垂手入鄽，与人为徒"，退居福建的李纲和张元幹都处在忧愤与无奈交织的尴尬处境中，两人既想要整顿乾坤，救中原百姓于水火，又不得不面对被迫远离朝廷，无奈闲居的现实，只能在和聚会游览用诗词唱和来消遣忧愁。

失路英雄多忧懑。张元幹的前期诗词多呈现少年书生之清旷婉约，后期诗词则多英雄失路之忧愤悲壮。毛晋《宋六十名家词·芦川词跋》云："人称其长于悲愤，及读《花庵》《草堂》所选，又极妩秀之致，真堪与片玉、白石并垂不朽。"蔡戡在《芦川居士词序》中云"其忧国爱君之心，愤世嫉邪之气，间寓于歌咏"。前期"诗如云态度，人似柳风流"，多写少年书生游宴、羁旅、思归之作。经历波折与坎坷的人生，使张元幹的词作极具深刻的社会内涵与丰富的个人感悟，后期诗词忧国忧民，多豪放悲壮的北伐中原、恢复山河的英雄主题。内容上，偏重于反映战乱中的社会现实，书写爱国抗金的情志、报国无门和人生困顿的慨叹，及归隐林泉、消极避世的思想，表达对统治阶级的愤怒、人民苦难的同情，以及对故土的思念。这种忧愤悲壮的情怀一直延续到他的晚年，七十岁，仍坚信"整顿乾坤，廓清宇宙，男儿此志会须伸"。

李纲诗歌前期多身世之感，后期多反映现实的悲愤之作。以建炎元年八月罢相为界分为前后两个阶段，李纲前期诗歌内容多以羁旅途中所见山水风光为主，以抒发身世之感为主要情感。随着宋室南渡，李纲的政治理想破灭，其诗歌创作以忠君爱国、心系黎民、褒中正斥奸佞的政治诗，以及忧国厌战、渴望归隐的和陶诗为主。李纲词则"豪宕沉雄，风流蕴藉。所谓进则秉钧仗钺，旋转乾坤，不足为之泰；退则短褐幅巾，徜徉丘壑，不足为之高者，是又世人所未见"，在朝时，以史喻世，借历史上敢于平定外忧内患的英明君王来激励高宗积极御敌，风格豪放、幽默，议论兴发，直接开启了辛弃疾"以文为词"的先河。在闽闲居十年，基调则从沉郁感伤转向疏放、平和。

闲居孤愤两不同。张元幹与李纲福祸相依的命运变化，纵横交错在南北宋政权更迭的时代灾难之中，一心为国的失路英雄，在交游唱和中潜移默化地影响着彼此。张元幹从志在报国的公子才俊到投身报国后抗战朝臣，起落均与李纲紧密相连，理想和性情相投的两人承苏轼之词法，同开豪放之风，既是时代赋予的际遇，也是至交友情的必然。随着李纲的离世，张元幹只能独自承受痛苦和愤恨。尽管尚有共同好友李弥逊相交宽慰，但斯人已逝，只好把这一腔孤愤诉诸诗词，故而李纲晚年诗词平和疏阔，张元幹后半生诗词则延续了愤懑悲壮之气。

三 、李纲去世后张元幹的生活境遇

绍兴十年(1140)上元节，李纲殁于福建楞严精舍，十二月葬于福州淮安(今闽侯县)桐口乡大家山。《建炎以来系年要录》卷一三四载："(李)纲之弟校书郎经早卒，刚悼恨不已，会上元节，纲临其丧，哭之恸，暴得疾，即日薨。"时年51岁，仍是中年得力之时。惊闻李纲突然离世，张元幹连写《挽少师相国李公五首》、两篇祭文、一篇《追荐李丞相设斋疏》，持续一整年追忆和哀悼好友，痛呼"公今云亡，殆将安仰"。

李纲是北宋主战核心人物，更是张元幹家国理想和抗战精神的寄托。李纲在民族危亡之时，以救亡图存为己任，"以宗社为心，以生灵为意"的杰出人物，他入则宰辅，出则大将，一身进退系天下之安危，这样的英雄却一生挫折，惨遭打击迫害，无法为国、为君效全力，"谁信我，致主丹衷，伤时多故，未作救民方召"。就在李纲去世前一年(绍兴九年)，高宗和秦桧为了和议，临时解除主战大将韩世忠、张俊、岳飞的兵权，与金签订和议，南宋向金称臣纳税，王伦交割京师及河南地界，拱手让出反击金兵入侵抗战中取得的胜利，然而，换来的是金人的翻脸毁约，不仅族诛赵氏宗室七十二王，还反攻宋军，一个月就夺回了河南、陕西。家国危难之际，李纲作为主战派的精神领袖，正是众望所托之时，当天下主战人士还在期望李纲东山再起、抗金恢复时，他突然离开

了这个令之忧苦一生的世界和深爱他的亲友。精神领袖的离世，复国之望愈加渺茫，对一直遭受秦桧迫害的主战群体来说，实如晴天霹雳。

李纲突然去世，对半生追随其左右的张元幹来说，打击更是致命的。张元幹与李纲自梁溪一见如故、定交为友，便半生仕同进退，两次并肩作战保卫京师，患难与共，闽中闲居同游，同气相求。李纲"纵使岁寒途远，此志应难夺"，张元幹"平生颇惯，江海掀舞木兰舟"，相交十七年，屡遭谗贬，抗战意志却坚定不移，彼此赏识，互相支持。尽管居闽之时，两人均有壮怀成空、生命空逝之慨和放浪山水之隐意，但内心深处仍存经世报国之志，英雄壮志尚有相望之处。张元幹在祭文中赞叹李纲"身放浪于江湖兮，惟王室是忧""永无负于国家"，怒骂"凡可藉口以为公害兮，众莫恤其国之自蠹也"，并安慰壮志未酬而含恨离世的挚友，"庆长流而源清兮，可无憾于用舍"，一定会有志同道合的战友为其续上遗志，奋起发声为国而战，而自己亦会一往如前，坚守初心，坚持力主抗金。然而，"公之亡者，大节完焉"，张元幹深知，李纲在时百二河山尚空壮，今后中原丧乱更难休。随着李纲离世，张元幹的精神理想也失去了现实依傍，从此"孤忠只自知"，仅剩下无尽的孤独、压抑和愤恨。

李纲离世，张元幹生活处境愈加艰难。张元幹在两篇祭文中悲叹："视仆孤踪，果何报于知遇"，知遇之恩未报，李纲已然离世，遗憾和愧责充斥着张元幹的内心，孤苦悲伤中，他反复回忆与李纲生前一起经历和温情："夙夜从事，公多我同""公虽壮我，而为我危""卒与公同日贬"，患难甘苦言之不尽；"畴公之在廊庙，犹仆之在幕府，虽大小殊途，贵贱异处，其为出处龃龉，略相似也。公今云亡，殆将安仰""嗟予白首而茕茕兮，公先去果安在哉"，秦桧专权翻云覆雨，打击报复主战派，乱世之下，生身更已无处投奔，张元幹对李纲的悼念中饱含了对未来生存处境的深沉忧虑。

无力抗衡，不如归隐。"谅功名之无用兮，老丘园其有素。"面对不可知的一切，张元幹无奈选择了归隐山林。李纲去世的第二年（绍兴十一年），51岁的张元幹筑鸥盟轩，李弥逊题诗云："早知世事翻覆手，更觉人生起灭沤。念尽书咄咄，身闲何处榜休休。径须来结忘机伴，春水浮天下系舟。"生命无常，变幻莫测，经历人世沧桑，张元幹晚年与李纲的世交好友李弥逊相往唱和，成为知交。李弥逊与李纲为"总角之交",唱和频繁,相知很深,李纲去世后,即请祠归隐连山。张元幹晚年与之相伴,这两位李纲生前挚友,从此成为共知甘苦的同行人。

斯人已逝,英魂仍存。张元幹虽归隐山林,但刚愤之气却始终没有被山水消淡。他与李弥逊、富直柔等好友,及仕宦至闽官员程迈、叶梦得、张浚等交游唱和,继续"挟取笔端风雨,快写胸中丘壑",创作了很多慷慨悲壮的英雄词,创造了南宋福州文学的第二个高峰,直至张元幹61岁因送胡铨词作被捕入狱离开福建。

因李纲和张元幹两位知交英雄而繁荣的福州词人群,随着李纲和张元幹的离开逐渐消散。"英风成昨梦,遗恨落穷边",张元幹出狱后漫游江浙一带,后落魄离世,归葬于闽。人生终点,知己好友再次相聚于福建山水中,亦或是告慰。

结语

人们很难跨平台、跨层次的去结交朋友,很难违逆自身实力,强行融合高平台、高层次的社交圈子。宋代品评人物极重德、学、才、干,四者之中又以德行品质为最,而学、才、干三者,学为根本,为内修之功,才华外溢为文章;而吏事政绩显才干、见能力,为其终极之目的。张元幹一生仕途没落,虽有李纲提携,终因时事沉于下僚,壮年即被迫挂冠闲居,但其与李纲的交往却历久弥坚,根本在于彼此坚定不移的德和志,其次才是学问和才干。正如王水照先生所说:"宋代文士是集文人、学者、官僚三位于一体的复合人才,知识结构淹博融贯,格局宏大。"张元幹与李纲的交游是南渡前后文人士子关系的缩影。两人作为主张抗金的坚定倡导者,特殊的时代背景和动荡的社会环境造成了他们的命运悲剧,但张元幹与李纲从相识、相知、相惜一直走到生命晚年,十七年共患难、同进退的坚固友情,给这个悲惨混乱的时代增添了许多温情色彩。与他们相似的是,围绕在张元幹与李纲周围的众多交游关系,屡屡出现了为国事相互弹劾的同僚好友,如建炎元年李光在上高宗的《乞修京城守御之备札子》中曰:"张元幹书生不足倚。"同为抗战派,其认可张元幹人品文采,但否定其政治能力；而汪藻、张浚二人均弹劾过李纲，但随着面对国难，他们又能化解个人恩怨，不计前嫌，结为好友，相互理解支持。总而言之，从张元幹与李纲的交游，我们不难窥见两宋相交之际，宋代文人士子对国家、理想及生活的思考和选择。

附：

近年来研究张元幹的论文篇目（部分）

1.《张元干退居福建时期交游词研究》，周泥杉，重庆师范大学，《硕士电子期刊》，2011 年第 9 期。

2.《异文 用典 选本传播——张元干词考论》，龚碧珍，福建师范大学，《硕士电子期刊》，2019 年第 9 期。

3.《张元幹南渡前后词作抒情主人公的转变》，罗笑，安徽大学，《黄山学院学报》2020 年第 4 期。

4.《张元干词作的悲壮风格探析》，姚璐雅，集美大学文学院，《中国文艺家》2018 年第 2 期。

5.《浅析张元干诗词的爱国情怀》，苏航，佳木斯大学，《艺术科技》2016 年第 9 期。

6.《论周邦彦沉郁顿挫词风对张元幹的影响》，罗方龙，《广西师范大学学报》1995 年第 2 期。

7.《两宋剧变对张元干思想和词风的影响》，张仲英，大同大学浑源师范分校中文系，郭艳华，北方民族大学文史学院，《赤峰学院学报》2011 年第 9 期。

8.《芦川著作所涉闽人序跋之词学价值略谈》，陈先汀，《福建论坛》2009 年第 9 期。

9.《论张元干的诗学渊源》，李盈，郑州大学文学院，《安徽文学》2008 年第 5 期。

10.《芦川词与江西宗派诗法》，董希平，中国传媒大学文学院，《长沙理工大学学报》2008 年第 9 期。

11.《张元干词研究》，王玞玥，长春师范学院，《硕士电子期刊》2012 年第 10 期。

12.《张元干＜芦川归来集＞的"笑傲江湖"》，崔光慧，潍坊工程职业学院应用外语系，《名作欣赏》2019 年第 10 期。

13.《宋代南渡词人命运观与风格转型初探——以张元幹、李清照、朱敦儒为典型》，李珂，山东师范大学山东省齐鲁文化研究院，《青年文学家》2017年第3期。

14.《论宋南渡词人对苏轼豪放词的接受——以宋金民族关系格局为考察中心》，肖鑫，北方民族大学，郭艳华，北方民族大学，《传奇·传记文学选刊》2012年第3期。

15.《浅论张元干南渡以后词》，李杨，哈尔滨师范大学文学院，《边疆经济与文化》2011年第8期。

16.《张元幹词中的宋文化情结》，吴卉，福州市博物馆华林寺保管所，《黑龙江史志》2010年第10期。

17.《张元幹词审美特征之管见》，常效东，陕西榆林学院中文系，《宁夏大学学报》2009年第7期。

18.《刚柔相济 多元之美——评析张元干词》，林东源，福建金融职业技术学院，《福建工程学院学报》2009年第10期。

19.《论南宋四名臣词风的转变》，姚惠兰，《中文自学指导》2000年第2期。

20.《张元幹词对苏轼词的接受研究》，金欢，兰州大学文学院，《六盘水师范学院学报》2020年第4期。

21.《论＜贺新郎·寄李伯纪丞相＞对杜甫诗歌的化用》，罗笑，安徽大学，《北方文学》2020年第10期。

纪念张元幹诞辰 930 周年学术研讨会在
永泰举行

2021 年 12 月 29 日上午，由中共永泰县委、永泰县人民政府与福州市社科联、福建省张元幹文化研究会联合主办，嵩口镇党委政府、永泰县社科联、永泰二中承办的纪念张元幹诞辰 930 周年学术研讨会在永泰二中举行。会议采取线上线下相结合的方式，来自 12 个省、自治区、直辖市的高校、党校及科研机构的专家学者 100 多人参加学术研讨。福州市人大常委会原副主任张守祥，福建省文史馆原馆长、研究员卢美松，闽江学院原副院长、教授赵麟斌，福州市社科联（社科院）党组书记李辉，四川大学讲席教授、博导王兆鹏及县直有关单位领导、特邀专家、

论文作者代表、嵩口镇领导、永泰二中师生代表等参加现场活动。研讨会由市社科联（社科院）党组成员、社科联副主席张春斌主持。

研讨会分为两个阶段，第一阶段，市人大常委会原副主任张守祥、福州市社科联（社科院）党组书记李辉、永泰县政协副主席张培奋、福建省张元幹文化研究会会长张忠松等与会嘉宾先后向研讨会致辞，并向论文获奖代表颁奖，向永泰二中等单位及个人赠送《张元幹词欣赏》《张元幹传》《张元幹研究论文集》《张睦与海上丝绸之路》等书籍。第二阶段，平行举办纪念张元幹诞辰930周年学术研讨会及张元幹文化研究座谈会。在纪念张元幹诞辰930周年学术研讨会上，围绕"张元幹爱国词风与闽文化"主题，福建师范大学教授徐心希、华中科技大学博士尧育飞、福建省委党校教授林怡、福州大学博士吴杰、福建师范大学教授游友基等五位特邀专家作了主旨发言，四川省社科院教授刘雄峰、北京师范大学硕士程涵悦、福建工程学院副教授鹿苗苗、湖北荆楚理工学院教授黄俊杰、中南民族大学博士高武斌、中国传媒大学硕士姜欣辰、中南民族大学博士李洁芳、武汉理工大学博士阿米提江·麦麦提、永泰葛岭中学高级教师黄德舜等九位论文作者代表分别对各自研究领域作了专题发言。最后,《福州大学学报》主编、教授苗建青作题为《努力拓展张元幹研究的时代空间》的学术总结发言,高质量的学术研讨与思想碰撞活跃于会场。

与学术研讨会平行举办的张元幹文化研究座谈会,围绕"学术范式重建——张元幹文化的提出与学术价值探讨"主题,对张元幹文化研究进行深入的多维度研究探讨。会上,市人大常委会原副主任张守祥,省文史馆原馆长、研究员卢美松,闽江学院原副院长、教授赵麟斌,市社科联(社科院)党组书记李辉,四川大学讲席教授、博导王兆鹏,厦门大学人文学院教授、博导钱建状,《福州大学学报》主编、教授苗建青,福建师范大学教授、博导欧明俊,福建师范大学教授、博导陈颖,福州市博物馆馆长、研究馆员张振玉,福州市博物馆研究馆员游天星等及永泰县相关部门负责人分别发言。座谈会由永泰县政协副主席张培奋主持。

据了解,此次研讨会是张元幹诞辰 930 周年纪念活动之一,也是第四届福州

市社科界学术年会分论坛之一。这样一个高规格的、全国性的学术研讨会，它不仅为张元幹与闽文化的研究创造了难得的学习交流机会，而且增进全国各地学术交流，促进张元幹文化新的理论的发展和张元幹精神的弘扬。

图书在版编目(CIP)数据

张元幹研究文集/张守祥主编. —福州:海峡文
艺出版社,2022.12
ISBN 978-7-5550-3218-2

Ⅰ.①张… Ⅱ.①张… Ⅲ.①张元幹(1091—
1174)—人物研究—文集 Ⅳ.①K825.6—53

中国版本图书馆 CIP 数据核字(2022)第 224532 号

张元幹研究文集

张守祥　主编

出 版 人	林　滨	
责任编辑	余明建	
出版发行	海峡文艺出版社	
经　　销	福建新华发行(集团)有限责任公司	
社　　址	福州市东水路 76 号 14 层	
发 行 部	0591—87536797	
印　　刷	福建名彩印刷有限公司	
厂　　址	福州市闽侯经济技术开发区一期九号中路 5 号	
开　　本	787 毫米×1092 毫米　1/16	
字　　数	372 千字	
印　　张	24	
版　　次	2022 年 12 月第 1 版	
印　　次	2022 年 12 月第 1 次印刷	
书　　号	ISBN 978-7-5550-3218-2	
定　　价	98.00 元